21 世纪法学系列教材

普通高等教育"十一五"国家级规划教材

体育法学

Sports Law

第四版

主　编　董小龙　郭春玲

副主编　王　瀚　刘新民　陈　岩

撰稿人（以撰写章节先后为序）　董小龙　郭春玲　张彩红　杨建设　马红娟　刘新民　卢耿华　魏鹏娟　张恩利　陈　岩　丁　军　高　媛　王　瀚

法律出版社

——北　京——

始创于1954年

好书,同好老师和好学生分享

图书在版编目(CIP)数据

体育法学 / 董小龙, 郭春玲主编. -- 4 版. -- 北京:
法律出版社, 2023(2025.7 重印)
ISBN 978-7-5197-7525-4

Ⅰ. ①体… Ⅱ. ①董… ②郭… Ⅲ. ①体育法-法的理论-中国-高等学校-教材 Ⅳ. ①D922.161

中国国家版本馆 CIP 数据核字(2023)第 019180 号

体育法学(第四版)
TIYU FAXUE (DI-SI BAN)

董小龙　郭春玲 主编

责任编辑 陈　慧
装帧设计 凌点工作室

出版发行 法律出版社
编辑统筹 法律教育出版分社
责任校对 王　丰　裴　黎
责任印制 刘晓伟
经　　销 新华书店

开本 787 毫米×1092 毫米　1/16
印张 20.75　　**字数** 460 千
版本 2023 年 3 月第 4 版
印次 2025 年 7 月第 2 次印刷
印刷 固安华明印业有限公司

地址:北京市丰台区莲花池西里 7 号(100073)
网址:www.lawpress.com.cn
投稿邮箱:info@lawpress.com.cn
举报盗版邮箱:jbwq@lawpress.com.cn

销售电话:010-83938349
客服电话:010-83938350
咨询电话:010-63939796

书号:ISBN 978-7-5197-7525-4
定价:52.00 元

凡购买本社图书,如有印装错误,我社负责退换。电话:010-83938349

出 版 说 明

法律出版社作为中国历史悠久、品牌积淀深厚的法律专业出版社，素来重视法学教育图书之出版。

原“21 世纪法学规划教材”系列作为本社法学教育出版的重心，延续至今已有十余年。该系列一直以打造新世纪新经典教材为己任，遍揽名家新秀，因其卓越品质而颇受瞩目并广受肯定。当前，根据法学教育发展变化的客观需要，本社将原有教材系列调整重组，形成新编“21 世纪法学系列教材”，以便更好地为法学师生服务。

中国的法学教育正面临深刻变革，未来的法学教育势必以培养高素质法律人才为目标，以知识教育与应用教育相结合、职业教育与素质教育相结合、精英教育与大众教育相结合为导向，法学教育图书的编写与出版也将由此进入变革与创新的时代。

为顺应未来法学教育的改革方向和发展趋势，本社将应时而动，为不同学科、不同层次、不同阶段、不同需求的法学师生量身打造法学教材及教学辅助用书。在教材方面，将推出课堂教学系列、实训课程系列、通识课程系列、简明本系列、双语教学系列等；在教学辅助用书方面，将推出案例教程系列、法规教程系列、练习与测验系列、法学讲座系列、专业培训系列等。或革新，或全新，以厚基础、宽口径、多元化、开放性为基调，力求从品种、内容和形式上呈现崭新风采，为法学师生提供更好的教本与读本，同享教材规划之盛。

“好书，同好老师和好学生分享。”本社在法学教育图书出版上必将继往开来，以精益求精的专业态度，打造全新“21 世纪法学系列教材”，传播法学知识，传承法学理念，辅拂法律教育事业，积累法律教育财富，服务万千法学师生和明日法治英才。

法律出版社

2015 年 1 月

出版说明

主编简介

董小龙

中共党员，1960年生，陕西咸阳人，二级教授，博士生导师。1984年从西北政法学院法律专业毕业后留校任教，1996年在陕西师范大学在职攻读政治经济学硕士研究生。现任国家督学、陕西省政协常委、教育科技委员会主任，曾任陕西省委教育工委书记、西北政法学院党委副书记、西安体育学院党委书记、西安邮电大学党委书记，曾兼任亚洲体育法学会执行会长、中国法学会体育法研究会副会长、中国篮球运动发展研究会执行理事长、中国政治学会常务理事、中国高等教育管理研究会理事、西北高等教育管理研究会副理事长、陕西省政治学会会长、陕西省体育总会副主席、陕西省体育文化艺术协会名誉主席等社会职务。

长期从事高等教育管理和教学研究工作，从事马克思主义中国化、思想政治教育、人力资源开发与管理、公共管理和体育法学等教学与研究工作，承担研究生和本科生的马克思主义中国化、人力资源开发与管理、体育法学、中西方政治思想史、管理学等课程教学任务；先后在《中国行政管理》《中国高等教育》《体育科学》《党建研究》《人文杂志》《理论导刊》《北京体育大学学报》《西北大学学报》《西安体育学院学报》等发表论文60余篇，其中论文《后奥运时期中国体育法制建设理论与实践构想》被《新华文摘》转载。先后编著和主编《爱国主义与中华文明》《思想道德修养新编》《体育法学》《中华民族爱国主义史论》等著作和教材10余部，其中《体育法学》作为高等教育"十一五"国家级规划教材在国内外获得较高评价，获陕西省高等教育优秀教学成果二等奖、陕西省普通高校优秀教材一等奖，被韩国出版社购买版权。主持完成国家社会科学研究基金项目和省部级哲学社会科学研究项目10余项。多项研究成果获陕西省哲学社会科学优秀成果二等奖、三等奖，获国家体育总局人文社会科学优秀成果一等奖、二等奖。

郭春玲

中共党员，1971年生，天津人，三级教授，法学硕士。1994年毕业于西北政法学院经济法系，2002年在西安交通大学在职攻读硕士研究生。现任西安体育学院运动休闲学院党总支书记、硕士生导师，兼任陕西省法学会体育法学研究会常务副会长、西安仲裁委体育仲裁院高级研究员。

二十余年来，勤奋耕耘于法理学、体育法学、法治和司法理论等研究领域，致力于学术研究、立法参与和司法实践工作。先后主持国家社科基金项目"法治视域下体育公共服务中的政府责任研究"，以及"我国体育立法及法律体系研究""中国足球运动员转会的契约管理研究""《全民健身条例》实施中行政权监督机制研究""陕西省体育休闲产业发展的法律环境研究”4 项省部级课题,参与国家社科基金项目“中国体育社团改革的法治环境研究”,以及其他 13 项省部级课题的研究工作,取得了丰硕的成果。合著《体育法学》,参编《全民健身导论》,发表学术论文 30 余篇,获得各类科研与教学成果奖 9 项。

第四版序

《体育法学》即将发行第四版，向组织者与全体编写人员表示热烈祝贺！从2006年第一版出版发行，至今已经过去18年。第四版的发行，再次证明，体育是法治建设的重要领域，也是法治发展不可替代的象征。一项优秀的体育运动，一位优秀的体育健儿，其耀眼之处，是在规则合理与公平竞争的基础上被呈现在公众面前的。

体育是与法治关联程度最高的人类活动之一。体育活动本身必须遵循体育运动规律，这些规律被人们以规则包括法律的形式确认和宣告。所有参与体育运动的人，无论自己有什么想法，几乎都不可能违背这些基本规律。由体育运动规律可以得知，其实，人类的所有活动，何尝不是如此，都必须遵循一定的客观规律。人类的美好生活，最终取决于我们是不是能够通过自己的努力，把生产生活规律转化为法律以及其他规则，使全社会都能够有条件按照客观规律办事。从这个意义上说，体育运动的规则及其传播，不仅可以提高全社会体育运动的水平，而且还可以教会人们许多有关法律和秩序的道理。这是《体育法学》不断再版的重要意义之一。

体育竞赛，是体育活动中最引人关注的领域。大型的体育赛事、重要的体育比赛，之所以可以顺利举办，可以产生优胜者，完全是依赖体育竞技规则。从专项运动规则到基本体育运动规则，从行业规则到国家法律，从国内体育法到国际体育规则，体育竞赛是规则密度最高、最具体的人类之间体能、智力的角力和竞赛。奥运会赛场上，众目睽睽之下，全世界都在关注运动员是不是体面地赢得胜利。这何尝不是一次法治教育活动？规则孕育了优秀的体育健儿，深受欢迎的体育运动也在传播体育规则与规则理念，创造着人类与各个国家的法治文化。

前不久，具有重要历史标志意义的中国共产党第二十次全国代表大会召开。党的二十大提出，要“在法治轨道上全面建设社会主义现代化国家”。不久前，《体育法》也做了新的修改。《体育法学》第四版的出版与发行，与全面依法治国的重要决策始终相伴。正是因为改革开放以来，党中央对法治建设的持续发力，构成了我国体育运动法治化，包括体育法的诞生和运动争议裁决机构的创设、发展的历史背景，同时，后者又成为整个国家法治化的重要组成部分。

法治兴，体育兴，国家兴。相信所有接受体育教育的人，都能够从体育法学中获得进步的力量；也相信所有读者，都能够从体育规则中感受到法治的力量。

葛洪义

2022年11月于杭州紫金港

序

我是体育法的外行，一定意义上也是体育的外行，充其量有点儿大众体育知识。不过，我一直比较关注体育，一方面体育是个大众活动，另一方面则是体育与我的专业范围——法律——关系密切。

其实，有两个理由要求人们关注体育领域的法律制度：一是法律与体育之间存在的密切联系和相似点。事实上，人们也经常将法律与体育规则相类比，如规则的公平问题、裁判和法官的公正问题、利益主体的权利意识问题、公权力的制约问题等。三年前，我在香港大学主办的第四届亚洲法哲学大会上发表过一篇讨论中国职业足球联赛中的法律问题的报告，提出中国职业足球联赛中反映出来的与法律相关的诸多问题，一定意义上也是中国法治建设所面临问题的集中体现。报告中曾经细致地分析过上述问题。在我看来，若能克服中国职业足球联赛中存在的诸多问题，无疑可以为中国推行法治积累宝贵的经验。二是体育活动乃竞技领域，需要严格的体育法规范。竞技需要在良好的、公平的条件下进行。因此，从事体育活动的健儿们应该具有一种与众不同的法律意识，能够模范地遵守法律；国家和社会也有理由为体育活动提供细致的体育法律规则。毕竟投机取巧与体育精神是背道而驰的。

然而，正如中国法治发展所面临的问题一样，随着市场经济的深入发展，市场主体的竞争意识的提高，破坏规则、违反规则以及不正当竞争的现象层出不穷，人们正在学习按规则做事；由于体育领域的法治建设也起步不久，相关经验有限，体育法律和法规不健全，进而出现了所谓的“假球”“黑哨”，人们也需要学习按照规则做事，学会通过制定和实施规则的方式促进体育工作，需要提高人们的体育法律知识的水平。况且，现今的体育竞赛往往已经超出了国家的主权范围，成为一个国际性的活动，并成立了相关国际体育组织。这也从一个侧面反映出当今的体育运动，不仅与法律和法律制度关系密切，而且还与国际法存在联系。这些都迫使我们即使从发展体育运动的角度，也必须关注和深入研究体育法。尽管我们没有理由要求每个运动员都熟悉法律知识，但是他们应该具有起码的法律观念。

董小龙先生主编的《体育法学》即将出版。这部书对体育法的调整对象、基本原则、体育法律关系等系统地进行了研究和探讨，尤其是分别讨论了体育管理、社会体育、学校体育、竞技体育中的法律问题，分析了各种体育组织的功能与法律地位以及体育产业的规范化问题，探讨了调解、诉讼、仲裁等体育纠纷的解决方式，我相信这不仅对每个学习体育、参加体育活动的人具有重要意义，而且对探索中国法治的一般问题也具有重要的参考价值。希望更多的朋友像作者一样关注体育领域的法治建设，我始终认为，在各种利益交织的竞争激烈的体育领域中,若能够依法办事,没有哪个法律难题不可克服。鉴于此,应友人小龙之约,发表上述感言,不妥之处,欢迎批评!

葛洪义

2005年10月于广州大学城

目　　录

第一编　总　　论

第二编 体育法律制度

第三编　体育争议解决机制

第四编　国际体育法律

第一编 | 总　论

绪　论

教材建设属于国家事权，培养能够担当民族复兴大任的时代新人，就必须要有好的教材。习近平总书记在党的二十大报告中明确指出"我们要坚持走中国特色社会主义法治道路，建设中国特色社会主义法治体系、建设社会主义法治国家，围绕保障和促进社会公平正义，坚持依法治国、依法执政、依法行政共同推进，坚持法治国家、法治政府、法治社会一体建设，全面推进科学立法、严格执法、公正司法、全民守法，全面推进国家各方面工作法治化"。进入新时代，与人民日益增长的美好生活需要相比，体育发展不平衡不充分的问题依然突出，人民群众多元化、多层次的体育需求尚未得到很好满足，体育法律对推动体育领域深化改革，扩大开放，破除束缚体育发展的障碍至关重要。我们按照党的二十大精神和新颁布的《体育法》对本教材在第三版的基础上做了全面系统的修订，主要是在习近平中国特色社会主义思想的指引下，以习近平新时代法治思想和体育工作的重要论述为根本遵循，顺应新时代新要求，针对新矛盾、新问题、新挑战，贯彻新发展理念，突出时代性、创新性和实践性，突出健康中国和体育强国建设的主题，旨在进一步加强体育法治建设，推进依法治体，推动体育民生工程高质量发展，保障国家体育事业健康和谐规范永续发展，使新版教材更加符合科学性、富于创新性、体现时代性。我们力求从一个比较宽广的视野出发，观察世界体育的改革发展趋势，思考中国体育高质量发展大势，着眼加快体育强国建设，推进健康中国建设，实现体育工作法治化，为更好实现人的全面发展、社会和谐进步，实现人民对美好生活的向往，实现中华民族伟大复兴的中国梦尽一份责任和力量。

一、体育法学的概念和地位

体育法学是研究体育法及其发展规律的法学学科。它属于法学范畴，与法学的其他学科有紧密的联系；同时，它又与体育人文社会学有密切的联系，属于法学和体育学的交叉学科，因为它是以体育法律关系及其发展规律为研究对象的。

体育法学的研究范围包括：体育法的本质、任务、制定依据、基本原则、适用范围；体育法的调整对象及体系；各种体育运动的管理监督及法律责任；有关体育纠纷的法律适用、法律救济和仲裁问题以及国际体育法律问题等。

在法学体系中，体育法学是法学的一个独立而重要的门类。之所以说体育法学是一门独立的法学学科，是因为它有独特的研究对象，是体育专业的特殊性要求与反映，这是体育法学能够与其他法学学科区别开来的主要特征。

任何一门法学都有自己独特的性质和研究对象。首先，体育法学的研究总是指向具体的体育法律现象和体育法律关系。因此，体育法学的研究状况总是关系我国的体育法律制度乃至国家法律制度的发展。其次,体育法学是一门实践性强的学科。体育法学的研究必须面向体育社会实践问题,研究解决一定体育社会关系中体育权益纠纷的救济方式。最后,体育法学有一定技术性要求,这是由体育运动技术的特殊性决定的。为了进一步研究体育法学的学科性质,有必要就体育法学与其他学科的关系进行比较分析。

(一)体育法学与法学(宪法学、法理学、国际私法学等)

宪法是国家根本大法,是体育法制定的根本依据。宪法学是研究国家根本制度的学科,为体育法学的内容研究提供依据,体育法学又是宪法学的具体表现,二者联系紧密。法理学研究各法学分支共同性问题,这些问题往往带有方针性、战略性、方法论的性质,法理学是整个法学体系的"根"部分,体育法学与法理学是"特殊"和"一般"的关系,法理学必须把技术规范与法律要求相统一,是主观规则客观反映体育规律的发展要求。国际私法学研究超越国界的私人之间的关系(涉外民事关系),体育具有对外交往的广泛性、复杂性,体育法中的涉外体育关系的研究与国际私法的研究密不可分。因此,体育法学与法学有极为密切的联系,学习体育法学必须学习有关的法学知识。当然,体育法学与民商法、行政法、合同法等也有密切的关系。

(二)体育法学与体育社会学、伦理学、心理学

体育社会学是研究体育社会现象和社会生活的学科,而体育法律现象就是一种重要的社会生产生活现象,体育法学的研究与体育社会学的研究密切联系,相互交错。体育社会学的一部分法的研究内容也是体育法学的研究内容和研究方向之一。体育法与体育道德及人的心理素质的联系也十分紧密。除了经济因素外,一个人的体育行为往往与伦理观念、道德水平、社会和个人的心理密切相关,道德和法都是调整人们行为的规范,而人们的行为由于与人们的心理状态有关,因此,体育法学的行为科学研究同心理学的研究有关,法律意识就包括法律心理。

(三)体育法学与哲学、自然科学

马克思主义哲学既是研究体育法学的指导思想,又为体育法学的研究提供了科学的方法论。体育法学又将哲学原理具体应用于体育现象的法律研究之中。体育法学的研究不仅与哲学等学科联系紧密,而且与自然科学的研究联系同样密切。自然科学发展为体育法学的研究提出了新的路径,产生了许多新的社会关系,体育法学要加大立法研究,完善对体育科技创新和体育信息技术(数字体育)的法律调整。同时,自然科学的创新发展也为体育法学的研究发展提供了先进的技术手段(数字化)和方法(系统论等)。

二、体育法学的体系

体育法学是体育运动发展到一定阶段的产物,国外的研究要先于我们。我国对体育法学的研究是在《体育法》颁布后才逐步形成和发展起来的。中华人民共和国成立前,我国尚无体育法制体系,更谈不上体育法学。我国体育法学的发展起步较晚,但发展的速度较快,诸如新生事物具有强大的生命力,体育法学一开始也不是人人都认可的,但它却以原有的法学学科无法比拟的速度发展起来,由起初的体育管理性法规(主要是关于学校体育的法

律规范)，到今天上升为国家意志的体育法的建立完善，无不体现出国家对体育事业高质量发展的重视。国家运用法律手段治理体育事务，调解体育关系，促进体育事业的高质量发展，以提高体育事业发展的科学化和规范化。所以，将体育法学作为一门科学来研究，不应仅停留在形式和表面现象上，而是要透过现象深入本质，寻求体育法产生和发展的规律性。就体育法学而言，就是要研究体育法这一特定现象的产生、发展和消亡的规律性。因此，应研究体育法学的整个系统结构。

一般来讲，体系是指根据一定原则构成的知识的有机统一体。体育法学的体系是指研究特定的体育社会关系、体育法律责任及体育纠纷的解决机制的学科体系。体育法学以《体育法》为主要研究对象。

本教材正是基于这样一个体系来撰写的。第一编为总论，包括五章：体育法概述、体育法的产生和发展、体育法的渊源和地位、体育法的制定和实施、体育法律责任。第二编为体育法律制度，包括七章：全民健身法律制度、青少年和学校体育法律制度、竞技体育法律制度、体育组织法律制度、体育产业法律制度、体育监管与保障法律制度、涉外体育法律制度。第三编为体育争议解决机制，包括三章：体育争议的调解与内部处理、我国体育仲裁制度、体育纠纷的诉讼解决。第四编为国际体育法律，包括三章：国际体育法律制度、国际反兴奋剂法律制度、国际体育仲裁院仲裁制度。

三、研究体育法学的指导思想和方法

正确的指导思想和科学的研究方法，对于深入开展体育法理论问题和实践问题的研究，繁荣体育法学研究发展具有十分重要的指导意义。

从根本上说，马克思列宁主义、毛泽东思想、邓小平理论、“三个代表”重要思想、科学发展观、习近平新时代中国特色社会主义思想是学习和研究体育法学的根本指导思想。进入新时代，我们必须高举习近平中国特色社会主义伟大旗帜，全面贯彻习近平新时代中国特色社会主义思想，弘扬伟大建党精神，自信自强、守正创新，踔厉奋发、勇毅前行，为全面建设社会主义现代化国家、全面推进中华民族伟大复兴而团结奋斗。马克思的辩证唯物主义和历史唯物主义是学习和研究体育法学的正确的世界观和方法论。体育法学是一门新兴交叉学科、发展中的学科，研究体育法学时既要注意吸收借鉴他人的研究成果，又要注意理论创新和实践创新，既要立足中国体育高质量发展和健康中国建设，更要注重解放思想、与时俱进，开放包容。为建设法治中国和体育强国，实现中华民族伟大复兴贡献智慧和力量。

研究体育法学，必须掌握系统科学的研究方法。体育法学的研究方法多与社会科学的研究方法通用，在总的哲学研究方法的前提下，本书结合体育法学的研究实际，主要运用以下几种方法：

第一，分析方法。从逻辑分析和语义分析的角度对体育法或体育法的结构和规则进行解释的方法。体育法的法律用语应准确，含义统一，重视术语的规范使用。

第二，理论联系实际方法。体育法学是一门实践性强的学科。研究体育法学应立足于体育社会活动，进行探索创新，揭示体育法学发展的规律性和时代性，从而建立科学的理论

体系,进而指导体育工作走深走实,规范体育行为,促进体育事业健康有序地高质量发展。

第三,比较研究方法。体育法学的比较研究是对不同国家、不同地区的体育法体系进行研究、分析、对比,根据我国的具体国情,研究适合中国特色社会主义进入新时代的体育法治,最终走向依宪治国、依法行政、依法治体,推进我国体育事业高质量发展。

第四,历史方法。任何一门学科的研究都是建立在历史的基础之上的。体育法学的发展与完善也伴随体育事业的持续健康发展,体育法律的出现和体育法规体系的建立是随着体育事业不断发展而逐步完善的。通过对各个历史时期体育法的思想和制度的历史沿革考察,探索其产生、发展的规律,进行立法预测,指导司法实践,更好地做到有法可依、有法必依、执法必严、违法必究,最终建立全面依法治国、坚持社会主义核心价值体系,符合奥林匹克精神和体育公平竞争的法治道德秩序。

第一章　体育法概述

第一节　体育法的概念

一、体育法的概念和调整对象

(一)体育法的概念

体育法是调整体育运动中发生的一定范围社会关系的法律规范的总称。体育法有广义和狭义之分。广义的体育法,包括对体育社会关系进行调整的所有法律规范,如宪法规范、民法规范、经济法规范、行政法规范、国际法规范等,甚至还包括国务院以及中央各部委以及地方各级人大、各级政府所颁发的法规、条例、规章、规定等。狭义的体育法,人们一般理解为体育法典,在我国,一般指《体育法》。体育法学所说的体育法是指广义的体育法。

法律是社会关系的调节器。一般来讲,法律部门的划分是依据其调整的社会关系,体育法与其他部门法的主要区别在于它有自己特殊的调整对象和调整方法。

体育法的调整对象究竟是什么、体育法的定义究竟是什么,目前学界依然存在一定的分歧。就目前而言,有这样几种观点。有的学者认为,体育法是指为保障公民的体育权利,维护正常的体育秩序,发展体育事业,由一定的国家机关按照法定程序制定或认可的,调整一定的体育社会关系的行为规范的总和;〔1〕有的学者认为,体育法调整多种主体、不同内容、各种性质的体育关系;〔2〕有的学者认为,体育法调整体育领域内的各种社会关系,该关系是一个完整的综合性的社会关系,因而体育法是一个综合性的部门法。〔3〕

从以上几种不同的观点来看,目前国内对我国体育法的研究还处于发展探索阶段,对体育法的调整对象的理解和判断尚不一致。我们经过较深入的研究后认为,在市场经济条件下,社会的各种价值观念都会渗透到体育运动中,社会的各种问题和挑战也会在体育运动中显现,体育可以像一面巨大的折射镜,把社会上所有的现象都应有尽有地折射出来。正如《全民健身计划纲要》(1995 年 6 月 20 日由国务院发布)中的一句话:“体育发展水平是社会进步与人类文明程度的一个重要标志。”〔4〕伴随我国体育的高质量发展,体育社会关系将会变得越来越丰富、越来越多样化。国家对体育社会关系的法律调整对规范体育运动

---

〔1〕 张厚福、罗嘉司主编:《体育法学概要》,人民体育出版社 1998 年版,第 1 页。

〔2〕 于善旭:《论体育法的调整对象》,载《天津体育学院学报》1993 年第 4 期。

〔3〕 梁发龙、刘华:《体育法学刍议》,载《武汉体育学院学报》1994 年第 2 期。

〔4〕 卢元镇:《中国体育社会学评说》,北京体育大学出版社 2003 年版,第 194 页。

和各类主体的体育行为是极其必要的。对体育法调整对象的准确定位是研究体育法学的关键所在,也直接关系着体育法学能否作为法学体系中的一个部门法。体育法主要调整特定的体育社会关系,与别的法律部门比较,有如下特征。

1. 体育法有特定的调整对象。首先,体育法的调整对象有一定的范围,而不是漫无边际的。不能认为体育法的调整对象是"综合的",是"各式各样的体育社会关系""各种社会关系""各种性质的体育关系"。把一些不属于体育法的调整范围的体育社会关系甚至其他的社会关系也说成体育法的调整对象,这样过多地概括体育社会关系的调整实际上没有真正把握体育关系调整的特殊性。其次,体育法的调整对象与其他部门法的调整对象是有区别的,不是简单交叉、重叠的,而是能够和其他部门法区别开来的。体育法只调整反映体育特殊性的社会关系。

2. 体育法调整的是特定的体育社会关系。体育社会关系指的是国家机关、行政部门、企事业单位、社会团体以及公民在从事与体育有关的活动中所发生的各种社会关系。[5] 这里的体育有广义和狭义之分,广义的体育是指体育运动,即以身体练习为基本手段,以增强体质,促进人的全面发展,丰富社会文化生活和促进精神文明建设为目的的一种有意识、有计划的体育文化活动,包括全民健身、学校体育、竞技体育、数字体育、体育科技、体育产业、体育文化交流等。狭义的体育是指体育教育,即通过锻炼身体活动增强体质,传授锻炼身体的知识、技术、技能,培养道德品质和意志品质的有计划、有目的的教育过程,包含教育的组成部分与培养发展个性的重要方面。我们这里采纳的是广义的体育概念。

既然是从广义上理解体育,那么体育社会关系应该是广泛的、多样的、丰富多彩的,包括各种形式、多种内容、多元主体之间的各种性质的体育社会关系。但体育法不可能将所有的与体育运动有关的社会关系都纳入其调整范围,体育法不是万能法,不可能什么事物都调整,否则体育法就不可能独立出来,不可能成为单独的部门法。体育法所调整的体育社会关系不是一切体育社会关系,而是特定的体育社会关系、一定范围的体育社会关系。这种体育社会关系应当是能够反映体育特殊性的社会关系,这种体育社会关系不是其他一般法律所能调整得了的社会关系。单纯的体育行政关系、体育刑事关系等就不是体育法的调整范围,体育行政机关与其内部工作人员之间的行政关系也不是体育社会关系,不应由体育法调整(应由行政法来调整);体育法律关系是基于体育法的规定而发生的权利义务关系,法律关系是一种意识形态,属于上层建筑,是对一种社会关系的法律研究结果,因此把体育法律关系作为体育法的调整对象是值得商榷的;体育刑事关系是典型的刑法所解决的范畴。实际上除了上述几种关系外,在体育运动中的许多方面也有不属于体育法的调整范围的,如体育技术规则方面、运动竞赛中的个人辱骂行为、体育行会的内部纪律处罚行为等。

3. 体育法调整的体育社会关系是在体育运动中发生的。体育社会关系如前文所界定是与体育运动有关。体育的主要运动形式包括:身体锻炼、健身娱乐、体育教学、运动训练与竞赛、体育产业、体育科研等。在体育运动中,体育各行政部门之间、体育各行政部门与其他社

〔5〕 姜仁屏、刘菊昌主编:《体育法学》,黑龙江人民出版社1994年版,第6页。

会组织之间、公民与公民之间、各部门与公民之间都会产生一定的体育社会关系，这些关系中只有行为关系才是体育法所调整的。因此，体育法所调整的应当是在体育运动中的特定的体育行为。涉及人的体育思想、信仰、心理等方面的问题不是体育法的调整范围。当然，在体育运动以外的体育社会关系更不能是体育法的调整范围，如运动员之间的个人债务关系，体育行政部门以民事主体身份与其他社会组织之间发生的平等财产关系或人身关系等。

总之，体育法作为一个独立的部门法，以特定的体育社会关系作为其调整对象。一方面，体育法的调整对象有一定的范围，不是漫无边际的，更不是捉摸不定的；另一方面，体育法的调整对象能够准确地同其他部门法的调整对象区别开来。

（二）体育法的调整对象

1. 体育管理关系。体育管理是指体育部门为对全民健身、体育教育、体育竞赛、体育科研、体育产业等方面进行领导、组织、协调、监督等所采取的一切措施。在体育运动中，国家对各体育主体的体育行为进行的管理，对国内和涉外各项体育运动的组织管理与参与，对竞赛体制的管理规范，对各类体育产业的规范管理，对运动员、教练员和裁判员的管理，对体育教育与科研的管理，对体育场地设施的管理，对体育劳动与社会保障的管理等都属于体育管理活动，在这些管理活动中所发生的体育社会关系属于体育管理关系。

2. 体育民商事关系。体育民商事关系不同于普通的民商事关系，体育民商事关系主要调整特殊的体育横向社会关系。具体表现为：健身侵权关系，知识产权引起的体育关系；运动员的人身侵权关系；运动员与经理人、赞助商之间的合同关系；运动员在体育运动中的人身伤害赔偿关系；体育服务合同关系；运动员转会关系；参与竞赛活动的合同关系等。

3. 体育劳动和社会保障关系。体育劳动关系与社会保障关系同样不同于一般的劳动法和社会保障法所调整的普通社会关系。体育劳动不是像普通人的脑力或体力劳动这样简单的关系，体育劳动是一种特殊的劳动，尤其在竞技体育运动中的劳动有明显的特殊性。一名运动员体育运动的生命力是短暂的，其特殊的劳动和社会保障机制显得更重要。体育劳动与社会保障关系主要涉及运动员参赛的许可合同关系，运动员入会的章程约定而形成的格式合同关系，体育运动保险关系，运动员伤病、退役后的社会保障关系等，但体育行政机关、事业单位、社会团体内部员工与其组织之间的普通工作关系应由劳动法来调整。

二、体育法的基本原则

体育法的基本原则是指能够体现体育法的本质和特征，贯穿体育法律规范之中，并对体育立法、执法、司法和守法活动起指导作用的根本准则。随着全面推进体育强国的法治建设，体育法应遵循以下五方面原则。

1. 符合宪法原则。宪法是国家的根本大法，宪法规范所调整的社会关系是指建立在一定的生产关系基础上，人们在政治、经济和文化领域中的具有根本性的重大的社会关系。体育社会关系在宪法中得到了根本反映。我国《宪法》第46条规定：“中华人民共和国公民有受教育的权利和义务。国家培养青年、少年、儿童在品德、智力、体质等方面全面发展。”《宪法》为体育的发展提供了法律依据，体育法的基本内容必须遵循《宪法》的基本精神。在国家根本大法的指导下,我国相继通过了一系列体育法律、国务院行政法规及部门规章、地方性法规等。习近平总书记在党的二十大报告中专章强调,“要完善以宪法为核心的中国特色社会主义法律体系。坚持依法治国首先要坚持依宪治国”。体育法治建设应符合宪法原则。

2. 坚持体育对外交往,遵守国际条约及国际公约原则。体育对外交往是对国家派出人员赋予国家代表身份,同其他国家和国际组织发生联系。[6] 国际体育交往可以加强同世界各国的联系,提高我国的国际地位,参与国际事务,发挥中国作为,提高我国的运动技术水平,进而带动我国的政治、经济、文化和外交的发展,推动人类命运共同体建设。为与国际体育接轨,我国《体育法》把加强体育对外交往作为基本原则。例如《体育法》第14条明确指出“国家鼓励开展对外体育交往,弘扬奥林匹克精神,支持参与国际体育运动。对外体育交往坚持独立自主、平等互利、相互尊重的原则,维护国家主权、安全、发展利益和尊严,遵守中华人民共和国缔结或者参加的国际条约”。体育对外交往是我国体育事业的重要组成部分,体育事业越繁荣发展,越需要加强国际之间的协同合作。体育运动的全球化特征、体育规则及裁判准则的全球统一性,也要求各国的体育立法、执法、司法和守法的有效衔接,这些法律制度为体育对外交往提供了法律依据。

体育对外交往应遵循国际法原则,确定国际合作,坚持平等、共享、开放和包容,以谋求共同发展。在体育事务上,我们坚持主权平等,坚持和平共处五项原则,不得利用体育运动干涉别国内政。我们要在体育上全面开放,必须遵守国际体育条约和国际体育惯例。体育运动要贯彻并遵守联合国宪章的有关规定,尤其是对公民体育权利的保护方面,同时也要遵守以奥林匹克宪章为主的有关国际体育条约和体育惯例。

3. 坚持以经济建设为中心,各项体育运动协调发展的原则。“竞技体育不是体育的全部。”与竞技体育相比,目前我国的全民健身和学校体育相对薄弱。然而发展体育事业是关系到增强人民体质、提高社会生活质量的大事,是人类社会发展与文明进步的一个重要标志,是一个国家和地区综合实力和社会文明程度的重要体现,是弘扬先进文化的重要载体,是促进友谊和增强团结的重要手段。进入新时代我国体育伴随着经济、社会的快速发展取得了长足进步。经济越发展,社会越进步,人们强身健体的意识就越强烈,体育的地位就越重要,作用就越凸显,体育的高质量发展已经成为现实要求。

体育法以经济建设为中心,各项体育运动协调发展为原则,以习近平新时代中国特色社会主义思想为指导,深化改革创新,以为全面建设社会主义现代化国家服务、增强人民体质为基本出发点,继续坚持全民健身与竞技体育协调发展的方针,开展全民健身活动,普遍增强国民体质;依靠科技进步,提高运动技术水平,全面提高教练员、运动员、裁判员队伍素质,保持竞技体育的健康发展;重视业余体育训练,培养体育后备人才;加快体育产业高质量发展,培育充满活力的体育市场体系;完善各种保证、保障措施,通过法律规范体系,有效推进各项体育运动高质量发展,全面推进体育强国建设。

4. 保护各体育主体的合法权益原则。在我国体育法对各体育主体的基本权利和利益的

---

〔6〕 张厚福、罗嘉司主编:《体育法学概要》,人民体育出版社1998年版,第201页。

保护作了许多规定，内容相当丰富，使各体育主体的权益得到全面、平等保护，并对优秀者予以奖励。

第一，全面保护。无论是财产权益，还是人身权益，都置于体育法的保护范围之内。《奥林匹克标志保护条例》《特殊标志保护条例》《公共文化体育设施条例》等规定的内容就是对财产权和人身权的有力保护。

第二，平等保护。各体育运动中的有关体育主体均平等地受到体育法的保护。在体育运动中，各体育主体的法律地位是一律平等的。法律一律平等适用，禁止有任何歧视行为（如种族歧视等），严禁任何组织和个人在体育运动中使用禁用的药物。另外，我国体育法对特殊体育主体给予特殊保护。其一，国家对青年、少年、儿童的体育运动给予特别保障，以增进青少年、儿童的身心健康；其二，国家扶持少数民族发展体育；其三，关心支持老年人、残疾人参加体育运动，为老年人和残疾人参加体育运动提供必要的保障条件，各类体育场馆要对老年人、残疾人参加体育运动给予优先安排、优惠接待、优质服务。这种特殊保护旨在使特殊体育主体与一般的主体一样受到平等保护。

第三，法律奖励。国家行政机关代表国家依照法定条件，对在体育事业中的不同岗位上为国家、人民和社会做出显著成绩或模范遵守法律的个人、团体，给予物质或精神鼓励。例如《体育法》第 13 条规定："国家对在体育事业发展中做出突出贡献的组织和个人，按照有关规定给予表彰和奖励。"第 46 条规定："国家对优秀运动员在就业和升学方面给予优待。"

5. 维护公共利益原则。所谓公共利益，是国家利益和社会共同利益的总称。体育的公共利益原则，首先，要求体育运动应以国家利益为重。《体育法》第 42 条中明确规定："国家加强对运动员的培养和管理，对运动员进行爱国主义、集体主义和社会主义教育，以及道德、纪律和法治教育。运动员应当积极参加训练和竞赛，团结协作，勇于奉献，顽强拼搏，不断提高竞技水平。"同时第 39 条又规定："国家促进竞技体育发展，鼓励运动员提高竞技水平，在体育赛事中创造优异成绩，为国家和人民争取荣誉。"可以看出，在体育运动中，应坚持国家本位，当个人利益与国家利益有冲突时，应以国家利益、社会利益为重。其次，体育事业是一项公益事业，体育法的原则应是以维护公共利益为核心的。国家对体育事业在全民健身、学校教育、体育用地、公共体育设施、体育器材和用品、体育产业、体育科研等方面给予优先安排和优惠扶持。最后，社会主义国家发展体育事业应符合社会公序良俗，反对以体育手段进行赌博等非法活动。

第二节　体育法的本质与特征

一、体育法的本质

本质是对现象的科学抽象与概括，现象是本质的具体反映。有人以体育法的特点概括体育法的本质；有人以体育法的调节机制来把握体育法的本质；有人从法理学的角度来认识和分析体育法的本质。一般而言,体育法的特点就是体育现象的集中描述,但现象本身并非本质。从体育法的特点很难分析体育法的本质。而从法理学的角度分析体育法的本质,似乎很有道理,但这种方法适用于对一般法的分析概括,对于部门法来说不一定合适,对法的一般性本质的分析,不能代替对单个法律的具体分析。法在整体上有阶级性,并不能排斥它的单个部分作为独立部分的非阶级性。[7] 体育法带有鲜明的社会属性,体育法在客观上是为全社会各阶级服务的,它调整的主要是体育运动中的社会关系,维护的主要是体育运动中的社会利益,研究的是体育发展的社会规律,也是国际上通用的准则,是体育技术规范的法律化形式。

1. 体育法是广大人民意志的体现。体育法是实现社会管理的重要手段之一。体育法是通过一定的法定程序实现的,在我国,人民是主人,我国的体育法是典型的人民意志的表现。一方面,体育法是依法制定的,体育法充分反映了最广大人民的意志。另一方面,体育法具有共同性。这里的共同性是指某些法律内容、形式、作用、效果并不以阶级为界限,而是带有相同或相似性。体育法是体育公共事务的管理手段,体育法中有许多执行体育公共事务的规定。例如体育场地、学校体育、竞技体育、体育产业等技术性的和公共性的规定,而且随着社会的发展,类似这样的规定会日益增多。在阶级对立不明显的今天,体育法的内容可以说主要是为体育公共事务服务的,是维护最广大人民的体育权益的。

同时,体育是一项世界性的运动,随着体育交往越来越多,体育法也将成为国际体育交往的桥梁和纽带、一种国际对话的渠道,体育法的共同性日益强烈,体育法的国际趋同现象也将会十分明显。

2. 体育法是国家意志的体现。“法是国家意志的集中体现”这一命题是马克思主义经典作家在法的本质上的重要论断之一。一般而言,法归根结底是阶级意志的反映,反映了一国当时政治力量的对比关系。国家作为政治实体,要管理社会,要贯彻掌握政权阶级的意志和主张,就要通过法律和政策,法与国家政权密切相关。体育法是国家为了实现对体育事务的有效治理,通过一定的立法程序,规定人们在相互的体育社会关系中的权利和义务,实际上是调整各种利益关系,保护和发展对国家有利的体育社会关系和社会秩序。

3. 体育法的决定因素——物质生活条件。前面都是从意志的层面讲的,但不是说体育法是以意志为基础的,恰恰相反,体育法的内容是由一定的经济关系(物质生活条件)决定的,而这种经济关系是不以人的意志为转移的。因此,体育法在制定时,必须考虑现实的物质条件以及相应的经济规律。正如马克思批判蒲鲁东时所指出的,只有毫无历史知识的人才不知道:君主们在任何时候都不得不服从经济条件,并且从来不能向经济条件发号施令。无论是政治的立法或市民的立法,都只是表明和记载经济关系的要求而已。体育法的制定应从我国社会物质生活条件出发,特别是从我国现实生产力的发展水平出发,坚持公有制为主体、多种所有制经济共同发展的基本经济制度和按劳分配为主体、多种分配方式并存的基本分配制度。结合我国体育事业的高质量发展,研究协调各方体育利益关系,体育法的内容也必须随着物质生活条件的丰富而创新发展。

---

[7] 郭道晖:《法的本质问题的哲学思考》,载《政治与法律》1985 年第 5 期。

二、体育法的特征

体育法的特征是区别其他事物和现象的征象和标志所在。了解体育法的特征是为了更好地把握体育法的性质与作用，把握体育法自身的发展规律，以便在实践中更能准确地、灵活地、全方位地运用体育法，更好地服务于体育事业高质量发展。体育法的特征一般来讲可以归纳为以下几个方面。

（一）规范性

体育法是一种行为规范。这一特征表明体育法不同于一般的体育思想、体育组织的特征。体育法是调节人们行为的规范，之所以说它具有规范性，是因为：

1. 体育法是调节人们体育行为的规范。体育社会活动中的体育行为主体共有的行为规则和标准统称为社会规范。体育法律规范又不同于一般的社会规范，如道德规范、宗教规范、政治规范等，体育法律规范除了具有一般社会规范的特征以外，还具有技术规范、运动规范（比赛规则）等特征，当这些技术规范被国家法律确认以后，就成为技术法规，也就具有了法律上的约束力。

2. 体育法是规范人们体育行为中的权利义务关系的。这里不仅指出了体育行为模式（国家、体育组织与团体、运动员、教练员、裁判员等各体育主体在体育运动中的体育行为方向），也指出了各体育主体的作为和不作为的行为规范，以及条件假设和法律后果，这是体育法的规范性最明显标志。

（二）社会性

进入新时代，在经济生活不断数字化、现代化、市场化的条件下，体育日益融于社会生活的各个层面和角落，体育的社会作用进一步增强，体育与社会各方面的联系日趋紧密，于是，促成全社会参与和从事体育的体育社会化，成为体育改革发展的鲜明特点。体育法的内容体系也始终贯彻着坚持为社会、公共服务的主导思想，具有明显的社会性。

（三）技术性

体育法作为我国法律体系中独立的部门法，与其他的部门法相比，技术性很强。体育法是调整体育社会关系的，具有很强的专业性、技术性特征。在体育法中，有许多有关体育运动技术规范和法律相结合的内容。例如《体育法》第 25 条第 1 款规定："教育行政部门和学校应当将体育纳入学生综合素质评价范围，将达到国家学生体质健康标准要求作为教育教学考核的重要内容，培养学生体育锻炼习惯，提升学生体育素养。"第 32 条第 1 款规定："学校应当按照国家有关标准配置体育场地、设施和器材，并定期进行检查、维护，适时予以更新。"

（四）国家性

体育法具有国家性。体育法就如所有其他法一样是以国家名义，由国家创制的，在内容上表现为国家意志，并经国家强制力保证实施。体育社会关系实际上置于国家的控制之下。体育社会关系可以分为两大类：一类是当事人之间平等的社会关系；另一类是管理和被管理的社会关系。体育运动对于国家、企事业单位和公民来讲都是很重要的,它关系到体育的高质量发展、人民的健康和国家的强盛,国家对这一领域的规范管理十分明显而且也很必要。

(五)综合性

1. 体育法调整的体育社会关系的多样性。体育社会关系非常庞杂。体育社会关系的多样性是由多种构成决定的,既有体育行政机关与其他体育组织、社团、个人等之间的体育管理关系,也有平等地位的横向协作关系,还有内部管理关系以及涉外体育关系和国际体育关系,体育法调整的内容是丰富和多样的。

2. 体育法调整体育行为的手段多样性。为了实现法的调整职能,法律规范在现实生活中必须具体地贯彻实施,形成一定的法律关系,产生客观的调整结果。所以,法律是法治社会全部问题的中心环节。[8] 对于体育社会关系也应当采用各种法律手段有机结合地综合调整。体育法根据情况因需而用。体育合同等平等的人身和财产关系,应属于民法调整范畴;对于涉及体育管理等行政行为的体育关系适用行政法调整规范;对于各种涉外的体育关系应考虑与国际法的调整方法对接等。

3. 体育法兼有公法与私法的因素。在早期由于计划经济体制下的体育社会关系实际上是体育行政关系的延伸和附属,体育法比较倾向公法关系,因而,体育法实际上是体育行政法,属于公法。我国在确立市场经济体制改革以后,体育运动被视为一种自由的权利,并且体育权利成为一项独立的权利,这是现代体育发展成为全民参与的专门性社会活动的结果,体育合同、俱乐部法人、体育侵权、体育产业等名词的出现标志着体育社会关系的运行和内容越来越取决于合意;体育行政部门对体育的管理和干预、决定与支配,逐渐转变为对体育关系的指导、服务、监督和保障。这样,体育关系就不仅仅是公法关系,而且还兼具私法关系的属性。因此,体育法是一个兼具公法和私法的部门法。

第三节　体育法律关系

一、体育法律关系的概念

法律关系是指在法律规范调整一定社会关系的过程中所形成的人们之间的权利义务关系。法律关系不同于其他社会关系的地方在于它是根据法律规范所结成的权利义务关系。体育法律关系是指体育法律规范所调整的人们在进行体育运动过程中形成的权利义务关系。这种权利义务关系是根据《宪法》《体育法》以及相关的体育法律规范的规定建立起来的,反映了体育参与主体的意志,如公民与公民之间、公民与法人之间、法人与法人之间、公民和法人与国家之间以权利和义务为内容的社会关系。这种社会关系是人们在体育

---

[8] 吴大英等:《中国社会主义立法问题》,法律出版社 1984 年版,第 350 页。

运动过程中形成的，人们在体育运动中往往与其他个体或群体发生各种各样的社会关系，有体育横向法律关系和体育纵向法律关系。体育组织之间、运动员之间发生的法律关系就是横向法律关系。国家体育行政机关与运动队、体育组织及运动员个人之间的法律关系就是纵向体育法律关系。体育法律关系有人身内容关系，如运动员、教练员、裁判员的资格、运动员的肖像、体育标识等；也有财产内容关系，如体育器材的经营与管理等。

二、体育法律关系的构成

体育法律关系由体育法律关系主体、体育法律关系客体、体育法律关系内容三个要素构成。任何一种体育法律关系都不能缺少其中任何一个要素。

（一）体育法律关系的主体

体育法律关系的主体，是指体育权利义务关系的参与者，即在法律关系中一定权利的享有者和一定义务的承担者。其中享有权利者称为权利主体，承担义务者称为义务主体。但在大多数情况下，体育法律关系的参与者既是权利主体，又是义务主体，往往在享有一定权利的同时也要承担相应的义务。此外，参加体育法律关系的主体是由法律规范所规定的，不在法律规定的范围内不得任意参加到法律关系之中而成为该法律关系的主体。

我国体育法律关系的主体具有广泛性。自然人、法人及其他组织、国家（特殊主体）都可以成为我国体育法律关系的主体，享有体育权利，承担体育义务。体育法律关系就发生在上述主体之间，宪法、体育法及其他体育法律规范性文件对不同主体在体育法律关系中的权、责、利进行了明确的规定。

体育法律关系主体包括在体育法律关系中独立享有权利和承担义务的自然人、法人及其他组织、国家。

1. 自然人

自然人是基于自然出生而具有生命的人，既包括中国公民，也包括外国人和无国籍人。根据我国有关法律规定，凡具有中国国籍的自然人都可以成为体育法律关系的主体，享有体育权利，承担体育义务，如运动员、教练员、裁判员、体育科研人员、体育观众等。根据我国有关涉外法律和国际有关法律规定，在我国境内的外国人和无国籍人也可以成为我国体育法律关系的主体。

自然人作为体育法律关系主体参与法律关系，必须具有一定的资格，即具有体育权利能力和体育行为能力。体育权利能力是体育法律规范赋予自然人享有体育权利、承担体育义务的资格。它开始于出生，终止于死亡。体育权利能力是自然人体育主体地位的体现。自然人具有体育权利能力才享有法律上的人格，才依法享有具体的体育权利或承担具体的体育义务。自然人的体育权利能力不是与生俱来的，而是由法律规定的，并且根据我国宪法和有关法律规定，我国公民的体育权利能力一律平等。我国公民都有体育欣赏、参与体育、平等竞赛等权利。我国自然人的体育行为能力是指其通过自己的行为能够参与体育活动，取得体育权利、承担体育义务的能力。自然人具有行为能力意味着其能够根据自己的意志以自身的行为理智地参与体育活动，同时对活动产生的后果有所认识。由此，体育权利能力是前提和基础，只有享有权利能力才可能实现体育行为能力。

在我国境内的外国人和无国籍人,可以根据我国有关法律规定享有一定的体育权利和承担一定的体育义务。例如根据《外国人来华登山管理办法》的规定,外国人的正当权益受中国法律保护。外国人来华登山享有可以自行组团队,也可以由外国团队和中国团队组成联合团队的权利。外国人在享有权利的同时也要承担一定的义务,如外国人来华登山应按照我国有关机关批准的山峰和线路进行攀登,不得攀登其他山峰,不得越过批准的路线等。此外,根据有关规定,在我国的凡有正式学籍的外国留学生,都可以参加所在学校组织的各项体育比赛,也可被选拔代表所在学校参加省、自治区、直辖市以至全国的学生体育比赛,并按规定计成绩、排名次和授奖。

2. 法人及其他组织

法人是相对于自然人而言的另一种体育法律关系的主体。根据我国《民法典》规定,法人是具有民事权利能力和民事行为能力,依法独立享有民事权利和承担民事义务的组织。它是社会组织在法律上的人格化,但并非所有的社会组织都能成为法人。法人必须具备以下条件。第一,依法成立。法人必须依照法律和法定程序成立,否则不能取得法人资格。第二,有必要的财产和经费。这是法人参与体育法律关系的基本条件,只有具备一定的财产和经费,才能对其法律行为产生的后果承担责任。第三,有自己的名称、组织机构和场所。法人的名称是区别于其他法人的标志,表明该法人的性质和业务范围,是其作为独立主体的体现。法人的组织机构是其日常工作和从事体育活动必不可少的常设机构。第四,能够独立承担责任。法人必须以自己的名义享有权利并承担义务。具备以上四个条件的才能成为法人,具有法人资格。国家体育总局、中国奥委会、中华体育总会、单项体育协会、体育职业俱乐部、西安体育学院等这些组织就是符合法人资格的体育法人。参与体育运动的法人根据我国民法典的划分,分为营利法人(体育有限责任公司、俱乐部等)、非营利法人(包括事业单位、社会团体、基金会、社会服务机构等,如体育科研机构、体育院校、中华体育总会、各体育单项协会等)、特别法人(国家体育总局、各级地方政府主管体育工作的部门、基层群众性自治体育组织法人等)。其根据相关法律规定各自享有不同的体育权利和承担不同的体育义务,是体育运动中最常见、最活跃的主体。

除了法人以外,参与体育运动的一些社会组织不具有法人资格,但这些社会组织能够以自己的名义独立参与体育运动,独立承担体育责任,如体育合伙企业、个人独资企业、个体工商户等,我们将其统称为非法人组织,这些组织也可成为参与体育运动的法律关系主体之一。

3. 国家

国家是一个抽象的概念,在法律上是代表公共利益的具有法律人格的特殊主体。国家是特殊的体育法律关系主体,如国家发行体育彩票与彩民之间直接发生买卖关系,国家作为销售方成为法律关系的主体。在国际体育法律关系中,国家有时也作为主体出现。但一般情况下国家以自己名义直接参与的法律关系相对较少,而主要是由代表国家的体育行政机构行使职权履行职责。

(二)体育法律关系的客体

体育法律关系的客体是指体育法律关系主体之间权利义务共同指向的对象,一般指各种物质和非物质财富,其内容包括物、行为、智力成果。物是指能够满足人的需要,能为人所支配、控制的进行体育运动凭借的物质对象，如体育场地、体育器材、体育资金等。行为是法律关系主体有意识的活动，包括作为和不作为，如竞赛行为、运动训练、裁判执法、挪用体育资金、侵占破坏公共体育设施行为等。智力成果，是法律关系主体从事智力活动所取得的成果，如运动成绩、体育竞赛的名称、徽记、旗帜、吉祥物标志、论文专著等。

（三）体育法律关系的内容

体育法律关系的内容是体育法律关系主体享有的权利和履行的义务。任何一种法律关系都是以权利和义务为其内容的，法律意义上的权利和义务由相关的法律规定，受到国家的保护和确认。

1. 体育权利

体育权利是国家通过法律规定，对体育法律关系主体可以自己决定做出某些行为的许可和保障，如公民有观看体育比赛的权利、体育俱乐部法人有自主经营的权利、体育团体享有自由开展体育活动的权利等。通常来看，在以权利为本位的现代社会，各国对人的权利的保障越来越重视。我国法律明确规定国家和社会在各方面对公民行使体育权利进行保障，为我国公民参加体育活动提供了法律依据。我国公民享有的体育权利十分广泛，包括健康权、人身权等。我国公民的体育权利是公民享有的法律赋予的权利，是一种公民权，它是法律层面上的权利，与国际上体育人权有区别。公民权是宪法规定的本国公民所享有的权利，而人权是作为一个人生来就应享有的自然性权利，是人作为人享有的或应当享有的一切权利。体育权利是人权在法律上的表现形式，它的外延比人权小得多。从法学理论来讲，人权是公民权的基础和源泉。公民权是人权所派生的。一般人权划分为三个层次：第一个层次，应有权利。人权首先是一种道德权利，即基于人的本性和本质所应该享有的权利。人人都要求生存，人如果失去了这些权利就失去了做人的资格。第二个层次，法律权利。人的“应有权利”只有在法律确认为“法定权利”后才有实现的可能。这是我们说的法律意义上的人权，即公民权。公民权的初始形态和萌芽阶段就是人权。随着社会的发展和完善，公民权的内容不断增加、扩大和充实，公民享有的政治权利、自由权利、社会经济权利、文化教育权利越来越广泛。第三个层次，实有权利。人权还必须是一种实有权利，一种实实在在的现实权利。这里讲的体育权利就是指我国宪法和法律赋予的权利，体育权利是体育人权的一种法律化，是公民的一项基本权利。

2. 体育义务

体育义务是国家通过法律规定，要求体育法律关系主体应这样行为或不这样行为的一种限制和约束。体育义务表现为法律要求公民必须为某种行为或禁止为某种行为，公民对义务的履行不得取舍，公民若不履行法律义务，就要承担相应的法律责任，如体育竞赛的组织者、运动员、教练员、裁判员应当遵守体育规范，不得弄虚作假、营私舞弊，严禁任何组织和个人利用体育竞赛从事赌博等违法活动。这就是国家通过法律形式做出的义务性规定。

一般而言，体育权利和体育义务是紧密联系、不可分割、辩证统一的。没有无义务的权利，也没有无权利的义务，二者相辅相成，互为存在和发展的条件。例如在进行体育比赛时，公民有观看体育比赛的权利，但公民在行使这项权利的同时必须履行购票、遵守赛场的秩序等义务。

三、体育法律关系的产生、变更和消灭

体育法律关系的主体——公民和法人——具有体育权利能力和行为能力之后,仅仅是具有了参与体育法律关系的资格和能力,并不能直接引起具体体育法律关系。只有当体育法律规定的情况出现时,才会引起具体体育法律关系的产生、变更和消灭。也就是说,任何法律关系的产生和存在都是以有关法律规定为前提的。如果一个公民不具有运动员的身份,那他就不会同教练员、裁判员发生相应的体育法律关系。大多数具体的体育法律关系的产生、变更和消灭,需要特定的情况或条件。这种情况或条件在法学上被称为体育法律事实,它按照是否依人的意志为转移可分为体育法律事件和体育法律行为两大类。

体育法律行为是以体育法律关系主体的自觉意志做出的,能够引起体育法律关系产生、变更和消灭的活动。它是人们有意识的自觉活动,可分为合法行为和违法行为。合法行为就是符合法律规范要求的行为,运动员按照规定参赛的行为就是合法行为。违法行为就是实施了法律禁止的行为,如在体育竞赛中使用禁用药物就是违法行为。

体育法律事件是不依人的意志为转移而引起体育法律关系发生、变更和消灭的客观事实。运动员的运动损伤和死亡、体育器械损坏、仪器失灵等是常见的体育法律事件。这些事件对于特定的体育法律关系主体而言往往是不可避免的,是不以人的意志为转移的。但由于这些事件的出现,体育法律关系主体之间的权利与义务关系就有可能产生,也可能发生变更,甚至完全归于消灭。

第四节　体育法与其他社会现象

一、体育法与经济

(一)体育法与经济的一般关系

1. 经济基础对体育法的决定作用。马克思指出:“社会不是以法律为基础的,那是法学家们的幻想。相反地,法律应该以社会为基础。法律应该是社会共同的、由一定物质生产方式所产生的利益和需要的表现。”社会经济基础决定着法的作用,社会生产力的发展水平决定体育法本质、产生、发展以及特征都是由经济基础所决定和制约的。体育法是基于生产力的发展、科学文化的进步、体育运动发展到一定阶段而产生的,它是国家意志在体育领域中的反映,是国家法律的组成部分。经济基础也决定体育法的发展,体育法会随着经济的发展而更替,新的体育法也会代替旧的体育法。

2. 体育法对经济基础的反作用。当体育法所服务的经济基础适应生产力发展的要求、促进社会的进步时,体育法的作用就是进步的。当体育法所服务的经济基础阻碍生产力的发展时,则对社会发展起着消极的作用。正如恩格斯所指出的,政治、法律、哲学、宗教、文学、艺术等的发展是以经济发展为基础的。但是,它们又是相互作用并对经济基础发生影响的,并不是只有经济状况才是原因,才是积极的,而其余一切都不过是消极的结果。

（二）体育法与体育经济

体育发展不是主观的东西，不能想怎么发展就怎么发展。它一方面受经济发展水平的制约，另一方面要受社会实践的检验，体育事业的发展，基础在于经济。经济发展的水平和社会需要，是体育事业发展的物质和社会基础。党的十八届五中全会通过的《中共中央关于制定国民经济和社会发展第十三个五年规划的建议》指出，加快建设法治经济和法治社会，把经济社会发展纳入法治轨道。要认识到，“法治”与“经济”是相辅相成、互相促进的。法治是新时代推动经济高质量发展的重要保障。要实现市场经济的良好运行，必须以良法善治为基础。社会主义市场经济条件下的体育，也必须完成自身的全面法治化。随着体育市场逐步建立和发展，各种体育交往和体育关系越来越复杂，也使对体育的调整和管理的机制发生了根本性的变化，法律成为最主要、最基本、最权威的手段。在市场取向的体育改革中，为了规范体育主体的行为及关系，保证体育市场的统一性和秩序性，至少应具备强调平等性、竞争性、权利义务性、契约性等方面的法律规则。[9] 例如体育赛事经济就是建立在市场经济基础上的，加强体育法治建设，大力推动《体育法》实施，就是从根本上依法保障体育经济高质量发展。

二、体育法与体育政策的关系

（一）体育法律与体育政策的异同

我国的体育法律与体育政策在本质上是一致的。它们的内容都体现了广大劳动人民在体育运动中的根本利益和共同意志。它们的任务都是保证和促进体育的改革与发展，增强人民体质，提高体育运动水平，促进社会主义物质文明和精神文明建设。

但是，体育法律与体育政策也有区别，主要表现在五个方面：

1. 制定的主体不同。体育法是由特定的国家机关制定的。《体育法》是由全国人民代表大会常务委员会审议通过的，《全民健身计划纲要》是由国务院发布的。而体育政策制定的主体，既包括政党，也包括国家机关。例如《关于进一步加强和改进新时期体育工作的意见》是由中共中央、国务院制定的。《关于对停办赛马博彩活动情况开展监督检查的通知》是由中共中央纪律检查委员会、监察部制定的。

2. 表现形式不同。政策通常以决议、决定、纲要、宣言、声明、通知、报告等文件的形式表现出来。体育法通常是以法律、行政法规、地方性法规等特定的规范性法律文件的形式表现出来。政策一般比较原则，具有指导性和号召性，而体育法的表现形式是各种特定的规范性法律文件，相比之下，其内容一般比较具体，权利与义务关系明确，规范性强。

3. 调整范围不同。体育法律与体育政策所调整的体育社会关系在范围上是交叉的。大多数体育社会关系既要由体育法调整，又要由体育政策指导。但也有不一致的地方，有时有些体育社会关系只能由体育法或体育政策的其中一种来调整。但总地来说，体育政策比体育法调整的社会关系范围更为广泛。

4. 实施的方式不同。体育法是由国家强制力来保证实施的，具有国家强制性。对于违

---

〔9〕 于善旭：《市场经济对体育法制化之规定的思考》，载《山东体育学院学报》1995年第1期。

法行为,有关的国家机关应依法追究法律责任,甚至给予法律制裁。而体育政策是通过各级党政机关贯彻落实来实现的。

5. 稳定程度不同。体育法律具有较高的稳定性,它应在较长的时期内保持不变,如果变动周期过短,则受法律调整的体育社会关系便会处于捉摸不定的状态,这样就不能建立起良好的法律秩序,不能保障体育的健康发展。政策的稳定性应分情况而定。政策有总政策、基本政策和具体政策之分。一般而言,总政策和基本政策是相对稳定的,主要是有关国家的重大的、基本的、长远的规划意见建议,具体政策则往往要随着客观形势的变化而做出灵活的调整,政策比法律更灵活、多变。

(二)体育法律与体育政策的关系

政策是法律的基础和灵魂,而法律是政策的特定表现形式,法律的制定和执行必须在政策指导下进行。在我国权威性的政策有党的政策和国家政府的政策。党的政策又有总政策和具体政策之分,改革开放就是总政策、国家政策。政策如果在法律上有明确规定的,本身就是法律的组成部分,如果在法律中无明文规定的,也是具有法律效力的,也能成为法律的一种渊源。

1. 体育政策是体育法律的依据。政策指导法律的制定,就是说法律的制定是把经过实践检验证明的正确的,并且较长时期内稳定的政策,规定为法律的内容。在体育法的制定过程中,体育法所体现的思想内容必须以党的基本政策为依据。因此体育法律中的原则和规则就是党的基本路线和其他基本政策的具体化和条文化,体育法的制定不得与党和国家的总路线、总方针、总政策及各项其他政策相违背。执行国家有关体育的法律、法规,也就是有效地贯彻实施党的体育政策的重要保证。在体育法的实施过程中,也必须坚持以党的政策为指导,尤其是在对体育运动的法律规定不十分明确和具体的情况下,坚持党的政策指导显得更加重要。

2. 体育法是贯彻党的政策的重要手段。党领导制定和贯彻各项政策的活动也要受法律的约束,各级党组织和其领导者都必须依法办事,党的政策不能与宪法和法律的规定相冲突,党的政策对法的指导作用也必须按法定程序来实现。

3. 体育政策与体育法的一致性。政策与法律由于各自不同的特点,在调整的社会关系上具有各自特有的优势。在保持政策与法律协调一致的基础上,充分发挥体育政策和体育法的各自优势,相互配合,既要发挥政策对体育改革与发展的指导作用,又要维护法律的权威,严格依法办事,依法治体,充分发挥体育法的规范性作用。

三、体育法与道德

道德是关于人们思想和行为的善与恶、美与丑、正义与非正义、公正与偏私等观念、原则、规范和标准的总和。它是依靠社会舆论、人们的信念来维系的。体育是精神文明的组成部分。“和平、友谊、团结、进步”,“更快、更高、更强”的奥林匹克精神在体育运动乃至整个人类社会生活中起到了巨大的激励作用。

(一)体育法与道德的关系

有人认为,法律至上会导致对道德否定,这是对法律与道德关系的误读。首先,法律与道德是两个相互联系而又相互独立的社会规范体系。它们发挥着各自不同的作用,肯定法的作用并不等于否定道德的作用。反过来亦如此。其次,法律至上并不等于法是万能的,有些体育领域仍需道德规范,只能由道德进行调整,也不能因法律至上而取而代之。最后,体育法是以一定的道德准则作为自己的社会基础并在一定程度上引导道德的发展。因此,体育法与体育道德是紧密相关的。体育法律的内容必须体现普遍意义的体育道德观念,体育法治以体育道德为其主导性价值。体育道德和体育法律都含有"义务"性的规范,义务是促使将体育道德义务上升为体育法律义务即体育道德规范法律化的基础。体育道德规范法律化,是将人类体育道德理念、原则、规范上升为法律的过程,也是好的体育法律由此产生和发展的过程;良好的体育法律,就是符合体育道德的法律,就是促进体育公平和正义的法律,它在某种程度上决定着体育法律的本质和特点;体育法律规范的道德化,是使体育法律转变为更高的道德习惯和道德义务的过程,在一定程度上还可能有助于道德的完善和发展,促进人与社会共同进步。

(二)体育法与体育道德的区别

1. 二者产生的条件不同。体育法是国家机关依照法定程序制定或认可的,是国家意志的体现,带有自觉性的特点;道德是人们在共同的物质生产和生活中逐渐养成,自发形成的。

2. 表现形式不同。体育法律是国家意志规范化的表现形式,法律是以法律文件的形式而存在的;而道德规范的内容存在于社会成员的道德意识之中,并通过人们的行为和言论表现出来。

3. 规范的内容不同。体育法律规范既规定了主体的体育权利,也规定了主体的体育义务,而且权利与义务是相一致的。体育道德规范追求的是人的体育行为的动机是否善良,体育道德的内容更侧重于个人对社会、对他人履行义务。道德对人们的要求比法律更高。

4. 实现方式不同。体育法是由国家强制力保证实施的,并由专门的国家机构来执行;体育道德是由社会舆论、传统习俗和人们的内心信念来维系的。

总之,不能把体育法与体育道德等同或混淆起来,不能把违反道德的行为看作违法行为,同时也不能把违法行为只看作违反道德的行为。必须把体育法与体育道德紧密结合起来,把依法治体和以德治体有机统一。

(三)体育法与体育道德的相互作用

1. 体育道德是体育法律的基础,体育道德又尊重人的自由、平等、人权。具体表现为:体育道德对体育法的制定有指导意义,体育道德的许多原则和基本要素对体育法制定起着指导作用。我国体育法的许多条款中都体现了社会主义体育道德的基本精神,如《体育法》第42条第1款规定:"国家加强对运动员的培养和管理,对运动员进行爱国主义、集体主义和社会主义教育,以及道德、纪律和法治教育。运动员应当积极参加训练和竞赛,团结协作,勇于奉献,顽强拼搏,不断提高竞技水平。"第39条规定:"国家促进竞技体育发展,鼓励运动员提高竞技水平,在体育赛事中创造优异成绩,为国家和人民争取荣誉。"体育道德对体育法的实施也具有重要的保证作用。道德的基本内容之一就是人们严格地、自觉地遵守国家的法律。从"有法可依"到"有法必依""执法必严"和"违法必究"这一过程,必须具备政治、思想、文化和组织等多方面的素质条件,其中重要的素质之一就是道德风尚的提高。各类体育主体自身道德素质的养成是体育法有效贯彻执行、实现体育全面法治化的基本条件。

2. 体育法直接把体育道德中最低限度的义务法律化,使之具有法律强制力。在体育运动的改革与发展过程中,对人们的一些道德义务中的最低限度要求,是社会基本秩序能否存在的保证。体育法中对体育道德的法律规范就是国家对人们在体育运动中的最低道德要求底线,对那些蔑视最低限度的义务,必须利用法律手段使之上升为法律义务,才能保证道德义务的实现。

3. 体育法推进体育道德水平的提高。在体育法律的制定过程中,以法律的形式将道德的许多原则、规范确定下来,这些原则、规范是最主要的道德要求,同时也成为人们在法律上的最低义务要求,从而促进人们的道德责任和道德水平的提高。

4. 体育法通过奖励性的手段对体育高质量发展起重要作用。体育法在规范体育行为过程中,不仅表现为责任、制裁形式,同时也表现为对体育模范、先进的奖励和表彰。另外,对在重大国际体育比赛中取得优异成绩,为国家做出突出贡献的运动员、教练员可以授予体育运动荣誉奖章。通过奖励方式进行榜样教育,以引导人们的行为,形成良好的社会风气,提高道德水平,改进道德风尚,促进体育团结、拼搏、公平、和谐的发展。

四、体育法与科学技术

体育法与科学技术的关系体现在两个方面:

1. 科技进步促进了体育法治建设。由于科学技术发展的成果必然产生一些体育运动的新领域和由此而形成的新的社会关系。随着新型体育社会关系的出现,新的体育法律、法规的产生是必然的。例如近十年来,兴奋剂作为医药科学发展的产物,使用的范围和剂量在逐渐加大,全世界因这种药物死亡的运动员人数增长极快,这完全违背了体育运动的初衷。体育运动是一种世界性的文化,是人类文明的组成部分,对一切反文化的现象都应该抵制。我国《体育法》第 53 条第 1 款规定:"国家提倡健康文明、公平竞争的体育运动,禁止在体育运动中使用兴奋剂。"国务院也制定了《反兴奋剂条例》。

科学技术的发展丰富了体育法治的内容。随着科学的不断发展,体育科学知识被大量引入法律领域。体育科技方面的立法越来越重要,越来越规范。

科学技术发展扩展了体育法的规范形式。科学技术中大量的纯技术性的各种标准纳入法律当中,大量的科技术语、概念纳入法律中,形成一种新的法律范式——法律技术规范(技术法规)。

2. 体育法促进和保障科技进步,如运动员的运动技术法规是将运动员的技术等级法律化。

体育法对体育科技进步起着指引、协调和促进的作用。国家以法律规范的形式确认和保护体育科技事业在体育事业中的重要地位。

体育法对科技进步起着重要的激励作用。体育法中对体育知识产权的保护,对科学发现和技术发明的奖励等制度,都是激励科技进步的重要制度。

体育法为科技进步提供了良好的法制环境,如规范了人们的体育行为、确定了法律制度（著作权制度、智力成果权制度等）、增强了人们的法治观念，从而促进和保障体育科技创新发展。

思考题

1. 什么是体育法？体育法的调整对象是什么？
2. 体育法的本质和特征是什么？
3. 什么是体育法律关系？体育法律关系的构成要素是什么？

第二章　体育法的产生和发展

第一节　体育法的产生

体育的产生是以人类的出现为前提的，以人类社会发展为基础的。人类体育活动的历史早于人类法律规则的历史。而体育法是到国家出现后才产生的，是国家意志在体育领域中的体现。体育法是随着人类文明不断进步，体育发展到一定阶段而产生发展起来的。原始人类在劳动和生存的斗争中，走、跑、跳、投等能力得到发展，这可以说是最初的体育活动，此时的体育活动中各种关系是以世代相传的习惯调整的。人类进入阶级社会后，出现了国家，出现了调整人类在各种活动中的关系的新规范，这种新规范由国家确认并赋予强制力，就成为法。可以说体育法是以规范和调整体育活动为前提，社会发展到一定阶段才产生的，是国家意志在体育活动中的体现。体育法的产生大致经历了三个阶段。

一、体育活动中的习惯阶段

"有了人，我们就开始有了历史。"[1]体育是人类社会发展到一定阶段的产物。体育项目都有一个从不成熟到成熟的过程。在这个发展过程中，其最初是依靠习惯形成的，这些习惯世代相传并得到遵守，因此被称为习惯规范。

原始社会后期，在一些较为发达的部落出现了原始的娱乐活动。皇甫谧的《帝王世纪》记载："帝尧之世，天下太和，百姓无事。有八十老人，击壤于道……"关于击壤的方法，后世有过这样的记载："壤以木为之，前广后锐，长三四寸，形如屐。腊节童少以为戏，分部为摘博"（三五成群地分部比赛）。[2] 这可以说是我国较早时期的有文字记载的体育习惯规范。原始人喜庆丰收、庆贺胜利、欢度节日时常常"手舞足蹈"。例如《尚书·益稷》中记载的"击石拊石，百兽率舞"，反映了远古人类猎获动物后的欢乐。他们乔装成各种动物的样子，遵循着有轻有重的石器敲击声有节奏地模仿鸟兽的动作和形态而舞蹈。[3]

自先秦以来，我国古代体育活动都是与劳动、教育、娱乐、军事等相联系的。在人们传授技能的过程中，都要提出一些有约束的要求令其遵循，久而久之就形成习惯，世代相传下来。在现代社会存在于民间的大量体育活动，有许多是靠习惯世代相传的，如跳绳、扭秧歌、

---

〔1〕 体育史教材编写组编：《体育史》，高等教育出版社 1996 年版，第 8 页。
〔2〕 体育史教材编写组编：《体育史》，高等教育出版社 1996 年版，第 14 页。
〔3〕 体育史教材编写组编：《体育史》，高等教育出版社 1996 年版，第 15 页。

踢毽子等。因此,可以说体育活动中的各种关系的规范最初都是依靠人类的习惯而进行的。体育法的产生是一个长期而复杂的发展过程。

二、体育活动中的规则阶段

随着社会生产力的发展,体育活动的参与人数、种类以及频率的增多,人们在体育活动中逐渐有意识地遵循一些方法或方式,体育活动的规则就产生了。人类早期的体育活动由于同军事、教育结合在一起,没有形成一种独立的文化活动系统。早期的体育活动规则多出于军事、教育和社会伦理的需要而作为一般规则逐渐产生,从而由个别调整转为一般调整。

战国时期就有蹴鞠活动。"以革为囊,实以毛发。"《史记·苏秦烈传》记载:"临淄甚富而实,其民无不吹竽鼓瑟,弹琴击筑,斗鸡走狗,六博塌鞠者。"当时齐国都城丰富多彩的娱乐活动中就开始有蹴鞠活动了。到了汉代,在宫苑内一直有蹴鞠活动,后来由于军事制度的演变,步兵大量兴起,蹴鞠又作为士兵锻炼体质、体能和意志的一种手段受到重视。到了宋代,蹴鞠活动蓬勃兴盛起来,从宫廷到民间都很流行。宋徽宗酷爱蹴鞠,在活动的形式、方法方面都很讲究。由于蹴鞠活动在民间的兴盛,当时产生了蹴鞠的组织"园社",各有队伍,进行比赛。宋代的蹴鞠场地上有装一个球门的,也有装两个球门的。竞赛分两队进行,称为左右两军,分别着红、青两色的衣服,各队十余人,球头与副球头各一人,相当于正副队长之职;其他人为跷头、正挟、头挟、左竿网、右竿网和散立等名目。当时的比赛规则较为简单,但它是现代体育运动项目足球规则的雏形。随着人类社会的发展,足球运动在场地、设备、规格、裁判等方面的规则不断充实和完善。在体育运动发展过程中,其规则一般都比较简单、形式较为零散,而且主要以不成文法的形式出现,后来随着社会进步和文化的发展才逐渐发展成为较明确的规则。[4]

三、体育活动中的法规范阶段

法是随着国家的产生而出现的。在人类原始社会时期,调整人们之间关系的是经久习用的一些习惯。随着生产力的进一步发展、阶级的产生,尤其是国家产生以后,人们之间的关系变得复杂起来,有些关系逐渐变得很对立,原有的习惯已不能完全适应社会的需要。统治阶级需要一种新的行为规范,以保证自己的权力和权威地位,根据自己的意志来调整和维护新的社会秩序,这种基于新的社会秩序形成的行为规范就成为了法。因此,人类早期的体育法大多是国家对某些体育习惯、体育活动规则的认可,赋予其法律效力以及由此发展而来的成文法。例如在《梭伦法典》中,规定了轻骑兵的资格、农民的竞技和训练、各类竞技管理和体育竞赛优胜者的奖励等。在我国古代的某些法令中,也有关于体育方面的条文。例如魏国曾制定《习射令》,规定按射技的高低来判决诉讼的胜负。《管子·小匡》中记载了管仲在齐国变法时,责令各级官吏举荐"有拳勇股肱之力,筋骨秀才出众者",否则以"蔽才"论罪。

早期的体育法由于大多是出于军事需要而颁发的政令,显得零散而不系统。这反映了

---

〔4〕 姜仁屏、刘菊昌主编:《体育法学》,黑龙江人民出版社 1994 年版,第 26 页。

社会对体育活动的管理是自发的,体育还没有形成为独立的文化活动。体育法是随着近代体育的形成和近代民族国家的出现而产生的,在中世纪后期,城市文化生活日益丰富和活跃,体育活动也随之兴盛起来。19 世纪欧洲资产阶级革命相继成功,体育作为一种基本人权,与教育一同在国家的许多法律中得到体现和肯定。国家对教育日益增加干预,催生了单独的体育法。近代最初的体育法主要是关于学校体育的法令。国家用法律的形式对学校体育做出了全面的规定,表明体育在社会生活中的地位和作用日益突出,管理体育正在成为国家事务的重要内容。[5]

随着近代体育发展更加普及化和科学化,第一次世界大战后的各国体育立法已不局限于学校的范畴,逐渐发展为带有综合性质的体育基本法。第二次世界大战前,欧洲不少国家颁布了体育法,其内容涉及体育目的、行政机构与体育组织、经费等方面的规定。第二次世界大战以后,体育运动的科学化和社会化趋势更加突出,体育在社会生活各方面正发挥着日趋重要的作用,正以全社会的规模向终身体育和全民健身发展。自 20 世纪 60 年代以来,各国又一次掀起了体育立法的热潮,许多国家相继制定和颁布了自己的体育法。[6] 各国体育立法进入一个新时期。体育立法从国家对体育的管理、学校体育、社会体育、竞技体育到体育场地、资金、器材、体育科研、体育产业等角度,关系到人们体育活动的各个方面。例如 1961 年日本颁布了《体育运动振兴法》、1967 年罗马尼亚颁布了《发展体育运动法》、1975 年法国颁布了《发展体育运动法》、1978 年美国国会通过了《业余体育法》(1998 年修订为《特德 · 史蒂文斯奥林匹克和业余体育法》)[7]等。进入 21 世纪,随着体育运动全球化发展,各国之间的体育合作不断加深,政府参与体育立法的功能不断加强。各国通过体育法律规范、管理、引导、促进体育事业的发展,竞技体育、运动员管理、体育产业、群众体育等各方面都离不开法律的规范。例如 2003 年《加拿大身体锻炼和竞技运动法》、2003 年通过《世界反兴奋剂条例》(目前已公布 2021 年版)、2001 年《澳大利亚联邦运动会管理法》、[8]2009 年《南非体育和娱乐比赛项目安全法》等。

体育法的产生和发展与社会生产力、人类文明的进步和体育的发展紧密相关。体育的发展是体育法产生的前提和基础,反过来体育法的形成和完善又促进了体育的健康和有序发展。

第二节 我国体育法的发展

一、近代体育法的发展

(一)清政府末期体育法的发展

1840 年鸦片战争以后,中国从封建社会逐步沦为半殖民地半封建社会,中国进入近代

---

〔5〕 姜仁屏、刘菊昌主编:《体育法学》,黑龙江人民出版社 1994 年版,第 28 ~29 页。
〔6〕 郭树理:《体育纠纷的多元化救济机制探讨——比较法与国际法的视野》,法律出版社 2004 年版,第 34 ~35 页。
〔7〕 吴义华、张文闻:《英美法系国家体育立法概述》,载《河北体育学院学报》2010 年第 3 期。
〔8〕 程蕉、袁古洁:《美国、澳大利亚、南非、日本体育立法比较研究》,载《体育科学研究》2012 年第 5 期。

历史时期。中国的这一时期是一个动荡大变革的历史时期。一方面，伴随着资本主义列强对中国的军事、政治、文化、宗教的侵略；另一方面，由于中国社会各界曾有接受西方文化的欲望和要求，社会上掀起了一股向西方学习的思潮。西方近代体育思想的内容和方法随之传入中国。同时，中国传统体育也有所发展变化，成为中国近代体育的重要组成部分。但当时体育从来没有得到清政府的真正重视，体育法制也十分不健全。

清末，涉及体育的规范有：

1. 1902 年，清政府颁布了《钦定学堂章程》，即《壬寅学制》。这个章程是由张百熙拟定的，并经清政府批准颁布。这个章程规定把学校分为七级，高等学堂以下都学习体操。但这个章程未及实施就被废止了。

2. 1903 年，清政府颁布了《奏定学堂章程》，即《癸卯学制》。《奏定学堂章程》是中国历史上由政府公布并在全国范围内施行的第一个学校制度，对后来的学校教育影响很大。它将"体操课"列为各级各类学校的必修课，规定小学堂每周 3 学时，中学堂每周 2 学时，高等学堂每周 1 学时，师范学堂和实业学堂每周 2 学时。体操课内容均"以兵式体操为主"、普通体操为辅。章程反映了晚清教育的封建专制性质，同时也奠定了体育在我国教育中的地位。

3. 编练新军，办国事学堂。鸦片战争以后，清统治集团中的一些军阀、官僚意识到，要巩固自己的统治地位，就需要建立一支新式军队。1903 年谕旨设立了练兵处，次年清政府批准颁布了练兵处关于全面编练新军和建立各级陆军学堂的两个条陈。这两个诏令规定依照西方军队和军事学堂改造中国军队。这就使包括西方军事体育、西方体育在内的练兵方法在中国军队中得到了确立。

直接负责军事训练工作的是练兵处的军学司，军学司下设训练教育科、编译科和水师科等。在练兵处当时制定和编译的各种操典、章程中，各种体操活动是最重要的训练科目。

4. 1906 年清政府学部通令全国《通行各省推广师范生名额电》，令于省城师范"附设五个月毕业之体操专修科，授以体操、游戏、教育、生理、教授法等，名额百名，以养成体育教习"。这一通令为新式学堂快速发展解决了师资奇缺的社会矛盾，同时也奠定了我国师范体育教育的基础。[9]

(二)民初、北洋军阀统治时期

1911 年的辛亥革命结束了中国封建帝制时代，建立了中华民国，我国进入一个新的历史时期。辛亥革命后，在资产阶级革命民主派的影响下，在教育上采取了一系列新措施，教育部于 1912 年 9 月颁布了新学制，历史上称为"壬子学制"，此后又陆续颁布了有关学校的各种法令，对"壬子学制"有所补充和修正。到 1913 年合并成为"壬子葵丑学制"，在颁布的各级学校令中，规定了各级学校体操的规定。1914 年公布了《教育部官制》，规定由教育部的社会教育司负责"公众体育及游戏事项"，但尚未成立专门的体育行政机构。

中华民国成立不久后，由于资产阶级民主派的妥协，辛亥革命的胜利果实被袁世凯窃取，此后中国经历了北洋军阀轮流当政时期。这一时期，中国社会经济、政治、文化的发展错

---

〔9〕 姜仁屏、刘菊昌主编：《体育法学》，黑龙江人民出版社 1994 年版，第 30～32 页。

综复杂、变幻多端。中国近代体育制度在中国开始建立。在全国教育联合会的推动下,1915年“国会”通过了把新武术定为“学界必学”的“中国式体操”的决议,武术从此成为学校体育的内容。1922年11月正式公布了《学校系统改革令》,制定了新学制,小学和中学的修业年限由过去的“七四制”改为“六三制”。1923年公布的《新学制课程标准》正式把学校的“体操科”改名为“体育科”,剔除了中小学的兵操,体育科与课外体育活动内容逐步统一,田径、球类等运动在中等以上的学校得到了广泛的开展。这是我国学校体育教育的一个重大变革,也是中国近代体育史上的一大进步。

(三)国民党政府统治时期

1928年,南京国民党政府建立后,在体育方面采取了一系列步骤和措施。1929年公布了教育宗旨和教育实施方针,提出了许多新的措施,建立起一套教育制度,加强了学校的管理。在教育部领导下的全国体育委员会成立,负责指导全国体育。1929年公布了《国民体育法》,在国民政府公布的体育法中,全国体育行政事务由教育部和国民党的训练总监部共同负责。1932年公布的《国民体育实施方案》,规定建立教育部体育委员会,作为最高体育行政机关。1936年设立了教育部的体育组作为体育委员会的工作机构。1939年又根据《修正体育委员会章程》设立了设计、编辑两个组代替教育部体育组。1941年《修正国民体育法》及《国民体育委员会章程》,又改“体育委员会”为“国民体育委员会”,同时增设研究编审组。1945年经立法院通过,国民政府批准公布了《教育部国民体育委员会组织条例》,至此,体育行政机构的设立才有了完全的法律依据。

国民党政府订立的一些体育法规,按其内容可以大体分为以下几类:

1. 体育基本法

1929年国民政府公布了《国民体育法》,该法共13条,规定了体育目的、方法、行政组织、体育组织和教师资格等。1941年国民政府又公布了《修正国民体育法》,该法的条文更为简单。国民党政府还制定了有关的实施方针,如1932年的《国民体育实施方案》、1941年的《国民体育实施方针》、1945年的《国民体育实施计划》。

2. 体育行政机构组织法

1927年建立“体育指导委员会”;1932年建立教育部体育委员会,各省市教育局的相关机构亦建立起来;1933年教育部内部设立“体育督学”的机构,各省市也设立了这一官职;1936年教育部设立“体育组”,加强对学校体育、军训的管理。

3. 学校体育法

学校体育是体育立法的一个重要方面,在体育法规中,学校体育法规占有较大的比重。国民党政府颁布了一系列重要的体育法规:1931年的《初级中学体育课程标准》和《高级中学普通科体育课程标准》;1932年的《小学体育课程标准》;1936年的《暂行大学体育课程纲要》;1940年的《各级学校体育实施方案》《各级学校体育设备暂行最低标准》等。

4. 社会体育法

国民党政府对社会体育也制定了许多法规。1927年成立了“全国体育指导委员会”,拟定了《各省体育会组织条例》和《省会及通商大埠城市公共体育场办法》。1939年颁布了《体育场规程》《体育场工作大纲》《体育场辅导各地社会体育办法大纲》。1944年以后颁布了《体育场工作实施办法》《体育会组织办法》《全国运动大会及各省市县运动会举行办法》《体育节举行办法要点》等法规。

国民党政府时期有各种体育法规，从形式上看是比较完备的。虽然这些法规也反映了当时体育发展的趋势，但实施者甚少。

(四)中央苏区和革命根据地的体育法

1921年中国共产党成立之后，新民主主义革命开始，党十分重视体育工作。在中国共产党的领导下，根据地军民开展了丰富多彩的体育活动，为新中国的体育事业做出了不可磨灭的历史贡献。革命根据地的体育是中国共产党领导下人民大众的体育，在中国革命根据地极其艰苦的漫长岁月里，体育服务于革命斗争。尽管当时的体育立法还不够完善，但它锻炼了工农兵的体魄，提高了战斗力，增强了团结，培养了意志，树立了革命乐观精神，活跃了广大工农兵群众的文化生活。同时，革命根据地方面的宝贵经验也为中华人民共和国成立后发展体育事业打下了重要基础。

中央苏区学校、部队、职工、机关所开展的体育活动都是以反“围剿”“锻炼身体干革命”为总方针。1933年中央苏区发布了《各种赤色体育规则》，1934年中央教育人民委员部制定了《俱乐部纲要》。1933年苏区成立了大型组织“中华苏维埃共和国赤色体育会”，1937年成立了“陕甘宁边区体育运动委员会”，1940年成立了“延安体育会”，1942年成立了“延安新体育委员会”和“延安体育总会”等。这些组织在加强体育运动的组织与领导方面发挥了巨大作用。革命根据地负责体育事务的是各级教育人民委员会、教育厅、教育委员会和文化接管委员会的教育部。当时的体育立法活动主要是在这些部门领导下进行的，包括学校体育和群众体育。学校体育方面的重要法令主要有1934年教育人民委员会颁布的《中华苏维埃共和国小学校制度暂行条例》《小学课程教学大纲》。当时按法令规定，红色区域的小学一般为五年，每周游艺课时8小时，其中包括体育课，体育内容以运动游戏和体操为主。群众体育方面除颁布了有关俱乐部建设法令外，各苏区历次代表大会决议中，大多包括开展群众性体育活动的内容。据统计，中央苏区当时有俱乐部19175个，参加文化体育活动的达9.3万余人。有关俱乐部建设的法令有1933年中央教育部颁布的《俱乐部组织和工作纲要》，教育人民委员部颁布的《关于建立和健全俱乐部的组织和工作》；1934年颁布的《俱乐部纲要》《儿童俱乐部的组织与工作》；1943年陕甘宁边区文教大会上还通过了《进一步开展工厂、机关、学校体育运动的决议》。

中央苏区和革命根据地的体育法是中国共产党在新民主主义革命过程中积累的体育法制建设的经验，这些经验成为中华人民共和国社会主义体育法的重要来源。

二、中华人民共和国体育法的发展

(一)社会主义建设时期体育法的发展(1949~1977年)

1.体育法初创时期(1949~1956年)

1949年至1956年，是我国从新民主主义向社会主义转变，基本完成社会主义改造的时期，也是中华人民共和国体育事业的开创时期。党和国家十分关怀人民的健康，重视发展体育运动。1949年公布的《中国人民政治协商会议共同纲领》中明确规定：“提倡国民体育。”1952年,毛主席题词:“发展体育运动,增强人民体质。”1953年,他又号召全国青年做到“身体好,学习好,工作好”。1954年党中央发出的关于加强人民体育运动工作的指示中,明确提出“改善人民的健康状况,增强人民体质,是党的一项重要政治任务”“当前我们国家正处在为实现过渡时期总路线、总任务而奋斗的时期,加强体育工作就更有重大意义”。

为了加强对中华人民共和国体育事业的领导,1949年10月成立了中华全国体育总会,朱德同志担任名誉主席。1952年11月,政务院决定建立国家体育运动委员会,委任贺龙同志为体委主任。为使中华人民共和国体育工作有章可循,从1951年起着手建立各项法规制度。这一时期制定的体育法规、规章和规范性文件主要有:全国体育总会、中央广播事业局等《关于推行广播体操的联合通知》(1951年)、中央人民政府政务院《关于改善各级学校学生健康的决定》(1951年)、中央体委《关于公布准备劳动与卫生体育制度暂行条例、暂行项目标准、预备级暂行条例的通知》(1954年)、中央人民政府政务院《关于在政府机关开展工间操和其他体育活动的通知》(1954年)、全国总工会《关于开展职工体育运动暂行办法纲要》(1955年)、国务院批准发布的《体育运动委员会组织简则》(1956年)、国家体委发布的《中华人民共和国体育运动竞赛制度暂行规定》(1956年)、《中华人民共和国运动员技术等级制度条例》(1956年)、《中华人民共和国裁判员技术等级制度条例》(1956年)、《青年业余体育学校章程》(1956年)、《少年业余体育学校章程》(1956年)。此外,还制定了《中华全国体育总会章程》(1952年)、《基层体育协会示范章程》(1956年)等。这些法规、规章和规范性文件对于建立和健全各级体育组织机构,促进人民身体健康,推动体育竞赛活动的开展,建立民族的、科学的、大众的体育发挥了重要作用,也为我国体育法制建设奠定了良好的基础。[10]

2. 体育法稳定发展时期(1956~1965年)

1956年9月,中国共产党第八次全国代表大会确定了国家的主要任务是集中力量发展社会生产力,进行社会主义经济建设。从此,我国开始进入全面的大规模的社会主义建设时期。这个时期,党中央批准了体委党组提出的“体育运动的根本任务是增强人民体质,为劳动生产和国防建设服务。根据这一任务,体育运动的方针是:适应‘生产大跃进’中广大劳动人民对增强体质的要求,大力开展群众性的体育运动,在体育运动广泛开展的基础上提高技术水平,不断创造新纪录”。它完全符合周恩来同志在党的八大所作的报告中强调的“我们应该在广大群众中进一步开展体育运动,有效地增强人民的体质,并且提高我国体育运动的水平”的精神。

这个时期,我国体育事业有了很大的发展,不仅群众体育更广泛地开展,学校体育进一步受到重视,而且运动成绩不断提高,特别是1959年和1965年,围绕第一届和第二届全国运动会,先后出现了两次体育高潮,极大地推动了我国体育事业的蓬勃发展。为适应体育形势发展的需要,这个时期的体育法制建设也得到加强。据统计,这个时期除继续执行前一时期行之有效的体育法规外,还新制定和修改了一批体育法规、规章。在群众体育方面主要有:国务院批准、国家体委发布的《劳动卫国体育制度条例》(1958年)、国家体委发布

---

〔10〕 刘晖:《新中国体育法制建设的回顾》,载《体育文史》1995年第1期。

的《青少年业余体育学校实行工作条例》(1964 年)。在运动技术等级制度方面主要有:国家体委发布的《中华人民共和国教练员等级制度》(1963 年)、《中华人民共和国裁判员等级制度》(1963 年)。在运动训练方面主要有:国家体委发布的《运动队伍试行工作条例》(1963 年)、《运动队思想政治工作条例》(1963 年)。在运动竞赛工作方面主要有:国家体委发布的《关于各级运动会给奖办法的暂行条例》(1957 年)、《中华人民共和国体育运动竞赛制度》(1958 年)、《关于运动竞赛纪律的几项规定》(1963 年)、国务院《关于批准各项运动会全国最高纪录审查及奖励制度的通知》(1963 年)。此外,还有国务院批准,国家体委、公安部发布的《射击运动枪支弹药管理使用暂行规定》(1958 年)、《射击场设置管理规程》(1958 年)等。这一时期体育立法较前一个时期更全面,特别是运动训练、竞赛法规更加完善。在立法技术上也有一定进步,但仍有很多本应该以法规形式规定的内容以行政措施、领导人讲话的形式出现。例如,群众体育方面在这一时期仅制定了 3 部法规,比前一时期还少了 5 部,而且开展群众体育运动的方法则是脱离实际的“双红”“四红”运动,期望通过群众运动实现 1958 年制定的体育 10 年发展规划中全国有 2 亿人通过劳卫制等高指标,助长了浮夸风。在运动训练中不注重科学性,造成不少运动创伤。另外,这个时期由于“左”的思想影响八大确立的正确方针没有在实践中得到很好的贯彻,继之又出现了反右派斗争扩大化和反右倾斗争,以及“大跃进”运动等,都给体育工作带来了消极影响。这在一定程度上已影响了体育法制建设。[11]

3. 体育法基本停滞时期(1966 ~ 1976 年)

这个时期社会主义经济秩序遭到严重破坏,公检法受到极大冲击。从中央到地方,整个体育系统陷入了瘫痪状态,体育法制建设也就根本谈不上了。直至 1971 年,周恩来同志明确肯定“文化大革命”之前 17 年体育工作中成绩是主要的以后,才制定了一些零星的体育法规文件。其中包括国家体委、国务院教科组《关于在全国中小学推行第五套儿童广播体操的通知》(1973 年)、国务院批准的《国家体委关于在全国施行国家体育锻炼标准条例的请示报告》(1975 年)。[12]

(二)改革开放时期体育法的发展(1978 ~ 2011 年)

1. 体育法恢复与快速发展时期(1976 ~ 1994 年)

1976 年 10 月粉碎“四人帮”后,党中央提出拨乱反正,1978 年 12 月召开了具有重大历史意义的党的十一届三中全会,在确定党和国家的工作重点转移到以经济建设为中心的社会主义现代化建设上来的同时,提出了发展社会主义民主,健全社会主义法制的重大任务。我国体育工作也不失时机地将工作重点转移到发展体育事业上来,使群众体育和竞技体育出现了前所未有的崭新局面,作为国家法制建设的一个组成部分的体育法制建设,同样也取得了明显成绩,主要表现在以下几个方面:

(1)根据体育事业的发展和改革的需要,加快了立法的步伐。在 1982 年新制定的《宪法》中明确规定“国家发展体育事业,开展群众性体育活动,增强人民体质”,为我国体育事

---

〔11〕 刘晖:《新中国体育法制建设的回顾》,载《体育文史》1995 年第 1 期。

〔12〕 刘晖:《新中国体育法制建设的回顾》,载《体育文史》1995 年第 1 期。

业的发展提供了宪法保障。

在新的历史时期,我国制定发布了大量的体育行政法规和规章。据统计,党的十一届三中全会以来至1994年制定发布的体育行政法规和规章共455件,是中华人民共和国成立以来发布的体育法规、规章总数的87%。在法规、规章内容上,覆盖面也较广。它涉及体育领域的各个方面,包括社会体育、学校体育、竞技体育、体育教育与科研、体育新闻广告、体育外事、劳动人事、财务与器材、物资、监察审计以及文书档案保密与安全、保卫等。这些法规和规章保障并促进了体育发展与改革的顺利进行。

(2)初步建立了比较可行的体育立法制度。为加强体育立法的科学性,国家体委于1987年7月发布了《关于制定体育法规程序的规定》,从法规名称、立法原则、立法计划,到法规起草、审议、发布实施等,都作了具体的规定,从而使体育立法工作开始走上程序化、规范化、法制化的轨道。

(3)加强了体育法制机构建设。1987年,国家体委在办公厅设立了法规处,作为机关法制建设的归口管理部门。1989年,进一步成立了政策法规司,提高了政府法制工作机构的地位,同时也使体育法制工作与体育理论研究紧密结合。政策法规司、法规处的主要职责是:归口管理体育立法工作,根据国家统一安排,承担本系统法制宣传教育的任务;组织体育法制的调查和学术研究;承担国家体委的行政诉讼和行政复议事务;承担全国人大、国务院和有关部门的法律、法规、规章(草案)征求意见的答复工作;其他日常工作等。法规处成立以来,为我国体育法制建设做了大量的基础性和开拓性工作。

(4)全面清理了体育法规。根据国务院的部署,国家体委对中华人民共和国成立以来的体育法规进行两次全面清理。第一次在1984年6月至1985年2月,第二次在1988年8月至该年年底。通过清理,发现和纠正了体育立法中不规范、不系统的问题,并明令废止了240件体育法规。在清理法规的基础上,国家体委编辑出版了《现行体育法规汇编(1949~1988)》和《中华人民共和国体育法规汇编(1989~1992)》。

(5)体育法学理论研究开始起步。体育法学是一门新学科,这个时期虽然研究力量薄弱,研究的深度和广度还不够,但已获得了可喜的成果。例如石刚等编著的《体育法学概论》,姜仁屏、刘菊昌主编的《体育法学》填补了我国体育法学上的空白,促进了体育立法和法学的研究工作。

2. 体育法治化新时期(1995~2011年)

1995年8月29日第八届全国人大常委会第十五次会议上,通过了中华人民共和国成立以来的第一部体育基本法律——《体育法》。不久后党的十五大将"依法治国"作为基本的治国方略,于1999年将依法治国方略写入宪法,2004年国家又将尊重与保障人权写入宪法,标志着我国法治建设进入飞速和深化发展的时期。我国体育法治建设开始推进,体育事业发展各项工作逐步纳入法治化轨道,并取得了可喜成就。

(1)依法治体的治理理念得以确立。《体育法》的通过,结束了我国没有专门体育法律可依的历史,《体育法》是发展我国体育事业和加强体育法治建设中较高层次的法律规范。体育作为国家事业的一个重要组成部分,应该纳入法治化发展轨道。法治是体育事业发展的根本保证,依法治体是体育行政部门和社会各界人士应具备的基本治理理念。

应坚守法治理念，把法治精神融入依法行政和依法治体的具体实践，尤其各级政府应始终坚持依法治体，加大全面建设法治体育的力度，提高法治化水平，建立体育法治化的新常态。

（2）强化体育权利的保护。与20世纪80、90年代体育法治建设相比，这个时期的体育法治建设在立法内容和侧重点上更加体现法治精神，重视对公民体育权利的保护。2000年国家体育总局发布了《中国体育彩票全民健身工程管理暂行规定》，对国家用体育彩票公益金援建社区体育设施提供了法律保障；2003年6月针对西部地区援建的"雪炭工程"制定了《"雪炭工程"实施办法》；2003年，国务院又通过了《公共文化体育设施条例》，重点规定了公共体育设施的规划、资金、用地保障、适用范围、服务规范以及公共体育设施管理保护的制度和措施，并明确了政府的责任，保障了公民体育权益的实现。此外，在加强普通民众体育权益保护的同时，还特别加强了对特定群体体育权益的保护。例如2002年国家体育总局公布了《农村体育工作暂行规定》，2006年国家体育总局公布《关于实施农民体育健身工程的意见》对农民体育工作进行了部署和规划，加强了农民体育权益的法律保护。还有2007年国务院办公厅《关于进一步加强残疾人体育工作的意见》，中共中央、国务院《关于加强青少年体育增强青少年体质的意见》等。

（3）依法行政水平提高。依法治国方略的确立，摒弃了把法律仅当作执行政策或实现某一具体目标的法律工具主义观念和做法，实现了法律对国家管理政治、经济、文化和社会生活进行全面管理和调控，现代法治要求政府要依法行政。2004年国务院印发了《全面推进依法行政实施纲要》，对进一步落实依法治国方略、依法行政和建设法治政府进行了全面部署；对各级政府及其体育行政主管部门在体育工作中提高依法行政的能力、坚持依法治体提出了更高的要求。各级体育行政部门在依法行政的推进中，积极进行体育行政执法机制的探索，逐步加强体育执法的规范化建设，建立了体育行政执法的各种工作制度，明确体育行政执法机构和人员的任务、权限、程序与行为规范，坚持体育执法人员持证上岗，实行体育执法责任制。[13]

（4）地方立法飞速发展。《体育法》颁布后，一些省、自治区、直辖市人大和政府审定颁布了许多地方性法规、规章。地方体育立法步伐的加快不仅为各地体育事业的发展提供了法律保障，而且也为国家宏观调控体育立法积累了经验，创造了更为有利的条件。从区域上看，全国绝大部分省、市、自治区、直辖市和较大市都进行了地方体育立法。从立法数量上看，《体育法》颁布实施以来，由各地人大或人大常委会制定和颁布的地方性体育法规以及由各省、自治区、直辖市政府审定颁布的地方政府部门体育规章数量迅猛增加，短短几年制定了百余件。从立法内容上看，涉及全民健身、体育场地和设施、体育竞赛、体育人才、体育市场与经营等各个方面。[14]

（5）体育法治国际化趋势明显。在国内形势和国际形势的双重影响下，我国体育法治国际化发展趋势明显。国际体育合作与发展的法律行为调整、国际体育纠纷的解决等使涉

---

〔13〕　于善旭：《新中国60年：体育法治在探索中加快前行》，载《天津体育学院学报》2009年第5期。

〔14〕　郭春玲、张彩红：《我国体育立法回顾与述评》，载《西安体育学院学报》2008年第3期。

外体育法律和国际体育法律成为当今我国体育法治建设中的重要话题。尤其2008年北京奥运会对我国体育法治建设产生了巨大的影响力。北京奥运会期间我国在体育立法方面建立和完善了一系列法律法规政策,先后出台了《奥林匹克标志保护条例》《反兴奋剂条例》《国家奥林匹克体育后备人才基地认定办法》等一系列专门针对奥运会行为的规范,对中国与世界体育交流与融合,对中国体育事业的国际化发展提供了国内法保障。体育法治的国际化将使中国传统体育文化获得更新,同时也影响着中国体育法治现代化的方向和进程。[15]

(6)体育法学理论研究进一步加强。在吸收前人的经验基础上,并适应体育工作改革和发展的需要,体育法学的理论研究逐步得到人们的重视,这一新兴学科取得了一定的研究成果。一些教材和专著得以出版,如《体育法学概要》(张厚福、罗嘉司主编)、《体育法学》(汤卫东编著)、《体育法理》(张厚福著)、《体育纠纷的多元化救济机制探讨——比较法与国际法的视野》(郭树理著),并有一批体育法方面的论文得以发表。一些体育院校开设了体育法学课程,有的高校已经开始培养体育法专业方向的硕士生。一些体育法的研究机构也相继成立,较大规模的全国性学术组织是中国体育法学研究会,其在中国法学会领导下,在国家体育总局的指导下,团结和组织全国体育法学研究者和法律工作者,开展体育法学理论探索,开展体育法学实践活动,进行国内外体育法学方面的交流合作。还有一些高等院校也成立了学术组织,如中国政法大学的体育法研究中心和西安体育学院体育法学研究中心等。今后,在体育法学研究方面还需要进一步探讨体育改革中体育管理体制的转换、体育社会关系调整、利益分配、体育产业法治建设、全民健身活动开展、体育公共服务事业发展、体育社会保障等问题,使体育法学理论更好地为体育改革和发展服务。

(三)新时代体育法的发展(2012至今)

1. 加强党对体育事业的全面领导

加强党的领导是做好体育事业的根本保证。中国特色社会主义最本质的特征是中国共产党的领导,党是最高的政治领导力量。党的十八大以来,我国体育事业取得显著成就,最根本的原因就是,在以习近平同志为核心的党中央坚强领导下,党对体育事业的全面领导得到有力贯彻,党对体育工作的领导得到全面加强。这为我国体育改革发展提供了坚强的政治保证。从"由体育大国向体育强国迈进"到"体育承载着国家强盛、民族振兴的梦想。体育强则中国强,国运兴则体育兴",体育在国家发展、民族复兴中的地位显著提升。进入新时代,我们要深入学习贯彻党的二十大精神,持续坚持和加强党对体育事业的全面领导,以习近平新时代中国特色社会思想为指导,深刻领悟"两个确立"的决定性意义,增强"四个意识"、坚定"四个自信"、做到"两个维护",自觉同以习近平同志为核心的党中央保持高度一致,在思想上高度认同,政治上坚决维护,组织上自觉服从,行动上紧紧跟随。依法治国是党领导人民治理国家的基本方略。依法执政是治国理政的基本方式。"全面推进依法治国,有利于加强和改善党的领导,有利于巩固党的执政地位、完成党的执政使命。"[16]依法执

〔15〕 郭春玲、张彩红:《我国体育立法回顾与述评》,载《西安体育学院学报》2008年第3期。

〔16〕 《习近平法治思想概论》编写组编:《习近平法治思想概论》,高等教育出版社2021年版,第81~82页。

政要求党在执政过程中善于使党的主张通过法定程序成为国家意志，从制度上、法律上保证党的路线方针政策的贯彻执行。《体育法》旗帜鲜明地将“体育工作坚持中国共产党的领导”写到了总则条款。在新时代发展体育事业必须加强党对体育事业的全面领导，确保党中央重大决策部署和党的体育方针政策得到有效贯彻落实，坚定不移走中国特色社会主义体育高质量发展道路。

2. 习近平法治思想引领推进全面依法治体

中国特色社会主义进入新时代，我国面临的内外部环境发生了深刻变化，体育发展既面临难得的发展机遇，同时也面临着严峻挑战。党的十八大以来，以习近平同志为核心的党中央站在国家强盛、民族复兴的战略高度，对体育领域若干重大关系和基本问题作出重要论述，就体育工作作出一系列重要指示批示，集中回答了新时代中国特色社会主义体育发展的功能定位、基本方针、目标任务、实践要求等一系列重大理论和实践问题。[17] 进入新时代，全面依法治国，建设法治中国已经成为我们的现实任务。[18] 党的十九大提出了新时代中国特色社会主义法治建设的理论创新、实践要求和全面部署，为全面推进依法治国、建设社会主义法治国家指明了方向。同时，十九大报告指出，成立中央全面依法治国领导小组，加强对法治中国建设的统一领导。2020 年 11 月召开的中央全面依法治国工作会议正式提出“习近平法治思想”，明确了习近平法治思想在全面依法治国、建设法治中国中的指导地位。[19] 它是新时代全面依法治国的根本遵循和行动指南，我国全面依法治国进入新的发展阶段。2022 年 10 月 16 日中国共产党第二十次全国代表大会胜利召开，习近平总书记在大会报告中强调坚持全面依法治国，推进法治中国建设，必须更好发挥法治固根本、稳预期、利长远的保障作用，在法治轨道上全面建设社会主义现代化国家。此报告为做好新时代体育工作提供了根本遵循，为加强体育法治建设指明了方向，体育法治建设开启了新征程。在这一新要求下，我国体育法治建设也进入一个高质量快速发展的新阶段。全面深化改革、推进全面依法治国、推进国家治理体系和治理能力现代化、健康中国战略、全民健身国家战略等，为新时代体育法治建设提供了丰富的实践路径。体育法治建设必须全面贯彻落实党的二十大精神，贯彻落实习近平法治思想，贯彻实施习近平总书记关于体育的重要论述和党中央有关体育决策部署，这是体育法治建设的根本遵循。我国体育法治建设应在重视体育立法的同时，更加重视体育法律法规的实施，重视如何在有法可依的前提下做到严格执法、公正司法，重视依法化解体育纠纷。

3. 政府依法行政的治理能力不断提升

2019 年 9 月 30 日，习近平总书记在会见中国女排代表时强调：“坚持举国体制和市场机制相结合，不忘初心，持之以恒，努力开创新时代我国体育事业新局面。”[20] 新时代体育事业的发展需要政府主导、社会自治、市场主体三者之间的协调运作和有机融合，激发各类主体的创新活力，进一步优化资源配置，是实现体育改革创新、推动体育强国建设的新动力。

---

〔17〕 国家体育总局编写组：《深入学习习近平关于体育的重要论述》，人民出版社 2022 年版，第 2 页。

〔18〕 《法理学》编写组：《法理学》（第 2 版），人民出版社、高等教育出版社 2020 年版，第 357 页。

〔19〕 《习近平法治思想概论》编写组编：《习近平法治思想概论》，高等教育出版社 2021 年版，第 1 页。

〔20〕 国家体育总局编写组：《深入学习习近平关于体育的重要论述》，人民出版社 2022 年版，第 95 ~ 96 页。

体育事业发展进入新发展阶段,在新时期政府要围绕推动体育高质量发展,加快政府职能转变,全力促成体育发展的动能转换,激发与发挥多元力量参与体育事业高质量发展。依法行政是各级政府活动的基本准则。执法是行政机关履行政府职能、管理经济社会事务的主要方式,各级政府必须依法全面履行职能,严格地依法行使行政权力。体育法的贯彻实施主要依赖于行政机关的执法。体育法律法规是否得到有效贯彻实施,依赖于体育行政机关依法行政能力和水平。要加强严格执法,加强对体育事业的监督管理。我国制定的法律法规80%左右是由国家行政机关执行的。新修订的《体育法》增设"监督管理"专章,压实体育行政部门和有关部门的监管职责,是政府加强对体育赛事、体育市场经营等活动的事中事后监管的表现。从具体内容上看,几乎涵盖了体育领域中的事项,如市场监管问题、突发体育事件问题、主体资格审核问题、体育赛事后勤补给问题等。

依法平等保护各类市场主体合法竞争,为其创造良好的法治环境。体育行政部门要积极探索创新,深化"放管服"改革推动政府职能深刻转变。按照国家机构改革的相关要求,推进简政放权,精简行政审批事项,明确职责担当,支持市场主体更好地参与市场合作和竞争。按照建设服务型政府的要求,增强服务意识,不断优化各级政府及其体育部门对体育公共产品的供给服务职能;规范体育行政许可、行政处罚、行政检查、行政救济、行政收费等活动,做到严格文明执法;加快构建有利于体育市场化和社会化的市场准入和监管、知识产权保护等方面的法律规范体系。实施好《民法典》和相关法律,依法平等保护各市场主体的合法权益,保障各市场主体依法公平竞争。领导干部要带头学习、精准把握习近平总书记的法治思想和对体育的重要论述,作为依法治体的根本遵循。领导干部"谋划工作要运用法治思维";领导干部要带头遵守法律、执行法律,尊崇法治、敬畏法律。体育系统要积极贯彻体育法律法规,深入学习习近平关于体育的重要论述、习近平法治思想,深入学习《体育法》及有关法律法规知识,根据宪法和法律管理体育各项活动,进而提高体育系统干部职工依法治体的能力和水平。

4. 体育立法的数量和质量显著加提高

党的十八大以来,党重视和加强体育立法工作,在体育立法过程中坚持以人民为中心理念,科学立法,依法立法。从数量上看,立法数量逐年增长。修订体育法律1部(《体育法》于2022年6月24日由第十三届全国人民代表大会常务委员会第三十五次会议修订),制定修订行政法规4部,中共中央与国务院文件20部,部门规章12部,规范性文件93件(群众17件、竞技体育9件、青少年体育7件、体育产业18件、劳动人事9件、文化科技2件、监督管理16件、综合15件),国家体育总局制度文件93件(群众6件、竞技体育6件、青少年体育9件、体育产业13件、劳动人事11件、文化科技9件、反兴奋剂6件、对外交往8件、综合25件)(根据国家体育总局网站统计,自2012年1月1日截至2022年6月30日)。从立法内容上看,坚持问题导向,围绕体育重点领域进行立法,主要是要围绕全民健身、体育产业、青少年体育、监督管理等重点领域进行立法。例如关于足球领域的立法,中央全面深化改革领导小组会议审议通过了《中国足球改革发展总体方案》,足球改革发展的体制机制和政策措施实现了重大突破。关于全民健身,国务院颁布实施了《全民健身计划(2016—2020年)》,印发了《关于加快发展体育产业促进体育消费的若干意见》,体育发展获得重大机遇，全民健身上升为国家战略，公共体育服务体系建设速度加快，全民健身意识极大增强。2016年中共中央、国务院印发了《"健康中国2030"规划纲要》，依法保障全民健身权利，全力推进健康中国建设，提高人民健康水平。

5. 体育纠纷多元化解机制不断完善

随着体育事业以及体育产业的迅速发展，体育所涉及的利益变得愈加复杂，参与体育运动的法律主体之间的纷争不断，依法多渠道解决体育纠纷成为社会需求。2019年9月国务院印发的《体育强国建设纲要》指出，强化体育执法，建立体育纠纷多元化解机制。体育领域一直为建立多元化解机制努力，尤其是建立体育仲裁制度。体育纠纷中关于民商事纠纷的处理争议不大，由民事诉讼法规定；行政纠纷由体育行政机关负责由行政复议法和行政诉讼法规范；刑事纠纷根据刑法相关规定进行解决。而争议最大的是具有体育特殊性的竞技体育纠纷，主要由行业内的内部仲裁、内部调解等渠道予以解决。法院在遇到相关案件时出于对体育行业自治的尊重对这些纠纷通常是不予受理。2022年修订的《体育法》增设第九章"体育仲裁"规定从第91～100条共10条，内容主要包括体育仲裁的独立性、体育仲裁范围、机构设置、与体育组织内部救济的衔接、裁决的法律效力、当事人对仲裁裁决的执行、体育仲裁特别程序等，基本上建立了体育仲裁的框架，为解决竞技体育纠纷提供了救济渠道。

6. 体育法治体系不断完善

进入新时代，社会经济发生了翻天覆地的变化，体育领域也发生了新变化。全民健身如火如荼地开展，人民的健身需求越来越旺盛和多元化，公共体育服务得到了长足发展，体育产业迅速发展。同时也有问题挑战，竞技体育兴奋剂问题、运动员欠薪、体育纠纷得不到妥善解决，体育赛事安全问题层出等，阻碍体育的高质量发展。而1995年颁布的《体育法》不能适应社会需求，对体育领域的新情况新问题没有规定。《体育法》滞后于经济社会新发展阶段，不能完全适应新时代体育改革发展的战略定位，与人民群众日益增长的美好生活需要特别是对体育的需要还存在明显差距。体育法学界专家一直呼吁修改体育法，对体育法修改的模式、内容、思路、原则都进行了热烈讨论。2021年10月19日上午，《中华人民共和国体育法（修订草案）》提请第十三届全国人大常委会第三十一次会议审议。第十三届全国人大常委会第三十五次会议于2022年6月24日表决通过了新修订的《体育法》，这对新时代我国体育法治建设具有里程碑意义。新修订的《体育法》把党十八大以来确定的有关体育的重大理论观点和重大方针政策载入体育基本法。这是我们党在新时代依法治国、依宪执政、依法治体，坚持党领导立法在体育领域的生动实践。修订后的《体育法》为新时代体育事业高质量发展提供有力法治保障。《体育法》的颁布实施全面贯彻了习近平总书记关于体育的重要论述和党中央有关体育决策部署、习近平法治思想，是新时代体育法治取得的重大成果，使体育法治体系得到进一步完善。

中华人民共和国栉风沐雨的发展历程，也使我国体育法治经历了一段不寻常的道路。改革开放以来，尤其是新时代以来体育法治建设取得了显著成绩。这是与党和国家对体育的关心、对法治建设的重视分不开的，也是体育法治工作者和理论研究者努力的结果。今天，我们正在意气风发向着全面建成社会主义现代化强国的第二个百年奋斗目标迈进。站在新的奋斗起点,我们要充分发挥体育法治的力量,不断开创体育事业新局面,为实现中华民族伟大复兴做出历史性贡献。

思考题

1. 简述体育法的产生。
2. 简述中华人民共和国体育法的发展历程。

第三章　体育法的渊源、体系和地位

第一节　体育法的渊源

法的渊源本身是个多义词，在中外法学著作中法的渊源有不同的含义，可以从不同角度来理解，有的是指法的历史渊源，就是指引起特定法律原则和规范产生的历史上的行为和事件；有的是指法的理论渊源，就是那些促进立法和法律改革的理论原则和哲学原理；有的是指法的形式渊源，就是那些被赋予法律效力和强制力的、具有权威的某些原则和规范；有的是指文件渊源，就是指对法律规范作权威性解释的文件或公文；还有的是指文献渊源，就是指那些没有权威性的、法官没有义务加以采纳的各种关于法律问题的文献资料。[1]

我国法学界对法的渊源的理解，一般是指的是形式意义上的法的渊源，是指具有法律效力的法的直接表现形式。[2] 本书也在这种意义上使用"法的渊源"概念。法的渊源是法定的国家机关制定不同法律地位或效力的法的一种形式。法的渊源是区分法律规范同其他社会规范的一个重要标志。并不是所有的社会规范都属于法，只有通过一定程序，经过国家制定或认可的社会规范才属于法。世界各国的法律都有自己的特定形式，如在英美法系，其法的渊源主要是判例法；而在大陆法系，其法的渊源主要是制定法。国家政治法律制度与文化传统不同，采用的法的表现形式也有很大的差异性。当代中国法的渊源有较为明显的特点，制定法是中国主要的法的形式。我国采用以宪法为核心的各种制定法为主的形式。这就不同于西方中世纪以习惯法为主的形式，也不同于英美法系以判例法为主的表现形式。

我国法的渊源主要有：宪法、法律、行政法规和规章、地方性法规、自治条例、单行条例、特别行政区基本法、国际条约和协定等。我国体育法的渊源是由众多的体育法律规范组成的，主要包括以下几种。

一、宪法

在我国法的渊源中，宪法规定国家的根本制度和根本任务，具有最高的法律地位和法律效力，是最高层次的法的渊源，是制定一切法律、法规的依据。我国现行《宪法》是由全国最高的立法机关即全国人民代表大会制定的。我国《宪法》庄严宣布："本宪法以法律的形

---

〔1〕 沈宗灵：《法理学》（第2版），北京大学出版社2003年版，第276页。

〔2〕 《法理学》编写组：《法理学》（第2版），人民出版社、高等教育出版社2020年版，第107页。

式确认了中国各族人民奋斗的成果,规定了国家的根本制度和根本任务,是国家的根本法,具有最高的法律效力。全国各族人民、一切国家机关和武装力量、各政党和各社会团体、各企事业组织,都必须以宪法为根本的活动准则,并且负有维护宪法尊严、保证宪法实施的职责。"

宪法作为体育法的渊源,对体育事业的发展进行了规范。其中《宪法》第21条第2款规定:国家发展体育事业,开展群众性的体育活动,增强人民体质。这是规范体育的专项条款。除此之外,宪法的其他条款直接或间接规范了体育,如《宪法》第46条第2款规定:国家培养青年、少年、儿童在品德、智力、体质等方面全面发展。第89条规定国务院行使领导和管理教育、科学、文化、卫生、体育和计划生育工作的职权。

二、法律

法律有广义和狭义之分。广义的法律是指各种法律规范的总和,既包括作为国家根本法的宪法、全国人民代表大会及其常务委员会制定的法律,也包括国务院制定的行政法规、部门规章、地方性法规、政府规章等。狭义的法律仅指全国人民代表大会及其常务委员会制定的规范性文件。根据《宪法》规定,全国人民代表大会及其常务委员会,均有权制定法律。法律是重要的法律渊源,其法律地位仅次于宪法。根据制定机关不同,又可分为基本法律和基本法律以外的法律。

(一)基本法律

基本法律,是指由全国人民代表大会制定、修改的,规定或调整国家和社会生活中在某一方面具有根本性和全面性关系的法律,包括关于刑事、民事、国家机构和其他的基本法律。例如《刑法》《民法典》《刑事诉讼法》《全国人民代表大会组织法》《行政处罚法》等都是基本法律。

这些基本法中有关体育的原则和条款都是体育法的渊源。例如《劳动法》第15条第2款规定:"文艺、体育和特种工艺单位招用未满16周岁的未成年人,必须遵守国家有关规定并保障其接受义务教育的权利。"《教育法》第5条规定:"教育必须为社会主义现代化建设服务、为人民服务,必须与生产劳动和社会实践相结合,培养德智体美劳全面发展的社会主义事业建设者和接班人。"第51条第1款规定:"图书馆、博物馆、科技馆、文化馆、美术馆、体育馆(场)等社会公共文化体育设施,以及历史文化古迹和革命纪念馆(地),应当对教师、学生实行优待,为受教育者接受教育提供便利。"

(二)基本法律以外的法律

基本法律以外的法律,又称非基本法律,是由全国人民代表大会常务委员会制定和修改的,规定和调整除基本法律调整以外的,关于国家和社会生活某一方面具体问题的关系的法律。其法律效力与基本法律同等,低于宪法,高于行政法规。它们中既有专门规范体育的法律,如《体育法》;也有间接规范体育的法律,如《高等教育法》,它们中有关体育的原则和条款也是体育法的渊源。

《体育法》由全国人民代表大会常务委员会制定,是我国体育方面的基本法。它主要调整体育活动中各种带有根本性的关系,如体育工作的地位、任务、目的、基本原则、全民健身、青少年与学校体育、竞技体育、反兴奋剂、体育产业、体育监管等,也是体育法的主要法律渊源。

《高等教育法》是间接规范体育的法律,其第4条规定:"高等教育必须贯彻国家的教育方针,为社会主义现代化建设服务、为人民服务,与生产劳动和社会实践相结合,使受教育者成为德、智、体、美等方面全面发展的社会主义建设者和接班人。"第10条规定:"国家依法保障高等学校中的科学研究、文学艺术创作和其他文化活动的自由。在高等学校中从事科学研究、文学艺术创作和其他文化活动,应当遵守法律。"《残疾人保障法》第41条第2款规定:"各级人民政府和有关部门鼓励、帮助残疾人参加各种文化、体育、娱乐活动,积极创造条件,丰富残疾人精神文化生活。"第42条规定:"残疾人文化、体育、娱乐活动应当面向基层,融于社会公共文化生活,适应各类残疾人的不同特点和需要,使残疾人广泛参与。"第43条规定:"政府和社会采取下列措施,丰富残疾人的精神文化生活……(四)组织和扶持残疾人开展群众性文化、体育、娱乐活动,举办特殊艺术演出和残疾人体育运动会,参加国际性比赛和交流;(五)文化、体育、娱乐和其他公共活动场所,为残疾人提供方便和照顾。有计划地兴办残疾人活动场所。"

三、行政法规和规章

行政法规和规章泛指国家行政机关制定和发布的规范性文件。这是国家行政机关依据宪法和法律的规定行使职权的一种表现。行政法规的法律效力低于宪法和法律。目前,在我国的体育法渊源中主要是行政法规和规章。它们分为由国务院、国务院体育行政部门、国务院其他部委制定和颁布的有关体育的行政法规和规章,也有的是几部委联合颁布的。

(一)国务院制定的行政法规

行政法规是最高国家行政机关国务院根据并且为实施宪法和法律而制定的关于国家行政管理活动方面的规范性文件,它是我国重要的并且数量很大的一种法的渊源。行政法规的法律效力仅次于宪法和法律,它是国家通过行政机关行使行政权实行国家行政管理的一种重要形式。这类规范性文件的名称一般为条例、规定和办法。

国务院作为最高权力机关的执行机关,其制定和颁布的有关体育方面的规范性文件对全国范围内的执行具有重要意义。国务院颁布的一些体育行政法规有:2002年2月4日中华人民共和国国务院令第345号公布的《奥林匹克标志保护条例》(2018年6月28日中华人民共和国国务院令第699号修订);2003年6月中华人民共和国国务院令第382号颁布的《公共文化体育设施条例》;2009年5月4日国务院令第554号发布的《彩票管理条例》;2009年8月30日国务院令第560号发布的《全民健身条例》(根据2013年7月18日国务院令第638号《国务院关于废止和修改部分行政法规的决定》第一次修改,根据2016年2月6日国务院令第666号《国务院关于修改部分行政法规的决定》第二次修改)等。

(二)国务院各部委规章

部门规章,是指国务院各部、各委员会、中国人民银行、审计署和具有行政管理职能的直属机构根据法律和国务院的行政法规,在本部门的权限范围内制定的规范性法律文件。部门规章的事项应当属于执行法律或国务院的行政法规、决定、命令的事项,这一类法律渊源数量较多。部门规章的法律效力低于行政法规,其内容不得同宪法、法律相抵触。其主要是就国家有关体育的法律、行政法规的实施问题制定相应的实施办法、细则等规范性法律文件,以保证法律、法规的实施。

有关体育的部门规章主要是国家体育行政机关——国家体育总局制定和颁布的一系列规范性文件,保证了我国体育事业适应社会发展的需求。这些部门规章涉及体育行政组织机构、人事、经费、教育、训练、场馆、竞赛、科研、对外交往等各个方面。例如2003年7月25日国家体育总局令第6号发布的《国内登山管理办法》;2009年3月30日国家体育总局令第11号发布的《体育统计工作管理办法》;2015年9月23日国家体育总局令第21号发布的《体育竞赛裁判员管理办法》;2021年7月20日国家体育总局令第27号公布的《反兴奋剂管理办法》等。这类体育部门规章占我国体育法律的绝大多数,在体育实践中是最重要的法律渊源。

国务院其他部委,如教育部、财政部和其他一些部委,也制定了许多本系统体育工作的部门规章。例如1996年7月3日国家体委、人事部发布的《运动员、教练员奖励实施办法》(体人字〔1996〕314号);2000年11月10日国家体育总局、民政部令第5号发布的《体育类民办非企业单位登记审查与管理暂行办法》;2011年9月2日国家体育总局、教育部令第15号发布的《少年儿童体育学校管理办法》;2014年9月28日国家食品药品监督管理总局、海关总署、国家体育总局令第9号发布的《蛋白同化制剂、肽类激素进出口管理办法》等。

四、地方性法规和规章

地方性法规,是指地方国家权力机关及其常设机关为保证宪法、法律和行政法规的遵守和执行,结合本行政区内的具体情况和实际需要,依照法律规定的权限通过和发布的规范性文件。地方政府规章,是指地方国家行政机关根据和为保证法律、法规和本行政区内的地方性法规的遵守和执行制定的规范性文件。其效力低于地方性法规。《宪法》第100条第1款规定:"省、直辖市的人民代表大会和它们的常务委员会,在不同宪法、法律、行政法规相抵触的前提下,可以制定地方性法规,报全国人民代表大会常务委员会备案。"《地方各级人民代表大会和地方各级人民政府组织法》第10条第1款规定:"省、自治区、直辖市的人民代表大会根据本行政区域的具体情况和实际需要,在不同宪法、法律、行政法规相抵触的前提下,可以制定和颁布地方性法规,报全国人民代表大会常务委员会和国务院备案。"第74条第1款规定:"省、自治区、直辖市的人民政府可以根据法律、行政法规和本省、自治区、直辖市的地方性法规,制定规章,报国务院和本级人民代表大会常务委员会备案。设区的市、自治州的人民政府可以根据法律、行政法规和本省、自治区的地方性法规,依照法律规定的权限制定规章,报国务院和省、自治区的人民代表大会常务委员会、人民政府以及本级人民代表大会常务委员会备案。"这些地方性法规和地方政府规章的效力范围,只限于本辖区内。一些省、自治区、直辖市结合本地区的实际情况颁布了许多地方性法规和规章。地方性法规,如2010年山西省人民代表大会常务委员会发布的《山西省体育设施条例》;2006年西藏自治区人民代表大会常务委员会发布的《西藏自治区登山条例》;2017年北京市人民代表大会发布的《北京市全民健身条例》等。地方政府规章,如2020年陕西省人民政府颁布的《陕西省体育赛事管理办法》;2015年宁夏回族自治区人民政府发布《自治区人民政府关于加快发展体育产业促进体育消费的实施意见》;2018年上海市人民政府公布的《上海市体育设施管理办法》等。这些都是体育法的渊源。

我国是一个多民族的国家,各地区经济发展不平衡,为了兼顾少数民族的利益,我国实行少数民族地方自治。自治法规就是指民族自治地方的自治机关根据宪法和法律的规定,依照当地民族的政治、经济和文化的特点制定的自治条例和单行条例。《宪法》第116条规定:"民族自治地方的人民代表大会有权依照当地民族的政治、经济和文化的特点,制定自治条例和单行条例。自治区的自治条例和单行条例,报全国人民代表大会常务委员会批准后生效。自治州、自治县的自治条例和单行条例,报省或者自治区的人民代表大会常务委员会批准后生效,并报全国人民代表大会常务委员会备案。"如1999年内蒙古自治区人民代表大会常务委员会通过的《内蒙古自治区体育市场管理条例》(2016年修正);2005年新疆维吾尔自治区人民代表大会常务委员会发布的《新疆维吾尔自治区体育发展条例》等。

五、国际条约与国际惯例

国际条约,是指由两个或两个以上的国家主体缔结的调整其相互间权利和义务关系的协议。[3] 协议的内容包括政治、经济、文化、贸易、法律以及军事等方面。作为体育法渊源的国际条约,是指我国同外国缔结或加入并生效的国际法规范性文件。其名称很多,如条约、公约、合约、协定等。这种国际条约与国内法具有相同的效力,也是我国体育法的渊源之一。例如《公民权利和政治权利国际公约》《经济、社会及文化权利国际公约》《纽约公约》《奥林匹克宪章》等,除其中保留的条款外,条约的内容对我国有效。国际条约成为我国体育法的重要渊源。

另外,需要说明的是国际惯例也是我国体育法的渊源之一。国际惯例是指在国际交往中形成的共同遵守的不成文的习惯。例如,奥林匹克运动会有一个惯例,四年一届的奥林匹克运动会举办地要在不同的大洲轮换。国际惯例是经过国际交往的当事人的反复实践所形成的一些通行规则。国际交往的当事人不仅可以决定是否采用及采用何种国际惯例,而且可以在采用某一惯例时对其内容加以修改。

第二节 体育法的体系

一、体育法的体系概述

"体系"[4]一词指若干有关事物或某些意识互相联系而构成的一个整体。

体育法的体系同法律体系是两个不同的概念。法律体系,亦称部门法体系,是指一国

---

〔3〕 韩德培主编:《国际私法》,高等教育出版社、北京大学出版社2000年版,第26页。

〔4〕 《现代汉语词典》,商务印书馆2005年版,第1342页。

全部现行的法律规范,按照一定的标准和原则,划分为不同的法律部门而形成的内部和谐一致、有机联系的整体。当代中国的法律体系包括:宪法及相关法、民商法、行政法、刑法、经济法、社会法、诉讼与非诉讼程序法。在法学理论中,法律体系已成为专用名词,提到法律体系即指部门法体系。所谓体育法的体系,[5]是指调整体育社会关系的各种法律规范组成的统一有机整体。

(一)构建我国体育法体系应遵循的原则

1. 科学性原则。建立我国体育法的体系的目的是方便人们了解和掌握我国现行体育法律规范。因此,体育法律规范体系在内容上要有整体性和逻辑性,内部要协调;在结构上要严密,做到配置得当,重点突出。

2. 符合我国国情。在立法中不排除对国外体育法律规范的学习、借鉴,但重要的是能契合我国国情。从实际出发,就是从我国还处于社会主义初级阶段的国情出发,离开了国情,就离开了体育法律规范体系的现实基础。

3. 发展性原则。我们要总结历史,面对现实,放眼未来。体育实践丰富多彩,体育领域中的各种新事物、新现象层出不穷,因此体育法体系的内容和形式,应满足不断变化的社会和体育发展的要求,同时要考虑到体育事业未来的进一步发展。

(二)建立我国体育法体系的意义

随着世界体育事业的发展和各个国家对体育事业干预的加强,各国陆续出台了体育法律规范,并出现了20世纪中叶以来的世界性体育法热潮。同时,我国法治建设进程的推进和市场经济的建立,要求把体育纳入法治轨道,这就需要有完善的立法予以保障。进入新时代,体育事业快速发展,尤其是有关体育事业发展的重点领域需要加强和完善立法。体育改革与发展要求建立一个内容功能齐全的体育法体系。体育法体系的建立能为体育改革和发展提供完备的法律保障,有利于体育法律规范之间的协调配套,有利于体育法治建设的全面发展。

二、我国体育法的体系

国家为了实现对体育事业的管理,为了调整在体育活动中各主体之间的权利义务,制定和颁布了大量体育法律规范,这些体育法律规范根据它们调整内容的分布不同进行划分,可以分为三大类:

(一)体育综合法

体育综合法是宪法以及行政法、民法等基本法律中有关体育事业的原则性规定的法律规范总和。尤其是宪法,明确了体育法律应坚持的基本指导思想并指明了体育法律的立法

---

[5] 目前,有关体育法学教材和学术论文中,多使用"体育法规体系""体育法律体系"。本书认为他们混淆了法律体系的概念。当然其内容是在论述有关规范体育社会关系的法律规范组成的统一整体,借用法学理论中的专用名词,难免让人产生误会。另外,"体育法规体系"本身让人质疑,难道法律能等同法规?我们知道法律的效力高于法规,二者是不能等同的。按照此提法,规范体育社会关系的法律就不可能包含在这里。本书作者认为应使用"体育法的体系"较为科学。

依据。这类综合法包括:《宪法》《民法典》《地方各级人民代表大会和地方各级人民政府组织法》《公务员法》等。

(二)体育专门法

体育专门法是专门规范体育运动的法律规范。体育专门法是体育法体系的主干,为体育实践工作提供了直接的法律依据。体育专门法包括:全民健身法、青少年和学校体育法、竞技体育法、反兴奋剂法、体育组织管理法、体育产业法、体育保障法、体育仲裁法等。

全民健身法是对社会各领域中广泛开展的群众性活动和体育工作进行规范、管理和保障的法律规范的总和。全民健身法涉及城市体育、农村体育、老年人体育、伤残人体育、全民健身的组织实施等。中华人民共和国成立以来党和国家把“发展体育运动,增强人民体质”视为一项重要事业,中央各部门针对开展群众性体育活动制定了大量促进社会体育、全民健身发展的法律法规。20 世纪 50 年代建立的《劳动卫国体育制度条例》、20 世纪 70 年代以后形成的《国家体育锻炼标准》、20 世纪 90 年代颁布的《全民健身计划纲要》、21 世纪初颁布的《全民健身条例》均具有代表性。

青少年与学校体育法是对以学校教育形式实施的有组织的体育活动以及相关的工作和条件予以规范和保障的法律规范的总和。在教育行政部门和体育行政部门的共同努力下,学校体育立法取得了较好的进展。这部分法律规范内容包括学校体育综合管理、体育教学、课外体育活动、学校体育训练与竞赛、学生体育合格标准等。

竞技体育法主要是对高水平运动训练和竞赛以及相关工作进行规范和保障的法律规范的总和。由于竞技体育是国内外体育交往活动中最主要的表现形式,在我国原有的体育宏观管理中又多侧重于竞技体育,现有的竞技体育法律规范在整个体育法律规范中占有较大的比重。这部分法律规范内容包括运动项目管理、运动队管理、运动训练与训练基地、运动竞赛制度、竞赛记录、竞赛纪律等。

反兴奋剂法是指在竞技体育中禁用兴奋剂的相关法律规范,主要包括《反兴奋剂条例》《反兴奋剂管理办法》《蛋白同化制剂和肽类激素进出口管理办法》等。这些法律规范的目的是防止在体育运动中使用兴奋剂,保护体育运动参加者的身心健康,维护体育竞赛的公平竞争。

体育组织与管理法主要是从整体上对我国体育地位和方向、基本管理模式及某些内务工作进行规定的。其主要体现了国家对各级各类体育机构进行的总体规划和宏观管理。这部分法律规范起到总体规划的作用,对整个体育业的发展起着关键作用,包括体育组织管理、体育计划与评估、体育文档、资金管理等。各级各类体育机构和组织根据国家发展体育事业的方针、政策、性质、规模、编制及职责范围,遵守法律规范,发挥各自的应有作用。例如中华全国体育总会及基层协会、中国奥委会、中国单项体育协会、体育院校、体育出版社。

体育产业与经营管理法是调整体育活动中一定经济关系的法律规范的总和。在社会主义市场经济确立和日益发展的过程中,我国的体育产业和体育市场得到了迅速发展,并正在成为国民经济新的经济增长点。这无疑需要专门的法律规范对其予以规范和保障。这部分内容包括体育器材与物资、体育产业经营、体育场地与设施的建设和管理、体育产品质量、体育无形资产保护等。

体育保障法主要是对从事体育的劳动者的权益进行规定和保障的各类法律规范。体育保障法包括体育人员工资津贴、体育社会保险、体育优抚、体育福利、体育就业培训等。

体育监管法是针对体育领域中的运行进行整体监督管理,防范风险,加强督促检查,依法执法的相关规定,目的是通过监管及责任的划定,对体育违规违纪、违法经营等实施查处,以保障良好的体育秩序状态。

体育仲裁法是解决体育领域争端、纠纷的相关法律规范和程序规定,也是体育纠纷的重要解决机制。

此外,体育法的体系还包括军队体育法律规范。它是对有组织地在军人中开展的各种体育锻炼、训练和竞赛活动进行规范和保障的。由于军队主体的特殊性,与军队有关的体育活动由军事部门另行规定,本书对其不再赘述。

(三)体育相关法

体育相关法是特定的某一类法律、法规中有关规定体育事业的法律规范的总和。体育相关法包括:《教育法》《劳动法》《土地管理法》《药品管理法》《产品质量法》《未成年人保护法》《专利法实施细则》《商标法实施条例》《社会团体登记管理条例》等。

- 体育法
  - 体育综合法
    - 宪法
    - 民法典
    - 地方各级人民代表大会和地方各级人民政府组织法
    - 公务员法
    - ……
  - 体育专门法
    - 体育组织管理法
    - 全民健身法
    - 青少年和学校体育法
    - 竞技体育法
    - 体育组织管理法
    - 体育产业法
    - 体育仲裁法
    - 体育保障法
    - 军事体育法
    - ……
  - 体育相关法
    - 教育法
    - 劳动法
    - 土地管理法
    - 药品管理法
    - 产品质量法
    - 专利法实施细则
    - 商标法实施条例
    - 社会团体登记管理条例
    - ……

图3-1 我国体育法的体系结构

第三节　体育法的地位

一、体育法的地位概述

体育法的地位，也就是体育法在法律体系中的地位，是指在整个法律体系中体育法是不是一个独立的部门法，其重要性如何。

法律体系是由多层次、门类齐全的部门法组成的有机联系的统一整体。部门法是对一个国家的全部现行法律规范，主要根据调整对象的不同，进行分类组合而成的。它是法律体系的有机构成部分，也是法律分类的一种形式。所谓多层次的部门法，是指属于第一层次的部门法又可以划分为若干个第二层次的部门法，第二层次的部门法又可以划分为若干个第三层次的部门法，可以一直划分到满足实践的需要为止。为此，各层次的各个部门法虽然都有自己特定的调整对象，但它们又都建立在同一个经济基础之上，体现着同一阶级的意志，具有共同的指导思想和具体任务，因而形成有机联系的统一整体。

法律体系不同于规范性法律文件的体系。规范性法律文件体系是由多层次、门类齐全的规范性法律文件组成的有机联系的统一整体。规范性文件体系，包括具有最高法律效力的规范性文件——宪法以及宪法统率下的基本规范性法律文件、主要规范性法律文件、辅助性规范性法律文件等。规范性法律文件是表现法的内容的形式或载体，部门法就是由规范性法律文件构成的。但是，部门法不等于规范性法律文件，部门法往往是由许多规范性法律文件构成的。

法律体系又不同于法学体系。法学体系是由多层次的、门类齐全的法学分支学科组织有机联系的统一整体。法律体系为法学体系提供条件和对象，没有法律体系也就很难进行法学学科的分类和研究。法学体系为健全和发展法律体系指出方向、目标和任务，没有法学体系，就无法从理论上得知法律体系的缺陷和问题。

由于法律体系是由多层次的、门类齐全的部门法组成的，因此要回答体育法在法律体系中的地位问题，必须说明它是不是一个独立的部门法。如果体育法是某一层次的独立部门法，则表明它在法律体系中具有一定的地位，如果体育法在任何一个层次上，都不是一个独立的部门法，那么，体育法就不能是法律体系的组成部分，研究体育法的地位也就没有什么意义。

研究体育法是否是一个独立的部门法，主要应看其在整个法律体系中的作用如何，其重要性如何。

对一国的法律、法规如何分类，划分为哪些部门法，学术界存在多种意见。对于体育法这样的新兴学科来说，学术界也存在较大的分歧。有学者认为，体育法是个综合概念，它是有关体育领域的法律、法规的总称，其应是分别属于其他多个部门法的法律规范；有学者认为，体育法是民法的内容，体育法调整的体育社会关系大多属于民事关系，如体育合同、体育侵权及体育知识产权保护等，属于民法学范畴；有学者认为体育法属于行政法的内容，它只调整体育行政管理关系,属于上下级服从的关系;有学者认为体育法应是社会法的内容,体育法有公法特性但又不是公法,有私法特性但也不是私法,应归类为社会法(第三法域);还有学者认为应该根据社会与立法的发展,将体育法划入教科文法律部门,这样有利于按照社会主义精神文明建设的规律来加强体育法治建设。

笔者认为,体育法作为我国社会主义法律体系的一个组成部分,它既是具有民事性质的规范,又是具有行政性质的规范。前者如对运动员平等的人身权和财产权、俱乐部的经营性行为等的规范;后者如对国家对运动员的注册、服用兴奋剂的处罚、学校体育的达标与监测等各种体育行为的行政管理规定。

综观体育法的全部规范,体育法是一部兼具民法和行政法的某些特征,即兼有公法和私法因素的独立的部门法。

(一)体育法是法律体系中独立的部门法

众所周知,凡调整特定社会关系的全部现行法律规范,就组成一个独立的法律部门。

一个国家之所以有许多部门法,决定于法律部门调整的社会关系的多样性。由于社会关系的种类繁多、领域广泛和各具特征,部门法的划分主要是以社会关系种类为划分标准。也就是说,按照法律调整的社会关系的性质和种类不同来划分部门法。

体育法有特定的调整对象:

1. 体育法有自己的调整对象。体育法自 20 世纪 80 年代中期产生以来,经过多年的发展,已与其他法律一样有自己特定的调整对象,正如前章所说的,体育法是以体育社会关系为调整对象的。

2. 体育法的调整对象是有一定范围的。这个范围就是体育法只调整在体育运动中产生的社会关系,不调整非体育运动中的社会关系,也不调整体育运动中的非体育社会关系,如体育主体个人之间的纯粹民事关系(债权与债务关系)和刑事犯罪关系,虽然民法、经济法、行政法分别对其中部分社会关系会在一定程度上进行调整,但唯有体育法是对体育运动中的社会关系进行统一调整的法律部门。

3. 体育法的调整对象同其他部门法的调整对象是可以分开的。体育法调整的体育运动中的社会关系有自己的独有特征(如前章所述),与其他部门法的调整对象既不是交叉的,也不是重叠的,体育法能区别于其他部门法而独立存在。

4. 体育法具有其他部门法不可取代的功能和特征。在市场经济条件下体育法是一个重要和不可或缺的部门法,若没有这一部门法,就会出现相应社会关系法律调整上的空白。我国目前有许多体育纠纷的解决机制和相关法律制度的不足就是现实的说明,许多体育纠纷是通过体育行业协会内部救济或体育行政部门的调处解决的,即便这样,仍有很多体育纠纷找不到有效的解决途径,法律适用上的缺失现象严重。将体育法作为一门独立的部门法来重点加以研究,有利于解决现实的体育问题。

另外,从我国现有立法体制来看,体育法主要是归类于行政部门法,但随着市场经济体制的确立完善与体育改革的逐步深入,很多体育商业失范、体育事故不断出现,像这样的体育民商事关系问题单纯地从行政法角度很难实际解决,尤其是随着国际体育运动的交流繁荣,也有一些国际体育事务争端急需解决,体育法仅作为国内行政法去调整已显得力不从心。因此,我国的体育法要不断适应经济发展的新变化、社会的新需求和国际体育发展的新趋势,体育法的行政法职能已不足以有效调整日益复杂的体育社会关系,唯有将体育社会关系以有别于行政法的原则和方法进行统一调整,才能适应社会主义市场经济发展的要求,才能有效地进行体育的改革与高质量发展。

总之,法律是调整社会关系的,不同的部门法调整不同的社会关系,体育法调整的是体育运动中的社会关系,这是其他部门法不能全面调整的。

本章对否定体育法是一个独立部门法的观点具有以下评价:

有观点认为体育法是社会法,是调整社会关系的,不应是一个独立的部门法。笔者认为,私法调整的主要是平等主体之间的社会关系,公法调整的主要是不平等主体之间的社会关系。社会法调整的是表面平等而实际上不平等的主体之间的社会关系,它的调整原则是保护弱者原则,其调整方法是多层次的,形成自己的权利义务体系和法律责任。它有私法的特性,也有公法的特性,但它不是私法,也不是公法,如《劳动法》就是这样的社会法。体育法与社会法是有区别的,二者看起来有相同之处,但有本质的区别。体育法调整体育运动中的社会关系,这里的社会关系是多样的,其中管理型的体育社会关系主体的地位是不平等的,属于公法范畴。体育民商事关系的主体地位是平等的,属于私法范畴。体育法具有公法与私法兼有的特性。体育法的调整原则主要是促进体育事业的和谐发展,平等保障每一个公民的体育权利,虽然也有保护弱者的条款,但体育法并没有明显的倾斜性,体育法带有社会性特征,有为整个社会公共利益服务的功能,但又不全是为公共利益服务的,体育的职业化就是以满足个人利益的最大化而出现的。体育法有其鲜明的特殊性,能够以独立形式存在。

也有观点认为现行体育基本法和许多单行的体育法规只是行政法的补充,因此不能说体育法是一个独立的部门法。这里应该指出的是,现行的有关体育民商事关系的单行法规不是行政法的补充,如奥运知识产权保护条例,体育事故、体育保险的有关规定等。体育法有其特殊的专业要求,许多技术性的法律制度也不能认为是行政管理性质的。不能说体育法律、法规中有一些是涉及行政管理性质的,就简单认为体育法就是行政法,而否定体育法是独立的部门法,这将不利于体育法学科的发展,也不利于体育事业的高质量发展。[6]

还有观点认为体育法是个综合法,是调整多种体育社会关系的,因此不是一个独立的部门法。我们讲的体育法调整特定的体育社会关系,这里的体育社会关系是多样的。应当指出的是,“特定的调整对象”并不是“单一的调整对象”,两个概念是不能混为一谈的。正如因民法调整一定范围内的财产关系和人身关系,而否定民法是一个独立的部门法无疑是错误的。

(二)体育法是一个重要的部门法

一个部门法的重要性如何主要取决于该法的作用大小。我国《体育法》第1条明确规定了制定体育法就是“为了促进体育事业,弘扬中华体育精神,培育中华体育文化,发展体育运动,增强人民体质”。我国《体育法》之所以独立存在,主要是它能有效地促进和保障市

---

〔6〕 有些国家更加尊重体育的自治发展,法律对体育的干预是适度的。

场经济条件下的体育事业的改革与协调发展,促进社会主义现代化建设。

1.体育法有利于规范体育行为,确保体育事业有序发展。法的规范性是指"为人们的行为提供了一个模式、标准和方向,从而为人们的行为规划出可以自由行动的基本界限"。[7] 每一个法律规范由行为模式和法律后果两个部分构成。每一种行为模式意味着一种相应的法律规范,即授权性法律规范、命令性法律规范和禁止性法律规范。后两者又统称为义务性的法律规范。我国《体育法》的规范作用同样如此,这是体育法律规范的最基本部分。授权性规范是指规定人们有权为一定行为或不为一定行为的规范,这些规范是确定主体的权利的。我国《宪法》(2018 年修正)第 46 条指出的"中华人民共和国公民有受教育的权利和义务"即为授权性规范。禁止性规范是指规定人们不得做什么或禁止做什么的规范,也是规定人们必须不为一定行为的规范,也称为消极性、义务性规范。《体育法》第 33 条规定的"体育赛事实行公平竞争的原则。体育赛事活动的组织者和运动员、教练员严禁任何组织和个人利用体育赛事从事赌博活动"即为禁止性规范。命令性规范是指规定人们必须做或应该做什么的规范,是一种积极义务性规范。

根据行为的不同主体,体育法对体育行为的规范作用,可分为评价、指引、教育、预测和强制五种作用。

第一,评价。作为一种社会规范,体育法具有判断、衡量他人的体育行为是否合法或有效的评价作用。体育法明确地指出哪些行为是不能做的,哪些行为是必须做的,哪些行为是不能干涉、阻碍的,这就给人们对自己或他人的某种体育行为提供了一个评价标准,这里讲的是对他人的体育行为的评价,如对裁判员、运动员在体育运动中的体育行为的评价。在评价他人的体育行为时,要有一个客观的评价准则,体育法就是一个重要的普遍的评价准则,即根据体育法来判断某种体育行为的合法性。但体育法不是唯一的行为评价标准,除此之外,还有纪律、道德、体育规章甚至党章等,这些评价准则是可以同时运用的。但应注意法律评价与其他社会评价是不能互相取代的。

第二,指引。体育法在发挥评价作用的基础上,可以进一步发挥指引人们行为的作用。体育法通过授权性规范和义务性规范,告诉人们什么是合法的、什么是违法的,人们按照合法的方式选择行为。

第三,教育。不同于指引作用,也不同于体育法在促进文化教育方面的社会作用,教育作用是指通过体育法的实施对他人今后的体育行为产生作用,即人们的合法行为或违法行为及其法律后果对其他人所具有的示范作用,如运动员服用违禁的药品——兴奋剂后受到制裁,对其他运动员的违法行为就有一定的威慑作用。

第四,预测。人们根据法律的规定,可以预先知道对待自己已经做出和即将做出的行为的态度,以及所必然导致的法律后果,就可以自觉、自主地调整自己的行为。[8] 在体育竞赛中,体育合同的签订就是体育法的预测作用在体育行为中的体现,通过签订体育合同,人们可以预测到在一般情况下,对方当事人履行合同的义务。

---

〔7〕 沈宗灵:《法理学》(第 2 版),北京大学出版社 2003 年版,第 31 页。

〔8〕 葛洪义主编:《法理学》,中国政法大学出版社 1999 年版,第 115 页。

第五，强制。其是指体育法运用强制力保障自己得以充分实现的功能和效能，[9]对违法的行为进行制裁、惩罚，并由国家强制力保证实施。在体育运动中，对体育侵权行为和违约行为，以及假球、"黑哨"行为、赌球行为进行严厉的打击、制裁，不仅能有效制止违法犯罪行为，而且还能预防违法犯罪的发生。

2. 体育法是国家和社会管理体育事务的有效法律依据。

(1)体育法为国家和社会管理者的体育管理行为提供了法律依据。国家和社会管理者的管理权是由国家法律赋予的，法律规定了其权力的内容、性质、范围。没有相关的法律规定，任何权力的行使都是非法的。法律不仅是管理者拥有权力的依据，也是管理者行使权力的依据。众所周知，体育管理的权力来自宪法、体育法及其他法律、法规等法律规范的授权，"法无授权即禁止"就是国家及体育行政管理部门的基本行为原则。

(2)体育法为国家和社会管理者的体育管理行为提供法律约束。任何国家和社会管理者行使的权力都是有限的，都是有一定范围的。这个范围是由法律来确定的，超越这个范围就是非法的。这是对管理者权力的一种约束。人们常说"主权在民"，人民的权利始终高于国家的权力，国家的权力必须最终归结到对人民负责上来，权利的人民性决定了国家的权力必须受到作为人民意志的法律的约束。体育法约束管理者管理国家体育事务中不能滥用职权，保证其正确行使权力，依法行政、依法治体。体育法为权力的运行预设了一个既定的模式，通过体育法对体育事务管理者的权力及其行使进行规范，防止其权力成为没有约束的权力或者失去约束的权力。人们可以通过法律对权力的范围、等级、效力、行使的程序、后果、责任等做出规定。[10] 体育法是对体育权力控制的有效途径，社会中对体育权力的控制手段其实很多，有道德、教规、纪律、政策、礼仪、责任和法律等，但在众多的手段中，只有法律是最有效的控制手段。邓小平就曾经指出："必须使民主制度化、法律化，使这种制度和法律不因领导人的改变而改变，不因领导人的看法和注意力的改变而改变。"法律具有其他任何手段都不具有的公开性、国家强制性、国家意志性和普遍的约束力。体育法对国家和社会管理者的体育管理行为进行规范具有重要意义，良好的法律知识应当是体育管理者必备的基本素质，体育法治化为体育事业的科学管理提供保证。

3. 体育法是体育事业顺利发展的有力保障。随着体育改革的深入，体育在人类生活中的影响日益增大，在人类文明中的地位日益提高，我国体育事业所处的时代背景和担负的历史任务也发生了深刻的变化，体育也要与时俱进，体育法治化正成为体育发展的必然要求和趋势。体育法对我国体育事业的发展目的、方针和原则均做了规定，提出保证中国体育事业健康地、可持续性地发展，实现依法治国、依法行政的要求。体育法的实施与运作为我国体育的规范性运作提供了最有力的保障，体育法对体育可持续发展的促进最直接地体现为人们行使体育自由发展权利方面的保障。体育法的立法速度、规模、质量、效益等促进各项体育运动的协调发展。体育法的正义、公平、效率（指人人可以依法行事、不必事先经过批准）等价值取向有力保障各种体育运动的健康、良性发展。

---

〔9〕 葛洪义主编：《法理学》，中国政法大学出版社1999年版，第117页。

〔10〕 卓泽渊：《法治泛论》，法律出版社2001年版，第168～169页。

4. 体育法是促进国际体育交流,发展对外体育合作的重要手段之一。体育对外交往是指我国与其他国家、地区和国际体育组织进行有关体育活动的交流和往来。我国实行对外开放政策,体育对外开放是其中最具有活力的部分,[11]没有体育对外交往,就没有现代体育、高水平体育,没有各国间的体育交往就没有奥林匹克运动,也没有奥林匹克精神。总之,体育对外交往对国家荣誉、体育事业的发展及物质文明和精神文明建设起到了良好的推动和促进作用。但是,体育对外交往和体育事业的和谐发展取决于一国的体育法律环境,而法律的完备与否是体育法律环境的内容之一。我国从20世纪80年代以后相继制定和完善了一些涉外体育法律法规,如《外国人来华登山管理办法》以及《体育法》中的有关涉外体育条款。在这些规定中,体育对外交往的各项工作逐步制度化、规范化。随着体育改革的进一步深入和体育对外交往的频繁,体育领域中的一些新问题,如招聘外籍运动员参加国内或国际比赛的审批、注册、管理等也是法律和法规应进一步规制的。

从以上论述可以看出,体育法的作用是多方面的,是极其重要的。随着我国依法治国、依法治体和体育强国建设,我国对体育法重要性的认识在逐步加深,将体育法作为一个独立的部门法来研究是有现实意义的,也是必要的。

二、体育法与相关法的关系

(一)体育法与宪法的关系

宪法在我国法律体系中占主导地位,体育法与宪法之间是普通法与根本法的关系。宪法规定了国家的根本制度,其中包括国家体育管理的基本体制和基本指导原则。体育法必须贯彻这些原则,不能与宪法规定相抵触。体育法律规范的制定,就是宪法中的制度、原则、方针的具体化和规范化。

(二)体育法与行政法的关系

1. 体育法与行政法的联系

(1)在调整对象方面。体育法与行政法各自都有特定的调整对象,但都调整一定范围的管理关系,他们调整的都是具有隶属关系的社会关系。

(2)在作用方面。体育法与行政法都是维护国家利益和社会公共利益的,对于国家来说,都是重要的部门法。

(3)在法律地位方面。体育法与行政法在法律体系中都是国内法,都是独立的部门法。

2. 体育法与行政法的区别

(1)调整对象不同。行政法主要调整行政管理关系,它体现的是一种权力从属关系。同时,这种关系不具有经济内容和一般民事内容。体育法调整的是体育运动中的体育社会关系,包括体育管理关系和体育民商事关系,第二章已有阐述。笔者认为,体育法调整的体育民商事关系显然不是行政法的内容。同时,体育法所调整的体育管理关系主要是微观管理关系,国家对体育的管理将逐步由主要依靠行政手段的直接管理向主要运用法律的间接管理转变。

---

〔11〕 张厚福、罗嘉司主编:《体育法学概要》,人民体育出版社1998年版,第193~195页。

(2)主体不同。行政法的主体一方必须是国家行政机关,不包括体育运动的内部组织。当事人双方往往处于不平等的地位;体育法的主体是多元化的,有处于平等地位的主体,也有不平等地位的主体。同时,体育法还包括体育的内部管理事务。然而大多数体育法律关系都是在平等主体之间发生的,是以双方当事人意思表示一致为前提的。

(3)调整方法不同。行政法一般以权力性、命令性和双方不平等为主要特征,行政法是采用单纯的强制性的办法调整社会关系;而体育法则多采取强制性、指导性、协商性、监督性相结合的方法调整社会关系。

(4)法的作用不同。行政法是为政治体制改革服务的;体育法主要是通过规范体育事务来推动各项体育运动的协调发展。

(5)法律的适用程序不同。行政法调整行政纠纷可以通过行政复议或行政诉讼程序;而体育法调整的体育纠纷适用的程序有民事诉讼程序、行政诉讼程序以及仲裁,甚至调解方式,是多元化的。

(三)体育法与民法的关系

1. 体育法与民法的联系

(1)在调整对象方面。体育法与民法都调整私人之间的社会关系,都是上层建筑的重要组成部分。

(2)在调整原则、制度、原理方面。体育法的基本原则来源于民法的基本原则,如平等、等价原则;民法中的许多基本制度是体育法的依据,如侵权行为等;民法中的许多基本原理也适用于体育法之中,如法律行为、法律责任等。

(3)在法的发展方面。从法的发展来看,民法出现在前,体育法出现在后,体育法的民法化趋势越来越明显。

2. 体育法与民法的区别

(1)调整对象不同。民法是调整平等主体之间的人身关系和财产关系;体育法是调整体育运动中的体育社会关系,既有平等的人身关系和财产关系,也有不平等的人身和财产关系。

(2)调整目的不同。民法调整的目的是保障公民、法人等合法的民事利益;体育法调整的目的是保障国家、社会及个人合法的体育权益。

(3)主体不同。民法的主体一般是平等的公民、法人或其他组织;体育法的主体多元化,有平等的主体,也有不平等的主体。

(4)调整的原则、方法不同。体育法的调整原则既要体现体育法主体平等的一面,与民法的调整原则是一致的,又要服从国家的统一计划,体现上下级的服从关系;在调整方法上,民法主要是采用民事方法,而体育法则采用民事的、行政的多种方法。

(四)体育法与国际体育法的关系

1. 体育法与国际体育法的联系

(1)调整对象方面。体育法与国际体育法各自都有特定的调整对象,都是调整体育运动中的社会关系。

(2)在渊源方面。规范性法律文件不仅是国际体育法的主要渊源,一般也是体育法的主要渊源。作为体育法渊源的涉外体育法律、法规与作为国际体育法渊源的条约、国际习惯法等有密切的联系。但是涉外体育法律、法规是一国制定的,属于国内法的范畴。

(3)在主体方面。体育法与国际体育法的主体都有国家、公民、法人。

(4)在作用方面。体育法与国际体育法都是保障和维护社会体育秩序,推动体育改革与发展,都是重要的部门法。

(5)在法域方面。体育法与国际体育法都带有公法和私法因素,既是公法范畴,又是私法范畴。

2. 体育法与国际体育法的区别

(1)调整对象不同。体育法调整本国范围内的体育社会关系;国际体育法是调整国际体育运动中的社会关系的法律规范。

(2)渊源不同。体育法的渊源包括宪法、法律、法规、规章等规范性文件和习惯法、判例法。国际体育法的渊源包括国际条约、国际组织制定的规范性文件和国际习惯法。

(3)主体不同。体育法的主体是国内的国家机构、社会组织、法人、公民;国际体育法的主体是国家、非国家特别行政区、国际组织、法人、个人。

(4)作用不同。体育法具有维护本国的体育秩序、推动本国的体育事业的良性发展的作用;国际体育法具有维护和建立国际体育秩序,推动世界体育事业发展的作用。

思考题

1. 我国体育法的渊源有哪些?
2. 什么是体育法的体系?我国体育法的体系包括哪几类?
3. 我国体育法的法律地位是什么?
4. 我国体育法的作用是什么?
5. 体育法与国际体育法的关系是什么?

第四章 体育法的制定和实施

第一节 体育法的制定

一、体育法的制定概述

（一）概念

法的制定，是指法定的国家机关，依照法定的职权和程序，制定、修改、废止法律和规范性法律文件的活动。在日常生活中，我们常常会遇到"立法""法的制定""法的创制"等概念，其中可以认为立法同法的制定是同义的，通常我们说的法的制定就是指立法。另外，立法有狭义和广义之分，狭义的立法是指全国人民代表大会及其常委会依照法定权限和程序制定、修改、废止法律的专门活动。广义的立法还包括其他国家机关依照其权限，制定、修改、废止具有不同效力的规范性文件的活动，如国务院制定行政法规的活动、地方性人民代表大会制定地方性法规的活动等。

体育法的制定，亦称体育立法，是指法定的国家机关，依照法定的职权和程序，制定、修改、废止有关体育法律规范的活动。这里的体育立法是从广义上讲的。

（二）体育立法的原则

体育法是国家法律的重要组成部分。体育法的制定并不是立法者随心所欲进行的，体育法要在一定的指导思想下并遵循一定的原则制定。体育立法的指导思想是贯彻立法活动整个过程中的理论基础和思想准则，它关系到立法活动的方向性、根本性和全局性问题。只有在正确的指导思想下，制定的体育法才有正确的方向。当前，体育法的制定应高举中国特色社会主义旗帜，坚持以马克思列宁主义、毛泽东思想、邓小平理论、"三个代表"重要思想、科学发展观、习近平新时代中国特色社会主义思想为指导，坚持党的全面领导，以习近平总书记关于体育的重要论述、习近平法治思想为根本遵循和行动指南，以建设体育强国为目标，着力解决体育事业发展不平衡不充分的法治保障问题。

体育立法的原则是立法主体进行立法活动的重要准绳，是立法指导思想在实际立法活动中的具体体现。根据有关法律规定，体育立法应遵循以下原则。

1. 党领导立法原则。中国特色社会主义最本质的特征是中国共产党的领导，中国特色社会主义制度的最大优势是中国共产党的领导。这是党领导中国人民进行革命、建设与改革的历史经验总结。立法工作关系党和国家事业的发展全局，它是法治建设的关键一环，党的全面领导是确保立法工作的根本政治保证。党对立法工作的领导，根本上是政治领导,即党通过确定立法工作方针、提出立法建议、明确立法工作中的重大问题、加强立法队伍建设等,确保立法工作充分体现党的主张、反映人民意志。在党对中国特色社会主义法治建设的坚强领导下,我国体育立法工作取得了重大成就,形成了以宪法为核心,以体育法为基础的格局,群众体育、学校体育、竞技体育、体育产业、体育纠纷等各方面实现有法可依,党领导体育立法取得了重大成就。以党的十八大为历史节点,中国特色社会主义进入新时代,中国体育法治建设也跨入新时代。在新时代发展体育事业必须加强党对体育事业的全面领导,坚定不移走中国特色社会主义体育发展道路。党的领导是体育事业最根本的保证,必须把党的领导贯彻到依法治体全过程和各方面。党领导立法的过程,是把党的主张通过法定程序转化为国家意志的过程。做好党领导体育立法工作,要坚持主要实行政治领导原则,保障体育立法正确的政治方向。加强和完善党对立法工作的全面领导,应当运用法治思维、法治原则、法治方式,实现党对立法工作领导的制度化、规范化、程序化,从制度上、法律上保证党的路线方针政策和重大决策部署的贯彻落实。加强党对立法的领导,要完善党对立法工作中重大问题决策程序。体育立法中涉及体育重大体制和重大决策调整的,必须报党中央讨论决定。体育法律制定和修订的重大问题由全国人大常委会党组向党中央报告。做好党领导立法必须坚持依法依规开展工作,党领导立法工作必须在宪法法律范围内进行,不得随意干预甚至替代立法活动。

2. 依法立法原则。依法立法原则是法治原则在立法过程中的体现,是依法治国、依宪治国理念在立法理念中的表达。依法立法要求立法机关必须严格依照立法权限、立法程序,受到立法监督,维护宪法秩序和法制的统一。《立法法》确认了依法立法原则,第 3 条规定"立法应当遵循宪法的基本原则……"第 4 条规定"立法应当依照法定的权限和程序,从国家整体利益出发,维护社会主义法制的统一和尊严"。体育立法要符合宪法和有关法律规定。我国宪法和立法法规定了不同层级的国家机关的立法权限,立法主体在各自立法权限范围内行使立法权,不得超越法定的职权范围。国家机关超越法定权限的越权行为是违法的、无效的。体育立法主体必须严格按照宪法、立法法和其他法律规定的立法程序,进行立法活动。体育立法活动必须符合相关的程序。宪法是国家的根本大法,具有最高权威,任何其他法律、法规和规章的规定都应当是宪法内容的具体化,而不得有任何违背宪法规定或与宪法精神不符的内容。由全国人民代表大会及其常委会制定发布的法律,效力高于行政法规和规章,因此在制定体育行政法规和规章时,也应当符合国家有关法律的规定,避免与国家有关法律相矛盾和冲突。

3. 科学立法原则。科学立法原则的核心在于尊重和体现客观规律,实事求是、从实际出发,使法律能够适应体育改革发展稳定需要。同时,要坚持问题导向,切实提高体育立法的针对性、及时性、协调性。科学立法原则基本的要求大致包括三个方面。一是体育立法应立足基本国情。体育立法必须从现实国情出发,从我国国情出发,从经济、政治、文化和社会发展的实际情况出发。进入新时代我国社会主要矛盾已经转化为人民日益增长的美好生活需要和不平衡不充分的发展之间的矛盾。体育成为满足人民美好生活需要的重要内容。体育立法工作应当充分考虑人民对体育需要的新变化,大力提升体育发展质量和效益,积极回应人民群众新要求新期待,更加注重满足人民在全民健身和全民健康、体育消费等方面的法治需要、公平正义需要,更好地推动体育事业的全面发展。目前,我国处于社会主义的初级阶段,政治、经济、文化发展很不平衡,各地区体育发展也存在很大差异,这就需要考虑到上述基本现实,使体育立法符合我国体育发展的内在规律和实际需要。也就是既符合全局的需要,也要考虑不同地区的实际情况。二是体育立法应适应改革的实际需要。改革创新是社会发展的重要动力,也是新时代发展的迫切需要。改革是推动体育法治建设的重要动力,也对体育法治提出了重要课题,如全民健身、学校体育、竞技体育发展不协调;全民健身公共服务体系不健全;体育产业发展不平衡等,解决这些问题都需要进一步推进体育改革创新步伐,更新体育理念,为我国体育事业发展注入新的活力和动力。法治建设在引导、推动、规范和保障改革方面也发挥着不可或缺的作用。在体育事业改革过程中都要高度重视运用法治思维和工作方式对体育事业的改革发展进行全面系统的审视,在法治轨道上推进改革。体育立法要及时把体育改革的成功成果用法律形式固定下来,也要给未来改革留下空间。三是体育立法应运用科学方法。立法者要制定出高质量的体育法律规范,必须运用科学的方法。没有调查就没有决策权,因此调查研究是立法工作的一种重要科学方法。体育立法要深入实际、调查研究,全面、深入地揭示我国体育社会关系的现状和未来发展,揭示它们的性质、特点和发展规律,并且确定哪些体育社会关系需要法律调整和如何调整,并注意收集、整理体育社会关系经法律调整后的信息反馈等。要在立法时,避免主观片面和脱离实际的倾向,使体育立法工作奠定在科学唯物主义的基础上。

4. 民主立法原则。民主立法的核心在于一切为了人民、一切依靠人民。[1] 立法要坚持以人民为中心的原则。我国坚持以人民为中心制定了一系列保障人民权益的体育法律规范,充分体现了民主立法原则。《体育法》作为体育领域的基本法律,明确了体育工作坚持以人民为中心,以全民健身为基础,普及与提高相结合,推动体育事业均衡、充分发展;规定国家扩大公益性和基础性公共体育服务供给,推动基本公共体育服务均等化,逐步健全全民覆盖、普惠共享、城乡一体的基本公共体育服务体系,促进体育资源开放共享;明确提出国家依法保障公民平等参与体育活动的权利。《全民健身条例》、《公共文化体育设施条例》、《农村体育工作暂行规定》、国务院办公厅《关于加强全民健身场地设施建设发展群众体育的意见》、《关于进一步加强新形势下老年人体育工作的意见》、国务院办公厅《关于进一步加强残疾人体育工作的意见》、国务院办公厅《关于强化学校体育促进学生身心健康全面发展的意见》等体育法律规范文件都不同程度地覆盖和保障了公民的不同体育需求和权利,保障了人民的体育权益。

人民是立法的主体,立法权在根本上属于人民,由人民行使。人民通过多种途径、多种形式参与立法,如座谈、听证、评估、公布法律草案征求意见等。立法内容具有人民性,以维护人民的利益为宗旨,注重确认和保障人民的权利。立法过程和程序具有民主性。在立法过程中坚持走群众路线,充分发扬民主,使人民通过必要的途径和形式,有效参与立法,有效表达自己的意愿,广泛听取社会各方面的意见尤其是基层群众的意见,使制定的法律法规充分体现人民群众的共同意愿,切实维护大多数人的利益。法律是调整人们行为的规

---

〔1〕《法理学》编写组:《法理学》(第2版),人民出版社、高等教育出版社2020年版,第305页。

则,通过调整人们的行为来调整各种社会关系,解决社会矛盾,协调各种利益关系。遵循从最大多数人的最大利益出发原则,要求立法机关和立法者要克服地方保护主义、部门或行业保护主义以及个人主义等狭隘意识,反对个人和少数人的独断,使体育立法客观、全面。

(三)体育立法权限划分

立法权限的划分与国家的立法体制相关。立法体制是对立法权限进行划分的制度,涉及哪些国家机关,国家机关具有什么性质、多大范围的立法权限,以及享有不同性质、不同范围的立法权限的各国家机关之间是什么样的关系。[2] 立法权限的划分,一般包括两个方面的内容,一方面是中央与地方之间立法权限的划分;另一方面是中央各国家机关之间立法权限的划分。我国的立法体制具有浓厚的特色,在最高国家权力机关集中行使立法权的前提下,为了使法律既能全国通行又能适用于地方千差万别的不同情况,我国确立了多级并存、多类结合的立法权限划分体制,是统一而又分层次的立法体制。

立法权限是立法机关行使立法权的界限范围,是指有权立法的国家机关依法享有的制定、修改、废止法律规范的权力。我国立法权限划分是最高国家权力机关及其常设机关统一领导,行使国家立法权,国务院行使相当大的权力,地方行使一定权力,这是其突出的特征。立法权是国家权力体系中最重要的、核心的权力。享有立法权是进行立法活动的前提,立法活动是行使立法权的过程和表现。我国《立法法》明确列举了全国人民代表大会及其常委会的专属立法权,同时对其他立法主体的立法权限范围进行了原则性规定。根据我国《宪法》《立法法》等相关规定,目前我国享有体育立法权的国家机关主要包括:全国人民代表大会及其常委会、国务院及其各部委、地方人民代表大会及其常委会以及地方政府等。

由于现行立法体制的划分,我国体育立法权限呈现以下特点:

1. 以“行政立法权”为核心。在我国的现有体育立法中,绝大多数的行政法规、部门规章是由国务院及其组成部门尤其是国家体育总局依照《宪法》、《立法法》及其他基本法律制定的;地方政府也相继颁布一些地方行政规章、命令。体育法律规范的内容也绝大多数是行政法规性质的。

2. 立法主体多元化。体育立法主体并不是单一的和唯一的,而是呈现多元性:既有中央级的立法主体,又有地方级的立法主体;既有专门的权力机关,又有经授权的行政机关等。

3. 立法效力的多层次性、制约性。由于体育立法主体多元化,立法主体的地位和级别不同,使各个立法主体各自享有的体育立法权效力也呈现出等级层次性、制约性。一般来说,立法主体地位的高低与该主体享有的立法权效力的大小以及该主体所制定的体育法律、法规效力的高低成正比,并且地位高的立法主体的立法权直接制约着地位低的立法主体的立法权,同时权力机关的立法权直接制约着经授权的行政机关的立法权。就目前而言,在体育法律体系中,全国人民代表大会及其常委会享有最高的体育立法权,具有最高的立法地位。

---

[2] 《法理学》编写组:《法理学》(第2版),人民出版社、高等教育出版社2020年版。

二、体育法的制定程序

根据《立法法》的有关规定,体育法律的制定程序一般分为以下阶段。

(一)立法的准备阶段

在立法准备阶段,国家立法机关接受立法建议和意见,进行立法的预测、立法规划的制定、立法参与人员的选择、立法议案的形成和拟订、法律草案拟定和论证等,还包括对新的重大问题的探索、试验等。在立法工作中,它是一个起打基础作用的阶段,直接关系到立法的质量。有权制定体育法律规范的国家机关,应当根据社会经济发展情况和体育发展状况,在各自的职权范围内编制包括体育立法项目在内的立法计划。

(二)法的确立阶段

1. 法律案的提出

法律案的提出,是指法定的国家机关对具有立法提案权的机关和人员提出的法律案,决定是否列入会议议程。提出法律案是立法的第一道程序,它标志着立法活动的正式开始。法律案又称立法议案,指依法享有立法提案权的机关或个人向立法机关提出的关于制定、修改、废止法律的正式提案。在不同的国家,享有立法议案提案权的主体不尽相同。根据我国宪法和有关法律规定,享有法律立法提案权的有:全国人大代表和全国人大常委会委员、全国人大主席团、全国人大常委会、国务院、最高人民法院、最高人民检察院。

2. 法律案的审议

法律案的审议,指立法机关对已经列入议事日程的法律草案正式进行审查和讨论。对法律案进行审议,有利于保证立法质量,使立法更加科学、完备和成熟。

我国对法律案的审议一般经过两个阶段:一是由全国人大的专门委员会按照职能分工,对属于自己范围内的法律草案进行审议;二是立法机关全体会议的审议。对法律草案审议的内容包括:立法动机是否正确合理;立法时机是否恰当;立法精神和内容是否科学、合理;立法技术是否恰当完善等。

3. 法律草案表决和通过

通过法律草案是立法机关对法律草案表示正式同意,使之成为法律,它是立法的预期目的,但并不是所有的法律草案都能获得通过。有的需要修改后再复议,有的则可能不通过,即否定了法律草案。法律草案的通过是全部立法程序中具有决定意义的步骤。法律草案的通过由法定的人数同意才能通过,一般法律草案由全国人大或全国人大常委会过半数通过即可。通过法律案的方式一般有公开表决和秘密表决。

4. 法律的公布

公布法律是立法机关或国家元首将已经通过的法律以一定的形式正式向社会公告,以便使全社会遵照执行。这是立法的最后一道程序,也是法律生效的关键步骤。只有正式公布的法律,才具有法律效力,才能在社会生活中发生作用。立法的目的是规范人们的行为,进而调整社会关系。那些未经正式公布的"法律",人们无法遵照执行,国家也不能据此追究人们的法律责任,也就不会有普遍的约束力。我国《宪法》规定"中华人民共和国主席根据全国人民代表大会的决定和全国人民代表大会常务委员会的决定,公布法律”。体育法律(狭义)由国家主席公布。公布后的生效问题,依照法律规定各有不同。我国公布法律的法定报刊有《全国人民代表大会常务委员会公报》《国务院公报》《最高人民法院公报》《人民日报》等。

体育法规、部门规章、地方性法规和地方政府规章以《立法法》为依据在各自的职权范围内根据有关立法程序规定进行,不得违反《立法法》的相关规定。

三、体育法的效力

体育法的效力范围指体育法律规范的适用范围,即体育法律规范对什么人、什么事、在什么地方和什么时间有约束力,这是正确适用体育法的必要条件。

(一)体育法的对人效力

体育法对人的效力,指体育法律规范对谁有效力,适用于哪些人。在世界各国的法律实践中先后采用过四种对人的效力的原则:属人主义、属地主义、保护主义、以属地主义为主并与属人主义和保护主义相结合。现代各国一般采用以属地主义为主并与属人主义和保护主义相结合的原则。根据我国法律规定,对人的效力包括两个方面:

1. 对中国公民的效力

中国公民在中国领域内一律适用中国体育法。在中国境外的中国公民也应遵守中国的法律并受中国法律的保护。这里存在适用中国法律与适用所在国法律的问题,因此,应当根据法律规定,区别情况,分别对待。

2. 对外国人和无国籍人的效力

中国体育法对外国人和无国籍人的适用问题,包括两种情况:一种是对在中国领域内的外国人和无国籍人的法律适用问题;另一种是对在中国领域外的外国人和无国籍人的法律适用问题。中国法律保护他们在中国的法定权利与合法利益,又依法处理其违法行为。根据我国法律规定,除有特殊规定外,我国体育法对在我国领域内的外国人和无国籍人一律适用;在我国领域外的外国人和无国籍人侵犯了我国及公民体育权利的原则上适用我国体育法。

(二)体育法的空间效力

体育法的空间效力,是指体育法律规范在哪些地域有效力,适用于哪些地区。一般来说,一国法律适用于该国主权所及的全部领域,包括领土、领水及底土和领空。在我国,凡是中央各国家机关制定的体育法律、法规,除有特殊规定外,就在我国所有地区内发生法律效力。但是由地方国家机关制定的地方性体育法规、规章,只在其管辖范围内生效。

(三)体育法的时间效力

体育法的时间效力,指体育法律规范何时生效、何时终止以及体育法律规范对其生效以前的事件和行为有无溯及力。

1. 体育法的生效时间

一般来说,法律的生效时间主要有两种:一是自法律公布之日起生效。例如《国内登山管理办法》第 26 条规定:“本办法自发布之日起施行。1997 年 7 月 8 日原国家体委发布的《国内登山管理办法》同时废止。”二是由该法律规定具体的生效时间。例如《公共文化体育设施条例》第 34 条规定:“本条例自 2003 年 8 月 1 日起施行。”《体育法》第 122 条规定:“本法自 2023 年 1 月 1 日起施行。”

2. 体育法终止生效的时间

体育法律终止生效,即体育法律被废止,法律效力消灭。一般来说其有两种情况:第一种是明示的废止,即在新法或其他法律文件中明文规定废止旧法,如 1999 年 11 月 22 日国家体育总局颁布实施的《体育竞赛裁判员管理办法(试行)》第 40 条规定:“本办法自颁布之日起施行。原国家体委发布的(81)体球字 238 号文件《裁判员技术等级制度》同时废止。”第二种是默示的废止,即在适用法律中,出现新法与旧法冲突时,使用新法而使旧法实际上被废止。例如原国家体委 1995 年 2 月 25 日《关于公共体育场馆向群众开放的通知》,由于其主要内容已被新的法规性文件代替,实际已失效。

3. 体育法的溯及力

体育法的溯及力,也称为体育法溯及既往的效力,是指法律对其生效以前的事件和行为是否适用。如果适用,就具有溯及力;如果不适用,就没有溯及力。

法律是否具有溯及力,不同法律规范之间的情况是不同的。就有关侵权、违约的法律适用和刑事法律而言,一般以法律不溯及既往为原则。《著作权法》(2020 年修正)第 66 条第 2 款规定:“本法施行前发生的侵权或者违约行为,依照侵权或者违约行为发生时的有关规定处理。”这是由于法律应当具有普遍性和可预测性,人们只能根据当时的法律从事一定的行为,并为自己的行为承担责任,不能要求人们用今天的法律去规范自己昨天的行为。

第二节　体育法的实施

一、体育法的执行

法的执行,简称执法,广义的执法是指所有国家行政机关、司法机关及其公职人员依照法定职权和程序实施法律的活动。狭义的执法,则专指国家行政机关及其公职人员依法行使管理职权、履行职责、实施法律的活动。体育法的执行是指狭义的法的执行,是指国家体育行政机关、法律、法规授权的组织以及行政机关委托的组织及其公职人员依照体育法律行使管理职权、履行职责、实施体育法律的活动。

国家行政机关执行法律是法的实施的重要方面。在现代社会,国家行政机关被称为国家权力机关或立法机关的执行机关,后者制定的法律和其他规范性法律文件主要由前者贯彻、执行。在体育立法方面,由立法机关制定的法律较少,大多数是由体育行政机关制定的规章、地方性法规和政府规章,更有赖于体育行政机关的执行。

根据我国有关法律规定,体育法执行的主体有:国务院体育行政部门、县级以上地方各级人民政府体育行政部门主管全国或本行政区域的体育工作,国务院其他部门在各自的职权范围内管理体育工作。他们是法定的主体。同时,《体育法》还规定了地方人民政府授权的机构和国务院体育行政部门指定的机构因被授权或指定而获得体育执法权。

(一)体育法执行的特点

1. 体育法的执行是指以国家的名义对体育进行管理,具有国家权威性。在现代社会,大量的法律内容是有关各方面社会生活的组织和管理,从经济到政治,从卫生到教育、体育等,无不需国家的管理。体育作为社会生活的一个重要方面,是关涉亿万人民的活动,全民健身、竞技体育、学校体育、体育产业等都需要国家的组织和管理。

2. 体育法执行的主体,是国家体育行政主体及其公职人员。在我国,国务院和地方各级政府依法从事全国或本地方体育行政管理,就是在全国或本地执行体育法律的过程。体育行政职能部门依法在某一方面进行管理,就是在本部门执行、实施相应的体育法律的过程。国家体育总局、地方各级主管体育的行政部门是执行体育法的主要主体。

3. 体育法的执行具有国家强制性,体育行政机关执行法律的过程同时是行使执法权的过程。行政权是一种国家权力。体育行政机关根据法律的授权对社会进行管理,一定的行政权是进行有效管理的前提。

4. 体育法的执行具有主动性和单方性。执行法律既是国家体育行政机关进行体育管理的权力,也是对社会和公民承担的义务,既是职权也是职责。因此,行政机关在进行体育管理时,应当以积极的行为主动执行法律、履行行政职责;否则,就构成失职,要承担法律责任。

(二)体育法执行的原则

1. 依法行政的原则。依法行政原则是指体育行政机关必须根据法律的规定取得、行使行政权力,并对行政行为的后果承担相应的责任。依法行政原则要求行政主体合法、行政权的行使合法、行使行政权必须承担相应的责任,权责统一。依法行政原则要求体育行政机关必须根据法定权限、法定程序和法治精神进行管理,越权无效。这是现代法治国家行政活动的一条最基本的原则。依法行政之所以是一条最基本的原则,是因为行政机关在国家生活中占有特殊重要地位。行政机关是国家的公共管理机关,其活动涉及国家和社会的一切方面,关系到人民群众的切身利益;随着社会文明的发展和知识经济的到来,行政机关的工作范围会越来越广泛,越来越复杂,与人民群众的关系越来越密切。只有依法行政,使行政机关依照体现人们对客观必然性认识的法律行事,才能避免、克服行政活动本身可能产生的任意性和偶然性,保证国家的稳定和社会的发展。另外,依法行政有利于防止行政机关滥用权力。一切权力都会被滥用,绝对的权力产生绝对的腐败。权力具有强制他人服从的特性。权力对掌权者具有腐蚀性,具有被滥用的可能性。行政权是国家权力中的一项极为重要的权力,它掌管着社会的财产、武装力量,关系到公民的生老病死。法律规定了通过行政手段对社会生活及国家事务进行管理的方式、方法,为行政机关的管理活动提供了法律依据,另外,又对行政权的形式规定了限度、限制和程序,从而在实体上和程序上防止滥用行政权,保证行政权的行使始终服务于人民利益。[3]

---

[3] 沈宗灵:《法理学》(第2版),北京大学出版社2003年版,第324~325页。

为了严格规范政府行政行为，适应建设法治政府的需要，近年来我国大力加强依法行政的法律制度建设，先后制定颁布了《行政诉讼法》《行政复议法》《行政处罚法》《行政许可法》《国家赔偿法》等法律，形成依法行政的主要法律框架。这些法律的颁布实施，将有力地促进政府部门进一步转变职能，转变管理观念，改革行政管理方式。在体育领域贯彻落实依法行政的各项法律法规，对于体育行政机关及其工作人员依法、有效实施行政管理，保障体育运动参与者的合法权益，全面推进体育领域依法行政，具有十分重要的意义。体育行政机关在执法的过程中要严格按照法律、法规赋予的职权和法定的程序实施体育法律规范。例如《体育法》第 103 条规定："县级以上人民政府市场监管、体育行政等部门按照各自职责对体育市场进行监督管理。"

2. 合理原则。体育法执行的合理原则，是指体育行政机关及其他行政机关、法律法规授权的机构应当在合法的基础上，合理使用自由裁量权。体育执法中的自由裁量权设立的目的是执法机关在执法过程中能够根据实际情况作出具体分析，按照合理而公正的原则正确地执法。要使执法符合合理原则，一是执法权的行使必须符合法律赋予这项权力的目的，从公共利益出发全面考量法律规定的因素。二是案件与处理结果轻重幅度要相当。执法部门在执法过程中要充分考虑必要、适度、比例、相称性，执法所采取的手段要适合于实现执法目标，选择执法手段要符合必要性，应采用损害最小、最温和的手段。三是平等对待，执法者要平等对待行政相对人，不偏私、不歧视，同等情况同等对待，不同情况区别对待。在条件相同的情况下，执法部门要一视同仁地对待行政相对人。在面对多个行政相对人时，应该依据违法行为的性质和情节的不同，施以合理的差别对待。

3. 效率原则。体育行政机关应当在依法行政的前提下，讲究效率，主动有效地行使其权能，以取得最大的行政执法效益。执法高效要求体育行政机关降低执法成本，提高执法效益。一是严格遵守体育法律法规规定的程序和法定时限，在保障当事人合法权益的同时，提高办事效率，减少工作拖延。二是整合执法资源，体育行政机关积极与其他行政部门配合，提高执法资源利用效率。三是科学合理设置内部分工，合理衔接内部流程，提高制度的科学性，减少不合理制度的消极作用，提高体育行政机关的运行效率。

二、体育法的适用

（一）体育法适用的含义

法的适用有广义和狭义之分。广义是指国家机关、公职人员和国家授权的社会组织依照法定的职权和程序实施法律的专门活动。狭义是指国家司法机关根据法定职权和法定程序，具体应用法律处理案件的专门活动。由于这种活动是以国家名义行使司法权，因此也称为"司法"。这里的体育法的适用是指狭义的司法，指国家的司法机关根据其法定职权和法定程序，具体适用体育法律规范处理案件的专门活动。

在许多情况下，只要公民、法人及其他组织依照体育法律行使自己的权利和履行自己的义务，法律就能够在社会实际生活中得以实现，而不需要法的适用。当公民、法人及其他组织和国家机关在其相互的体育社会关系中发生了自己无法解决的争议，致使法律规定的权利义务无法实现时，需要司法机关运用法律；当公民、法人及其他组织和国家机关在其活动中遇到违法、违约或侵权行为时,需要司法机关运用法律制裁违法、犯罪,以恢复权利。

(二)体育法适用的特点

1. 体育法适用是由特定的国家机关及其公职人员按照法定职权实施法律的专门活动,具有国家权威性。在我国,人民法院和人民检察院是代表国家行使司法权的专门机关,其他任何国家机关、社会组织和个人都不得从事这项工作。

2. 体育法适用是司法机关以国家强制力为后盾实施法律的活动,具有国家强制性。由于法的适用总是与法律纠纷、违法的出现相联系,总是伴随着国家的干预、争端的解决和对违法者的法律制裁,没有国家强制力,就无法进行上述活动。对于司法机关所作的判决,当事人应当履行。

3. 体育法的适用是司法机关依照法定程序、运用法律处理案件的活动,具有严格的程序性及合法性。司法机关处理案件必须依据相应的程序法规定。法定的程序是保证司法机关正确、合法、及时适用法律的前提,是实现司法公正的重要保证。同时,司法机关对案件的处理应当有相应的法律依据,否则无效。

4. 体育法的适用必须有表明法的适用结果的法律文件,如判决书、裁定书和决定书等。这些法律文件具有约束力。它们也可以作为一种法律事实,引起具体法律关系的产生、变更和消灭。如果对它们的内容不服,可以依据法定程序上诉或申诉,但是任何人不得抗拒执行已经发生法律效力的判决、裁定或决定。

三、体育法的遵守

(一)体育法的遵守的含义

法律遵守即守法。守法,是指一切国家机关及其工作人员、政党、社会团体、企事业单位和全体公民,自觉遵守法律的规定,将法律的要求转化为自己的行为,从而使法律得以实现的活动。与前述法律规范种类对应,体育法的遵守包括权利的正确行使、积极义务的履行和禁令的遵守。立法者制定体育法的目的,就是要使体育法在社会生活中得到实施。如果体育法制定出来了,却不能在社会生活中得到遵守和执行,那必将失去立法的目的,也失去了法的权威和尊严。守法是法的实施的一种重要形式,也是法的实现的最基本的形式,它是执法的基础,减少司法的前提,是一个国家和社会主体严格依法办事的活动和状态。

(二)体育法的遵守的主体

守法主体是指在一个国家和社会中应当遵守法律的主体,即一定守法行为的实施者。按照宪法的规定,在我国守法的主体可以分为以下几类:(1)一切国家机关、武装力量、政党、社会团体、企业事业组织;(2)中华人民共和国公民;(3)在我国领域内的外国组织、外国人和无国籍人。

(三)体育法的遵守的范围和方式

守法的范围,是指守法主体必须遵守的行为规范的种类。在我国,体育守法的范围主要是各种制定法,包括我国的宪法、体育法律、体育行政法规、体育部门规章、地方性体育法规、地方政府规章、民族自治地方的自治条例和单行条例、特别行政区法、经济特区的规范性法律文件等。此外，守法主体还必须遵守人民法院作出的发生法律效力的判决书、裁定书，遵守行政机关依法作出的行政处罚决定、行政复议，遵守依法签订的发生法律效力的调解书、合同、仲裁决定等法律文书。

在守法的行为方式上，既包括不违法、不做法律禁止的事，也包括根据法律规范积极主动行使自己的权利、履行自己的义务。守法的内容包括履行法律义务和行使法律权利，两者密切联系，不可分割，守法是履行法律义务和行使法律权利的有机统一。

四、体育法律监督

（一）体育法律监督的含义

汉语“监督”一词，由“监”“督”二字组成。“监督”作为一个词，指监察、察看并督促。随着社会的发展，监督已经成为现代社会生活的重要现象。法律监督是法治的要求，其目的是保证法律的实现和防止权力的滥用。“法律监督”一词，目前在我国法学界通常有广义与狭义两种含义。狭义上的法律监督，是指特定的国家机关依照法定权限和法定程序，对立法、司法和执法活动的合法性所进行的监督。广义的监督，是指由所有国家机关、社会组织和公民对各种法律活动的合法性所进行的监督。这里的体育法律监督采广义说，即所有国家机关、社会组织和公民个人对体育法律活动所进行的监督。

（二）体育法律监督的种类

根据监督主体和监督权性质不同，我们把体育法律监督分为两类：一类是国家监督，包括国家权力机关的监督、行政机关的监督和司法机关的监督；另一类是社会监督也称非国家机关监督，包括党的监督、社会组织的监督和公民个人的监督。

1. 国家监督

（1）国家权力机关的监督。我国实行人民代表大会制，国家权力机关及其监督权在国家政治生活中的地位和作用更为重要。在我国，国家的一切权力属于人民。人民行使国家权力的机关是全国人民代表大会和地方各级人民代表大会。国家权力机关的监督是指各级人民代表大会及其常委会为全面保证国家法律的有效实施，通过法定程序，对由它产生的国家机关实施法律的监督。一般采取提取和审议工作报告、审查体育法律文件、质询、受理申诉、控告和检举、开展执法检查、视察等方式实现对法律活动的监督。

（2）国家行政机关的监督。行政机关的法律监督，是指国家行政机关所进行的法律监督。它既包括国家行政机关系统内部上下级之间以及行政系统内部设立的专门机关的法律监督，也包括行政机关在行使行政权时对行政相对人的监督。行政机关的法律监督主要有四类：一是一般行政监督即行政隶属关系中上级对下级行政机关所进行的监督，如国家体育总局对省体育局的监督。二是专门行政监督，包括行政监察和审计监督。行政监察是由行政监察机关对行政机关及其工作人员执行法律、法规、政策和决定的情况和违法违纪行为进行的监督。例如，行政监察机关对体育行政部门及其工作人员在执法过程中克扣体育资金、收受贿赂等违法行为的监督。审计监督是由国家审计机关对被审计单位的财政财务收支活动、经济效益和财政法纪遵守情况以及加强经济管理的专门检查活动。例如，各级人民政府是否将体育事业经费、体育基本建设资金纳入本级财政预算和基本建设投资计划。三是行政复议,由行政复议机关根据公民、法人或者其他组织的申请,对被申请的行政机关的具体行政行为进行复查并做出决定的一种活动。例如,行政相对人对体育行政部门的罚款处罚不服,从而申请行政复议。四是行政监管,指行政机关依法定职权,对相对方遵守法律、法规、规章,执行行政命令、决定的情况进行的监督。例如,体育行政有关机关对在彩票销售过程中的欺诈行为进行查处;质量技术监督部门对体育器材是否符合标准进行鉴定等。

(3)国家司法机关的监督。司法机关的监督是我国监督制度的重要组成部分,包括检察机关的监督和审判机关的监督。检察机关的监督主要是对有关国家机关的执法、司法以及国家工作人员利用职务犯罪和其他犯罪行为进行监督。审判机关的监督主要通过依法审理与体育有关的刑事案件、行政案件、经济案件等纠纷,以判决、裁定的形式进行。

2. 社会监督

社会监督,即非国家机关的监督,泛指社会力量的监督,它是指各政党、各社会组织和公民依照宪法和有关法律,对各种法律活动的合法性所进行的监督。例如,对学校是否依法开设体育课和开展体育活动,体育公共设施是否向公民开放,各级体育行政机关是否履行自己的职责等进行监督。这种监督具有人民性和广泛性,它是我国法律监督体系的重要组成部分。社会监督的主体有:中国共产党、各民主党派、中国人民政治协商会议、各社会组织、社会舆论和公民。这种监督既不是以国家名义和由国家授权,也不具有直接的法律效力和强制性法律后果,但这种监督会在很大程度上引起国家的重视,从而使监督具有重大意义。

思考题

1. 体育立法的原则。
2. 体育法的执行的特点。
3. 体育法的适用的特点。
4. 体育法的遵守的主体。
5. 体育法律监督的种类。

第五章 体育法律责任

第一节 体育法律责任概述

一、体育法律责任概念

在现代汉语中,"责任"一词有两个彼此联系的含义:一是分内应做的事,如岗位责任、职责;二是没有做好分内的事,因而应当承担的后果,如追究责任。[1] 一般把前一种责任称为积极责任,把后一种责任称为消极责任。在消极责任中,有违反政治义务的政治责任、违反道德的道德责任、违反纪律规定的违纪责任,也有违反法律规定的法律责任。法学中对法律责任的释义有不同观点,包括处罚论(认为法律责任为责任主体必须接受的"处罚""惩罚""制裁")、后果论(法律责任为责任主体必须承担的不利后果)、义务论(法律责任为责任主体必须承担的某种义务)。[2] 一般法学界比较认可的是义务论,法律责任指的是责任主体由于违反法定或约定的义务,或者因为法律的特殊规定而必须承担的具有直接强制性的特定义务。我们这里所讲的法律责任,是以义务论为基础的,即行为人由于违法行为、违约行为或者由于法律规定而应当履行的特定义务。这个义务是违反第一性义务而引起的第二性义务。

体育法律责任是体育法律得以被正确适用和有效遵守的重要因素,要求行为人承担法律责任,即体育法律强制性的体现,也是救济国家利益和相关当事人权益的重要方式之一。体育法律责任是指体育法律关系主体因实施了违反体育法律规定的义务或约定的义务或由于法律的规定,依照体育法律、法规规定,应当承担的强制性义务。

二、体育法律责任特点

与政治责任、纪律责任和道德责任等其他社会责任相比,体育法律责任有三个明显的特征:

1. 法律规定性。体育法律责任是由体育法律规范明确规定的,承担法律责任的最终依据是法律。行为人在实施行为之前能够预测自己的行为所应承担的责任,因而在行为人履行法定义务时对行为人有督促和警诫作用,保证体育法律的实施。

---

[1] 《现代汉语词典》,商务印书馆1985年版,第1444页。

[2] 《法理学》编写组:《法理学》(第2版),人民出版社、高等教育出版社2020年版,第159~160页;陈柏峰主编:《法理学》,法律出版社2021年版,第125页。

2. 国家强制性。体育法律责任具有国家强制性,即体育法律责任的履行,由国家强制力保证。国家强制力是体育法律责任履行的保障,任何违反法律规定的行为人不得逃避或拒绝承担体育法律责任。

3. 追究的专权性。体育法律责任由国家授权的机关依法追究,其他任何组织和个人都无权行使这一权力。法律责任关系到法律规定的实现,如果只有法律的强制性规定,而没有与之相应的法律责任或法律规定的责任不全面,人们根本就看不到违法所导致的不利后果,法律的威慑作用就会荡然无存。

三、体育法律责任的构成要件

体育法律责任是一种不利的法律后果。那么什么原因导致了这种不利的法律后果的产生呢?体育法律责任是不履行法律规范规定的第一性的义务而承担的第二性的义务,而承担义务需要具备一些条件和因素,也就是国家机关在认定和追究行为人的体育法律责任时考虑的基本因素。[3] 这些基本要素通常包括以下五个方面:

(一)责任主体

必须有承担体育法律责任的主体,这是体育法律责任构成的必备条件。责任主体是违反体育法律规定或违反约定,并具有责任能力而必须承担法律责任的人,包括自然人、法人、非法人组织和国家。责任主体必须具有法定的责任能力或法定的行为能力,这是承担法律责任的前提条件。《体育法》第十一章专门规定了法律责任,根据其规定承担法律责任的主体包括国家机关及其工作人员、运动员、教练员、裁判员、体育组织、学校、体育赛事活动组织者等。

(二)产生的原因

体育法律责任的主体要承担法律责任需要存在违法行为或违约行为,或有法律的特别规定。这是体育法律责任产生的三类原因,也是构成体育法律责任的核心要素。行为人如果不存在违法或违约行为或者没有法律的特别规定,其就不承担法律责任。

大量的法律责任是由违法行为产生的。违法行为是行为人承担法律责任最常见的原因。违法行为以违反体育法律规范为前提,是对法律的蔑视和否定,是对现行体育法律秩序的破坏。因此通过追究法律责任、施加法律制裁否定违法行为,恢复法律秩序。违法行为必须是某种违反法律规定的行为,而不是人的思想。这里讲的行为包括积极的作为或消极的不作为。违法的作为是指做出了法律所禁止的行为,如《公共文化体育设施条例》第 3 条第 2 款规定:“任何单位和个人不得利用公共文化体育设施从事危害公共利益的活动。”违法的不作为是指没有做法律所要求的行为。《体育法》第 32 条规定:“学校应当按照国家有关标准配置体育场地、设施和器材,并定期进行检查、维护,适时予以更新。学校体育场地必须保障体育活动需要,不得随意占用或者挪作他用。”如果行为人没有按照法律规定履行,则要承担一定的法律责任。违法行为在不同程度上侵犯了法律所保护的社会关系。行为

---

[3] 《法理学》编写组:《法理学》(第 2 版),人民出版社、高等教育出版社 2020 年版,第 161 页。

的违法性与行为的危害性具有密切的关系，后者是前者的基础。如果一个行为没有危害性，就不构成违法。违法者必须具有法定的责任能力或法定的行为能力。

违约行为，指当事人一方不履行合同义务或履行合同义务不符合约定的行为。违约行为是以有效的合同关系的存在为前提的。没有有效的合同关系，就没有合同义务，也就不存在当事人一方不履行合同义务或履行合同义务不符合约定的问题。例如，当事人双方签好了买卖体育器材的合同，卖方将体育器材交付给卖方，卖方不支付货款，导致了买方违反合同约定要承担违约责任。

因法律规定而产生法律责任，是指责任人没有违法行为也没有违约行为，但是法律规定了其承担法律责任，其需要承担某种法律责任。例如民事活动中无因管理行为，管理人因无因管理行为遭受损失的，可以请求受益人给予适当补偿。法律责任主要因违法和违约行为产生，而由法律的特别规定产生的法律责任较少，它必须以明确的法律规定为依据。

（三）主观过错

行为人在主观上具有过错，是行为人实施违法行为或违约行为时的主观心理状态，包括故意或过失。行为人不同的主观心理状态与认定某一行为是否承担法律责任以及承担何种法律责任有直接联系。故意是行为人明知自己的行为会发生维护他人、社会的结果，并且希望或放任这种结果发生的心理状态，如行为人故意毁坏体育设施器材。过失是行为人应当预见自己的行为可能发生危害他人、社会的结果，但由于疏忽大意而没有预见，或已经预见但过于自信而轻信能够避免，而导致损害结果发生的心理状态，如体育侵权案件中行为人往往因过失而造成侵权。需要注意的是，基于法律的特别规定而产生的法律责任，就不以主观过错为构成要件。

（四）损害结果

损害结果是因违法行为或违约行为或法律的特别规定，行为人对他人的合法权益或社会利益所造成的损失和伤害。损害结果包括既得利益的损害，也包括预期利益的丧失。损害结果的表现形式包括财产损害和非财产损害。财产损害，如体育器材遭到破坏、体育场馆倒塌、体育资金被截留挪用等；非财产损害包括人身损害、精神损害，如运动员骨折。损害结果具有可确定性，它是已经实际造成的侵害事实，能够在客观上认定。例如，因踢足球被侵权而由侵权行为产生的医疗费就是实际可确定的损害。

（五）因果关系

法律责任构成不仅要有责任主体、违法或违约行为、主观过错、损害结果四个要素，还要求这些要素之间有因果关系。[4] 因果关系主要包括两类，一类是责任成立的因果关系，其是指行为人的行为与损害结果之间的因果关系，考量的问题是法律责任的成立，也就是特定的损害结果是不是由行为人的行为引起的。例如，在参加体育活动过程中受到伤害，这个伤害是不是由行为人的行为引起的。如果损害结果不是行为人的行为引起的，两者之

〔4〕《法理学》编写组：《法理学》（第2版），人民出版社、高等教育出版社2020年版，第163页。

间没有因果关系,行为人就不承担法律责任。另一类是行为人的心理活动和外在行为之间的因果关系,[5]也就是行为人的行为是不是其主观意识支配下的行为结果。例如,行为人在实施体育行为时是否有故意或过失的主观过错,如果是不可抗力或意外事件,不存在过错,行为人一般不承担法律责任。因果关系的意义在于对法律责任加以限定,一方面使受到损害的受害人得到救济,另一方面又不至于无限扩大责任范围,限制行为自由。

第二节 体育法律责任的种类

法律责任的种类,也是法律责任的各种表现形式,根据标准不同,所作的划分也不同。例如,以责任的内容为标准,可以分为财产责任与非财产责任;以责任的程度为标准,可以分为有限责任和无限责任;以责任的人数为标准,可以分为个人责任和集体责任。我们根据体育法律关系主体违法行为的性质和危害程度不同,把体育法律责任分为行政责任、民事责任、刑事责任与违宪责任四种。

一、行政责任

行政责任是指体育法律关系主体因实施了违反体育行政法律规范的行为,构成行政违法而应承担的法律责任。它是体育法律责任中最主要的一种责任。行政责任是基于违反体育行政法律义务而产生的法律责任。行政责任的特点是:其一,承担行政责任的主体是行政主体和行政相对人。其二,产生行政责任的原因是行为人的行政违法行为和法律规定的特定情况。其三,行政责任的承担方式多样化,如停止违法行为、履行职务、通报批评、赔礼道歉、罚款、行政拘留等。

行政责任既包括因行政主体及其工作人员在行政管理中违法失职、滥用职权或行政不当而产生的行政责任,也包括公民、法人等行政相对人因违法行政法的规定而承担的行政责任。《反兴奋剂条例》规定的法律责任主要是行为人承担行政责任。《体育法》在法律责任专章中重点规定了行政责任,如第109条规定:"国家机关及其工作人员违反本法规定,有下列行为之一的,由其所在单位、主管部门或者上级机关责令改正;对负有责任的领导人员和直接责任人员依法给予处分:(一)对违法行为不依法查处的;(二)侵占、挪用、截留、克扣、私分体育资金的;(三)在组织体育赛事活动时,有违反体育道德和体育赛事规则,弄虚作假、营私舞弊等行为的;(四)其他不依法履行职责的行为。"第110条规定:"体育组织违反本法规定的,由相关部门责令改正,给予警告,对负有责任的领导人员和直接责任人员依法给予处分;可以限期停止活动,并可责令撤换直接负责的主管人员;情节严重的,予以撤销登记。"第111条规定:"学校违反本法有关规定的,由有关主管部门责令改正;对负有责任的领导人员和直接责任人员依法给予处分。"第112条规定:"运动员、教练员、裁判员违

---

[5] 《法理学》编写组:《法理学》(第2版),人民出版社、高等教育出版社2020年版,第163页。

反本法规定，有违反体育道德和体育赛事规则，弄虚作假、营私舞弊等行为的，由体育组织按照有关规定给予处理；情节严重、社会影响恶劣的，由县级以上人民政府体育行政部门纳入限制、禁止参加竞技体育活动名单；有违法所得的，没收违法所得，并处一万元以上十万元以下的罚款。利用体育赛事从事赌博活动的，由公安机关依法查处。"《公共文化体育设施条例》第28条规定："文化、体育、城乡规划、建设、土地等有关行政主管部门及其工作人员，不依法履行职责或者发现违法行为不予依法查处的，对负有责任的主管人员和其他直接责任人员，依法给予行政处分。"

行政责任应由国家机关依照相关行政法规定的条件和程序予以追究。行政相对人的行政责任由体育行政机关或其他行政机关按照体育法律规范、行政法律规范等规定的条件和程序进行追究，行政相对人要积极承担自身的行政责任。体育行政机关及其工作人员、其他行政机关及其工作人员、法律法规授权的行政主体的行政责任由相关行政机关或人民法院进行追究。

二、民事责任

民事责任是指体育法律关系主体实施了违反体育法律规范的行为，导致体育活动参与人、运动员、教练员、学生或相关体育组织的合法权益受到侵害，造成人身或财产损失而依法应承担的赔偿或补偿的一种法律责任。民事责任的特点是：其一，民事责任主要是一种救济责任。民事责任的功能主要在于救济当事人的权利，赔偿或补偿当事人的损失。《民法典》第179条规定，"承担民事责任的方式主要有：（一）停止侵害；（二）排除妨碍；（三）消除危险；（四）返还财产；（五）恢复原状；（六）修理、重作、更换；（七）继续履行；（八）赔偿损失；（九）支付违约金；（十）消除影响、恢复名誉；（十一）赔礼道歉。法律规定惩罚性赔偿的，依照其规定。本条规定的承担民事责任的方式，可以单独适用，也可以合并适用"。其二，民事责任主要是一种财产责任。其三，民事责任主要是一方当事人对另一方当事人的责任，在法律允许的条件下，多数民事责任可以由当事人协商解决。《体育法》第119条对民事责任进行了规定，"违反本法规定，造成财产损失或者其他损害的，依法承担民事责任"。《民法典》第1176条规定：自愿参加具有一定风险的文体活动，因其他参加者的行为受到损害的，受害人不得请求其他参加者承担侵权责任；但是，其他参加者对损害的发生有故意或者重大过失的除外。第1198条规定：宾馆、商场、银行、车站、机场、体育场馆、娱乐场所等经营场所、公共场所的经营者、管理者或者群众性活动的组织者，未尽到安全保障义务，造成他人损害的，应当承担侵权责任。《奥林匹克标志保护条例》（2002年2月4日中华人民共和国国务院令第345号公布，2018年6月28日中华人民共和国国务院令第699号修订）第15条规定：侵犯奥林匹克标志专有权的赔偿数额，按照权利人因被侵权所受到的损失或者侵权人因侵权所获得的利益确定，包括为制止侵权行为所支付的合理开支；被侵权人的损失或者侵权人获得的利益难以确定的，参照该奥林匹克标志许可使用费合理确定。销售不知道是侵犯奥林匹克标志专有权的商品，能证明该商品是自己合法取得并说明提供者的，不承担赔偿责任。

三、刑事责任

刑事责任是指体育法律关系行为人因其犯罪行为必须承受的,由司法机关代表国家所确定的否定性法律后果。刑事责任是一种最为严厉的责任。产生刑事责任的原因在于行为人实施了严重危害社会、具有刑事违法性、应受刑罚惩罚的行为。刑事责任只能由犯罪主体自己承担,并且主要是人身责任。其犯罪主体主要是自然人,也有单位。刑事责任是国家给予违反体育法律规范的行为人的最严厉的惩罚。判断承担刑事责任的依据是行为人的严重违法行为,也就是体育违法行为的社会危害性极大并触犯了刑法构成犯罪。认定和追究刑事责任的机关只能是司法审判机关。公安机关立案侦查、检察机关公诉、人民法院审判,由人民法院依照刑法、刑事诉讼法的相关规定对行为人的行为是否触犯了刑法,是否承担刑事责任进行审判。我国相关的体育法律法规都规定了刑事责任。《体育法》第 119 条规定:违反《体育法》规定,构成犯罪的,依法追究刑事责任。《奥林匹克标志保护条例》(2018 年修订)第 12 条第 2 款规定:利用奥林匹克标志进行诈骗等活动,构成犯罪的,依法追究刑事责任。而针对体育领域的兴奋剂犯罪,更是由刑法修正案、最高人民法院的司法解释进行了规定,《刑法修正案(十一)》在第 44 条规定,在《刑法》第 355 条后增加一条,作为第 355 条之一:“引诱、教唆、欺骗运动员使用兴奋剂参加国内、国际重大体育竞赛,或者明知运动员参加上述竞赛而向其提供兴奋剂,情节严重的,处三年以下有期徒刑或者拘役,并处罚金。组织、强迫运动员使用兴奋剂参加国内、国际重大体育竞赛的,依照前款的规定从重处罚。”还有最高人民法院《关于审理走私、非法经营、非法使用兴奋剂刑事案件适用法律若干问题的解释》(法释〔2019〕16 号)于 2019 年 11 月 12 日最高人民法院审判委员会第 1781 次会议通过,自 2020 年 1 月 1 日起施行。可见国家十分重视打击违反体育法律法规的犯罪行为。

四、违宪责任

违宪责任是指由于有关国家机关制定的某种法律和法规、规章,或有关国家机关、社会组织或公民从事了与宪法规定相抵触的活动而产生的法律责任。体育法律关系主体实施了违反宪法中关于体育权利规定的行为,依法应当承担法律责任。《宪法》第 5 条规定:“中华人民共和国实行依法治国,建设社会主义法治国家。国家维护社会主义法制的统一和尊严。一切法律、行政法规和地方性法规都不得同宪法相抵触。一切国家机关和武装力量、各政党和各社会团体、各企业事业组织都必须遵守宪法和法律。一切违反宪法和法律的行为,必须予以追究。任何组织或者个人都不得有超越宪法和法律的特权。”也就是说,任何主体违宪要承担相应的法律责任。《宪法》第 21 条第 2 款规定,国家发展体育事业,开展群众性的体育活动,增强人民体质。

最后需要指出的是,体育法律关系主体的行为有可能要承担民事、行政、刑事责任,也就是在涉及违法的体育案件中,责任形式往往可能综合出现。

第三节　体育法律责任的认定与归结

一、法律责任的认定与归结概念

法律责任的认定与归结是指国家机关或其授权的组织依照法定职权和程序对因违法行为、违约行为或法律规定而引起的法律责任,进行判断、认定、追究、归结以及减缓与免除的活动。法律责任的认定与归结是由国家特设或授权的专门机关依照法定程序进行的。在法律领域,认定违法责任并把它归结于违法者的,只能是具有归责权的专门国家机关,而且认定与归责的过程表现为一系列法律程序。在我国,人民法院通过审理体育民事案件、行政案件、刑事案件,认定和归结当事人的民事责任、行政责任、刑事责任。其中,刑事责任的认定和归结权专属于人民法院。行政责任认定与归结由体育行政机关、其他行政机关、法律授权的行政主体进行,如体育、公安、工商、税务、环保、质检、物价、卫生监督等国家行政机关;违宪责任的认定和归结权属于全国人民代表大会及其常委会。[6] 其他组织或个人都无权认定和归结法律责任。

二、法律责任认定与归结的原则

认定和归结法律责任必须遵循一定的原则。根据我国法律的规定,认定与归结法律责任一般应遵循以下原则。

(一)责任法定原则

责任法定原则是法治原则在归责问题上的具体运用。"法无明文规定不为罪""法无明文规定不处罚"等法律格言是这一原则精神的体现。责任法定原则否定和摒弃责任擅断、非法责罚等没有法律依据的行为。责任法定原则有三个基本要求:一是法律责任的种类和形式应当由法律加以明文规定,任何机关和个人都不得在法律明文规定之外随意设定法律责任。二是各类违法行为的法律责任应事先由成文的法律形式明确地规定,而且这种规定必须合理。违法行为或违约行为发生后,应当按照事先规定的性质、范围、程度、期限、方式追究违法者、违约者或相关人的责任。无法律授权的任何国家机关和社会组织都不能向责任主体认定和归结法律责任,国家机关和社会组织都不能超越权限追究责任主体的法律责任,都无权向责任主体追究法律明文规定以外的责任,向公民、法人实施非法的责罚,任何责任主体都有权拒绝承担法律明文规定以外的责任。三是法律责任的减轻、免除的事由、幅度应当由法律预先加以规定,国家机关应当依据法律减轻或免除行为人的法律责任。

(二)因果联系原则

因果联系原则的含义包括两个方面:一是在认定行为人违法责任之前,应当首先确认

---

〔6〕《法理学》编写组:《法理学》(第2版),人民出版社、高等教育出版社2020年版,第166页。

行为与危害或损害结果之间的因果联系,[7]要确认这一违法行为或违约行为与其所引起的损害结果或危害结果之间具有内在的、直接的、逻辑的联系。这种因果联系表现为存在的客观性、因果的顺序性、作用的单向性、内容的决定性。这是认定行为人承担法律责任的重要的事实依据。二是在认定行为人违法责任之前,应当首先确认意志、思想等主观方面因素与外部行为之间的因果联系,即导致损害结果或危害结果出现的违法行为或违约行为是不是行为人内心主观意志支配外部客观行为的结果;否则,就不应当认定违法者有法律责任。

(三)责任与处罚相当原则

责任与处罚相当原则是公平观念在归责问题上的具体体现,其基本含义为法律责任的大小、处罚的轻重应与违法行为或违约行为的轻重相适应,做到罪责均衡、罚当其罪。责任与处罚相当原则是实现法律目的的需要,通过惩罚违法行为人和违约行为人,发挥法律责任的积极功能,教育违法、违约者和其他社会成员,从而有利于预防违法行为、违约行为的发生。

责任与处罚相当原则的内容具体包括以下几方面:一是法律责任的性质与违法行为或违约行为的性质相适应。不同性质的违法行为或违约行为表明了不同的社会危害程度,因而决定了法律责任的性质和法律责任的大小,违反刑法的行为就比违反行政法的行为严重得多,就不能用行政责任来代替刑事责任,也不能用刑事责任来追究体育参与人的民事违法行为。二是法律责任的种类和轻重与违法行为或违约行为的危害或损害相适应。违反民事法律的行为的危害就比违反行政法律的行为危害要轻,民事责任主要是补偿性的,而行政责任多是惩罚性的。三是法律责任的轻重要与行为人的主观恶性相适应。行为人的主观方面的故意、过失,以及平时品行、事后态度等因素,对法律责任的具体归结有一定影响。国家机关和其他被授权的社会组织在认定和归结法律责任时,都应当坚持这三个方面,全面衡量,不应偏废。

(四)责任公正原则

责任公正原则要求在进行法律责任认定和归结过程中,遵循以下原则:一是有责必究。对任何违法、违约的行为都应依法追究相应的责任。二是责任平等。坚持公民在法律面前一律平等,对任何公民的违法犯罪行为,都必须同样地追究法律责任,不允许有不受法律约束或凌驾于法律之上的特殊公民。三是责任自负。在现代社会每个人都是独立的个人,在法律上具有独立的地位,因此在归责问题上要求遵循责任自负原则。凡是实施了违法行为或违约行为的人,应当对自己的违法行为或违约行为负责,必须独立承担法律责任。同时,没有法律规定不能让没有违法行为或违约行为的人承担法律责任,国家机关或其他被授权的社会组织不得没有法律依据而追究与违法行为者或违约行为者虽有血缘等关系而无违法行为或违约事实的人的责任,防止株连或变相株连,也就是不能让没有违法或违约行为的人承担法律责任,即反对株连或变相株连。最后要保证责任人受到法律追究,也要保证

---

[7] 陈柏峰主编:《法理学》,法律出版社2021年版,第136页。

无责任者不受法律追究，做到不枉不纵。

第四节　体育法律责任的承担

一、法律责任的承担方式

法律责任的承担是树立法律权威、实现立法目的、维护法律秩序的重要手段。[8] 法律主体主动承担法律责任有利于保障法律责任的自动实现，被动的法律责任承担只能由法定的国家机关等有权主体通过法定程序实现。法律责任的承担是指承担或追究法律责任的具体形式，其方式主要包括惩罚（制裁）和补偿。

（一）惩罚

惩罚，又称制裁，惩罚即法律制裁，是指由特定国家机关对违法者依其法律责任实施的强制性惩罚措施。惩罚包括行政制裁、民事制裁、刑事制裁和违宪制裁。

行政制裁是指国家行政机关对行政违法者依其行政责任所实施的强制性惩罚措施。行政制裁可以分为行政处罚、行政处分。行政处罚是由特定行政执法机关对违反行政管理方面的法律、法规但尚不构成犯罪的公民、法人和非法人组织给予的一种行政制裁。行政处罚的方式有：罚款、拘留、没收财产、责令停产停业、吊销营业执照等。行政处分是由国家行政机关或其他组织依照行政隶属关系，对违法失职的国家公务员或所属人员所实施的惩戒措施，主要有警告、记过、记大过、降级、撤职、开除等形式。

民事制裁是人民法院以国家的名义对民事违法行为人的财产或人身采取强制性的惩罚措施，是国家对民事活动进行干预的表现形式，具有惩罚性和强制性。民事制裁以财产关系为核心，主要目的在于补偿受损失方的损害。其主要方式有停止侵害、排除妨碍、消除危险、返还财产、支付违约金等。人民法院在审理民事案件时，除适用上述方式外，还可以予以训诫、责令具结悔过、收缴非法活动的财物和非法所得，并可以依法处以罚款和拘留。

刑事制裁是指司法机关对犯罪者根据其刑事责任所确定并实施的强制性惩罚措施。承担刑事责任的主体既可以是自然人，也可以是法人和非法人组织。刑事制裁以刑罚为主要组成部分，此外，还包括一些非刑罚处罚方法。刑罚是最严厉的法律制裁。我国刑法对刑事制裁的种类作了明确的规定，包括主刑和附加刑两类。主刑包括管制、拘役、有期徒刑、无期徒刑和死刑，附加刑包括罚金、剥夺政治权利、没收财产，以及针对外国人的驱逐出境。

违宪制裁，指依照宪法的规定对责任主体依其所应承担的违宪责任而实施的一种强制措施。违宪制裁的形式主要有：撤销同宪法相抵触的法律、行政法规、地方性法规等；罢免国家机关的领导人员等。

（二）补偿

补偿，通过国家强制力或当事人要求由责任主体以作为或不作为形式弥补或赔偿所造

---

〔8〕《法理学》编写组：《法理学》（第2版），人民出版社、高等教育出版社2020年版，第169页。

成损失的责任方式。补偿主要包括民事补偿和国家赔偿。

民事补偿，指依照民法典规定，责任主体承担的停止侵害、排除妨碍、消除影响、返还财产、赔礼道歉等责任方式。这些补偿方式可以单独适用，也可以合并适用。国家赔偿包括行政赔偿与司法赔偿，前者是国家因行政主体及其工作人员行使职权造成相对人受损害，而给予受害人赔偿的一种责任方式，主要为违法行政行为侵犯人身权的赔偿、违法行政行为侵犯财产权的赔偿。后者指国家因司法机关及其工作人员行使职权造成当事人受损害，而给予受害人赔偿的一种责任方式。

二、法律责任的实现形式

（一）自觉履行

自觉履行是法律责任实施的重要形式，这里是指体育法律责任主体按照国家特设或授权的专门机关依照法定职权和法定程序认定的责任自愿地、主动地向权利人承担相应的法律责任。如体育行政相对人因违反体育行政法律法规而被体育行政机关处以罚款，体育行政相对人自愿主动缴纳罚款。

（二）强制执行

强制执行是指国家通过强制力迫使不履行义务的责任主体履行义务的责任方式，包括对人身、财产的强制。行政强制执行的适用需要有法律的明确规定，它是承担行政责任的主要方式，主要包括直接强制，也有代执行、执行罚等间接强制。司法强制执行是司法机关根据法律授予的职权直接强制执行或者根据当事人的申请强制执行，如当事人可以依据生效的法律文书向人民法院申请强制执行。

三、法律责任的减轻与免除

免责以法律责任的存在为前提，指违法者虽然事实上违反了法律，并且具备承担法律责任的条件，但由于法律规定的某些主观或客观条件，可以被部分或全部地免除法律责任。无责任或不负责任，指虽然行为人事实上或形式上违反了法律，但因其不具备法律上应负责任的条件，故没有法律责任。在我国，免责的形式主要有以下几种：（1）时效免责，即违法者在其违法行为发生一定期限后不再承担法律责任。（2）不诉免责，即“告诉才处理”“不告不理”。（3）补救免责，就对于那些实施违法行为，造成一定损害，但在国家机关规制之前采取及时补救措施的人，免除其部分或全部责任。（4）协议免责或意定免责，即基于双方当事人在法律允许的范围内的协商同意的免责。（5）自助免责，是对自助行为所引起的法律责任的减轻或免除。自助行为，指权利人为保护自己的权利，在紧迫而又不能及时请求国家机关予以救助的情况下，对他人的财产或自由采取扣押、拘束或其他相应措施，而为法律或社会公共道德所认可的行为。（6）因履行不能而免责，在权利相对人没有能力履行责任的情况下，有关的国家机关或权利主体可以出于人道主义考虑免除或部分免除有责主体的法律责任。

阅　读　体育法律责任

案例1　《民法典》施行后"自甘冒险"第一案开庭 打羽毛球被击伤右眼索赔被驳回[9]

央广网北京1月4日消息(记者孙莹)据中央广播电视总台中国之声《新闻晚高峰》报道,生活中大家都有各自不同的爱好,比如一些球类运动,还有的喜欢一些刺激的运动项目,像摔跤、滑雪之类的。在活动过程中,难免会发生一些碰撞,如果在这种情况下受伤,其他的活动参与者是否要承担责任,成了让人挠头的问题。针对这样的情形,"自甘冒险"的规定也就应运而生。

《民法典》施行后,"自甘冒险"第一案今天(4日)在北京市朝阳区人民法院开庭审理。打了30多年羽毛球的业余爱好者宋先生,在自发组织的羽毛球比赛中,被周先生扣杀过来的球击中了右眼,导致受伤,起诉索赔,周先生认为自己没有过错,不应承担责任,一审法院驳回了原告宋先生的诉求。

为何多年的球友对受伤的性质认识不一致?法院为什么认为宋先生的行为属于"自甘冒险"?判决的理由是什么?

原告宋先生与被告周先生都是羽毛球业余爱好者,自2015年起自发参加羽毛球比赛。2020年4月28日上午9时,两人与另外四位球友在北京红领巾公园进行羽毛球3V3比赛。比赛过程中,宋先生被周先生击打的羽毛球击中右眼,原告方向法庭出具诊断证明等证据证明自己的伤情。原告代理人说:"被告击打的羽毛球击中原告右眼,致使原告右眼虹膜离断、人工晶体脱位。"

宋先生住院4天,复查右眼最佳矫正视力为0.05,医院不建议人工晶体的再次注入。他起诉向周先生索赔医疗费、护理费、住院伙食补助费等各项费用。宋先生说:"按中国传统民俗这个角度来讲,我受了罪,对方应该承担(赔偿)财物的义务,财物责任,而且,民间小孩打架都是把人家孩子打了,应该给人瞧病,得掏点医疗费,我不能不明不白就这么下去,我要弄清楚,他有没有过错。"

周先生强调,宋先生已经七十多岁,眼睛此前曾受过伤,这次受伤前已经连续参加三场比赛,他应知道自身身体条件是否适宜继续参加比赛及其风险。自己没有过错,不应承担责任。周先生说:"我明确,我打的是球,我跟宋先生没有任何身体接触,我并不是成心,我没有故意打他,球过去,是他没接到球,是他眼睛有视差造成这件事情发生,谁也不愿意让谁受伤。"

周先生向法庭提供了事发时的视频录像。法官对录像所显示的事发经过是这样概括的。审判员说:"运动中,原告站在发球线位置,接对方网前球后,将球回挑到被告方中场,被告迅速杀球进攻,原告直立举拍防守未果,被羽毛球击中右眼。"

原告方认可录像证据的真实性,但提示法庭注意一个细节。原告代理律师表示:"这是一个3V3的非常规老年人的一种轻松、娱乐的羽毛球互打,但是在这个过程中,最后导致宋先生眼睛受伤这一下被告用了一个巨大的力量,有一个瞬间扣杀,导致宋先生最后眼睛受伤,我们

---

〔9〕　资料来源:http://china.cnr.cn/xwwgf/20210104/t20210104_525383144.shtml。

认为最起码是存在一定过失。”

我国《民法典》规定,自愿参加具有一定风险的文体活动,因其他参加者的行为受到损害的,受害人不得请求其他参加者承担侵权责任;但是,其他参加者对损害的发生有故意或者重大过失的除外。周先生认为宋先生70多岁参加羽毛球比赛属于“自甘冒险”。周先生说:“我们都是成年人,应该意识到是竞技运动就存在风险和潜在危险。原告打了30多年的羽毛球了,这点他应该很清楚。凡是参加活动出现意外的人,绝大多数都是因为自身就有疾病,只是适时暴发而已,这个岁数适合不适合参加这种激烈的竞技运动?”

法院经审理认为,羽毛球运动是典型的对抗性体育运动项目,除扭伤、拉伤等风险外,较为突出的风险即为参赛者易被羽毛球击中。审判员表示:“原告作为多年参与羽毛球运动的爱好者,对于自身和其他参赛者的能力以及此项运动的危险,应当有所认知和预见,但仍自愿参加比赛,应认定为自甘冒险的行为。在此情况下,只有被告存在故意或重大过失时,才需承担侵权损害赔偿责任,否则无需担责。”

法院认为,周先生杀球进攻的行为属于羽毛球运动的正常技术动作,并不存在明显违反比赛规则的情形,不应认定周先生存在重大过失,周先生没有过错,不承担赔偿责任。根据《民法典》、《民事诉讼法》及最高人民法院《关于适用〈中华人民共和国民法典〉时间效力的若干规定》相关规定,北京市朝阳区人民法院一审判决驳回原告的全部诉讼请求。

北京二中院调研往年的案例发现,自甘冒险法律规则适用领域多集中在体育竞技活动,如球类运动、田径项目、冰雪运动、搏击类运动等,占比50%。像骑马、攀岩、公路骑行等具有危险性的娱乐休闲活动,适用自甘冒险的案例占比23%。其他具有一定风险的活动如河道游泳、冰上遛狗、搭乘醉驾者车辆等,占比27%。

法官建议,参加文体活动者应增强安全意识,加强对活动风险及自然环境、相关设施的危险认识;根据自身的身体条件和兴趣爱好评估选择适合的运动项目,并审慎做好运动前、中、后的安全防范措施。

法官还建议,对于未成年人,父母应认真履行管教职责和监护义务,使未成年人在必要的帮助提示下能够对自身安全问题充分地认知和关注。提示活动参与人应遵循基本规则,注意保护他人。安全保障义务人应切实履行安全保障义务。

案例2　国家体育总局反兴奋剂中心公布多个处罚决定〔10〕

新华社北京2017年12月13日电　国家体育总局反兴奋剂中心12日晚公布了对多个项目运动员兴奋剂违规的处罚决定。

冬青奥会速滑冠军李某哲在今年2月13日的赛外检查中被发现兴奋剂违规,同位素质谱确认其样品中含有外源性睾酮代谢物。李某哲被禁赛4年,负担40例兴奋剂检测费用(4万元),教练冯某波被禁赛2年,负担20例兴奋剂检测费用。

健美依然是兴奋剂滥用重灾区。今年全国健美锦标赛期间,7名健美运动员在赛内检查中被发现使用兴奋剂,分别被禁赛6个月至4年,所在单位受到警告并承担多例兴奋剂检测

---

〔10〕 资料来源:https://www.chinanews.com.cn/ty/2017/12－13/8399753.shtml。

费用。

令人痛心的是，一名未成年残疾人运动员也被发现兴奋剂违规，被禁赛6个月。

案例3 足坛反赌案：陆某被判5年零6个月罚金10万元[11]

2月16日上午，中国足坛反赌扫黑系列案件迎来一审公开宣判。

辽宁省丹东市中级人民法院对中国足坛反赌涉案足球裁判陆某作出宣判，判处陆某有期徒刑5年零6个月，罚金10万元，没收非法所得71万元。

2010年3月3日，陆某涉及足坛涉赌等事件，被警方带走。之后，陆某被曝在2003年甲A联赛中收受35万元贿金，帮助申花赢得冠军。2011年12月，陆某案开庭，他在庭上供认其接受了81万元的贿赂。2012年2月，辽宁省丹东市中级人民法院一审宣判，前足球裁判陆某犯非国家工作人员受贿罪，一审被判处有期徒刑5年零6个月。除此之外，2013年2月18日，中国足协公布反赌案处罚结果，陆某等33人终身禁止参加足球活动。陆某的原刑期是从2010年3月3日至2015年9月2日，但因为其在狱中表现良好，获得了减刑。2014年7月2日，北京二中院在司法部燕城监狱对前足球裁判陆某减刑案进行公开开庭，并当庭作出对罪犯陆某减去一年有期徒刑的裁定。

思考题

1. 体育法律责任的特点。
2. 体育法律责任的构成要件。
3. 体育法律责任的种类。
4. 体育法律责任的实现形式。

---

〔11〕 资料来源：http://news.cntv.cn/20120218/119625.shtml。

第二编 | 体育法律制度

第六章 全民健身法律制度

第一节 全民健身概述

习近平总书记在党的二十大报告中明确指出“广泛开展全民健身活动,加强青少年体育工作,促进群众体育和竞技体育全面发展,加快建设体育强国”。全民健身是我国体育领域中的专门术语,其发展反映出我国社会发展的时代特征。随着时代的不断变化和体育实践的需要,“全民健身”的内涵也不断丰富,立意不断拓展。全民健身国家战略的确立,赋予了“全民健身”新时代的意义。

一、全民健身的内涵与基本特征

(一)全民健身的缘起

党和国家历来重视群众体育工作。中华人民共和国成立后至改革开放前,我国的体育工作以群众体育为主。1949 年 10 月,新中国诞生不到 20 天就召开了全国体育工作者代表大会,提出“为人民的健康、新民主主义的建设和人民的国防而发展体育”的工作方针。1952 年 6 月 10 日,毛泽东同志为中华全国体育总会成立大会题词“发展体育运动,增强人民体质”,为新中国体育事业的发展指明了方向。

改革开放后,随着我国体育事业发展新时期的到来,“全民健身”被提出并得以广泛使用。1984 年中共中央印发了《关于进一步发展体育运动的通知》,极大地提高了体育的社会影响。1987 年全国体育发展战略研讨会提出“以青少年为重点的全民健身战略和以奥运会为最高层次的竞技体育战略协调发展”的思想,“全民健身”在重要会议上被首次使用。1988 年国家体委在工作部署中对“全民健身”这一表述确认。1991 年国家体委明确提出“以青少年为重点,以全民健身为基本内容的群众体育和以奥运会为最高层次、以训练竞赛为主要手段的竞技体育协调发展”的战略思想,确立了在群众体育工作上要抓全民健身这样一个关系中华民族体质增强的大事。1993 年 4 月全国体委主任会议上通过的《关于深化体育改革的意见》及《群众体育改革方案》中,正式提出要制定和推行全民健身计划,将其作为深化体育改革的一项重大举措。其后,开始了研制起草工作。经过一年多的工作,1994 年 7 月,《全民健身计划纲要(送审稿)》正式呈报国务院。1994 年和 1995 年的全国体育工作会议均将全民健身计划作为重要主题,并召开多次全国性的专题会议。1995 年 3 月第八届全国人民代表大会第三次会议审议通过的《政府工作报告》提出,“体育工作要坚持群众体育和竞技体育协调发展的方针,把发展群众体育,推行全民健身计划,普遍增强国民体质作为重点”。1995 年 6 月国家体委正式颁布实施的《全民健身计划纲要》明确提出“推行全民健身计划”和“全民健身计划以全国人民为实施对象,推行全民健身计划,以青少年和儿童为重点”。“全民健身”作为正式制度文件的规范概念得以确定。1995 年颁布的《体育法》明确“国家推行全民健身计划”,确定“体育工作坚持以开展全民健身活动为基础,实行普及与提高相结合,促进各类体育协调发展”。全民健身获得了明确的法律地位。

进入 21 世纪,党和国家对全民健身的重视提升到前所未有的高度。许多年度的国务院《政府工作报告》的体育部分以“全民健身”对群众体育工作进行总结和部署。2002 年党的十六大确定了我国到 2020 年全面建设小康社会的奋斗目标,将“明显提高全民族健康素质”“形成比较完善的全民健身体系”作为全面建设小康社会的目标之一。2009 年《全民健身条例》颁布实施,确定了“促进全民健身活动的开展,保障公民在全民健身活动中的合法权益,提高公民身体素质”的目的;规定“国务院制定全民健身计划,明确全民健身工作的目标、任务、措施、保障等内容。县级以上地方人民政府根据本地区的实际情况制定本行政区域的全民健身实施计划”。同时,为满足广大人民群众日益增长的体育需求,纪念北京 2008 年奥运会的成功举办,将每年 8 月 8 日定为“全民健身日”,全民健身发展进一步法治化、科学化、规范化。2011 年 2 月 15 日国务院制定了《全民健身计划(2011 - 2015 年)》(国发〔2011〕5 号)进一步发展了全民健身事业,推广了全民健身运动,加快了体育强国建设进程。

进入新时代,全民健身理念和实践有了重大飞跃,全民健身上升为国家战略。2014 年 10 月国务院印发《关于加快发展体育产业促进体育消费的若干意见》,把全民健身上升为国家战略,将增强人民体质、提高健康水平作为根本目标。2016 年 6 月 15 日国务院印发《全民健身计划(2016 - 2020 年)》(国发〔2016〕37 号),开拓全民健身发展新境界,使其成为健康中国建设的有力支撑和全面建成小康社会的国家名片。2016 年 10 月中共中央、国务院印发《“健康中国 2030”规划纲要》,明确“共建共享、全民健康”的战略主题,提出了中长期的战略目标,在“提高全民身体素质”的举措中,强调了“完善全民健身公共服务体系”和“广泛开展全民健身运动”。2017 年 10 月党的十九大报告提出“广泛开展全民健身活动,加快推进体育强国建设,筹办好北京冬奥会、残奥会”。2019 年 8 月国务院办公厅印发的《体育强国建设纲要》中提出“大力推动全民健身与全民健康深度融合”的要求和“落实全民健身国家战略,助力健康中国建设”的任务。2019 年 12 月 28 日第十三届全国人民代表大会常务委员会第十五次会议通过的《基本医疗卫生与健康促进法》第 75 条第 1 款规定:“国家发展全民健身事业,完善覆盖城乡的全民健身公共服务体系,加强公共体育设施建设,组织开展和支持全民健身活动,加强全民健身指导服务,普及科学健身知识和方法。”为促进全民健身更高水平发展,更好满足人民群众的健身和健康需求,2021 年 8 月 3 日国务院印发《全民健身计划(2021 - 2025 年)》(国发〔2021〕11 号)。《体育法》第 2 条规定:“体育工作坚持中国共产党的领导,坚持以人民为中心,以全民健身为基础,普及与提高相结合,推动体育事业均衡、充分发展,推进体育强国和健康中国建设。”《体育法》在第二章专章对全民健身做出规定。在党的二十大报告中,“体育”“健康”等关键词多次被提及。在“推进文化自信自强,铸就社会主义文化新辉煌”部分,提出:“促进群众体育和竞技体育全面发展,加快建设体育强国。”这正是全面建设社会主义现代化国家的一个重要目标。在“增进民生福祉,提高人民生活品质”部分，还提出：“推进健康中国建设，把保障人民健康放在优先发展的战略地位。”在国家的相关决策部署和体育工作运行与活动开展的实践中，“全民健身”已是对我国当前人民健康主要矛盾的精准把握，是对我国人民迈向幸福生活的最佳解决方案。

（二）全民健身的内涵

从全民健身的缘起及发展过程可以看出，早期的“全民健身”作为群众体育的主要内容，旨在推动全民参与健身活动，促进群众体育与竞技体育协调发展。随着时代的进一步发展和体育实践的需要，“全民健身”已成为以全国人民为对象，以增强体魄、健康生活为基本目的，以多种形式和手段开展的健身活动，蕴含全民健身计划、全民健身活动、全民健身工程、全民健身组织、全民健身日、全民健身法规、全民健身公共服务体系等一系列相关内容的体育发展总方略。

全民健身是体育运动。在现代社会发展中，体育锻炼愈益凸显其能动的健康价值，成为增进身体健康素质的主要方式和途径。健身与体育紧密连接并直接等同起来。

全民健身是一种积极健康的生活方式。“全民健身是全体人民增强体魄、健康生活的基础和保障。”钟南山院士给所有人的健康忠告就是“体育运动要像吃饭、睡觉一样，成为生活中的一部分”。追求健康生活，主动、科学健身日益成为人们的自觉选择，也承载着对美好生活的向往和追求。把健康的责任落实到每个人，把健身的任务落实到每一天，让健身成为一种生活方式和时尚运动，坚持不懈、持之以恒，人们必能拥有更加强健的体魄、更加饱满的精神，健康中国建设就有了精气神。

全民健身是促进人身心发展的社会事业。全民健身是在个体健康基础上的人人平等参与、全民普遍参与的一种健身方式和体育状态。将广大民众动员和组织起来，积极投身到体育活动之中，通过亲身锻炼和实践体验，推动体育发展的社会效应，使参与民众从中收获身心健康与幸福生活。全民健身已形成完善的制度体系，成为中国特色社会主义体育伟大实践，成为人民群众获得感、幸福感和安全感的一种表征。

全民健身是国家战略。全民健身上升为国家战略，突出强调了其重要的社会意蕴，成为构建健康社会的促进力量，保障我们的国家能够在政治建设、经济建设、社会建设、文化建设和生态文明建设五位一体的总体布局中加快发展、协调联动的重要力量。全民健身作为国家战略既有全民健康、健康中国和全面建设社会主义现代化国家的宏观目标，又有推动全民健身行动的具体步骤和实现路径；既有构建健康社会，实现中华民族伟大复兴的“中国梦”的宏大愿景，又有实现人人健康、人人幸福的家国情怀。

（三）全民健身的基本特征

在新时代中国特色社会主义体育的伟大实践中，在全民健身相关法律与政策的指引下，广大群众积极参加全民健身活动，全民健身呈现出如下特点。

1. 战略性。战略性是指导我国体育事业发展的方略。《体育法》第二章专章规定“全民健身”“国家实施全民健身战略，构建全民健身公共服务体系”，反映出党和国家对全民健身事业发展的关心和重视。《体育法》确立了全民健身与全民健康深度融合的共享机制，构建各方齐抓共管、协同发力的全民健身工作新格局，完善让人民满意的更高水平的公共体育服务体系,明确国家、社会等主体在全民健身战略中的地位和职责,为全民健身事业的持续推进、人民健康水平的不断提升提供有效的法治保障,促进全民健身战略向更加完善、美好的全民健康战略转型升级。

2. 人民性。人民性指以人民为中心的价值取向。《体育法》规定了体育工作坚持以保护和实现人民日益增长的体育权利诉求为中心,着眼于满足人民群众对美好生活的需求,增强民众的获得感和幸福感。《全民健身条例》体现了以人为本、关注民生的理念。《关于构建更高水平的全民健身公共服务体系的意见》也体现了鲜明的人民性特点,致力于服务全民、全民共建、全民共享。新时代我国体育发展的根本宗旨就是以人民为中心,实现体育强国梦,本质上就是不断推动公民体育权利发展,不断保障公民体育权利实现的过程。

3. 普惠性。普惠性指全民健身活动实施对象的广泛程度和惠民效益。全民健身以全国人民为实施对象,十几亿人参与健身活动,享有体育权益,在健身活动中增强体质、促进健康。健康中国行动鼓励人人参与健身和健康行动,倡导每个人是自己健康的第一责任人理念。国家强化各级政府提供全民健身公共服务方面的职能,完善全民健身公共财政投入机制,推进全民健身公共服务均等化,注重解决农村及经济欠发达地区体育资源占有和政府提供全民健身公共服务的差距,就是保证全民健身的普惠性。

4. 科学性。科学性即全民健身方法及手段的科学合理。生命在于运动,运动需要科学。国家倡导公民树立和践行科学健身理念并鼓励社会体育指导员为群众提供科学健身指导并宣传主动健康理念。在实践中,推广科学健身方法、提高群众的科学健身意识。科学性还体现在借助现代科技手段,助力全民健身快速发展。例如,推进移动互联网、云计算、大数据、物联网等现代信息技术手段与全民健身结合,建设全民健身管理资源库、服务资源库和公共服务信息平台,构建体卫融合健康促进中心标准体系等。

二、全民健身的法律地位

全民健身的高质量发展,不仅带来了社会活动内容的丰富和人民生活方式的改变,也在现代法治的演进中推动法律的发展和完善。全民健身是我国体育事业的重要组成部分,是我国体育工作的重点,全民健身相关法律规范是开展全民健身重要的法律保障,也体现出全民健身在我国的法律地位。

(一)《宪法》的有关规定

进入新时代以来,我国在不断推进依法治国的新征程中,更加重视宪法权威与实施,将全民健身与宪法更加紧密地连接起来,为全民健身发展设定宪法基础和宪法指引。

全民健身作为民众广泛参与体育的活动具有支持体育发展的意义,在《宪法》中有着明确的规定。《宪法》中有多个关于体育的条款规定,使全民健身得到了明确的体现。第一,《宪法》总则第21条第2款是专门对体育做出的规定:“国家发展体育事业,开展群众性的体育活动,增强人民体质。”国家从保护人民健康角度,强调体育的本质、功能与定位,彰显了国家对全民健身工作的重视。这也成为中国体育事业发展和体育法治建设的最高原则,全民健身是体育事业的顶层设计,这一统摄体育全局的规定,是对全民健身的宪法保障。第二,《宪法》第二章公民的基本权利和义务中第46条第2款“国家培养青年、少年、儿童在品德、智力、体质等方面全面发展”的规定，通过对青少年、儿童全面发展的权利保障，彰显了体育在增强体质乃至全面育人中的不可替代作用，为青少年、儿童作为全民健身重点人群的体育发展提供了依据。习近平总书记也提出“体育不仅仅是体育，还能贡献更好的教育”。[1] 第三，《宪法》第89条国务院行使“领导和管理教育、科学、文化、卫生、体育和计划生育工作”职权；第107条“县级以上地方各级人民政府依照法律规定的权限，管理本行政区域内的经济、教育、科学、文化、卫生、体育事业……等行政工作”；第119条“民族自治地方的自治机关自主地管理本地方的教育、科学、文化、卫生、体育事业”等法律规定，既为各级政府、各级体育及其他行政部门、社会组织等深入开展全民健身活动提供了法律依据，也为全体公民依法参加体育健身活动提供组织上的保障。

（二）《体育法》的相关规定

《体育法》明确国家实施全民健身战略，构建全民健身公共服务体系，鼓励和支持公民参加健身活动，促进全民健身与全民健康深度融合。全民健身是国家现代化的重要标志。习近平总书记指出，全民健身运动的普及和参与国际体育合作，也是一个国家现代化程度的重要标志；全民健身战略是建成体育强国的重要基础。全面落实全民健身国家战略，努力使人民身体素养和健康达到较高水平，是体育强国建设最重要和基础的战略任务，也是体育强国建设最显著和鲜明的特征；全民健身战略是建成健康中国的重要前提。党的十九大将实施健康中国战略纳入国家发展基本方略，以全民健身服务全民健康，从而促进健康中国建设。

《体育法》第2条明确规定：“体育工作坚持中国共产党的领导，坚持以人民为中心，以全民健身为基础，普及与提高相结合，推动体育事业均衡、充分发展，推进体育强国和健康中国建设。”就是提出了“以全民健身为基础，普及与提高相结合”的体育工作方针。强调全民健身国家战略的地位，对于促进推动全民健身活动落实开展具有重要意义。《体育法》在第二章以“全民健身”作为标题，并在第16条明确规定：“国家实施全民健身战略，构建全民健身公共服务体系，鼓励和支持公民参加健身活动，促进全民健身与全民健康深度融合。”设专章规定全民健身，是落实新时代体育高质量发展，推进体育强国和健康中国建设更好地满足人民群众日益增长的多元化体育需求的重要手段，突出了全民健身在促进人的全面发展、全面建设社会主义现代化国家新征程、实现中华民族伟大复兴中国梦中的战略地位。

（三）《民法典》的相关规定

《民法典》被称为“社会生活的百科全书”，是民事权利的“宣言书”和“保障书”。《民法典》在中国特色社会主义法律体系建设中具有重要地位，是一部固根本、稳预期、利长远的基础性法律，对于推进全面依法治国，加快社会主义法治国家建设，推进国家治理体系和治理能力现代化等具有重大意义，对于全民健身活动的开展也有着积极的促进作用。

《民法典》第1176条规定“自愿参加具有一定风险的文体活动，因其他参加者的行为受到损害的，受害人不得请求其他参加者承担侵权责任，但是其他参加者对损害的发生有故

---

[1] 《特写：“我真希望给习主席颁发一枚金牌”——访国际奥委会主席巴赫》，载 https://www.sport.gov.cn/n10503/c786193/content.html。

意或者重大过失的除外。”该条规定是“自甘风险”原则,是对群众参与各级各类体育活动自愿承担其固有风险的法律依据。“自甘风险”条款能帮助解除当事人参与体育活动时法律上的疑虑,促进全民理性、积极参与体育活动,提高体育活动效率和质量,从而达到当事人积极参加体育活动、保障公民体育权利的目的。在推进建设体育强国和全民健身的大背景下,“自甘风险”原则也有利于减轻文体活动举办方或者参与方的顾虑,使组织者更有信心、更有保障地组织活动,使其在尽到安全保障义务前提下放心组织活动免受诉讼。“自甘风险”条款为全民健身组织的活动开展提供明确的行为规则,推动全民健身活动朝着健康、和谐、稳定的方向发展提供了坚实的法律保障,对加强和完善体育法治具有重要意义。《民法典》还规定了自甘风险活动组织者的安全保障义务。第 1176 条第 2 款规定:“活动组织者的责任适用本法第一千一百九十八条至第一千二百零一条的规定。”这是对自甘风险中活动组织者责任的转致性规定。《民法典》第 1198 条规定的是经营场所公共场所的经营者、管理者和群众性活动组织者的安全保障义务,第 1199 ~ 1201 条规定的是幼儿园、学校或者其他教育机构对无民事行为能力人和限制民事行为能力人的保护义务和侵权责任。

(四)《基本医疗卫生与健康促进法》中的有关规定

为了发展医疗卫生与健康事业,保障公民享有基本医疗卫生服务,提高公民健康水平,推进健康中国建设,第十三届全国人大常委会第十五次会议于 2019 年 12 月 28 日审议通过了《基本医疗卫生与健康促进法》,该法自 2020 年 6 月 1 日起施行。《基本医疗卫生与健康促进法》共包括十章,110 条,依次为总则、基本医疗卫生服务、医疗卫生机构、医疗卫生人员、药品供应保障、健康促进、资金保障、监督管理、法律责任、附则等。凸显了保基本、强基层、促健康的理念,对于提升公民全生命周期健康水平,推进健康中国建设具有重要意义。

《基本医疗卫生与健康促进法》在第六章对国家实施健康促进给予明确规定,涉及全民健身与健康促进的内容主要是,第 68 条“国家将健康教育纳入国民教育体系。学校应当利用多种形式实施健康教育,普及健康知识、科学健身知识、急救知识和技能,提高学生主动防病的意识,培养学生良好的卫生习惯和健康的行为习惯,减少、改善学生近视、肥胖等不良健康状况。学校应当按照规定开设体育与健康课程,组织学生开展广播体操、眼保健操、体能锻炼等活动。学校按照规定配备校医,建立和完善卫生室、保健室等。县级以上人民政府教育主管部门应当按照规定将学生体质健康水平纳入学校考核体系”;第 69 条“公民是自己健康的第一责任人,树立和践行对自己健康负责的健康管理理念,主动学习健康知识,提高健康素养,加强健康管理。倡导家庭成员相互关爱,形成符合自身和家庭特点的健康生活方式。公民应当尊重他人的健康权利和利益,不得损害他人健康和社会公共利益”;第 70 条“国家组织居民健康状况调查和统计,开展体质监测,对健康绩效进行评估,并根据评估结果制定、完善与健康相关的法律、法规、政策和规划”;第 75 条第 1 款“国家发展全民健身事业,完善覆盖城乡的全民健身公共服务体系,加强公共体育设施建设,组织开展和支持全民健身活动,加强全民健身指导服务,普及科学健身知识和方法”。通过上述相关法律规范约束,推进全民健身发展,不断提高全民健康素质,促进形成良好的健康意识与习惯,助力健康中国战略的实施。

（五）国务院颁布的有关全民健身的行政法规

国务院颁布的条例是行政法规，属于规范性文件，具有法律文件的性质，在实施过程中与法律的效力一致。《全民健身条例》《公共文化体育设施条例》《学校体育工作条例》构成全民健身的骨干法规，保障公民的体育健身权利（见表6－1）。

表6－1　国务院批准颁布的与全民健身有关的行政法规

名称	发布及修订时间
《全民健身条例》	2009年8月19日国务院第77次常务会议通过，自2009年10月1日起施行，根据2016年2月6日国务院《关于修改部分行政法规的决定》第二次修订
《学校体育工作条例》	1990年2月20日国务院批准，1990年3月12日国家教育委员会令第8号、国家体育运动委员会令第11号发布，根据2017年3月1日国务院《关于修改和废止部分行政法规的决定》修订
《公共文化体育设施条例》	2003年6月18日国务院第12次常务会议通过，2003年6月26日中华人民共和国国务院令第382号公布，自2003年8月1日起施行

（六）部门规章及规范性文件

国务院及相关部门还颁布了与全民健身相关的部门规章及规范性文件，规范性文件涉及健康中国、体育强国、体育产业、体育消费、老年人体育等方面，与全民健身有密切关系，是全面健身活动开展的保障。如国务院办公厅《关于促进全民健身和体育消费推动体育产业高质量发展的意见》、国务院办公厅《关于印发体育强国建设纲要的通知》、国务院《关于实施健康中国行动的意见》、国务院办公厅《关于加快发展健身休闲产业的指导意见》、国务院《关于印发全民健身计划（2021—2025年）的通知》。

部门规章从全民健康、体质监测、社会体育指导、志愿服务、残疾人体育、老年人体育、少数民族体育等角度，对我国全民健身活动的开展给予积极的引导，有力地推动了全民健身工作稳步与深入地开展。2011年10月9日经过国家体育总局第20次局长办公会审议通过，从11月9日开始施行的《社会体育指导员管理办法》，以发挥社会体育指导员在全民健身活动中的作用为宗旨，为促进社会体育指导员工作科学有序地开展，推动社会体育指导员工作持续健康发展提供了制度保障。2018年7月国家体育总局发布了《全民健身指南》，涵盖了诸多年龄段人群运动健身指南，为群众提供了大量的运动健身方案，为满足大众对运动健身不断增长的科学指导需求提供了可参考的方法，使群众的运动健身更具科学性。

（七）地方性法规和地方政府规章

各省、自治区、直辖市为了保障体育事业的发展，加快体育法规体系的建设步伐，分别从体育竞赛、体育设施、体育产业、全民健身、后备人才、运动项目等方面，对国家发布的体育领域改革与发展战略予以推动与落实。例如，随着《全民健身条例》的颁布，我国地方人民政府相继颁布地方性全民健身条例，有效地促进了地方全民健身活动的深入开展。

第二节　全民健身基本法律制度

全民健身在促进人的发展和社会进步方面具有重要意义,随着群众体育热情和健身意识的提高及人民日益增长的多元化体育需求的增加,国家不断从法律层面促进和推动全民健身活动的开展,全民健身基础法律制度、全民健身公共服务法律制度、体育锻炼标准制度、国民体质监测制度、社会体育指导员制度等构成了我国全民健身基本法律制度。

一、全民健身基础法律制度

(一)《全民健身条例》

1.《全民健身条例》颁布的时代背景

2009 年,中华人民共和国成立 60 年来,特别是改革开放 31 年来,我国竞技体育得到了长足发展。2008 年成功举办奥运会,我国取得了金牌总数第一的骄人成绩,赢得了良好的国际声誉。与此形成鲜明对比的是,我国对群众体育重视程度不高,全民健身运动开展得不够普遍,亚健康人群不断扩大,青少年的身体素质近二十年来持续下降。在增强公民身体素质方面,全民健身运动是最重要的环节,但同时也是十分薄弱的环节。需要我国从制度建设入手,加强立法推动全民健身工作。为进一步促进全民健身活动的开展,保障公民参加全民健身活动的权利,2009 年 1 月 7 日,国务院决定每年 8 月 8 日为"全民健身日";同年 8 月 19 日国务院第 77 次常务会议通过了《全民健身条例》,该条例于 2009 年 10 月 1 日起施行。《全民健身条例》的出台,对于动员广大人民群众积极开展各种健身活动,保障公民个人的健身权利,推动全民健身活动的开展发挥了十分重要的作用。

为了依法推进行政审批制度改革和政府职能转变,进一步激发市场、社会的创造活力,发挥好地方政府贴近基层的优势,促进和保障政府管理由事前审批更多地转为事中事后监管,2013 年 7 月 18 日,国务院《关于废止和修改部分行政法规的决定》将《全民健身条例》第 32 条中许可经营高危险性体育项目的机关由"县级以上人民政府体育主管部门"修改为"县级以上地方人民政府体育主管部门"。为了依法推进简政放权、放管结合、优化服务改革,国务院对取消和调整行政审批项目、价格改革和实施普遍性降费措施涉及的行政法规进行了清理。根据 2016 年 2 月 6 日国务院《关于修改部分行政法规的决定》将《全民健身条例》第 32 条第 1 款中的"经营高危险性体育项目的"修改为"企业、个体工商户经营高危险性体育项目的"。

2.《全民健身条例》颁布的意义

《全民健身条例》的颁布实施是站在中华民族伟大复兴的高度做出的战略部署。

(1)《全民健身条例》是政府民生意识和公共服务视角在体育领域的体现,从法律层面明确了政府责任,解决了全民健身的实际困难和突出问题,化解人民群众体育健身需求日益增长和社会体育资源相对不足、公共服务供给相对有限的矛盾。

(2)《全民健身条例》是由国务院颁布的第一部对全民健身全面规范的专门性行政法规,是全民健身体育工作向法治化、规范化和科学化迈进的里程碑,是我国社会体育事业保持持续、高效、健康发展的根本保障。其颁布与实施对强化"依法治体",促进我国群众体育事业的高质量发展起着积极的引导性作用。

(3)《全民健身条例》是促进竞技体育和群众体育的协调发展,进而促进我国由体育大国向体育强国迈进的重大战略举措。习近平总书记指出:"加快建设体育强国,就要坚持以人民为中心的思想,把人民作为发展体育事业的主体,把满足人民健身需求、促进人的全面发展作为体育工作的出发点和落脚点,落实全民健身国家战略,不断提高人民健康水平。"

3. 全民健身的主要法律规范

《全民健身条例》共6章40条,主要包括总则、全民健身计划、全民健身活动、全民健身保障、法律责任和附则。这些规定从组织、监管、安全、保障等方面提出了工作规范。组织方面,各部门要各负其责,社会共同支持,全民积极参加;管理方面,明确管理责任,促进均衡发展;安全方面,加强体育活动监管,确保参与活动的安全性等。

(二)全民健身计划

《体育法》第18条规定:"国家推行全民健身计划,制定和实施体育锻炼标准,定期开展公民体质监测和全民健身活动状况调查,开展科学健身指导工作。国家建立全民健身工作协调机制。县级以上人民政府应当定期组织有关部门对全民健身计划实施情况进行评估,并将评估情况向社会公开。"《全民健身条例》第二章对"全民健身计划"也作了明确规定。全民健身计划是在国务院领导下,由国家体育总局会同有关部门、各群众组织和社会团体共同推行的一项依托社会、全民参与的体育健身计划,是与实现社会主义现代化国家建设目标相配套的社会系统工程。

1. 全民健身计划的主要法规制度

1993年为了适应新的历史时期广泛开展群众性体育活动、普遍增强人民体质的需要,原国家体委在《关于深化体育改革的意见》中,提出了制定全民健身计划的思路和任务。1995年6月20日国务院颁布了《全民健身计划纲要》。1995年6月23日原国家体委发布了《关于贯彻〈全民健身计划纲要〉实施"全民健身一二一工程"的意见》。"一二一"借用体育队列操练中"齐步走,一二一"的指挥口令,既预示着全民健身计划启动,又形象地提出了第一阶段的主要任务。后又分别发布了《全面健身计划第一期工程第二阶段(1997－1998年)工作方案》《全民健身计划第一期工程第三阶段(1999－2000年)工作方案》。2001年根据实施全民健身计划新的需要,国家体育总局先后制定了《〈全民健身计划纲要〉第二期工程(2001－2010年)规划》《〈全民健身计划纲要〉第二期工程第一阶段(2001－2005年)实施计划》《〈全民健身计划纲要〉第二期工程第二阶段(2006－2010年)实施计划》。2011年2月15日国务院制定了《全民健身计划(2011－2015年)》(国发〔2011〕5号),进一步推广全民健身运动,加快我国体育强国建设进程。为实施全民健身国家战略,提高全民族的身体素质和健康水平,2016年6月15日国务院印发《全民健身计划(2016－2020年)》(国发〔2016〕37号),更加准确把握新时期全民健身发展内涵的深刻变化,不断开拓发展新境界,使其成为健康中国建设的有力支撑和全面建成小康社会的国家名片。2021年7月18日国务院印发《全民健身计划(2021－2025年)》(国发〔2021〕11号),就今后一个时期促进全民健身高质量发展,更好满足人民群众的健身和健康需求做出部署。

2.《全民健身计划(2021－2025年)》的主要内容

在党中央、国务院坚强领导下,全民健身国家战略深入实施,全民健身公共服务水平显著提升,全民健身场地设施逐步增多,人民群众通过健身促进健康的热情日益高涨,健康中国和体育强国建设迈出新步伐。为促进全民健身更高水平发展,更好满足人民群众的健身和健康需求,依据《全民健身条例》,制定该计划。

(1)指导思想。以习近平新时代中国特色社会主义思想为指导,贯彻落实党的十九大和十九届二中、三中、四中、五中、六中全会精神,坚持以人民为中心,坚持新发展理念,深入实施健康中国战略和全民健身国家战略,加快体育强国建设,构建更高水平的全民健身公共服务体系,充分发挥全民健身在提高人民健康水平、促进人的全面发展、推动经济社会发展、展示国家文化软实力等方面的综合价值与多元功能。

(2)发展目标。到2025年,全民健身公共服务体系更加完善,人民群众体育健身更加便利,健身热情进一步提高,各运动项目参与人数持续提升,经常参加体育锻炼人数比例达到38.5%,县(市、区)、乡镇(街道)、行政村(社区)三级公共健身设施和社区15分钟健身圈实现全覆盖,每千人拥有社会体育指导员2.16名,带动全国体育产业总规模达到5万亿元。

(3)主要任务。包括加大全民健身场地设施供给、广泛开展全民健身赛事活动、提升科学健身指导服务水平、激发体育社会组织活力、促进重点人群健身活动开展、推动体育产业高质量发展、推进全民健身融合发展、营造全民健身社会氛围等。

(4)保障措施。《全国健身计划(2021－2025年)》还围绕目标任务的完成,从加强组织领导、壮大全民健身人才队伍、加强全民健身安全保障、提供全民健身智慧化服务等方面提出了保障措施。

二、全民健身公共服务法律制度

构建更高水平的全民健身公共服务体系,是加快体育强国建设的重要基石,是顺应人民对高品质生活期待的内在要求。提供全民健身公共服务是实现基本公共服务均等化的有机组成部分,是政府的基本职责之一。全民健身公共服务属于基本公共体育服务,是由政府提供的满足人民群众基本健身需求和参与体育活动需要的一系列公共产品和行为的总称。

(一)全民健身公共服务法律制度

国家体育总局在2011年全国体育工作会议上首次明确提出构建全民健身公共服务体系的重要战略任务。《全民健身计划(2011－2015年)》提出"到2015年,城乡居民体育健身意识进一步增强,参加体育锻炼的人数显著增加,身体素质明显提高,形成覆盖城乡比较健全的全民健身公共服务体系"。《体育发展"十三五"规划》提出"全民健身公共服务体系日趋完善,人民群众健身意识普遍增强,身体素质逐步提高"。《全民健身计划(2016－2020年)》提出到2020年"覆盖城乡、比较健全的全民健身公共服务体系基本形成"。2017年1

月国务院颁布的《“十三五”推进基本公共服务均等化规划》提出:基本公共服务是由政府主导、保障全体公民生存和发展基本需要、与经济社会发展水平相适应的公共服务。2019年《体育强国建设纲要》中将“完善全民健身公共服务体系”作为落实全民健身国家战略,助力健康中国建设的首要任务。《全民健身计划(2021－2025年)》提出,到2025年全民健身公共服务体系更加完善。《公共文化服务保障法》《基本医疗卫生与健康促进法》《全民健身条例》《公共文化体育设施条例》等法律法规在全民健身公共服务方面均有规定。

构建更高水平的全民健身公共服务体系,与人民群众对更高质量生活的期待和要求相符合。为贯彻落实党中央、国务院有关决策部署,增强人民体质,提高全民健康水平,2022年中共中央办公厅、国务院办公厅印发《关于构建更高水平的全民健身公共服务体系的意见》,国家扩大公益性和基础性公共体育服务供给,采取公共设施支持和财政倾斜等措施扶持革命老区、民族地区、边疆地区、经济欠发达地区体育事业的发展,推动基本公共服务均等化,逐步健全全民覆盖、普惠共享、城乡一体的基本公共体育服务体系。党的二十大报告也明确提出“健全基本公共服务体系,提高公共服务水平,增强均衡性和可及性”。《体育法》第6条规定:“国家扩大公益性和基础性公共体育服务供给,推动基本公共体育服务均等化,逐步健全全民覆盖、普惠共享、城乡一体的基本公共体育服务体系。”

(二)全民健身公共服务法律制度的主要内容

《关于构建更高水平的全民健身公共服务体系的意见》作为重要的全民健身公共服务规定,提出进一步发挥政府作用,激发社会力量积极性,优化资源布局,扩大服务供给,构建统筹城乡、公平可及、服务便利、运行高效、保障有力的更高水平的全民健身公共服务体系。到2025年,更高水平的全民健身公共服务体系基本建立,人均体育场地面积达到2.6平方米,经常参加体育锻炼人数比例达到38.5%,政府提供的全民健身基本公共服务体系更加完善、标准更加健全、品质明显提升,社会力量提供的普惠性公共服务实现付费可享有、价格可承受、质量有保障、安全有监管,群众健身热情进一步提高。到2035年,与社会主义现代化国家相适应的全民健身公共服务体系全面建立,经常参加体育锻炼人数比例达到45%以上,体育健身和运动休闲成为普遍生活方式,人民身体素养和健康水平居于世界前列。

全民健身公共服务工作原则是:一是覆盖全民,公益导向。健全促进全民健身制度性举措,扩大公益性和基础性服务供给,提高参与度,增强可及性,推动全民健身公共服务体系覆盖全民、服务全民、造福全民。二是科学布局,统筹城乡。以需求为导向配置全民健身公共服务资源,引导优质资源向基层延伸。对接国家重大战略,促进全民健身公共服务城乡区域协调发展。三是创新驱动,绿色发展。强化资源集约利用和科技支撑,推动体制机制改革和供给方式创新。打造绿色便捷的全民健身新载体,促进全民健身与生态文明建设相结合。四是政府引导,多方参与。发挥政府保基本、兜底线的作用,推进基本公共服务均等化,尽力而为、量力而行。激发社会力量积极性,推动共建共治共享,形成全民健身发展长效机制。

(三)基本公共体育服务均等化

解决体育发展中的地域差距,是解决体育发展不平衡不充分问题的钥匙,是实现基本公共体育服务均等化的前提。《体育法》第6条规定:“国家扩大公益性和基础性公共体育服务供给,推动基本公共体育服务均等化,逐步健全全民覆盖、普惠共享、城乡一体的基本公共体育服务体系。”在我国,以脱贫地区为重点的欠发达地区和革命老区、边疆地区、生态退化地区、资源型地区、老工业城市等被定义为“特殊类型地区”。对特殊类型地区体育发展的特别扶持,是以公共体育服务制度体系的构建为前提和基础的。党和国家高度重视特殊类型地区的民生福祉和振兴发展。2017 年习近平总书记在党的十九大报告中强调,实施区域协调发展战略,加大力度支持革命老区、民族地区、边疆地区、贫困地区加快发展。2022 年李克强总理在政府工作报告提出,增强区域发展平衡性协调性,支持革命老区、民族地区、边疆地区加快发展。《“十四五”特殊类型地区振兴发展规划》明确提出:到 2025 年,特殊类型地区基本公共服务均等化水平明显提高;到 2035 年,城乡区域基本公共服务均等化基本实现,特殊类型地区与全国同步基本实现社会主义现代化。为了贯彻“共享发展”理念,推动城乡、区域基本公共体育均衡协调发展,推动全民健身基本公共服务的均等化。《体育法》第 7 条规定:“国家采取财政支持、帮助建设体育设施等措施,扶持革命老区、民族地区、边疆地区、经济欠发达地区体育事业的发展。”将人财物等资源优先用于保障城乡居民享有均等化的基本公共服务,在政策上向西部、农村、财政相对比较困难的地区倾斜,优先保障青少年、老年人、残疾人等各类人群的基本健身需求。扩大国家特别扶持保障的地区范围,进一步明确财政支持和体育设施建设等方面的保障措施。

三、体育锻炼标准法律制度

国家体育锻炼标准制度是体育的一项基本制度,也是一项重要的全民健身体育制度。国家体育锻炼标准是以检验公民体育锻炼效果、评价身体素质为目的,以测验达标为手段的评价体系。国家体育锻炼标准制度的实施对激发公民参加体育锻炼的积极性和主动性,提高身体素质具有重要的推进作用。

(一)我国体育锻炼标准制度的发展

1952 年 6 月 20 日,中华全国体育总会成立大会上通过的《关于 1952 年开展体育运动的计划大纲》中提出逐步建立基层体育组织及推行“准备劳动与保卫祖国”的体育制度。之后在各地试行的基础上,原国家体委参照当时苏联的《准备劳动与卫国体育制度》,制定了适合中国情况的《劳卫制》,《劳卫制》经中央人民政府政务院批准,于 1954 年 5 月 4 日颁布并在全国试行。1956 年和 1958 年先后两次修改,1964 年改名为《青少年体育锻炼标准》,1965 年修改后试行。1974 年又重新制定《国家体育锻炼标准条例》和项目标准(草案),于 1975 年经国务院批准正式推行。1979 年年底开始,对施行《国家体育锻炼标准》的情况进行大量的调查研究,又经 20 个省、市大规模的测试和实验,重新修订了《国家体育锻炼标准》。1989 年 12 月 9 日国务院批准发布《国家体育锻炼标准施行办法》;1990 年 1 月 6 日国家体育委员会令第 10 号发布了《国家体育锻炼标准施行办法》,使国家体育锻炼标准成为一项具有广泛群众基础的基本体育制度,1995 年《体育法》第 11 条也明确规定“实施体育锻炼标准”,进一步确立了这一制度的法律地位。2003 年国家体育总局联合 7 个部委对《体育锻炼标准》进行了第三次修订,颁布了《普通人群体育锻炼标准》,它与同时期出台的《学生体质健康标准》互为补充;2013 年 12 月 16 日国家体育总局、教育部、全国总工会印发修订后的《国家体育锻炼标准施行办法》，标志着我国群众体育进入了新标准赛道。《体育法》第18条也明确规定“制定和实施体育锻炼标准”。

（二）《国家体育锻炼标准施行办法》的主要内容

《国家体育锻炼标准施行办法》（以下简称《锻炼标准》）适用于6～69周岁的健康公民，按年龄分为儿童、少年、青年、壮年和老年五个组别，每个组别分男、女两类人群。包括年龄分组、测验项目、评级标准、评分标准和测验细则五部分。测验项目涵盖人体的力量、速度、耐力、灵敏、柔韧五类素质。评级标准分为优秀、良好、及格和不及格四个等级。

国家体育总局负责全国的《锻炼标准》实施工作。县级以上地方人民政府体育主管部门负责本行政区域内的《锻炼标准》实施工作。全国总工会和全国性人群体育协会负责本系统的《锻炼标准》实施工作。

国家机关、企业事业单位和有关组织应当发动、组织本单位人员开展《锻炼标准》测验达标活动，并与工间（前）操和业余健身活动、运动会、体质测定等结合起来。基层文化体育组织、社区、居民委员会和村民委员会应当组织居民开展《锻炼标准》测验达标活动，并与全民健身活动结合起来。组织开展《锻炼标准》测验达标活动的单位应当严格按照《锻炼标准》的测验细则进行，保证安全、科学、准确。学校应当组织学生按照教育部制定的学校学生体育锻炼标准开展测验达标活动。

对参加测验达到优秀、良好和及格等级者发给相应等级的奖章、证书。国家体育总局负责设计制作《锻炼标准》的标识和奖章、证书，并制定奖章、证书的颁发办法。

负责实施《锻炼标准》和组织开展达标测验活动的部门和单位可以使用《锻炼标准》标识制作其他形式的奖品，但不得以此营利。鼓励对身体素质有特殊要求的部门和单位将《锻炼标准》测验达标结果作为招工、人员素质评价、保险等工作的参考依据。

四、国民体质监测法律制度

国民体质是国家和社会发展的重要基础，国民体质监测是国家为系统掌握国民体质状况，以抽样调查的方式，在全国范围内对监测对象进行统一测试和对监测数据进行分析研究的工作。国民体质监测结果已经成为制定和评估全民健身计划及其实施效果、评价健康中国建设成效的重要指标和数据来源。

我国从20世纪70年代末就逐步开展了大、中、小学生体质监测工作，在全民健身事业的发展中，国民体质监测工作越来越得到国家的重视。《体育法》明确规定“定期开展公民体质监测和全民健身活动调查”。《全民健身条例》第9条规定：“国家定期开展公民体质监测和全民健身活动状况调查。公民体质监测由国务院体育主管部门会同有关部门组织实施；其中，对学生的体质监测由国务院教育主管部门组织实施。全民健身活动状况调查由国务院体育主管部门组织实施。”在1997年原国家体委组织部分地区开展的成年人体质监测工作的基础上，2000年开展了全国性的国民体质监测工作，制定了《国民体质监测工作规定》，该规定于2001年2月由国家体育总局会同其他10个部委联合发布。自2000年以来，每五年一次，我国已经完成五次国民体质监测工作，掌握了我国国民体质基本情况和变化规律，为国家科学制定发展群众体育事业、增强国民体质的相关政策提供了重要依据。

体育主管部门主管国民体质监测工作,并与教育、卫生、计划、科技、民族、民政、农业、统计等有关部门共同建立国民体质监测工作领导机构,在各自职责范围内协同开展工作。教育行政部门负责7~19岁儿童青少年(学生)的体质监测工作。建立由国家国民体质监测中心、省(区、市)国民体质监测中心、地(市)国民体质监测中心和监测点构成的国民体质监测网络,实行分级管理。各级国民体质监测中心由同级体育主管部门组建,监测点由地(市)国民体质监测中心确定,并将组建方案逐级上报体育主管部门审核、备案。国家对国民体质监测结果实行统一公布制度,全国国民体质监测结果由国务院体育主管部门会同有关部门公布。国民体质监测资料属国家所有。社会公众可以通过监测结果公告和监测报告等获取有关信息。

随着时代的发展及国民体质的变化,国民体质监测主要内容也随之发生变化。根据2020年《第五次国民体质监测工作方案》,国民体质监测对象由3~69周岁中国公民调整为3~79周岁的中国公民;分为3~6岁幼儿、20~59岁成年人和60~79岁老年人三个年龄段,7~19岁属于学生不在此列。[2] 监测内容主要包含身体形态、身体机能、身体素质指标的检测和相关因素的问卷调查。

五、社会体育指导员法律制度

国家实行社会体育指导员制度,社会体育指导员对全民健身活动进行科学指导。社会体育指导员是全民健身的宣传者、科学健身的指导者、群众活动的组织者、体育场地设施的维护者、健康生活方式的引领者、运动处方的开具者。

(一)社会体育指导员制度

我国社会体育指导员出现在20世纪80年代初期,1983年国务院批转的国家体委《关于进一步开创体育新局面的请示》中提出,要“为群众体育活动培训大批骨干,提高社会的体育水平”。1984年国家体委提出“大力加强技术辅导和健康咨询工作”。同年,国家体委印发《关于加强县体育工作的意见》,提出建立体育辅导中心、辅导站,进行体育技术辅导工作的要求。1986年国家体委《关于体育体制改革的决定(草案)》中又进一步提出,要“加强群众体育骨干和积极分子的培育”,市、县体委要加强业余体育技术辅导员队伍建设,并创造条件试行评定业余体育技术辅导员称号。1989年12月9日由国务院批准的《国家体育锻炼标准施行办法》第4条指出:“……各地体育场(馆)应当创造条件建立辅导站和测验站,为体育锻炼参加者提供方便。”

到了90年代,国家开始重视社会体育骨干工作队伍。1993年12月4日,国家体委颁布,2011年修订的《社会体育指导员技术等级制度》,确立了我国社会体育指导员的地位,为社会体育指导员队伍的建设和管理提供了政策支持,奠定了我国社会体育指导员规范化建设和发展的基础。1995年6月20日颁布实施的《全民健身计划纲要》明确要建立一支庞大的高素质的社会体育指导员队伍。1995年6月23日国家体委《关于贯彻〈全民健身计划纲要〉实施“全民健身一二一工程”的意见》明确建立一支社会体育指导员队伍的任务。1995

[2] 由教育行政部门负责。

年《体育法》第11条中规定“国家实施社会体育指导员技术等级制度”。1996年11月25日，国务院办公厅转发的国家体委《关于深化改革加快发展县级体育事业的意见》中要求：“加强社会体育指导员队伍建设，组织好各种业务培训。”1997年4月《关于加强城市社区体育工作的意见》指出，“社区体育指导员是开展社区体育的骨干。主要充分发挥他们在开展群众性体育健身活动中的技能传授、锻炼指导和组织管理的作用”。2002年7月22日中共中央、国务院印发的《关于进一步加强和改进新时期体育工作的意见》，再次强调建立社会体育指导员工作队伍，对社会体育指导员工作给予了肯定。

《体育法》第19条规定：“国家实行社会体育指导员制度。社会体育指导员对全民健身活动进行指导。社会体育指导员管理办法由国务院体育行政部门规定。”《全民健身条例》对社会体育指导员做了更为详细、具体的规定，“国家加强社会体育指导人员队伍建设，对全民健身活动进行科学指导。国家对不以收取报酬为目的向公众提供传授健身技能、组织健身活动、宣传科学健身知识等服务的社会体育指导人员实行技术等级制度。县级以上地方人民政府体育主管部门应当免费为其提供相关知识和技能培训，并建立档案。国家对以健身指导为职业的社会体育指导人员实行职业资格证书制度。以对高危险性体育项目进行健身指导为职业的社会体育指导人员，应当依照国家有关规定取得职业资格证书。”

《社会体育指导员管理办法》《社会体育指导员国家职业标准》是我国社会体育指导员队伍健康发展的主要制度保障。

（二）《社会体育指导员管理办法》

《社会体育指导员管理办法》于2011年10月9日经国家体育总局第20次局长办公会议审议通过并发布，包括总则、组织管理、培训教育、申请审批、注册办理、工作保障、服务规范、奖励处罚、附则，同时附有《社会体育指导员技术等级标准》。

社会体育指导员技术等级称号由低到高分为：三级社会体育指导员、二级社会体育指导员、一级社会体育指导员、国家级社会体育指导员。社会体育指导员的技术等级标准分为基本条件、等级条件和特许条件。

国家体育总局主管全国的社会体育指导员工作。县级以上地方体育主管部门负责本行政区域内社会体育指导员工作。建立全国性和地方性社会体育指导员协会。社会体育指导员自愿加入开展志愿服务所在地的社会体育指导员协会。

社会体育指导员培训教育分为技术等级培训和继续培训。培训教育费用由各级体育主管部门或经批准的协会承担。

社会体育指导员注册通过国家体育总局社会体育指导员信息管理系统进行。县级体育主管部门或委托的组织是社会体育指导员注册机构，免费办理社会体育指导员的登记注册、工作注册和迁移注册。

社会体育指导员应当坚持科学、文明、安全、诚信的原则，因人、因时、因地制宜，经常开展志愿服务，提高健身者的健身技能和身体素质，推动全民健身活动的开展。

（三）社会体育指导员国家职业标准

《社会体育指导员国家职业标准》由劳动和社会保障部（现人力资源和社会保障部）于

2001 年 8 月 7 日颁布实施。对于促进社会体育指导员工作走向规范化、法治化，提升社会体育指导的服务质量具有重要意义。同时为人们从事健康、有益的体育活动提供法律依据，促进体育行业从业人员的职业化。

在营利性体育场所的劳动岗位从事指导工作的，被称为职业社会体育指导员。职业社会体育指导员主要从事社会体育的有偿指导工作，主要提供社会体育的经营和指导服务，纳入国家劳动服务管理体系。其具体的工作内容是指导社会体育活动者学习、掌握体育健身的知识、技能和方法；组织人们进行健身、娱乐、康复等活动；协助开展体质测定、监测、评价等活动；承担经营、管理及服务工作。

社会体育指导员职业标准等级分为社会体育指导师、高级社会体育指导员、中级社会体育指导员、初级社会体育指导员四个级别(从初级、中级、高级、指导师依次递进，指导师为最高级别)。各等级的主要职能为：初级社会体育指导员能够运用基本技能指导练习对象学习基本技术动作和提高基本运动素质。中级社会体育指导员能够针对不同年龄、性别练习对象的情况指导其提高专项技术水平、进行健身活动。高级社会体育指导员能够熟练运用各种技能完成技术指导工作；能够为不同职业者、特殊人群、需控制体重者提供健身服务；能够组织开展体育活动；具有一定的组织培训和管理能力。社会体育指导师能够独立解决技术指导过程中遇到的各种问题；能够胜任康复锻炼指导工作；组织开展专业技术培训；具有一定的经营、管理和科研能力。

阅 读 跑步后猝死？53 岁华为大佬，给我们提了个大醒！[3]

2022 年 10 月 7 日晚间，华为心声社区发布讣告：“公司监事会副主席丁耘先生，因突发疾病，于 2022 年 10 月 7 日凌晨不幸去世，享年 53 岁。”丁耘先生在华为兢兢业业工作了 26 年，现任公司监事会副主席、总干部部长、企业 BG 总裁、运营商 BG 总裁。为华为公司的成长和发展做出了重大贡献。对于丁耘的不幸去世，华友会主席及创始人俞渭华表示，丁耘热爱跑步和工作，在华为地位极高，英年早逝，让人痛惜不已。他文中透露，丁耘在跑了 28 公里后，因为心脏问题就没有再醒过来，不过该说法暂未得到官方证实。

其实，近年来，已经有多位企业界知名人士因高强度运动诱发疾病离开了我们。丁耘的意外去世也再次提醒人们，珍爱生命，运动也应该适量。

运动真的会夺命吗？当我们跑步时出现三大信号，赶紧停下、别硬撑：

1. 胸部压迫感 + 运动后加重胸部压迫感，就是胸闷。它会在运动后(包括快走、上楼梯)以及情绪激动后加重。胸闷，大部分代表心脏供血不足——给心脏提供血液的冠状动脉出问题了。严重胸闷，则是冠心病的征兆。但若是运动后胸闷缓解了，就不用担心，因为冠心病的胸闷一定不会在运动后减轻。但为了确保万无一失，还是建议跑步时出现胸闷的要尽快看医生，不要以为休息一下就能好。

2. 心悸、心慌心悸、心慌，在激动、劳累时发作——这是心律失常的常见症状。平常人劳累也有心悸心慌感，但不会十分难受。跑步时，人处于应激状态，突然的心跳紊乱可造成猝

[3] 载 https://k.sina.com.cn/article_5937451555_161e6522301902fodc.html。

死,这是心律失常猝死的原因。

3. 胸痛、剧烈头痛,突然剧烈胸痛或胸部憋闷,原因不明的胸背疼、肩颈胳膊疼,有疼痛转移的现象,胃部灼痛,反复短时间牙疼。这很可能是心肌梗死的前兆。而出现剧烈头痛,则可能是脑出血。

如何识别胸痛是心绞痛,还是心梗前兆?牢记16个字:劳力诱发,休息缓解,服药缓解,2分以上。

劳力诱发:一般在劳累情况下,比如走路、快步走、上天桥、上楼、饱餐等情况下,它的疼痛会诱发,或是加重。

休息缓解:出现疼痛之后马上休息,过一会儿疼痛缓解。

2分以上:疼痛要持续两分钟以上。如果是闪电样疼痛,那就肯定不是了。

钟南山院士就把步行视作"世界上最好的运动"。他提供的一组来自世界卫生组织的数据显示,65岁以上老年人,每周步行大于或等于4小时比每周步行小于1小时的人群,心血管疾病发病率减少69%,病死率则减少73%。

50~60岁的中老年人,虽然精力还算旺盛,但是身体素质已经逐步下行,不少人会感到力不从心,腹型肥胖、梨形身材比比皆是,这个年龄的人首先要改变不良生活习惯,如戒烟限酒、低盐低脂,量力而行地练习一些器械,或者多去郊区爬山,坚持游泳也是不错的选择。

思考题

1. 简述全民健身的内涵和特点。
2. 简述全民健身法律制度。

第七章　青少年和学校体育法律制度

学校体育是我国教育事业的重要组成部分，是学校教育的重要内容之一；学校体育又是我国体育事业的重要组成部分，是国民体育的基础，是发展体育事业的战略重点。接受体育教育是青少年学生的权利和义务，学校体育工作对于青少年学生身心的健康成长，培养德智体美劳全面发展的社会主义建设者和接班人具有重要的意义。中华人民共和国成立以来，党和政府十分关心青少年学生的身体健康，十分重视学校体育工作。为了全面贯彻党的教育方针，保证各级各类学校顺利地完成学校体育工作任务和目标，确保学生应享有的接受体育教育和体育锻炼的权利，党和国家制定并颁布实施了一系列的学校体育的政策、法律法规制度，以促进和规范青少年和学校体育的健康发展。新修订的《体育法》将青少年和学校体育置于优先发展的战略地位，推动形成青少年和学校体育协调融合发展格局。健全的青少年和学校体育法律制度，是依法管理青少年和学校体育工作，确保青少年和学校体育工作向规范化、制度化、科学化的方向发展的基本前提和必然要求，更是新时代学校体育工作完成其所担负的使命与责任的法律保障。

第一节　青少年和学校体育的地位、目标与管理

一、新时代我国青少年和学校体育的地位

中华人民共和国成立以来，党和政府十分关心青少年学生的身体健康，高度重视学校体育工作。国家通过多种立法形式对青少年学生的身心健康与学校体育工作予以保障，表明学校体育在我国社会主义教育事业和体育事业中具有重要的地位，并在有关法律法规制度中明确了学校体育的重要地位。例如中华人民共和国成立初期，起着国家临时宪法作用的《共同纲领》和1951年8月中央人民政府政务院发出的《关于改善各级学校学生健康状况的决定》、1952年教育部和国家体委联合颁布的《学校体育工作暂行规定》等有关提高青少年体力和促进学校体育工作发展的法规及政策文件。而改革开放四十多年来，特别是党的十八大以来，党中央全面推进依法治国战略，国家法治建设进程日益加强，我国的教育事业和体育事业得到快速发展。

1990年2月20日经国务院批准，1990年3月12日由国家教育委员会和国家体育运动委员会共同发布并实施的《学校体育工作条例》是中华人民共和国成立以来颁布实施的第一部针对学校体育工作的行政法规，至今仍是管理学校体育工作的重要依据。《学校体育

工作条例》的颁布与实施充分体现了国家对青少年和学校体育地位的重视。1995年1月1日起施行的《体育法》第三章将“学校体育”单独列为一章,第17条明确规定了学校体育的地位:“教育行政部门和学校应当将体育作为学校教育的组成部分,培养德、智、体等方面全面发展的人才。”1999年6月中共中央、国务院发布的《关于深化教育改革全面推进素质教育的决定》中特别强调了体育在全面素质教育中的重要地位,指出:“健康体魄是青少年为祖国和人民服务的基本前提,是中华民族旺盛生命力的体现。学校教育要树立‘健康第一’的指导思想,切实加强体育工作,使学生掌握基本的运动技能,养成坚持锻炼身体的良好习惯。确保学生体育课程和课外体育活动时间,不准挤占体育活动时间和场所。”这个决定充分体现了党和国家对青少年学生身体健康的重视和关心,阐明了学校体育与健康教育在素质教育中的重要地位和独特作用,同时也明确了学校体育卫生工作新的方向。

2007年5月7日,中共中央、国务院印发了《关于加强青少年体育增强青少年体质的意见》(中发〔2007〕7号,以下简称中央7号文件),该文件指出“增强青少年体质、促进青少年健康成长,是关系国家和民族未来的大事”,首先要求“高度重视青少年体育工作”,指出“广大青少年身心健康、体魄强健、意志坚强、充满活力,是一个民族旺盛生命力的体现,是社会文明进步的标志,是国家综合实力的重要方面。”“青少年的体质健康水平不仅关系个人健康成长和幸福生活,而且关系整个民族健康素质,关系我国人才培养的质量。体育锻炼和体育运动,是加强爱国主义和集体主义教育、磨炼坚强意志、培养良好品德的重要途径,是促进青少年全面发展的重要方式,对青少年思想品德、智力发育、审美素养的形成都有不可替代的重要作用”。“中央7号文件”是中华人民共和国历史上第一个以中共中央、国务院的名义专门针对学校体育工作颁布的最高级别的纲领性文件,是加强青少年和学校体育工作的重要政策保障,对青少年和学校体育工作的发展具有重大意义。2009年10月1日国务院颁布实施的《全民健身条例》第21条第1款规定:“学校应当按照《中华人民共和国体育法》和《学校体育工作条例》的规定,根据学生的年龄、性别和体质状况,组织实施体育课教学,开展广播体操、眼保健操等体育活动,指导学生的体育锻炼,提高学生的身体素质。”

中国共产党第十九次全国代表大会明确作出中国特色社会主义进入新时代的重大政治判断,提出我国社会主要矛盾已经转化为人民日益增长的美好生活需要和不平衡不充分的发展之间的矛盾。新时代对青少年和学校体育工作提出了新的要求,党和政府发布的一系列有关政策和法律法规愈益强调青少年和学校体育在实施全面素质教育、建设健康中国和体育强国中的地位和作用,不断提升和保障了青少年和学校体育的法律地位。根据2018年3月11日第十三届全国人民代表大会第一次会议通过的《宪法修正案》修正的《宪法》第46条明确规定:“中华人民共和国公民有受教育的权利和义务。国家培养青年、少年、儿童在品德、智力、体质等方面全面发展。”2018年9月10日党中央召开新时代第一次全国教育大会,习近平总书记发表重要讲话指出:“教育是国之大计、党之大计。要坚持改革创新。以凝聚人心、完善人格、开发人力、培育人才、造福人民为工作目标,培养德智体美劳全面发展的社会主义建设者和接班人,加快推进教育现代化、建设教育强国、办好人民满意的教育。”2018年新修正的《义务教育法》第3条明确规定:“义务教育必须贯彻国家的教育方针,实施素质教育,提高教育质量,使适龄儿童、少年在品德、智力、体质等方面全面发展,为培养有理想、有道德、有文化、有纪律的社会主义建设者和接班人奠定基础。”

青少年体育是整个体育工作的基础和先导，是体育强国建设的基础工程。为贯彻落实习近平总书记关于体育强国建设的重要指示和全国教育大会精神，深化具有中国特色的体教融合发展，推动青少年文化学习和体育锻炼协调发展，促进青少年健康成长、锤炼意志、健全人格，培养德智体美劳全面发展的社会主义建设者和接班人，2020 年 8 月 31 日经国务院同意，国家体育总局和教育部联合印发了《深化体教融合　促进青少年健康发展的意见》(体发〔2020〕1 号)。该意见明确要求加强学校体育工作，树立“健康第一”的教育理念，面向全体学生，帮助学生在体育锻炼中享受乐趣、增强体质、健全人格、锤炼意志，实现文明其精神、野蛮其体魄。它是新时代体育、教育领域一项高规格的专项行政性文件，进一步提升了青少年体育工作的地位，明确了青少年体育改革发展的方向，是对体教事业融合发展的重要政策支持和重要法律保障，为深化体育教育改革指明了方向，具有重大意义。2020 年 10 月 15 日中共中央办公厅、国务院办公厅印发的《关于全面加强和改进新时代学校体育工作的意见》中指出：“学校体育是实现立德树人根本任务、提升学生综合素质的基础性工程，是加快推进教育现代化、建设教育强国和体育强国的重要工作，对于弘扬社会主义核心价值观，培养学生爱国主义、集体主义、社会主义精神和奋发向上、顽强拼搏的意志品质，实现以体育智、以体育心具有独特功能。”2021 年 4 月 29 日第十三届全国人民代表大会常务委员会第二十八次会议修改的《教育法》第 5 条明确规定：“教育必须为社会主义现代化建设服务、为人民服务，必须与生产劳动和社会实践相结合，培养德智体美劳全面发展的社会主义建设者和接班人。”2022 年 6 月 24 日第十三届全国人民代表大会常务委员会第三十五次会议通过的《体育法》将青少年和学校体育置于优先发展的战略地位，第 10 条明确规定：“国家优先发展青少年和学校体育，坚持体育和教育融合，文化学习和体育锻炼协调，体魄与人格并重，促进青少年全面发展。”第 24 条规定“国家实行青少年和学校体育活动促进计划，健全青少年和学校体育工作制度，培育、增强青少年体育健身意识，推动青少年和学校体育活动的开展和普及，促进青少年身心健康和体魄强健”。2022 年 10 月 16 日习近平总书记在中国共产党第二十次全国代表大会上的报告中提出“广泛开展全民健身活动，加强青少年体育工作，促进群众体育和竞技体育全面发展，加快建设体育强国”，更加凸显了青少年体育在我国迈向全面建设社会主义现代化国家新征程、向第二个百年奋斗目标进军中的重要地位。

二、新时代我国青少年和学校体育的目标

青少年和学校体育的目标是青少年和学校体育系统运行及其实践活动所期望达到的预期结果，它体现了人们对青少年和学校体育的教育理念和价值追求，规定着青少年和学校体育工作的方向和效果追求，是青少年和学校体育工作的出发点和归宿，是评价青少年和学校体育工作的依据和标准，起着导向和调适作用。在现代社会，青少年和学校体育的观念呈现出多元化发展样态，主要体现为健康第一观、全面体育观、终身体育观和主体体育观等新的体育教育观念，其功能日渐拓宽，重视体育的综合育人功能，促进青少年身心健康和体魄强健，培养德智体美劳全面发展的人才。基于现代教育理念和有关青少年和学校体

育的法律法规及政策规定及要求，新时代我国青少年和学校体育工作的指导思想和目标也有了新的转变。

（一）新时代我国青少年和学校体育工作的指导思想

党的教育事业和体育事业一直强调提高青少年学生的身心健康素质和全面发展。在2007年5月7日发布的“中央7号文件”中强调要“深入贯彻党的教育方针，大力推进素质教育”，提出“当前和今后一个时期，加强青少年体育工作的总体要求是认真落实健康第一的指导思想，把增强学生体质作为学校教育的基本目标之一”。2018年9月10日在党中央召开的全国教育大会上习近平总书记的重要讲话中强调“德智体美劳”五育并举，我国教育真正进入全面培养学生综合素质的新时代。习近平总书记在全国教育大会上的重要讲话指出“要树立健康第一的理念，帮助学生在体育锻炼中享受乐趣、增强体质、健全人格、锤炼意志”，这是党中央对新时代学校体育工作的新定位和提出的新要求、新目标，为全面加强和改进新时代青少年和学校体育工作指明了方向、提供了根本遵循。

新时代我国青少年和学校体育工作的指导思想及总目标是：以习近平新时代中国特色社会主义思想为指导，全面贯彻党的教育方针，坚持社会主义办学方向，以立德树人为根本，以社会主义核心价值观为引领，以服务学生全面发展、增强综合素质为目标，坚持健康第一的教育理念，推动青少年文化学习和体育锻炼协调发展，帮助学生在体育锻炼中享受乐趣、增强体质、健全人格、锤炼意志，培养德智体美劳全面发展的社会主义建设者和接班人。

（二）新时代我国青少年和学校体育工作的基本目标

青少年和学校体育的基本目标是总目标的具体化，主要指效果目标。根据新时代我国青少年和学校体育工作的指导思想及总目标的要求，结合现行的《义务教育体育与健康课程标准（2022年版）》和《普通高中体育与健康课程标准（2017年版）》等有关制度中的相关规定，新时代我国青少年和学校体育的基本目标包括以下方面。

1. 全面锻炼学生身体，增强学生体质健康水平。青少年学生的体质健康水平不仅关系个人健康成长和幸福生活，而且关系整个民族健康素质，关系我国人才培养的质量。把增强和提升学生体质健康水平作为我国青少年和学校体育的基本目标之一，既是学校体育本质功能即健身功能的反映，更是新时代国家发展的现实诉求。因此，全面锻炼学生身体，增强学生体质健康水平是青少年和学校体育的恒久目标。

2. 培养学生运动兴趣和运动能力，养成终身体育习惯。学校体育是以身体练习为主要手段的教育活动，学校体育的一切目标的实现都需在身体练习的过程中进行。学校体育一切目标的实现是建立在学生积极的运动参与之上。而学生积极参与运动的前提是学生对运动本身感兴趣。学校体育是一个人养成终身体育习惯的重要时期，终身体育习惯的养成是以培养青少年学生形成浓厚的运动兴趣和基本运动技能与运动能力作为基础的。青少年学生通过参加体育运动，具有了基本的运动能力，进而养成体育锻炼的意识与习惯，就能够为其终生体育奠定良好的基础。

3. 培养学生健全人格，锤炼学生意志品质，养成学生良好的体育品德。青少年学生在参与体育运动时，不仅身体上要承受运动负荷的不断挑战，心理上也经常感受到多种多样的体验。因此,体育教育是一种外能增强学生体质、强健体魄,内可发展学生良好心理素质的优质教育。要结合体育的特点,切实发挥体育在培育和践行社会主义核心价值观、推进素质教育中的综合作用,培养学生健全人格,锤炼学生意志品质,养成学生良好的体育品德。“健全人格”是立德树人在体育学科中的具体体现,“锤炼意志”是自我完善提升的过程,培养“胜不骄、败不馁”的精神,一定程度上就是意志得到锤炼的过程。因此,通过组织开展体育教学、课外体育锻炼活动、体育运动训练和体育竞赛活动等各种形式的体育活动,培养学生的集体荣誉感,塑造活泼开朗、充满自信、团结协助、遵守规则、相互尊重、诚实守信、公平竞争等良好的体育品德,促进学生身心健康与人格健全;培养学生吃苦耐劳、坚持不懈等优良品质和顽强拼搏、积极进取、勇敢坚毅等坚强意志。

4. 发展学生运动才能,提高学生运动技能水平。学校是各类体育运动人才的摇篮,通过对学生运动技能的培养,进一步提高他们的运动技能水平,一部分有运动才能或特长的学生就可能成为竞技体育的后备力量。衡量和评价学校体育工作质量的重要内容或重要窗口之一是青少年学生的运动技能水平。运动技能水平是学校体育与竞技体育、大众体育产生关联的重要连接点。因此,发展学生运动才能,提高学生运动技能水平作为青少年和学校体育的目标,既是青少年和学校体育自身发展的内在要求,也是青少年和学校体育展现外部价值的需要。

三、新时代我国青少年和学校体育工作的管理

(一)新时代我国青少年和学校体育工作的基本原则

根据《教育法》《体育法》《学校体育工作条例》及有关青少年和学校体育的法律法规与政策的要求,新时代青少年和学校体育工作应坚持以下基本原则。

1. 全面发展。全面贯彻党的教育方针,遵循青少年成长和教育规律,以服务学生全面发展、增强综合素质为目标,坚持健康第一的教育理念,深化体教融合,推动青少年文化学习和体育锻炼协调发展,体魄与人格并重,促进青少年学生全面发展。

2. 政府主导、多方参与。强化青少年体育公益事业属性,坚持政府在青少年体育发展中的主导地位和作用,增强青少年体育事务的公共责任,完善政府主导、部门协同、全社会共同参与的青少年体育推进机制。

3. 普及与提高相结合。青少年和学校体育的基本目标中既包括面向全体学生增强体质、传授体育运动与健康知识及运动技能,又包括提高运动技术水平、培养体育后备人才。青少年和学校体育工作要面向全体青少年学生,以普及为主的同时,也强调要积极开展课余体育训练,为竞技体育培养后备人才。只有将二者有机结合,做到普及与提高的协调发展,才能全面达成青少年和学校体育的目标。

4. 体育锻炼与卫生安全相结合。青少年和学校体育的整个工作要坚持“健康第一”的指导思想并贯彻于工作的全过程。在保障学生身心健康的过程中,青少年和学校体育工作与卫生安全是不可分割的两个方面,必须紧密结合起来。

5. 统筹协调,均衡发展。从当前我国经济社会发展实际出发,因地制宜,以标准化推动均等化,统筹推进和提高青少年体育公共服务水平和学校体育发展均衡,重点解决城乡、区

域青少年和学校体育发展不充分、不均衡问题。

(二)新时代我国青少年和学校体育工作的管理

青少年和学校体育工作的管理必须依据国家教育方针、国家各个时期的教育改革和发展规划,依据对青少年和学校体育工作的法律法规及学校工作规划等,对青少年和学校体育工作实行系统管理。根据有关法律法规及政策的规定,从青少年和学校体育组织管理体制上,青少年和学校体育工作可分为宏观管理和微观管理。《学校体育工作条例》第6条规定:“学校体育工作在教育行政部门领导下,由学校组织实施,并接受体育行政部门的指导。”《体育法》第36条规定:“教育行政部门、体育行政部门和学校应当组织、引导青少年参加体育活动,预防和控制青少年近视、肥胖等不良健康状况,家庭应当予以配合。”第37条规定“体育行政部门会同有关部门引导和规范企业事业单位、社会组织和体育专业人员等为青少年提供体育培训等服务”。

1. 青少年和学校体育工作的宏观管理

青少年和学校体育工作的宏观管理是指国家行政部门对青少年和学校体育工作的组织管理,即指国家各级政府的教育和体育有关部门通过政策法规、制度与指令对各级学校体育工作的宏观领导和业务指导。我国对青少年和学校体育工作实行宏观管理的组织机构主要由教育部和国家体育总局两大系统构成。

教育部体育卫生与艺术教育司是国务院主管教育工作的行政部门,对全国学校体育与卫生工作实施领导和管理的职能部门。国家体育总局是国务院主管体育工作的最高行政部门,负责统一领导、协调、监督全国的体育事业。国家体育总局下设的青少年体育司,是具体负责对青少年和学校体育工作实施指导和监督的职能机构。各省、市、自治区的各级教育和体育行政部门具体负责管理本地青少年和学校体育工作,保证国家对青少年和学校体育宏观管理职能的层层落实和形成本地区青少年和学校体育特色。

2. 青少年和学校体育工作的微观管理

青少年和学校体育工作的微观管理主要是指一所学校范围内的体育工作管理。学校领导、学校各有关部门、体育教师等都对学校体育工作负有不同程度的职责。《学校体育工作条例》规定:学校应当由一位副校(院)长主管体育工作。普通高等学校、中等专业学校和规模较大的普通中学,可以建立相应的体育管理部门,配备专职干部和管理人员。学校应当发挥共青团、少先队、学生会以及大、中学生体育协会等组织在学校体育工作中的作用。

学校对体育工作的组织管理,主要包括以下方面:(1)要根据党和政府以及教育、体育行政部门的有关指示和学校总体工作的任务与要求,将体育工作列入学校工作计划,认真贯彻落实学校教育“健康第一”的指导思想,大力开展学校体育活动,增强学生的体质和提高健康水平。(2)加强体育师资队伍的建设。(3)根据《体育与健康课程标准》,按照国家有关规定开齐开足体育课,开展学生课外体育活动,保障学生在校期间每天参加不少于一小时体育锻炼。(4)健全学校体育工作管理的规章制度。(5)重视学校体育场地、设施、器材的建设、使用与保管维修。(6)组织开展《国家学生体质健康标准》测试工作。(7)积极开展学校体育竞赛活动,提高运动技术水平,培养体育运动后备人才。(8)积极开展学校体育课程教学、课外体育活动与课余体育训练及竞赛等方面的科学研究活动。

第二节　青少年和学校体育法律制度

青少年和学校体育工作管理必须依法进行,符合有关法律法规及政策的规定。在我国,青少年学生群体的体育,在教育部门被称为学校体育,在体育部门被称为青少年体育。因为针对的是同一主体人群,所以青少年体育法律法规及政策和学校体育法律法规及政策在本质上是一致的,故本节阐述中将青少年和学校体育法律法规制度统称为学校体育法律制度。

一、学校体育法律制度的含义与作用

在现代社会,法律有广义和狭义之分。广义的法律是从整体意义上来说的,是由国家制定或认可,体现统治阶级意志,以国家强制力保证实施的行为规则(行为规范)的总称。它包括宪法、法律、法令、条例、规则、决议、命令等。狭义的法律是指拥有立法权的国家权力机关依照立法程序制定和颁布的规范性文件,在我国主要是指由全国人民代表大会及其常务委员会所制定的法律,国务院及其各部委、地方权力机关等制定的规章、规定、法规等都不得与此抵触。本节中是从广义上来把握及使用法律这一概念的。同时特别指出的是,在我国,政策与法律有着密切的关系,政策是政党或政府或社会组织为完成一定时期的特定任务所制定的行动准则和规范,政策与法律两者在性质上、形式上和手段上虽有所不同,但本质是一致的,目的是一致的,都是为了规范社会关系,反映共同的意志,在管理国家事务中共同发挥作用。法律需要具体的政策来落实,而政策只有通过国家法律的强制力作保证,才能具有普遍的效力。因此,本节阐述的我国学校体育法律制度也涵盖了相关政策在内。

学校体育法律制度是指有关青少年和学校体育方面的法律、法令、条例、规则、规定、规章及政策等规范性文件的总称,是对青少年和学校体育行为具有法律约束力的行为规则的总和。我国现行的学校体育法律制度包括全国人民代表大会及其常务委员会制定的法律,国务院制定的行政法规、国务院各部委制定的有关规定,由地方国家权力机关制定的地方性法规等规范性文件。

学校体育法律制度作为国家法律体系的组成部分之一,具有法律法规内在的基本职能,即规范功能、预示功能、调整职能和保障职能。学校体育法律制度的作用是指学校体育法律法规内在生命力的外部表现,是其内在功能作用于学校体育实践所引起的实际效应。学校体育法律制度的基本职能的实现是通过青少年和学校体育领域的具体作用来表现的。

1. 指引人们按照党和国家的目标和要求开展青少年和学校体育工作,促进和保障学青少年和学校体育健康发展。它是法律制度的规范功能在青少年和学校体育实践过程中发挥作用的外部表现。法律明确规定哪些是国家赞成和鼓励做的,哪些是国家命令必须做的和禁止做的或不该做的,这反映出一个政党或政府的价值取向和指引。这种指引有正向指引和负向指引两个方面。正向指引是指学校体育法律制度能够在正面或积极的方面指引人们按照国家规定可以做的方面去做。《体育法》第26条规定,“学校必须按照国家有关规

定开齐开足体育课,确保体育课时不被占用”。负向指引是指学校体育法律制度能够提出消极的方面指引人们不能做和不该做什么。《义务教育法》第 29 条第 2 款规定:“教师应当尊重学生的人格,不得歧视学生,不得对学生实施体罚、变相体罚或者其他侮辱人格尊严的行为,不得侵犯学生合法权益。”

2. 保证全面贯彻党的教育方针。这是法律的规范功能在学校体育中发挥作用的外部体现。我国的教育方针确定了我国教育的社会主义性质,明确教育目标是培养德智体美劳全面发展的社会主义建设者和接班人。《教育法》第 5 条规定:“教育必须为社会主义现代化建设服务、为人民服务,必须与生产劳动和社会实践相结合,培养德智体美劳全面发展的社会主义建设者和接班人。”“体育”作为全面发展教育的一个部分,有其独特的任务和价值,它为其他方面的教育提供体质上的准备和生理的基础。通过教育、体育立法,使教育方针具体化、实施制度化,并使其实施具有强制性,指引人们全面贯彻执行党的教育方针。

3. 协调青少年和学校体育内外关系。教育和体育领域的法律法规承担着协调教育部门和体育部门有关青少年和学校体育内部和外部关系的重要职能。从外部关系来看,青少年和学校体育与其他社会各项事业的发展有密切的联系。从内部关系来看,青少年和学校体育教育管理者与体育管理者、教师、学生、体育教育条件资源等各要素之间也发生了变化,必然会有种种内部的或外部的关系需要通过法律制度进行协调。只有明确教育、体育各主体间相互的权利、义务和职责,他们之间相互的关系才容易协调统一。《教育法》第 45 条规定,“教育、体育、卫生行政部门和学校及其他教育机构应当完善体育、卫生保健设施,保护学生的身心健康”。《体育法》第 37 条明确规定,“体育行政部门会同有关部门引导和规范企业事业单位、社会组织和体育专业人员等为青少年提供体育培训等服务”。

4. 保障青少年学生的体育权利和义务。在有关学校体育法律制度规范性内容中,体育活动的权利和义务为主要内容,包括党政机关、学校、教师、学生及其监护人、社会团体、企事业组织等有关主体,他们享有哪些权利,应该履行什么义务。这种作用是法律法规强制功能的表现。《体育法》第 5 条规定,“国家依法保障公民平等参与体育活动的权利,对未成年人、妇女、老年人、残疾人等参加体育活动的权利给予特别保障”。第 33 条规定,“国家建立健全学生体育活动意外伤害保险机制。教育行政部门和学校应当做好学校体育活动安全管理和运动伤害风险防控”。

二、青少年和学校体育法律体系

从纵向看,根据我国《立法法》规定,我国的法律分为基本法和基本法以外的其他法律。基本法由全国人民代表大会制定,规定和调整国家和社会生活中某一方面带有根本性、全局性的关系。《宪法》是根本大法,《教育法》和《体育法》是基本法律,它们分别在教育法规体系和体育法规体系中处于母法地位,一切有关青少年和学校体育的法律法规的规定都必须以《宪法》为根本,以《教育法》和《体育法》等基本法律为主要依据。目前我国还没有制定专门的青少年和学校体育的单行法律,但在教育单行法律、体育单行法律中包含有青少年和学校体育的内容及规定。同时相对来看,我国有关青少年和学校体育的行政法规少,部门规章及政策等规范性文件较多。从总体上来看,目前学校体育法律制度已基本建立了一个相互联系、相互协调的具有法律效力和法律意义的法律体系。《宪法》是制定其他一切法律法规的基础和依据,在《宪法》的指导下,由于法律法规制定的主体不同,有关学校体育法律法规的层次、地位及作用也不同。目前我国青少年和学校体育法律体系从纵向上有以下不同的层次结构。

(一)有关青少年和学校体育法律

我国青少年和学校体育法律分为基本法律和单行法律。基本法律主要有:《教育法》和《体育法》。有关青少年和学校体育的单行法律是国家根据宪法和教育、体育的基本法律的原则制定的规范和调整某一类教育、体育的某一具体部分关系的教育法律、体育法律。单行法律主要有:《义务教育法》《教师法》《高等教育法》《家庭教育促进法》等。

(二)有关青少年和学校体育的行政法规

目前我国还没有指定青少年和学校体育的专项行政法规。涉及该方面工作的有关行政法规主要有:《学校体育工作条例》《全民健身条例》《教育督导条例》等。

(三)有关青少年和学校体育的规章

我国青少年和学校体育行政规章较多,涉及青少年和学校体育的方方面面,对青少年体育和学校体育工作具有重要的规范作用。

按制定发布机关的不同,青少年和学校体育规章可分为以下两类:一类是部门规章,另一类是地方规章。现行的部门规章主要有:《学生伤害事故处理办法》《国家学校体育卫生条件试行基本标准》《国家学生体质健康标准》《学校体育运动风险防控暂行办法》《中小学健康教育指导纲要》《普通高等学校健康教育指导纲要》《关于深化体教融合促进青少年健康发展的意见》《〈体育与健康〉教学改革指导纲要〉试行》等。地方规章是指省、自治区、直辖市以及省、自治区的人民政府所在地的市和国务院批准的较大的市等人民政府所制定的规范性文件。地方性规章只在本行政区域内有效。

三、青少年和学校体育的基本法律规定

青少年和学校体育法律法规是各级各类青少年和学校体育工作中依法教育教学和依法管理的依据,是开展青少年和学校体育活动的重要保障,同时对于社会各方面监督青少年和学校体育工作有重要作用。

(一)体育课教学的基本规定

1. 体育课教学的性质

体育课程是学校课程体系的重要组成部分,体育课是实现学校体育教学任务的主要途径,是学校体育活动的基本组织形式。在国家教育行政部门的各类教育计划中,体育课始终是各级各类学校开设的必修课程,是学生毕业、升学考试的科目。组织开展体育课教学是各级各类学校的法定职责,有关体育法律法规对体育课教学的性质和地位及基本要求等方面均做出了明确的规定。《义务教育法》《学校体育工作条例》等设专章规定体育课教学。《学校体育工作条例》第7条规定:“学校应当根据教育行政部门的规定,组织实施体育课教

学活动。普通中小学校、农业中学、职业中学、中等专业学校各年级和普通高等学校的一、二年级必须开设体育课。普通高等学校对三年级以上学生开设体育选修课。"第9条规定:"体育课是学生毕业、升学考试科目……"

2. 体育课教学的基本要求

为了保证体育课教学的科学性和实效性,有关法律法规在专门条款内容中对体育课教学做出了明确要求。《学校体育工作条例》第8条第1款规定:"体育课教学应当遵循学生身心发展的规律,教学内容应当符合教学大纲的要求,符合学生年龄、性别特点和所在地区地理、气候条件。"第27条中规定,对"不按规定开设或者随意停止体育课"的行为追究必要的责任。《体育法》第26条第1款规定:"学校必须按照国家有关规定开齐开足体育课,确保体育课时不被占用。"

(二)课外体育活动的基本规定

课外体育活动是指面向全体学生的在体育课教学以外由学校组织的有计划开展的各种体育活动。课外体育活动是学校体育不可分割的组成部分,是实现学校体育目的与任务的重要形式,对于青少年学生的身心发展具有重要的意义和作用。《学校体育工作条例》专设课外体育活动一章,明确规定了课外体育活动的基本内容和形式,其中第10条规定:"开展课外体育活动应当从实际情况出发,因地制宜,生动活泼。普通中小学校、农业中学、职业中学每天应当安排课间操,每周安排3次以上课外体育活动,保证学生每天有1小时体育活动的时间(含体育课)。中等专业学校、普通高等学校除安排有体育课、劳动课的当天外,每天应当组织学生开展各种课外体育活动。"《体育法》第27条第1款规定:"学校应当将在校内开展的学生课外体育活动纳入教学计划,与体育课教学内容相衔接,保障学生在校期间每天参加不少于一小时体育锻炼。"《关于全面加强和改进新时代学校体育工作的意见》中指出要"合理安排校外体育活动时间,着力保障学生每天校内、校外各1个小时体育活动时间,促进学生养成终身锻炼的习惯"。以上规定为学校开展课外体育活动提供了一个重要的法律制度保障。

(三)课余体育训练和体育竞赛的基本规定

课余体育训练和体育竞赛是学校体育工作的重要组成部分,是学校体育活动的又一重要形式。有关青少年和学校体育法律法规对课余体育训练和体育竞赛的目的、原则、组织与管理等方面做出了明确要求。《学校体育工作条例》中将"课余体育训练与竞赛"设为专章即第四章。第12条规定:"学校应当在体育课教学和课外体育活动的基础上,开展多种形式的课余体育训练,提高学生的运动技术水平。"第14条规定:"学校体育竞赛贯彻小型多样、单项分散、基层为主、勤俭节约的原则。学校每学年至少举行一次以田径项目为主的全校性运动会。"《体育法》第27条第2款规定:"鼓励学校组建运动队、俱乐部等体育训练组织,开展多种形式的课余体育训练,有条件的可组建高水平运动队,培养竞技体育后备人才。"第28条第1、2款规定:"国家定期举办全国学生(青年)运动会。地方各级人民政府应当结合实际,定期组织本地区学生(青年)运动会。学校应当每学年至少举办一次全校性的体育运动会。"《深化体教融合　促进青少年健康发展的意见》中指出要"开展丰富多彩的课余训练、竞赛活动,扩大校内、校际体育比赛覆盖面和参与度,组织冬夏令营等选拔性竞赛活动”,“完善青少年体育竞赛体系。义务教育、高中和大学阶段的学生体育赛事由教育、体育部门共同组织,拟定赛事计划,统一注册资格”。《关于全面加强和改进新时代学校体育工作的意见》中指出要“健全体育竞赛和人才培养体系。建立校内竞赛、校际联赛、选拔性竞赛为一体的大中小学体育竞赛体系,构建国家、省、市、县四级学校体育竞赛制度和选拔性竞赛(夏令营)制度。大中小学校建设学校代表队,参加区域乃至全国联赛。加强体教融合,广泛开展青少年体育夏(冬)令营活动,鼓励学校与体校、社会体育俱乐部合作,共同开展体育教学、训练、竞赛,促进竞赛体系深度融合”。

(四)体育教师的基本规定

教师是指在各级各类学校和其他教育机构中专门从事教育教学工作的专业人员。教师承担着为党育人、为国育才,立德树人,培养德智体美劳全面发展的社会主义建设者和接班人,提高民族素质的崇高使命。体育教师作为实现学校体育任务与目标的组织者、执行者,是学生健康身心的培育者和体育文化的传播者,对学校体育工作的有效开展和学生全面素质的培养提高,具有不可替代的重要地位和作用。因此,新时代为推进中国特色社会主义教育和体育事业的发展,党和政府高度重视加强教师队伍(包括体育教师)的建设,坚持把教师队伍建设作为基础工作,坚持提高教师的政治地位、社会地位和职业地位,大力提升教师专业素质,明确要求教师应当为人师表,有理想信念、有道德情操、有扎实学识、有仁爱之心,忠诚于党和人民的教育事业。在《教育法》《教师法》《学校体育工作条例》等相关学校体育法律法规及政策文件中,对体育教师的基本职责与条件、专业素质、权利与义务、保障与待遇、法律责任等方面提出了明确的要求。《体育法》第 31 条第 2、3 款规定:“学校可以设立体育教练员岗位。学校优先聘用符合相关条件的优秀退役运动员从事学校体育教学、训练活动。”

1. 体育教师的任职资格。

《教师法》第 11 条规定,取得教师资格应当具备的相应学历是:(1)取得幼儿园教师资格,应当具备幼儿师范学校毕业及其以上学历。(2)取得小学教师资格,应当具备中等师范学校毕业及其以上学历。(3)取得初级中学教师、初级职业学校文化、专业课教师资格,应当具备高等师范专科学校或者其他大学专科毕业及其以上学历。(4)取得高级中学教师资格和中等专业学校、技工学校、职业高中文化课、专业课教师资格,应当具备高等师范院校本科或者其他大学本科毕业及其以上学历;取得中等专业学校、技工学校和职业高中学生实习指导教师资格应当具备的学历,由国务院教育行政部门规定。(5)取得高等学校教师资格,应当具备研究生或者大学本科毕业学历等。

2. 体育教师的职责。

根据《教师法》及有关法律法规规定,体育教师履行的职责主要有以下方面:(1)科学、规范、高质量地开展好体育课教学。体育教师应根据国家《体育与健康课程标准》的基本要求及教学改革的相关要求,结合学校和学生的实际情况,认真制定各种体育教学工作文件,科学、规范、高质量地开展好体育课程教学,提高体育教学质量。(2)组织开展好课外体育活动、课余体育训练和体育竞赛。体育教师应根据学校体育工作的总体计划,制订学生的课外体育活动、课余体育训练和体育竞赛工作计划，并认真加以落实。(3)做好学生体质健康测试工作。(4)积极开展学校体育科学研究工作。针对学校体育工作中的理论和实践问题，有针对性地开展体育科学研究活动，指导学校体育的改革与发展，并促进体育教师的职业发展。(5)承担学校安排的课后训练、课外体育活动、课后体育服务和走教等任务。(6)协助学校体育管理部门做好相关工作。

3. 体育教师的专业素质要求及有关待遇保障。

《学校体育工作条例》第17条规定："体育教师应当热爱学校体育工作，具有良好的思想品德、文化素养，掌握体育教育的理论和教学方法。"第19条规定："各级教育行政部门和学校应当有计划地安排体育教师进修培训。对体育教师的职务聘任、工资待遇应当与其他任课教师同等对待。体育教师组织课间操(早操)、课外体育活动和课余训练、体育竞赛应当计算工作量。学校对妊娠、产后的女体育教师，应当依照《女职工劳动保护规定》给予相应的照顾。"《关于全面加强和改进新时代学校体育工作的意见》中提出要"将体育教师课余指导学生勤练和常赛，以及承担学校安排的课后训练、课外活动、课后服务、指导参赛和走教任务计入工作量，并根据学生体质健康状况和竞赛成绩，在绩效工资内部分配时给予倾斜。完善体育教师职称评聘标准，确保体育教师在职务职称晋升、教学科研成果评定等方面，与其他学科教师享受同等待遇。优化体育教师岗位结构，畅通体育教师职业发展通道"。《体育法》(2022年修订)第31条第1款规定："学校应当按照国家有关规定，配足合格的体育教师，保障体育教师享受与其他学科教师同等待遇。"以上这些法律法规及政策的规定使体育教师工作和体育教师队伍建设与管理有了更为直接的法律依据及保障。

(五)学校体育场地、器材、设备和经费的基本规定

体育场地、器材、设施和经费是保证青少年和学校体育活动正常开展的基本条件。《学校体育工作条例》第20条规定：学校的上级主管部门和学校应当按照国家或者地方制订的各类学校体育场地、器材、设备标准，有计划地逐步配齐。学校体育器材应当纳入教学仪器供应计划。第21条第2款规定："任何单位或者个人不得侵占、破坏学校体育场地或者破坏体育器材、设备。"为了保证学校体育场地、设施和器材配备的科学化和规范化，国家教育行政部门制定了有关配置标准，《国家学校体育卫生条件试行基本标准》从学校体育场地器材、教学卫生、生活设施、卫生保健室配备以及学生健康体检等方面明确了国家对开展学校体育卫生工作的基本条件要求，这些是教育检查、督导和评估的重要内容。《教育法》第27条规定，设立学校及其他教育机构必须"有符合规定标准的教学场所及设施、设备等"。第45条规定："教育、体育、卫生行政部门和学校及其他教育机构应当完善体育、卫生保健设施，保护学生的身心健康。"《体育法》第32条规定："学校应当按照国家有关标准配置体育场地、设施和器材，并定期进行检查、维护，适时予以更新。学校体育场地必须保障体育活动需要，不得随意占用或者挪作他用。"第34条规定："幼儿园应当为学前儿童提供适宜的室内外活动场地和体育设施、器材，开展符合学前儿童特点的体育活动。"第38条第3款规定："各级人民政府应当在场地、设施、资金、人员等方面对体育运动学校予以支持。"

学校体育场地必须用于体育活动，不得挪作他用，任何单位或者个人不得侵占、破坏学

校体育场地或者破坏体育器材、设备。任何侵占、破坏学校体育场地正常使用的违法行为都应受到法律的追究,并承担相应的法律责任。《教育法》第72条规定:“结伙斗殴、寻衅滋事,扰乱学校及其他教育机构教育教学秩序或者破坏校舍、场地及其他财产的,由公安机关给予治安管理处罚;构成犯罪的,依法追究刑事责任。侵占学校及其他教育机构的校舍、场地及其他财产的,依法承担民事责任。”《体育法》第32条第2款规定:“学校体育场地必须保障体育活动需要,不得随意占用或者挪作他用。”第87条第1款规定:“任何单位和个人不得侵占公共体育场地设施及其建设用地,不得擅自拆除公共体育场地设施,不得擅自改变公共体育场地设施的功能、用途或者妨碍其正常使用。”

(六)学生体质健康检查和监测的基本规定

为了对青少年学生的体质与健康负责,掌握学生的体质与健康状态,我国在学校中开展了学生健康检查和体质监测工作,并已经形成了规范的法律法规制度。《国家学生体质健康标准》(2014年修订)是国家学校教育工作的基础性指导文件和教育质量基本标准,是评价学生综合素质、评估学校工作和衡量各地教育发展的重要依据,它明确规定了学生体质健康标准的组织管理、测试指标与项目、测试办法、评分标准等各项工作的要求,从身体形态、身体机能和身体素质等方面综合评定学生的体质健康水平,是国家学生发展核心素养体系和学业质量标准的重要组成部分,是学生体质健康的个体评价标准。《体育法》第25条第1款规定:“教育行政部门和学校应当将体育纳入学生综合素质评价范围,将达到国家学生体质健康标准要求作为教育教学考核的重要内容,培养学生体育锻炼习惯,提升学生体育素养。”

(七)学校体育工作督导评估的基本规定

为进一步提升中小学校体育工作水平和教育教学质量,促进学生身心健康、体魄强健,国家实行了学校体育工作督导评估制度。学校体育工作督导评估是国家教育行政部门依法对各级政府与教育行政部门、学校的体育工作实施的行政监督,其目的在于保证国家有关教育与体育工作的方针、政策、法规的贯彻执行。《学校体育工作条例》第23条规定:“……普通中小学校的体育工作应当列入督导计划。”中央7号文件中提出各级政府和教育部门要加强对学校体育的督导检查,建立对学校体育的专项督导制度。2008年8月12日教育部发布了《中小学体育工作督导评估指标体系(试行)》,这是新中国成立以来第一次针对学校体育工作发布的督导评估体系,也是第一次专门为一个学科而作的督导评估体系。2017年3月27日印发的《中小学校体育工作督导评估办法》(国教督办〔2017〕4号)中规定:“国务院教育督导委员会办公室负责组织实施全国督导抽查工作。省级教育督导部门负责统筹组织本区域内的督导评估工作。”督导评估主要围绕青少年和学校体育工作的统筹管理、教育教学、条件保障、评价考试、体质健康等方面内容展开。《体育法》第35条规定:“各级教育督导机构应当对学校体育实施督导,并向社会公布督导报告。”第108条规定:“县级以上地方人民政府每届任期内至少向本级人民代表大会或者其常务委员会报告一次全民健身、青少年和学校体育工作。”

第三节　学校体育运动伤害事故的法律责任

青少年学生是最为活跃的群体，由于体育运动的特殊性，青少年学生在参加学校体育运动中发生身体损伤是不可避免的现象，体育运动伤害事故时有发生。学校在教育教学活动中有依法保护学生人身安全的义务和职责，严格履行保护学生人身安全的职责，须积极预防学生身体损伤的发生。如何正确认定学校体育运动伤害事故的责任，妥善处理发生的体育运动伤害事故，确保学校、学生、教师的合法权益，保证青少年和学校体育工作的正常开展，是一个十分重要的现实问题。教育部颁布《学生伤害事故处理办法》，它为学校处理学校体育中学生伤害事故提供了主要的法规依据。2015 年 4 月，教育部专门印发了《学校体育运动风险防控暂行办法》，其中第 18 条明确“学校应当依据《学生伤害事故处理办法》和相关法律法规依法妥善处理体育运动伤害事故”。《体育法》第 33 条第 2 款规定：“教育行政部门和学校应当做好学校体育活动安全管理和运动伤害风险防控。”以上法律法规为防范青少年和学校体育运动风险，预防体育运动伤害发生，保护学生、教师和学校的合法权益，保障青少年和学校体育工作健康、有序开展提供了保障。

一、学校体育运动伤害事故的界定

（一）学校体育运动伤害事故的范围与类型

学校体育运动是指教育行政部门和学校组织开展或组织参与的体育教学、课外体育活动、课余体育训练、体育比赛，以及学生在学校负有管理责任的体育场地、器材设施自主开展的体育活动。学校体育运动伤害事故是指体育运动中发生的造成青少年学生身体损伤后果的事故，具体是指学校体育运动中发生的造成青少年学生实质性的人身伤害或死亡后果的事故，包括对青少年学生所造成的肢体残疾、组织器官功能障碍及其他人身健康的损伤。由于学校体育运动伤害事故的特殊性，从法律角度分析学校体育运动伤害事故的责任认定，明确责任主体，分清责任承担，则是解决和处理这一问题的基本前提。

1. 学校体育运动伤害事故的范围

《学生伤害事故处理办法》第 2 条明确了学生伤害事故的范围：在学校实施的教育教学活动或者学校组织的校外活动中，以及在学校负有管理责任的校舍、场地、其他教育教学设施、生活设施内发生的，造成在校学生人身损害后果的事故。学校体育伤害事故包含在这一范围内。学校体育是学校发生学生人身伤害事故较多的教育活动领域，这是由学校体育教育活动特有的运动实践性、对抗性和冒险性等体育运动风险特点所决定的。学校在体育活动的组织、管理过程中正确地履行了职责，重视应尽的义务的，与学生发生的伤害事故没有因果关系。一般地讲，学生在体育活动中，轻微的扭伤、挫伤、拉伤、摔伤、碰伤等体育运动中常见的身体损伤，若非他人故意侵犯所致，都不应列入学校体育运动伤害事故的范围。

2. 学校体育运动伤害事故的类型

学校体育运动伤害事故的类型,主要有以下几类:(1)在学校正常的体育课教学活动中发生并造成学生身体伤害的事故;(2)在由学校组织的课外体育活动、课余体育训练与运动竞赛中发生并造成学生身体伤害的事故;(3)由于学校管理不善而在体育活动中造成的学生伤害事故;(4)在体育活动中由于体育教师或者其他有关教师的不当教育行为而造成的学生伤害事故。

(二)学生的界定

《学生伤害事故处理办法》第37条明确规定:"本办法所称学校,是指国家或者社会力量举办的全日制的中小学(含特殊教育学校)、各类中等职业学校、高等学校。本办法所称学生是指在上述学校中全日制就读的受教育者。"因此,作为"学生"要符合以下两个条件:一是按照国家有关规定取得学籍。学籍是确认学生身份的重要制度,学生必须是有学籍的自然人,否则就不是学生,不属于本阐述涉及的内容。二是全日制就读。"全日制"是指按照国家规定的授课时数和工作日,全天实施教育教学活动的学校,区别于函授、夜校等非全日制的教育方式。

(三)学校体育运动伤害事故发生的原因

一般来说,学校体育运动中造成学生人身伤害发生大多是出于过失而不是故意。从学校体育工作实践中造成学生人身伤害事故发生的原因来看,基本上有以下几类原因:

1. 体育运动场地、设施、器材安全类的原因。体育运动场地不符合体育活动标准要求;体育设施、器材陈旧,学校没有及时检查、发现,在学生活动时发生断裂而造成学生身体的伤害;此外,体育器材准备或摆放不当,学生在运动时发生身体伤害。

2. 体育教学过程中教学因素类的原因。在体育教学过程中,体育教师对一些运动技术技能的讲解、示范不够,或者安全保护措施不力;教学内容、运动强度和难度超过了学生身体的承受能力,导致对学生人身伤害事故发生。

3. 体育运动管理类的原因。体育运动的特殊性质,要求学校及体育教师等有关责任人员必须尽到自己的管理职责,应当具有高度的责任心,在体育活动过程中严格管理。如果学校及教师对学生没有明确具体的要求,疏于管理,则会发生人身伤害事故。《学校体育运动风险防控暂行办法》第12条第2款规定:"组织学生参加跨地区体育活动和体育比赛,应当根据活动或比赛要求向学生及家长提供安全告知书,获得家长书面反馈意见。"第13条规定:"学校应当根据体育器材设施及场地的安全风险进行分类管理。具有安全风险的体育器材设施应当设立明显警示标志和安全提示。需要在教师指导和保护下才可使用的器材,使用结束后应当屏蔽保存或专门保管,不得处于学生可自由使用的状态……"

4. 学生自身认知能力与健康类的原因。由于学生的认知能力不高或体质健康及疾病等自身原因而在参与学校体育运动时发生的人身伤害事故。因此,青少年学生应遵守学校的有关规定,根据自身健康实际状况决定是否参加体育运动。

5. 纯属意外因素类的原因。体育运动本身具有对抗性和竞争性,具有运动风险而不可避免地会发生一些人身伤害事故,客观上具有一定的不可预见性。

二、学校体育运动伤害事故的责任认定与赔偿

(一)学校体育运动伤害事故处理的法律依据

学校体育运动伤害事故处理的法律依据是指青少年学生学校体育运动伤害事故发生后,相关部门或学校处理这类事故所必须遵循的法律、法规等规范性文件。《学校体育运动风险防控暂行办法》第18条规定:“学校应当依据《学生伤害事故处理办法》和相关法律法规依法妥善处理体育运动伤害事故。”第19条规定:“学校主管教育行政部门可会同体育、医疗、司法等部门及相关方面的专业人士组建学校体育运动伤害事故仲裁小组,对事故进行公平、公正的调查,提出仲裁意见,为事故处理提供依据。”因此,学校体育运动伤害事故处理必须根据有关学校体育的法律法规,做到合理、公正,以保护学校、学生、教师及其他有关人员等的基本权益,并保证学校体育教育活动的正常进行,维护正常的教学秩序。

处理学校体育运动伤害事故的法律法规依据主要有:《民法典》《教育法》《未成年人保护法》《教师法》《义务教育法》《体育法》《学校体育工作条例》《学生伤害事故处理办法》《学校体育运动风险防控暂行办法》等。

(二)学校体育运动伤害事故责任认定的法理基础

明确学校与学生之间的法律关系、学校对学生的职责,是客观公正认定学校体育运动伤害事故责任的基础。目前,学术界和司法界对于学校与学生之间的法律关系基本上存在有两种观点:监护关系说和教育关系说。

1. 监护关系说。这种观点主要是针对未成年学生而言的。该观点认为,父母固然是未成年子女的法定监护人,但未成年学生在校学习期间,实际上处于学校的管理控制之下,学校是学生的监护人,学生的监护权转移给学校,学校对学生要履行监护职责。一旦学生在校期间受到人身伤害,学校应该为未尽到监护职责承担法律责任。

实质上,这种认定未成年学生在谁管理照看保护职责内,谁就在这期间承担监护职责的观点是没有法律依据的,这是对管理照看保护职责与法定监护保护职责的混淆。根据我国《民法典》及有关法律设定的法律关系,从学校与未成年人的关系来看,在没有法律规定和未接受委托的情况下,学校并不具备法律意义上所讲的监护人的资格,不是学生的监护人,即不承担监护责任。

2. 教育关系说。学校作为从事教育教学活动的专门机构,与学生是基于教育法律的规定产生的教育与被教育的关系,对学生负有教育、保护与管理的责任,在组织活动中有预防发生学生人身安全事故的责任。所以,学校与学生的关系应为教育、管理和保护的关系,学校对学生履行教育、管理和保护的职责。

这种观点是有法律依据的。按照我国《民法典》《教育法》《未成年人保护法》《学生伤害事故处理办法》等有关教育法律法规的规定,学校有维护受教育者、教师及其他职工的合法权益等义务;学校应当为学生提供安全卫生的教育设施,完善体育、卫生保健设施,保护学生的身心健康;学生有义务遵守法律法规,接受学校的教育,遵守学校的管理制度,服从学校管理等。

根据我国教育法等有关法律法规及司法实践,笔者认为,学校与学生之间的法律关系

是教育、管理和保护关系,不是监护关系。只有在此基础上,才能正确处理学校体育伤害事故,依照有关法律归责原则认定事故责任。据此,学校对学生,特别是未成年学生承担教育管理责任,是学生在校期间的保护人。学校对学生负有三项法律责任:一是教育责任;二是管理责任;三是保护责任。在这三类责任中,教育是学校的主要职能,管理是服务于教育的职能,是学校为达到教育目的而采取的方式和手段,保护则是学校行使教育和管理职能的前提条件。这三种责任界定了学校的工作职责范围,决定了学校与学生之间的特殊法律关系;基于保护责任,学校在教育、教学活动中如果存在过错,没有尽到法律、法规、规章及操作规程要求的注意义务导致学生受到伤害或给他人造成伤害,应依法承担民事责任。

(三)学校体育运动伤害事故的责任构成

学校体育运动伤害事故责任应当具备的要件是:

1. 学生人身伤害事故必须发生在学校与学生之间。
2. 学生人身伤害事故必须发生在学生接受教育的环境中。
3. 学生人身伤害事故必须发生在学生接受教学和教育的时间阶段。
4. 必须存在学生人身伤残或死亡的较为严重的后果。

(四)学校体育运动伤害事故的责任认定与赔偿责任

1. 认定学校体育运动伤害事故责任的归责原则

根据有关学校体育法律法规,认定学校体育运动伤害事故责任的归责原则是过错原则,是学校和教师未尽到有关法律法规、操作规程等要求的特别注意义务的责任。所谓过错责任原则,指的是以行为人的过错为承担民事责任要件的归责原则。依此承担的过错责任,是以其行为有主观过错为前提,并以过错作为确定责任范围依据的一种责任。这是根据“无过错,即无责任”原则认定的法律责任。

2. 学校体育运动伤害事故的责任认定

对于学校体育运动伤害事故,应当根据学校教育管理行为有无过错,以及过错与事故之间的因果关系,判断学校是否承担相应的责任。无过错即无责任。《民法典》第1176条第1款规定:“自愿参加具有一定风险的文体活动,因其他参加者的行为受到损害的,受害人不得请求其他参加者承担侵权责任;但是,其他参加者对损害的发生有故意或者重大过失的除外。”第1200条规定:“限制民事行为能力人在学校或者其他教育机构学习、生活期间受到人身损害,学校或者其他教育机构未尽到教育、管理职责的,应当承担侵权责任。”综合《民法典》及相关法律规定,学校体育伤害事故的责任,主要可分为全部责任、主要责任、同等责任、次要责任。

(1)全部责任:是指学校、教师,或学生某一方的违章不当行为直接导致伤害事故的发生,有违章不当行为的一方应承担全部责任。

(2)主要责任:是指因学校、教师和学生双方违章不当行为造成伤害事故的发生,其中一方的违章行为在伤害事故中作用大的应当承担主要责任。

(3)同等责任:是指学校、教师和学生的违章不当行为在造成伤害事故发生作用上相等,双方应承担同等责任。

(4)次要责任:是指因学校、教师和学生的违章行为造成伤害事故的发生,违章行为在伤害事故中的作用较小的应承担次要责任。

3. 学校体育运动伤害事故的赔偿责任

基于学校对学生的教育、管理和保护责任,过错赔偿是学校赔偿的基本原则。在学校体育运动伤害事故中,学校承担法律责任的重要前提是学校或教师基于过错而实施的行为侵害了学生的人身权。事故的责任性质主要是侵权民事责任。就事故的责任形式来说,主要是赔偿损失。《民法典》第 1179 条规定:“侵害他人造成人身损害的,应当赔偿医疗费、护理费、交通费、营养费、住院伙食补助费等为治疗和康复支出的合理费用,以及因误工减少的收入。造成残疾的,还应当赔偿辅助器具费和残疾赔偿金;造成死亡的,还应当赔偿丧葬费和死亡赔偿金。”第 1183 条第 1 款规定:“侵害自然人人身权益造成严重精神损害的,被侵权人有权请求精神损害赔偿。”第 1186 条规定:“受害人和行为人对损害的发生都没有过错的,依照法律的规定由双方负担损失。”根据《民法典》及相关法律的规定,学校体育运动伤害事故的赔偿范围一般包括以下几个方面:(1)常规赔偿:包括医疗费、护理费、营养费、交通费等费用;(2)残疾赔偿:残疾者用具费、残疾生活补助等费用;(3)死亡赔偿:丧葬费、死亡补助费;(4)精神损害抚慰金:指用金钱补助因受伤或死亡而给受伤学生和死亡学生父母造成的精神痛苦的抚慰金。

(五)学校体育运动风险防控

学校体育运动风险是指学校体育运动过程中可能发生人员身体损伤的风险。为防范学校体育运动风险,预防和避免学校体育运动伤害事故的发生,相关法律法规做出了明确的要求。《学校体育运动风险防控暂行办法》第 4 条规定:“学校体育运动风险防控应遵循预防为主、分级负责、学校落实、社会参与的原则。教育行政部门和学校应当建立健全学校体育运动风险防控机制,预防和避免体育运动伤害事故的发生。教育行政部门和学校不得以减少体育活动的做法规避体育运动风险。”第 6 条规定:“教育行政部门应当把学校体育运动风险防控作为教育管理与督导的重要内容,纳入工作计划,制订适合本地区的学校体育运动风险防控指导意见或工作方案,明确风险防控的具体内容和基本要求,指导并督促学校建立完善学校体育运动风险防控机制,落实防控责任和措施。教育督导机构应当对学校体育运动风险防控进行督导检查,检查结果作为对学校进行考核和问责的重要依据。”第 7 条规定:“学校应当建立校内多部门协调配合、师生员工共同参与的学校体育运动风险防控机制,制订风险防控制度和体育运动伤害事故处理预案,明确教务、后勤、学生管理、体育教学等各职能部门的职责,组织和督促相关部门和人员履行职责,落实要求。”《体育法》第 33 条规定:“国家建立健全学生体育活动意外伤害保险机制。教育行政部门和学校应当做好学校体育活动安全管理和运动伤害风险防控。”

阅　读　陕西省安康市石泉县某中学一学生课间打球受伤事故纠纷调解

案例事实:李某系某学校八年级学生,在 2021 年 6 月的一天课间休息时,李某和同学自带篮球到操场对练,因为李某在接球时动作不当造成右手无名指受伤,班主任陈某得知后立即把李某送到卫生院救治,并通知了家长。经诊断,李某右手无名指骨折,花费治疗费5000多元。李某家长认为李某是在学校受的伤,学校就应该承担责任,而且为了照顾李某,自己先后耽搁了一个多月,要求学校赔偿自己医疗费、交通费、误工费等1万元。学校则认为其经常对学生开展安全行为教育,而李某是在课间打篮球受的伤,且受伤也是自己造成的,学校不应该承担责任。因双方争执不休,遂找到司法所申请调解。

法院调解结果:司法所工作人员立即赶赴学校,了解事情原委后展开调解。针对双方当事人的分歧,司法所工作人员根据《民法典》侵权责任编的相关规定,详细讲解了学生在学校学习、生活期间受到人身损害,学校如何承担责任。同时指出体育运动对于青少年健康有重要作用,体育活动中有些伤害是不可避免的,不能苛责学校或者教育机构去承担更重的责任义务,这种活动伤害更多需要自己来承担。李某虽然是限制民事行为能力人,但已具备相应的认识和判断能力,应当知道参加篮球活动可能存在的危险,但仍主动参加到其中,属于自愿承担由此可能造成的后果及风险。而且在李某受伤后,班主任陈某及时将李某送至医院治疗并通知家长,系尽到了相应的职责,学校不应该承担赔偿责任。最终,在司法所工作人员耐心的说法说理下,李某家长放弃了索赔的诉求。

案例评析:《民法典》第1176条第1款规定:“自愿参加具有一定风险的文体活动,因其他参加者的行为受到损害的,受害人不得请求其他参加者承担侵权责任;但是,其他参加者对损害的发生有故意或者重大过失的除外。”学生李某虽然是限制民事行为能力人,但已具备相应的认识和判断能力,应当知道参加篮球活动可能存在的危险,但仍主动参加其中,属于自愿承担由此可能造成的后果及风险。而且在李某受伤后,班主任陈某及时将李某送至医院治疗并通知家长,系尽到了相应的职责,学校不应该承担赔偿责任。

思考题

1. 如何认识新时代我国青少年和学校体育的法律地位?
2. 阐述学校体育法律体系的结构。
3. 分析学校体育运动伤害事故中学生与学校之间的法律关系。
4. 简述学校体育运动伤害事故的性质及发生的原因。

第八章　竞技体育法律制度

当全球新冠感染肆虐之际,中国非常圆满地举办了举世瞩目的2022年冬奥会,北京成为全世界唯一的夏季和冬季两届奥运会的主办城市,向世界再次展示了中国的综合国力和良好的国际形象。同时我国体育事业进入了高质量发展的新征程。要适应新时代发展的需要,充分有效发挥竞技体育在实现体育强国和中国梦进程中的强大正能量,仍需尽快建立健全我国竞技体育发展的法律法规体系,为实现依法治体,促进我国竞技体育高质量发展提供法律保障。

第一节　竞技体育的概念及特征

一、竞技体育的概念及构成

(一)竞技体育的概念

竞技体育是体育的重要组成部分,是以体育竞赛为主要特征,以创造优异运动成绩、夺取比赛胜利为主要目标的体育活动。[1] 也就是说竞技体育的主要目的是创造优异成绩及提高竞技水平,夺取比赛胜利,以竞赛方式来彰显个人、团体的存在和力量,因而使其成为与学校体育、大众体育、职业体育既有区别又有联系的一种特殊而又独立的社会现象。

体育事业中最活跃、最具魅力、最具代表性的竞技体育,在人类社会生活和社会发展中发挥着日益重要的作用,已成为人类社会生活中不可或缺的组成部分。同时,竞技体育又是一个动态的概念,其内涵、外延、结构、功能等会随着经济的发展、社会的变迁、文明的进步而发生变化,那么,竞技体育中所要调整的体育社会关系亦将越来越丰富多彩。这是竞技体育法规制度需要解决的问题。

(二)竞技体育的构成

从竞技体育的实践过程来看,它主要包括运动员选材、运动训练、运动竞赛和竞技体育管理四个相互联系的有机组成部分。

1. 运动员选材是培养高水平竞技体育后备人才的前提,是提高竞技体育水平全过程的

---

〔1〕 全国体育院校教材委员会编:《运动训练学》,人民出版社2000年版。

重要环节,是将具有良好运动天赋及竞技潜力的适合从事某项运动的人才,从小选拔出来,进行科学、系统、有计划的培养,训练成为优秀的运动员。选材应力求采用科学的测试及预测方法,提高选材成功率是关键。

2. 运动训练是竞技体育的重要组成部分,是运动员提高竞技能力和训练水平并成功参加比赛创造优异运动成绩的准备过程,是实现竞技体育目的的重要途径。

3. 运动竞赛作为竞技体育的内核之一,是竞技体育赖以生存发展的土壤,是检验竞技体育发展水平的标尺,运动员通过运动竞赛的形式表现的成绩,更能够得到社会的认可。

4. 竞技体育管理也是竞技体育的重要组成部分,竞技体育是一个复杂的系统工程,无论是运动员选材还是运动训练、运动竞赛,都必须在专业的管理体制和科学的管理下才能得到有效的实施并获得理想的效果。

二、竞技体育的特征

竞技体育具有以下特征:

1. 竞争性。竞技体育的奥妙、魅力以及发展的生命力均在于竞争,决胜负、争输赢、优胜劣汰的竞争方式在竞技体育竞赛中被表现得淋漓尽致,每一场竞技体育比赛都要决出胜负,评出名次。且现代竞技体育的竞赛不仅是个人的较量,也是国家、民族、团体之间在竞技水平、经济、政治、文化科技、管理等方面的竞争。因此,参赛者无一不是力求最大限度地发挥自己的竞技水平和潜力去战胜对手,赢得比赛的胜利,为国争光。竞争越激烈,比赛就越具魅力,"更快、更高、更强"的奥林匹克运动格言是竞争性的最好诠释。

2. 规则性。"竞赛规则"体现了"规则面前人人平等"的基本原则,是保证竞技体育开展公平竞争的基础条件。第一,竞赛规则和任何法律一样,必须明确规则适用的条件。各种不同的项目适用不同的规则。不同性质和级别的比赛,要制定特殊的条款,一般不能借用和类推。第二,竞赛规则必须对赛场上的各种动作行为做出明确的规定,并说明哪些是允许的、要求的或禁止的,要求运动员、教练员、裁判员必须遵守。第三,和一切逻辑上完整的法律一样,竞赛规则也指明了违反规则后应承担的责任后果。任何竞赛规则都具有罚责,并规定了对违例行为的处理方法。比赛之所以能使激烈竞争中的双方保持清醒的头脑,做到令行禁止,和规则具有的强制性是分不开的。第四,竞赛规则要明确指出判别胜负(得分与失分、成功与失败)的原则和指标,与一般法律是不同的。第五,竞赛规则必须具有权威性,它必须形成文字,经过国家的体育权力机构或国际单项运动联合会审定公布,任何人都无权随意修改和解释。竞赛规则对各种竞赛行为明确的规定亦是裁判"执法"的依据。

3. 公平性。竞技体育的规则体现了公平性,公平就是指公正和平等。公平竞赛是奥林匹克精神的体现,没有公平竞争,竞技体育将无法正常进行。为保证公正、平等竞争,竞技运动的组织者对比赛项目、时间、地点、场地器材及运动员参赛的资格、参赛的行为,也对赛事组织、比赛规程、比赛规则、裁判工作等制定了严格的行为规范。不仅竞赛必须严格根据规程和规则要求进行,而且平时的训练也必须按照规则的要求来进行。

4. 集群性。竞技体育是一种特殊的独立的社会现象,是一个由许多不同角色群体共同参与的复杂系统。竞技体育活动的参与者主要包括：运动员、教练员、裁判员、科研人员、体育管理机构、体育俱乐部、体育运动队、体育经纪人、球迷和观众。其集群性表现在运动员或运动队与其他个人或集体等方方面面人员之间的多边互动关系。在竞技体育活动中，这些关系就构成了竞技体育活动过程中必须调整的体育社会关系。

5. 公开性。由于网络通信和融媒体的快速发展，全球数亿人同时观看同一场重大的竞技体育比赛活动已成为现实，使竞技体育的公开性和外相性特点比一般社会活动更为显明。在运动训练方面，新的运动技术和训练方法、新的器材设备等，通过比赛很快成为大家共享的财富，同时也会成为被对手利用战胜自己的武器。竞技体育的公开性在很大程度上促进了竞技体育的不断创新和发展，但也往往容易引发竞技体育知识产权方面的纠纷，这应是值得今后深入研究的问题。

6. 观赏性。竞技体育的观赏性与竞技体育的竞争性、不确定性密不可分，正是竞技体育的竞争性、不确定性使各种竞赛活动的技术、战术、参赛风格和精神风貌等方面的竞争以及胜负的不确定性表现出极大的观赏价值，从而赢得广大观众的钟爱。

三、竞技体育的法律地位

长期以来，党和政府十分重视体育事业的发展，尤其重视竞技体育的发展。我国在20世纪60年代初和80年代体育发展的指导思想是“缩短战线，保证重点”，其重点领域是竞技体育。90年代后提出“各类体育协调发展”的指导思想，其重点领域是全民健身和竞技体育的奥运争光。其任务是提高我国竞技体育运动技术水平和国际综合竞争力，参与奥林匹克运动，应对国际竞技体育的挑战，满足国家社会发展需要和人民的期望，为国争光，振奋民族精神，为形成以发展竞技体育为尖端、带动体育事业全面发展战略格局奠定基础。

1982年，“国家发展体育事业，开展群众性的体育活动，增强人民体质”作为专门条款，载入《宪法》第21条，体育事业在我国法治全面建设中得到了高度重视，竞技体育在国家根本大法中得到了确认和保障。

《体育法》中涉及竞技体育方面的有14条，体现了国家发展体育事业的根本意志和坚持依法治体的总体要求。

以奥运会为代表的重大国际比赛具有很强的国际可比性，是体育强国建设的鲜明指标和表现特征之一。国家体育总局根据竞技体育发展的需要相继于1995年正式颁布了《奥运争光计划纲要(1994年－2000年)》，2002年正式颁布了《2001－2010年奥运争光计划纲要》，2011年正式颁布了《2011－2020年奥运争光计划纲要》，对我国竞技体育的发展目标、指导思想、发展方式、项目布局和相关政策及措施进行了全面规划。

因此，无论从《宪法》《体育法》，还是行政法规、部门规章以及规范性法律文件中，均可体现出竞技体育在我国体育事业发展中的重要作用和应有的法律地位。

第二节 竞技体育基本法律制度

一、竞技体育的组织与管理

(一)政府部门对竞技体育的管理

国家体育总局的职能部门发挥着对我国竞技体育领导、协调、监督和服务的作用,在我国竞技体育组织管理中处于核心地位。竞技体育司负责拟订竞技体育发展规划草案和体育训练竞赛管理制度,并监督执行;指导全国体育训练、竞赛、运动队伍建设和训练基地发展工作;统筹协调监管全国职业体育;组织重大国际比赛的训练和参赛工作;指导组织协调国内综合性运动会的竞赛工作;参与审核在国内举办的国际、洲际综合性赛事和单项体育赛事;审查国家正式开展的体育竞赛项目;负责运动员技术等级、裁判员技术等级、体育运动奖章等事项的审批管理工作,负责竞技体育运动成绩统计、发布和年度贡献奖励工作;承办国家体育总局交办的其他事项。[2]

(二)各运动项目管理中心对竞技体育的管理

各运动项目管理中心作为国家体育总局的直属单位,是具有所属项目行政管理职能的事业单位,又是该项目协会的办事机构。各运动项目管理中心全面负责所管运动项目的业务管理;负责和指导所管运动项目的普及、优秀运动队伍建设以及后备人才的培养;负责全国竞赛的管理,制定全国比赛规程,审定运动成绩;负责运动员的注册与转会和运动员、教练员、裁判员技术等级评定;负责运动员、教练员奖励实施工作;负责教练员、裁判员的业务培训,积极开展宣传工作和出版刊物;负责和指导在我国举办的国际比赛的审批和组织工作;负责与本项目有关的竞赛、健身、培训、咨询等体育市场管理。

(三)体育单项协会对竞技体育的管理

我国体育单项协会作为责权利统一的社团实体,在其项目管理中心的指导下,依照国家法律、政策以及本协会章程,承担着对协会基层组织和俱乐部的管理,项目活动的普及开展,竞赛计划和申办承办以及安全管理,运动员、教练员、裁判员等的选拔、注册等职责。

二、运动训练与体育赛事基本法律制度

(一)业余训练

竞技体育发展规律显示,青少年体育是高水平竞技体育发展的根基和源头,没有蓬勃发展的青少年业余训练基础,就不会有竞技体育的辉煌。我国业余训练包括了三级训练网络中的中级和初级两种训练形式,是我国运动训练管理体制中极为重要的基础环节。长期以来,我国政府十分重视加强业余训练工作的管理和法律建设,针对业余运动训练先后颁

---

〔2〕 国家体育总局竞技体育司主要职责。

布了大量的法律制度。《体育法》第38条第1款规定“各级各类体育运动学校应当对适龄学生依法实施义务教育,并根据国务院体育行政部门制定的教学训练大纲开展业余体育训练”。国家体育总局、教育部《关于加强全国青少年校园足球工作的意见》(体青字〔2013〕12号)和《体育传统项目学校管理办法》(体青字〔2013〕10号)、国家体育总局《奥运项目竞技体育后备人才培养中长期规划(2014－2024)》(体青字〔2014〕94号)、《奥运争光计划纲要(1994年－2000年)》、《2001－2010年奥运争光计划纲要》、《2011－2020年奥运争光计划纲要》、《关于加强竞技体育后备人才培养工作的指导意见》(体青字〔2017〕99号)、《青少年体育活动促进计划》(体青字〔2017〕103号)、《国家高水平体育后备人才基地认定办法》(2021年11月17日国家体育总局发布,体规字〔2021〕5号)等对业余训练均有相应规定。

1. 确立了各级各类体育运动学校的性质、明确了各级业余训练的任务。长期以来,我国开展业余训练采取不同的形式,根据不同等级明确不同性质和任务。国家体育总局与教育部《少年儿童体育学校管理办法》(2011年9月2日国家体育总局、教育部令第15号发布)规定,“少年儿童体育学校是指九年义务教育阶段培养少年儿童体育专项运动技能的体育特色学校(含体育中学、单项体育运动学校、少年儿童业余体育学校,以下简称少体校)。少体校的主要任务是为国家和社会培养、输送具有良好思想品德、文化素质和体育特长的优秀体育后备人才”。《中等体育运动学校管理办法》(2011年5月5日国家体育总局、教育部令第14号发布)规定,“中等体育运动学校是指对青少年学生进行系统体育专项训练和体育职业技术教育的中等职业学校(以下简称运动学校)。运动学校的主要任务是为国家培养德、智、体、美、劳等全面发展的高水平竞技体育后备人才和社会需要的具有体育专项运动技能的中等体育专业人才”。《体育传统项目学校管理办法》(体青字〔2013〕10号)规定,体育传统项目学校是指开展学生体育活动形成传统,并在一个至两个体育运动项目技能上具有特色的中小学校。其主要任务是在广泛普及学生课外体育活动,增进学生身心健康,积极开展特色项目训练,提高学生运动技术水平,培养体育后备人才等方面发挥骨干示范作用。因此,抓好各项目、各年龄段的后备人才培养,特别是重点加强优势项目和潜优势项目后备人才培养,抓好与奥运周期人才年龄和水平相衔接的二线、三线队伍建设,是各级各类体校必须共同完成的历史重任。

2. 明确了教学训练与竞赛的原则。教学训练与竞赛必须严格遵循各项目训练规律和青少年身体生长发育规律,按照“选好苗子,着眼未来,打好基础,系统训练,积极提高”的要求,少体校应当按照全国青少年教学训练大纲,对学生进行科学系统的训练,每天训练时间原则上控制在2.5小时以内(含早操);运动学校应当按照全国青少年教学训练大纲进行科学系统的训练,全年不少于280个训练日(含竞赛),每天训练时间控制在3.5小时以内(含早操);义务教育阶段的学生每天训练时间原则上控制在2.5小时以内(含早操)。运动学校应当坚持育人为本,把德育工作放在首位,增强德育工作的时代性、吸引力、实效性,重视社会主义核心价值观教育;少体校应当坚持利用假期、形式多样、就近比赛的原则,通过竞赛推动少年儿童体育训练的普及和提高。少体校学生可以代表在训少体校和原输送学校、运动学校学生可以代表当地中小学参加各级体育、教育行政部门举办的体育竞赛活动。学生竞赛代表资格发生争议的,由主管的体育、教育行政部门按照体育竞赛的有关规定解决。

3. 坚持改革创新,进一步完善竞技体育后备人才培养体系。《奥运项目竞技体育后备人才培养中长期规划(2014-2024)》提出了“以科学发展观为指导,以奥运争光计划为主线,解放思想、与时俱进,做好顶层设计、科学合理布局,充分发挥举国体制优势,积极调动社会各界力量,构建富有成效的后备人才培养体系,拓宽后备人才培养渠道,不断提升竞技体育后备人才的数量和质量,促进我国竞技体育后备人才培养的全面、协调和可持续发展”的指导思想,同时坚持以人为本,坚持科学训练,坚持中心主导、协会社会助推,坚持体教结合、全面发展,坚持国际化,坚持“培养兴趣、选好苗子、着眼未来、打好基础、系统训练、积极提高”等原则。《关于加强竞技体育后备人才培养工作的指导意见》为做好新时期竞技体育后备人才培养工作提供了很好的指导和遵循。因此,完善青少年后备人才培养体系,加强青少年后备人才教练员队伍建设,不断探索青少年体育竞赛体制机制,不断提高青少年体育训练质量和效益,合理整合社会力量参与,为建设体育强国和健康中国筑牢坚实基础。

4. 规范业余训练的基本条件。训练设施、训练经费、安全保险是进行训练的物质保障。因此,国家要求各体校必须配备与所设置的体育项目、课程相适应的训练场馆、训练器材、选材测试仪器、电教设备等,落实安全保险制度。主管的体育行政部门应根据批准的办学规模和训练实际情况向当地人民政府申请财政拨付体育训练经费。

(二)专业训练

专业训练体系包括国家集训队、省级优秀运动队、高校以及职业俱乐部。随着竞技体育的社会化、市场化、职业化的加快,其发展逐渐由一元变为多元,从政府的单一管理模式变为职业化、院校化等多元发展管理模式,拓宽了我国培养高水平运动员的途径。为了加强对优秀运动队和国家集训队的训练管理,国家体育总局曾发布了一系列法规文件,如国家体育总局于2002年11月19日发布《2001-2010年奥运争光计划纲要》(体竞字〔2002〕160号),于2011年4月19日发布《2011-2020年奥运争光计划纲要》等,这些相关文件对专业训练的任务、训练原则、训练内容、训练目标与计划及训练保障条件等都作了明确规定。

1. 运动训练的主要任务。增进运动员的健康水平,提高运动员的专项运动技术、战术水平,培养运动员良好的心理素质和顽强的意志;培养运动员的爱国热情、努力进取的精神;继续在奥运会等国际大赛上取得优异成绩,为国争光。

2. 把握规律、突破创新。进一步深化对竞技体育发展规律、运动项目训练竞赛规律的认识,在训练方法、手段以及技战术方面勇于创新,敢于突破,不断提高训练效益与质量;加强对运动训练过程的控制,借鉴现代质量管理理念,制定与实施运动队训练质量管理评估办法,针对训练参赛的全过程,从组织管理、规划计划、训练组织、目标实现、训练创新、参赛指挥、科训结合、反兴奋剂、团队文化、梯队建设等方面进行定性和定量化评价,提高训练的质量和效益,推动竞技体育发展从要素驱动向创新驱动转变。

3. 科技攻关服务。进一步完善体育科技工作的体制机制,吸引社会各方力量参与竞技体育科技工作,提高体育科技创新能力、突破制约竞技体育发展和备战奥运会组织工作的关键环节与薄弱因素,提升体育科技在竞技体育发展和实施奥运战略中的贡献率;进一步加强科研攻关、科技服务和医疗保障工作,提高运动训练科学化水平。

4. 训练工作的计划性和系统性。以奥运会、亚运会及其他世界重大比赛为主要目标，制定和实施多年、年度、阶段、周的训练计划。坚持夏季、冬季和比赛周期的系统训练安排。精心设计，合理安排好奥运会参赛周期。

5. 训练内容。运动训练的内容一般包括身体训练、技术训练、战术训练、心理训练、智力训练和政治思想教育等。而身体训练、技战术训练和心理训练尤为重要。

6. 训练时间。运动员竞技能力的提高需要必需的时间作保障，优秀运动队、国家集训队每周应有 10 个半天用于训练，全年要求达到 280 个训练日，平均每个训练日不得少于 5 小时。

7. 医务监督和负荷后的恢复。建立运动员个人训练档案，训练中应区别对待，在医生的配合和监督下，依照科学的训练数据，确定训练的时间、数量、强度。掌握好负荷后不同恢复阶段的时间、运动员个体负荷的极限能力及承受极限负荷后的恢复时间。预防各种伤害事故的发生，维护运动员的健康，为训练提供科学的依据，促进运动技术水平的提高。

8. 稳定发展模式，不断拓宽培养高水平运动员途径。完善适合我国竞技体育发展需要的国家队管理体制，保持并适度扩大国家队集训规模，建立健全国家队竞争机制和激励机制，确保高水平竞技人才的数量和质量。调动地方积极性，加大对竞技体育和奥运战略的投入，稳定各级优秀运动队规模，利用区域优势为国家培养竞技体育人才。

9. 强化思想政治教育功能。加强对运动员的教育和管理，对运动员进行爱国主义、集体主义和中国特色社会主义教育，以及道德、纪律和法治教育。进一步加大反兴奋剂宣传教育工作力度，强化教练员、运动员及其辅助人员自觉抵制兴奋剂的意识和能力。

10. 后勤保证。运动队的行政后勤工作是搞好训练、比赛和全队生活的重要保障，要有健全的规章制度。要教育职工培养服务意识，保证训练的场地、运动器材安全完好，保证运动服装的供给，确保运动员营养和饮食卫生，尊重少数民族运动员、教练员的风俗习惯。保证教学所需的教室、教具、电化教育设备、图书等必要设施。

（三）体育赛事活动实行分级分类管理

《体育法》第 50 条规定“国家对体育赛事活动实行分级分类管理，具体办法由国务院体育行政部门规定”。2020 年 3 月 16 日颁布的《体育赛事活动管理办法》（国家体育总局令第 25 号）第 3 条规定，“体育赛事活动应当坚持政府监管与行业自律相结合的原则，实行分级分类管理，加强事中事后监管，优化体育赛事活动服务”。第 4 条规定，“体育赛事活动举办应当遵循合法、安全、公开、公平、公正、诚信、文明、绿色的原则”。地方综合性运动会和地方单项体育竞赛的管理办法由地方人民政府制定。

1. 全国综合性运动会竞赛制度

全国综合性运动会（以下简称运动会）是指由国家体育总局主办，省、自治区、直辖市人民政府承办，根据竞赛规程和规则，在规定期间内举行的全国运动会、全国冬季运动会和全国青年运动会。

运动会每 4 年举办一届，会期原则上全国运动会不超过 13 天、全国冬季运动会不超过 11 天、全国青年运动会不超过 10 天。项目的设置原则是：主办单位根据体育事业发展和奥运会比赛项目调整情况，来确定、调整运动会项目，并于运动会开幕前 36 个月确定本届运动会项目设置,包括大项、分项和小项。

全国运动会主要以省、自治区、直辖市、新疆生产建设兵团,中国人民解放军为参赛单位。

全国冬季运动会主要以省、自治区、直辖市、新疆生产建设兵团,中国人民解放军,或省、自治区所辖市(地、州、盟)、直辖市所辖区(县)、新疆生产建设兵团所辖师级单位以及行业体育协会为参赛单位。

全国青年运动会主要以省会城市、自治区首府、直辖市所辖区(县)、计划单列市、新疆生产建设兵团所辖师级单位以及符合主办单位规定条件的市(地、州、盟)级单位为参赛单位。

2. 全国体育运动单项竞赛制度

全国体育运动单项竞赛活动由该项运动的全国性单项体育协会负责管理。组织全国单项竞赛的项目,应在突出奥运会重点项目的前提下,按照重点与一般项目,竞技体育与社会体育项目,靠机械、智能与体能项目,受条件限制和普及程度不同的项目区别对待的原则进行分类。再按照类别主次顺序进行分级管理。

第一类为奥运会比赛项目中的重点项目,属于国家重点投入项目。包括田径、游泳、跳水、体操、举重、射击、射箭、击剑、柔道、国际式摔跤、赛艇、足球、篮球、排球、乒乓球、羽毛球、速度滑冰、短跑道速度滑冰,共18项。每年安排2次全国最高水平的比赛、1次青年比赛、1次少年集训比赛。同时可根据项目发展需要,组织多层次、多形式的辅助性比赛。

第二类为奥运会一般项目,属于国家一般投入项目。包括花样游泳、水球、艺术体操、自行车、皮划艇、帆船、帆板、拳击、现代五项、马术、网球、手球、曲棍球、棒球、花样滑冰、冰球、冬季两项、高山滑雪、越野滑雪、跳台滑雪,共20项。每年安排1~2次全国最高水平的比赛、1次青年比赛。同时可根据项目发展需要,组织多层次、多形式的辅助性比赛。

第三类为非奥运会比赛项目,属于国家与社会共同投入项目。包括技巧、武术、滑水、蹼泳、中国式摔跤、垒球、国际象棋、围棋、中国象棋、跳伞、航空模型、滑翔、航海模型、摩托艇、摩托车、无线电,共16项。每年安排1~2次全国最高水平的比赛。同时可根据需要,组织辅助性比赛。

第四类为其他项目,主要是群众性或娱乐性体育项目,属于社会投入为主的项目。可根据资源条件、社会需求和国际交流的需要,不定期组织多种形式的竞赛。

单项竞赛以每年4~11月上旬为全国夏季运动项目竞赛期,全国性竞赛原则上应安排在竞赛期内。根据其特点和国际竞赛安排确定夏训时间,此期间原则上不安排全国竞赛。对于冬季运动项目可根据其不同特点安排竞赛期。业余体校学生的竞赛安排以不误课为原则。各项目竞赛时间安排,应与国际竞赛时间错开。如遇冲突,国内竞赛应服从重大国际比赛(指洲以上国际正式竞赛)计划,一般国际竞赛应服从国内正式竞赛计划。全国竞赛地点实行计划安排与招标相结合的办法,在确保竞赛质量和效益的前提下,根据省、自治区、直辖市承办竞赛的要求,确定举办竞赛地。应不断完善全国单项竞赛申办制度,加快竞赛招标的步伐,鼓励社会、个人投资举办竞赛,形成多渠道、多形式投资举办体育竞赛的新格局。

3. 地方体育竞赛制度

为规范对体育竞赛的有效管理,促进当地体育事业的健康发展以及与全国性体育竞赛的有机衔接。我国许多省、市根据《体育法》《体育赛事活动管理办法》制定了适合本地区的体育竞赛法规。例如,1999 年 3 月上海市人民政府发布的《上海市体育赛事管理办法》;2022 年 4 月山东省人民政府发布的《山东省体育竞赛管理办法》等。上述地方体育竞赛管理办法的出台有力地促进了地方体育竞赛活动的开展,也体现了依法治体的法治精神。

(四)体育赛事实行公平竞争的原则

竞技体育的公平、公正和客观真实反映了人类社会对公平和民主理想的愿望和追求,是奥林匹克运动的初心使命。离开了公平、公正和客观真实,竞技体育就会失去根基,而变得毫无意义。《体育法》第 51 条规定:体育赛事实行公平竞争的原则。体育赛事活动组织者和运动员、教练员、裁判员应当遵守体育道德和体育赛事规则,不得弄虚作假、营私舞弊。第 53 条规定:国家提倡健康文明、公平竞争的体育运动,禁止在体育运动中使用兴奋剂。也就是说,参赛的资格要合法、参赛的主体要平等、参赛的条件要相同、参赛的规则要统一,裁判的执法要公平、公正、公开、客观、准确。体育法律制度为竞技运动比赛的公正性和正常进行提供了法律保障。

三、体育运动水平等级、教练员职称等级和裁判员技术等级制度

《体育法》第 48 条规定:国家实行体育运动水平等级、教练员职称等级和裁判员技术等级制度。

(一)体育运动水平等级制度

为了鼓励运动员不断进取,提高技术水平,为国家多做贡献,根据发展需要,国家体育总局颁布《运动员技术等级管理办法》(2014 年)、《运动员技术等级标准》(2021 年修订),其主要规定有以下内容。国家体育总局实行运动员技术等级审批制度。等级称号分为:国际级运动健将、运动健将、一级运动员、二级运动员、三级运动员;等级称号的申请、审核、审批,应当遵循公开、公正、效率原则;国际级运动健将、运动健将、一级运动员、二级运动员的等级证书实行统一编号,编号方法执行《运动员技术等级证书编号方法》的规定。在实施运动员技术等级审批工作中,工作人员非法索取、收受当事人财物或谋取其他非法利益,玩忽职守、滥用职权、徇私舞弊的,依法给予处分;构成犯罪的,依法追究刑事责任。审核、审批等级称号,以及颁发等级证书不得收取任何费用;擅自收费的,责令退还非法收取的费用;对直接负责人员和负有领导责任的主管人员依法给予处分。

(二)教练员职称等级制度

为了鼓励教练员不断进取,提高执教水平和管理能力,为国家多做贡献,人力资源社会保障部和国家体育总局于 2020 年发布了《关于深化体育专业人员职称制度改革的指导意见》(人社部发〔2020〕76 号)。

教练员的专业技术职务名称分为:三级教练、二级教练、一级教练、高级教练、国家级教练。其中三级、二级教练为初级教练,一级教练为中级职务,高级教练、国家级教练为高级

职务。

1. 初级教练:基本掌握体育基础理论和专业知识、技能,了解体育项目训练领域国内外现状和发展趋势。能够较熟练运用训练教学方法、手段,具备完成体育项目基础性训练和比赛任务的实际能力。具备大学专科学历、本科学历或学士学位,从事教练工作满一年,经考核合格;或具备硕士学位。

2. 中级教练:掌握体育专业理论和知识、技能,熟悉体育项目训练领域国内外现状和发展趋势。具备完成较复杂体育项目训练任务的实际能力,并取得下列成绩之一(博士学位除外):(1)训练两年以上的运动员,达到全国优秀水平;(2)训练一年以上的运动员,四名输送至上级训练组织,多人达到省级优秀水平。具备培养、指导初级教练的能力。具备大学专科学历,取得初级教练职称后,从事教练工作满五年;或具备大学本科学历、学士学位,取得初级教练职称后,从事教练工作满四年;或具备硕士学位,取得初级教练职称后,从事教练工作满两年;或具备博士学位。

3. 高级教练:较系统掌握体育专业理论知识,掌握本项目训练的前沿技术手段和方法,对本项目训练竞赛有较深入的研究,任现职以来至少有一项体育训练方面的代表性成果。长期从事体育训练工作,业绩比较突出,并取得下列成绩之一(集体球类项目可适当降低标准):(1)训练两年以上的运动员,或训练两年以上的运动员输送后四年内,多次达到世界水平或亚洲、全国优秀水平;(2)训练一年以上的运动员,九名输送至上级训练组织,多人达到全国优秀水平。具备培养、指导初、中级教练的能力。取得中级教练职称后,从事教练工作满五年;或具备博士学位,取得中级教练职称后,从事教练工作满两年。

4. 国家级教练:系统掌握体育专业理论和知识,全面掌握体育项目训练技术手段和方法,对本项目训练竞赛有深入的研究,任现职以来至少有两项公开发表的体育训练方面的代表性成果。长期从事体育项目训练工作,业绩突出,并取得下列成绩之一(集体球类项目可适当降低标准):(1)训练两年以上的运动员,或训练两年以上的运动员输送后四年内,获得一次奥运会前三名,或两次奥运会前八名,或多次世界、亚洲、全国最高水平比赛冠军;(2)训练一年以上的运动员,二十名输送至上级训练组织,其中有五人进入国家队(无国家队项目须有五人代表国家参加世界和亚洲最高水平比赛),获得两次奥运会前三名,或三次奥运会前八名,或多人获得世界、亚洲、全国最高水平比赛冠军。具备培养、指导高级及以下教练的能力。取得高级教练职称后,从事教练工作满五年。

(三)裁判员技术等级制度

为了鼓励裁判员不断钻研业务,提高裁判水平,更好地完成执法任务,国家体育总局颁布了《体育竞赛裁判员管理办法》(2016 年)。

体育竞赛裁判员(以下简称裁判员)实行分级认证、分级注册、分级管理;国家体育总局对在我国(不含香港、澳门特别行政区)正式开展的体育运动项目裁判员的管理工作进行监管;各级政府体育主管部门负责本地区相应等级裁判员的监督管理工作;裁判员的技术等级分为国家级、一级、二级、三级;获得国际单项体育组织有关裁判技术等级认证者,统称为国际级裁判员。

三级裁判员技术等级认证标准:年满 18 周岁中国公民,具备高中以上学历,能够掌握和运用本项目竞赛规则和裁判法，经培训并考核合格者。

二级裁判员技术等级认证标准：具有一定的裁判工作经验；任本项目三级裁判员满一定年限，能够掌握和正确运用本项目竞赛规则和裁判法，经培训并考核合格者。

一级裁判员技术等级认证标准：具备担任省级体育竞赛裁判员的经历，任本项目二级裁判员满一定年限，能够掌握和准确运用本项目竞赛规则和裁判法，经培训并考核合格者。

国家级裁判员技术等级认证标准：具有较高的裁判理论水平和执裁全国性体育竞赛经验，能够独立组织和执裁本项目竞赛的裁判工作；任本项目一级裁判员满一定年限，经全国单项协会培训并考核合格者。

四、运动员的注册与交流制度

《体育法》第45条规定：国家依法保障运动员选择注册与交流的权利。运动员可以参加单项体育协会的注册，并按照有关规定进行交流。2014年7月新修订的《全国运动员注册与交流管理办法（试行）》，主要内容如下。

（一）运动员注册

运动员，是指参加国家体育总局主办的全国综合性运动会和全国单项竞赛的运动员。运动员注册与交流应本着自愿、公开、合法、有序的原则进行。运动员参加国家体育总局主办的全国综合性运动会和全国单项比赛，应代表具有注册资格的单位进行注册；各省、自治区、直辖市、新疆生产建设兵团、解放军、行业体协及经过国家体育总局、全国性单项体育协会或运动项目管理中心批准认可的参加全国成年、青年和少年比赛的单位是具有注册资格的单位（香港和澳门特别行政区除外）。运动员本人或其法定监护人应与拟代表的注册单位签订代表资格协议。运动员与注册单位签订的代表资格协议期限为2～9年。运动员法定监护人与注册单位签订的代表资格协议的终止日期不得超过该运动员年满16周岁的日期。注册单位应当自代表资格协议签订之日起12个月内为运动员进行注册。逾期不注册，代表资格协议自动失效。首次注册的运动员须出示当地县级公安部门提供的户籍证明原件，年满16周岁的运动员还须出示本人身份证原件。注册单位未在年度确认期为运动员办理确认手续，其代表资格协议终止，运动员有权向全国性单项体育协会或运动项目管理中心提出申诉，并可自主选择新的注册单位。全国性单项体育协会或运动项目管理中心须在每一年度注册期结束后10天内，将本年度注册名单以文件形式向全国公布。注册单位必须保证本单位注册运动员每两个注册年度之内至少参加一次国家体育总局、全国性单项体育协会或运动项目管理中心举办的全国性比赛，或经批准举办的有4个以上（含4个）的省（区、市）级单位参加的区域性比赛。否则，运动员有权终止原注册协议，并自主选择新注册单位。运动员确因伤病不能参赛或注册单位已报名参赛，但该运动员无故不参赛的除外；代表资格协议期满后，注册单位享有对该运动员的注册优先权。注册优先权期限根据所签订的代表资格协议的期限确定：1～3年（含3年），注册优先权期限为12个月；4～6年（含6年），注册优先权期限为24个月；7～9年，注册优先权期限为36个月。

注册优先权期限内，如原注册单位需要，运动员只能与其签订代表资格协议。注册优先权期限已满，如原注册单位未能与运动员重新签订代表资格协议，运动员可自主选择注册单位。

对违反本办法规定的运动员,视情节轻重给予当事人停止比赛、停止1~4年注册资格直至取消终身注册资格的处罚;对违反本办法规定的单位,视情节轻重给予通报批评、罚款(按单项运动协会的有关规定执行)、停止该项目队伍参加全国比赛、停止1~4年注册资格直至取消注册资格的处罚;触犯刑法的运动员,自动取消其注册资格。

(二)运动员交流

在代表资格协议期或注册优先权期限内的运动员,经省、自治区、直辖市、新疆生产建设兵团和行业体协同意并签署交流协议,可变更注册单位;交流协议须由运动员原注册单位和新注册单位的法人代表及年满16周岁运动员本人或未满16周岁运动员的法定监护人三方共同签订;交流协议须报全国性单项体育协会或运动项目管理中心审核;新注册单位凭交流协议可与年满16周岁运动员本人或未满16周岁运动员的法定监护人签订代表资格协议,并到全国性单项体育协会或运动项目管理中心办理交流注册手续;运动员交流到新单位须注册满24个月,方可再次进行交流;进行双重注册的运动员,交流权属于拥有注册最终决定权的单位。

(三)运动员参加比赛

代表省、自治区、直辖市、新疆生产建设兵团、行业体协注册的运动员,可代表本行政区域或系统内下一级单位参加全国比赛;运动员参加全国综合性运动会,其代表资格按照全国综合性运动会竞赛规程总则及其他相关规定确定;外籍运动员参加的全国单项比赛,应符合全国性单项体育协会的有关规定。

(四)争议的裁决

运动员注册和交流过程中发生争议问题或出现违规行为,任何单位或个人均可以书面形式向国家体育总局、全国性单项体育协会或运动项目管理中心提出申诉或进行举报;全国性单项体育协会或运动项目管理中心须在接到申诉或举报30日内做出裁决;当事人对全国性单项体育协会或运动项目管理中心的裁决或处罚有异议,可在裁决公布之日起20日内,向国家体育总局提出书面复议申请,国家体育总局须在收到复议申请之日起30日内做出最终裁决。

(五)裁判员注册

2016年施行的《体育竞赛裁判员管理办法》规定如下:各全国单项协会应当根据本项目的特点确定裁判员的注册年龄限制、注册时限、停止注册和取消注册等条件。国际级、国家级裁判员按年度向各全国单项协会进行注册;各全国单项协会可视本项目裁判员队伍状况对一级裁判员进行注册或备案。一级(含)以下裁判员注册可由各省、自治区、直辖市体育行政部门或地方单项协会做出规定。各全国单项协会、各省、自治区、直辖市政府体育主管部门或地方单项协会应当建立裁判员注册信息库,并公布以下主要信息:裁判员姓名、年龄、技术等级、注册申报单位;裁判员获得相应技术等级资格认证的时间以及参加相应等级竞赛裁判工作记录;裁委会对裁判员裁判工作的考评意见;参赛单位对注册裁判员的评价意见。裁判员必须持有注册有效期内的相应裁判员技术等级证书方能参加各级体育竞赛的执裁工作。

各全国单项协会、各省、自治区、直辖市政府体育主管部门或地方单项协会应至少每2年对本单位注册裁判员进行工作考核。对违规违纪裁判员的处罚分为:警告、取消若干场次裁判执裁资格、取消裁判执裁资格1~2年、降低裁判员技术等级资格、撤销裁判员技术等级资格、终身禁止裁判员执裁资格。各全国单项协会、各地方单项协会负责对相应等级的违规违纪裁判员做出处罚。地方单项协会不健全的,由当地政府体育主管部门向上级单项协会提出处罚意见,由上级单项协会对违规违纪裁判员进行处罚。

五、教练员和裁判员培训的基本制度

(一)教练员培训

教练员是运动训练的直接组织者和管理者,承担着培养训练运动员的主要任务,对促进运动员的全面发展、提高运动员的运动技术水平,实现运动队的目标起着主导作用。根据体育事业发展变化,为提高教练员队伍素质,国家体育总局在不断废止、修订、出台教练员培训制度,2019年《体育教练员岗位培训管理暂行办法》(体规字〔2019〕1号)的规定如下。

1. 教练员岗位培训的指导思想

岗位培训是为教练员能力提升、职称晋升开展的专门培训,是教练员掌握现代竞技训练方法与手段、丰富竞技训练理论知识、更新执教理念、提高执教水平的重要措施。

2. 教练员培训的职责

教练员岗位培训分为初级、中级、高级和国家级。培训工作实行统一规划、归口管理、分级实施、分类指导的原则。体育总局科教司负责统筹、协调、管理全国教练员岗位培训工作。项目管理中心或协会负责所属项目的教练员专项技能培训大纲、培训教材、教学计划和各级别专项考核标准制定等;负责实施所属项目初、中、高级教练员专项技能的培训、考核及教练员继续教育相关工作。

3. 教练员培训及考核

初级教练员培训及考核:凡中华人民共和国公民,遵纪守法,恪守职业道德,年满18周岁,均可报名参加初级教练员岗位培训及考试;培训重点是训练理论基础知识。中级教练员培训及考核:具有初级教练员职称或取得初级教练员岗位培训合格证书后继续从事训练竞赛教学工作满4年的人员;培训注重实践训练方法传授。高级教练员培训及考核:具有中级教练员职称或取得中级教练员岗位培训合格证书后继续从事训练竞赛教学工作满4年的人员;培训侧重介绍国内外最新的训练和科研成果,开拓视野、更新执教观念。国家级教练员培训及考核:具有国家高级教练员职称的人员;国家级教练员培训突出训练理论、方法、手段的研究和创新,注重提升实践创新能力。

4. 教练员培训监督及管理

项目管理中心或协会要提前制定年度教练员岗位培训或考核计划,每两年至少要举办一期中级、高级教练员岗位培训班,相关培训或考核计划报科教司汇总后统一发布;教练员岗位培训一律通过“国家体育总局教练员培训管理系统”进行管理,实行网上颁证;教练员岗位培训实行全过程评估,培训结束后教练员通过系统填写《培训项目质量评估表》,对培训设计、教学内容、教学水平、教学管理、培训效果进行评估打分。教练员岗位培训工作要严格落实信息公开制度,向社会公开办班信息,公示合格名单,提供证书查询,相关信息要及时通过管理系统对外发布。

(二)裁判员培训

裁判员培训与技术等级认证考核密切相关,其内容主要包括竞赛规则、裁判法和临场执裁考核和职业道德等方面。《体育竞赛裁判员管理办法》(2016 年 1 月 1 日起施行)第 21 条规定:各全国单项协会负责制定本项目各技术等级裁判员培训、考核和技术等级认证的具体标准。第 24 条规定各级裁判员资格认证单位应当至少每 2 年举办 1 次裁判员技术等级认证考核,即至少每 2 年举办 1 次裁判员培训。

六、职业体育基本法律制度

随着我国体育对外开放的进一步扩大,竞技体育社会化、市场化、产业化的发展变化催生了职业体育的产生和发展,其既有竞技体育的特性,也有体育产业的属性。国务院相关政策文件中多次提到要发展职业体育,如《2011 - 2020 年奥运争光计划纲要》提出要探索建设有中国特色的职业体育道路,积极推进职业体育发展。《“十四五”体育发展规划》提出完善职业体育发展体系。2019 年《体育强国建设纲要》提出鼓励具备条件的运动项目走职业化道路,支持教练员、运动员职业化发展,组建职业联盟;完善职业体育俱乐部法人治理结构,加快俱乐部现代企业制度建设;建立体育经纪人制度,积极探索适应中国国情和职业体育特点的职业运动员管理制度;完善职业体育联赛体制机制,充分发挥俱乐部的市场主体作用,培育形成具有世界影响力的职业联赛。新修订的《体育法》第四章“竞技体育”规定,国家促进和规范职业体育市场化、职业化发展,提高职业体育赛事能力和竞技水平;第七章“体育产业”规定,国家完善职业体育发展体系,拓展职业体育发展渠道,支持运动员、教练员职业化发展,提高职业体育的成熟度和规范化水平;职业体育俱乐部应当健全内部治理机制,完善法人治理结构,充分发挥其市场主体作用。这些规定为我国职业体育发展明确了方向,为中国特色职业体育制度设计提供支撑,为制定各类职业体育的配套立法提供根本依据。

七、后备人才培养与管理制度

实践证明,竞技体育后备人才的培养是竞技体育发展的基础,对我国体育事业的全面、协调、可持续、高质量发展有着非常重要的意义。竞技体育后备人才不仅包括运动员、教练员和裁判员,还有从事辅助工作的科研、医务和管理人员,这里仅从运动员角度论述。为做好竞技体育后备人才的培养工作,国家体育总局等 2010 年发布《关于进一步加强运动员文化教育和运动员保障工作的指导意见》,其为解决理顺运动员文化教育的体制机制问题、运动员保障政策系统化问题,以及运动员文化教育和保障政策的落实问题提供了依据;国家发布了《少年儿童体育学校管理办法》、《中等体育运动学校管理办法》、《国家高水平体育后备人才基地认定办法》(2021 年修订)、《奥运项目竞技体育后备人才培养中长期规划(2014－2024)》等,从明确各级各类体校的功能定位,建立科学完备的分类、分层次体校管理系统,形成权责分明、管理规范的教学训练新机制,打造精品基地工程等主要方面提出了思路;国家体育总局、教育部联合于 2017 年发布《关于加强竞技体育后备人才培养工作的指导意见》,从竞技体育后备人才培养体系、青少年体育训练工作、青少年体育竞赛体系、各级各类体校建设、保障机制等方面作了规定,首次提出了学校体育是竞技体育后备人才培养的基础、各级各类体校是竞技体育后备人才培养的主体、社会力量是竞技体育后备人才培养的重要组成部分的竞技体育后备人才培养体系架构。2020 年发布《关于深化体教融合　促进青少年健康发展的意见》提出了长期以来我国竞技体育和学校体育相互制约难题的解决之道,即探索新的竞技体育后备人才培养模式。以上法规制度为竞技体育后备人才培养提供了依据。《体育法》第 41 条规定:"国家加强体育运动学校和体育传统特色学校建设,鼓励、支持开展业余体育训练,培养优秀的竞技体育后备人才。"这为今后的配套立法提供了根本依据。

第三节　运动员、教练员、裁判员的权利与义务

人是一切因素中最重要、最根本的因素,管理中必须重视人的因素,贯彻以人为本的理念。加强竞技体育系统人员管理的同时,也应该明确他们享有和承担的权利和义务。权、责、利三者高度统一是调动广大运动员、教练员、裁判员积极性、主动性和创造性,促进我国竞技体育发展的重要前提,也是我国竞技体育法治化的主要内容之一。

一、运动员的权利和义务

(一)运动员的权利

根据我国《宪法》《体育法》等相关法律法规以及《奥林匹克宪章》,运动员在训练、比赛以及社会生活中主要享有如下权利:

从作为普通公民的角度享有宪法赋予的基本权利,主要有:平等权、生命权、劳动权、选举权、言论自由权、宗教信仰自由权、人身自由权、文化教育权、监督权等。

从作为运动员的角度有:(1)平等参与进行训练、参加国内外各种竞技比赛的权利。(2)维护身心健康的权利。(3)在竞技比赛中,对裁判员的裁决不服有权向仲裁委员会提出申诉。(4)运动员选择注册与交流的权利。(5)拒绝服用违禁药物的权利。(6)获得竞赛成绩奖励、奖金和荣誉称号。(7)接受文化教育的权利和继续深造的权利。(8)参与运动队的民主管理以及建议的权利。(9)享受国家规定的福利待遇、享有相应的社会保险待遇权利。(10)运动员在与训练单位订立的合同结束后,有重新选择单位的权利。(11)符合条件的运动员,可按规定享受职业介绍补贴和职业培训补贴政策。(12)运动员退役时,按规定领取退役费或自主择业经济补偿金。

(二)运动员的义务

根据我国现行的体育法律法规以及竞技体育实践,运动员在训练、比赛以及被管理过程中依法应当履行的职责,即运动员必须作出一定的行为或禁止作出一定的行为包括:(1)遵纪守法是我国每一个公民必须承担的义务,运动员亦不例外。(2)热爱体育事业,勇攀世界体育高峰,为国争光。(3)刻苦训练、尊重教练员,认真完成训练任务。(4)遵守竞赛规则,服从裁判,尊重对手,尊重观众。(5)加强学习,不断提高自身素质。运动员是竞技体育的主要实践者,是真、善、美的创造者、表现者和传播者,他们往往会成为社会大众关注的对象,成为青年人效仿的楷模。因此,优秀运动员应不断地学习各类科学理论知识,加强个人的修养,塑造良好的自我形象。这是现代体育发展的需要,也是建设小康社会的需要。(6)服务社会,指导和推动社会体育活动。(7)在体育竞赛中不得弄虚作假、营私舞弊,严禁使用禁用的药物和方法,个人不得利用体育竞赛从事赌博活动。(8)优秀运动员随代表团出国访问和比赛时应履行的义务。自觉遵守我国和所在国的法律,维护我国的尊严和权益,遵守国际体育组织的有关规定;在比赛中,要赛出风格,赛出水平,服从裁判,对观众热情、友好;严禁酗酒、看黄色电影电视、出入不正当娱乐场所。尊重当地风俗习惯;携带足够替换的基本服装,在正式场合必须按规定着装;不得利用外事场合暗示或授意国外组织、个人点名邀请自己出访,不得私收礼品,也不得暗示对方送礼。

二、教练员的权利和义务

(一)教练员的权利

教练员有如下权利:(1)教练员享有编制内运动员选招、分配的提名权。挑选和调整运动员,使所带运动队伍能完成训练成绩指标,胜任重大比赛的任务,并做好新老衔接,后继有人。(2)教练员享有训练、比赛的指挥权。教练员是训练过程的主要设计者,是训练活动的主要组织者,是比赛过程的指挥者,可决定训练中采用的方法、手段,比赛中的战略、战术和方法。(3)教练员获得进行训练、比赛所需的物质保障和劳动保护的权利。(4)教练员享有接受培训教育的权利。我国竞技体育要发展,根本的任务就是要培养出高水平的运动员,而高水平的运动员的培养首先取决于高水平的教练员,只有高水平的教练员,才能培养出高质量的运动员,因此,教练员应通过各种渠道进行培训,接受新知识、新思想、新方法,不断提高自身水平,这是竞技体育发展的客观要求,也是教练员的一项基本权利。(5)按照规定申请授予相应职务和职称的权利。(6)对自己训练、竞赛、科研取得的成果得到承认、获得各种精神和物质奖励的权利。(7)参与体育民主管理的权利。(8)获得劳动休息的权利。

(二)教练员的义务

教练员有如下义务:(1)教练员必须按照岗位目标责任书(或聘用合同)完成训练单位下达的年度训练比赛任务和全运会、奥运会任务。(2)教练员应根据运动训练的规律和本项目的特点,负责制订本队的教学训练规划、计划;充分做好赛前的准备工作,临场比赛的正确指挥,总结训练比赛的经验教训,提出训练工作意见。(3)努力钻研业务,运用多学科的知识指导训练，不断提高科学训练水平；及时了解和掌握本项目的技术战术发展趋势，竞赛规则的变化，进行科学研究，改革创新。(4)教练员应关心运动员的文化学习，做好运动员的思想政治工作，善于调动运动员的积极性，充分发挥运动员的智慧，培养运动员遵守各项规章制度的自觉性，树立良好的风气。(5)教练员主动配合队医做好运动员的医务监督和伤病防治工作，对训练、比赛中出现的运动伤害事故，及时查找原因、查明责任。(6)尊重对方、尊重裁判、尊重观众和经营管理者。(7)教练员之间相互学习、相互帮助、团结协作。(8)自觉遵守国家法律、法规和国家体育总局各项规章制度，维护国家的形象、荣誉和利益。不准超越权限或滥用职权，在选拔运动员，确定运动员参赛资格等事项上弄虚作假、以权谋私；不准筹划、唆使、怂恿运动员弄虚作假、停赛、罢赛、打骂裁判员；不准采取各种手段收买、干扰裁判员，使裁判员不能公正执法；不准强迫、指使、诱导、欺骗、指导和默许运动员使用违禁药物。

三、裁判员的权利和义务

裁判员是比赛的组织者和评判者，是各项竞赛规则的具体实践者和维护者，是一场比赛的最高执法者，可以说是法的形象代言人。裁判员自身水平的高低以及在体育竞赛中能否公平、公正、公开、准确地严格执法，不仅直接关系比赛能否公正有序地进行，而且对促进我国竞技体育的可持续发展和推进我国全民健身计划的深入全面实施，建立健全体育法律法规体系有积极垂范作用，明确其权利和义务对建立和完善竞技体育法律法规建设有特殊而重要的意义。

(一)裁判员的权利

裁判员享有以下权利：(1)参加相应等级的体育竞赛裁判工作。(2)参加裁判员学习和培训。(3)监督本级裁委会的工作开展，对于不良现象进行举报。(4)享受参加体育竞赛时的相关待遇。(5)对作出的有关处罚，有申诉的权利。

(二)裁判员的义务

裁判员应当承担下列义务：(1)自觉遵守有关纪律和规定，廉洁自律，公正、公平执法。(2)主动学习研究并熟练掌握运用本项目竞赛规则和裁判法。(3)主动参加培训，并服从和指导培训其他裁判员。(4)主动承担并参加各类裁判工作，主动配合有关部门组织相关情况调查。(5)主动服从管理，并参加相应技术等级裁判员的注册。

第四节　我国反兴奋剂法律制度

一、兴奋剂及其危害

(一)兴奋剂的含义

在奥委会官方文件中，兴奋剂一般写作“dopin”，词源“dope－”是指当地出产的一种有强壮功能的杜松子酒,[3]后来就用它泛指含有刺激性的饮料并延伸出兴奋、镇静、止痛、麻醉等含义。兴奋剂有时也写作"drugging",来源于"drug";反兴奋剂写作"anti - doping"。

体育运动中的兴奋剂是指体育组织规定的禁用物质和禁用方法的统称。它不单单指物质,也包括禁用方法和其他生理物质,例如血液、尿液和含有违禁药物成分的食品添加剂、营养补品、饮料等,只要这些生理物质以"非正常量或通过不正常的途径"摄入人体,即兴奋剂。[4] 我国《反兴奋剂条例》第2条规定:本条例所称兴奋剂,是指兴奋剂目录所列的禁用物质等。兴奋剂目录由国务院体育主管部门会同国务院药品监督管理部门、国务院卫生主管部门、国务院商务主管部门和海关总署制定、调整并公布。兴奋剂是一种能增强或辅助增强自身体能或控制能力,提高比赛成绩的某些药物或生理物质或方法。

(二)兴奋剂发展史

竞技体育是体育的重要组成部分,它是以体育竞赛为主要特征,以创造优异运动成绩、夺取比赛优胜为主要目标的体育活动,为体育事业中最活跃、最具魅力、最具代表性的体育。竞技体育在人类社会生活和社会发展中发挥着日益重要的作用。但是自从人类历史上有了竞技体育运动,使用兴奋剂的历史就开始了。最初的时期的兴奋剂都取于自然物质,没有明确的文字记录,有些运动员为了提高成绩开始寻求借助外力的方法,比如嚼可可叶等方式提神醒脑。随着现代竞技体育的发展,使用兴奋剂逐渐成为一个世界问题。

兴奋剂危机波及现代奥运会,奥运会第一次兴奋剂事件发生于1904年美国举办的第3届圣路易斯夏季奥运会。1904年,美国圣路易斯第三届现代奥林匹克运动会的马拉松比赛冠军是美籍英国人托马斯·希克斯。在比赛过程中,他的教练查尔斯·卢卡斯一直拿着注射器跟随着他。当希克斯精疲力竭之时,卢卡斯给他注射了一针"士的宁"(strychnine),并给他喝下一大杯威士忌。兴奋剂最早引起医学界重视是在1960年。1960年,丹麦自行车运动员詹森因服用教练给他的安非他明和烟酰醇的混合物死亡。1964年奥运会上最先引进"反兴奋剂"一词。1964年东京奥运会,发现在自行车、举重、田径比赛中已经大量出现运动员因服用药物过量产生反应,最后使身体健康严重损害,甚至失去性命,因此引起重视。之后相继发生运动员因服用兴奋剂死亡的事件。1967年环法自行车赛中,美国最佳职业自行车运动员吉普森在第13圈中爬山路时,突然失去定向力,最后骑出道外虚脱后进入昏迷,再也没有醒过来。在他的口袋里发现了一种甲基安非他明,尸体解剖在他体内也发现了这种药。1968年11月,伊夫·莫廷(Yves Mottin)在法国格勒诺布尔(Grenoble)越野自行车赛中取胜,赛后2天死亡。次年他的两位队友说他们曾给他安非他明,这造成了他的死亡。因服用安非他明而致死的还有足球运动员让路易·奎迪(Jeanlouis Quadi),他于1968年死于格勒诺布尔的足球场上。

随着医学和科学技术的发展,兴奋剂由最初的自然物质,逐渐发展成合成类固醇药、基因兴奋剂等。20世纪50年代中期,不同类型的合成类固醇药物以商品名"大力补""诺龙"等问世。到1960年已经是所有项目都有运动员使用合成类固醇,以使肌肉增大和力量增

---

〔3〕 国家体育总局科教司编:《体育运动学校学生反兴奋剂读本》,人民体育出版社2014年版,第2页。

〔4〕 张彩红:《竞技体育领域犯罪法律治理研究》,北京体育大学出版社2016年版,第35页。

强。它不像安非他明那样会使运动员突然虚脱或死在运动场上,它的副作用是不知不觉的、慢性的,即使死于肾功能衰竭或肝肿瘤也是一个慢性过程,常常发生在运动员退役后的很长时间后。安大略酒精和药物成瘾研究联合会1981年声称,99%的男子健美运动员和10%的女子健美运动员使用合成类固醇。莱特(Wright)调查的举重和健美运动员90%以上的人使用合成类固醇。合成类固醇的使用不仅仅限于举重、健美、摔跤、铅球、链球等力量项目的运动员,田径、自行车、足球等项目的运动员也使用,使用人数比例随项目和运动水平的不同而有较大的差别。除使用以安非他明为代表的传统刺激剂和合成类固醇以外,从20世纪70年代开始,一些不需要剧烈体力活动的项目如射击、射箭、雪橇、跳台飞跃滑雪、摩托车等,有人用β阻断剂(如心得安)等降低由于比赛时情绪激动所致的心率加快。对于有体重要求的项目如举重、摔跤、柔道、拳击等有人用利尿剂,通过利尿作用来减体重,以适应比赛的需要或稀释尿中药物代谢产物的浓度以逃避药物检查。

兴奋剂的使用危害了运动员的生命健康,也违背了体育公平竞争的精神,奥委会、国际单项协会、世界各国开始关注兴奋剂问题,并逐步达成反兴奋剂的统一规则。第一个因服用兴奋剂被摘掉金牌的运动员是加拿大著名短跑运动员本·约翰逊。1988年汉城奥运会上,加拿大著名短跑运动员本·约翰逊尿检查呈康力龙阳性而失去了金牌,成为轰动世界的大丑闻。[5] 随着国际管委会反兴奋剂法规的健全和兴奋剂检测方法的改进,从20世纪80年代开始,使用以上药物而被查出的运动员的人数逐年减少。然而,一些运动员自身体内就存在的激素类药物,即内源性类固醇激素和肽类激素,如睾酮、双氢睾酮、红细胞生成素(EPO)、人体生长激素(HGH)、人绒毛膜促性腺激素(HCG)等的使用则愈演愈烈。1999年,国际奥委会在瑞士洛桑召开了世界反兴奋剂大会,正式将反兴奋剂提上议程。2003年通过了第一版《世界反兴奋剂条例》。2005年联合国教科文组织通过了《反对在体育运动中使用兴奋剂国际公约》。《世界反兴奋剂条例》后又经过2009年、2015年、2019年三次修订。竞技体育运动中反兴奋剂的斗争将是长期的和复杂的,需要各国的合作。

(三)兴奋剂的危害

使用兴奋剂是一种既对运动员自身有重大伤害,又对竞技体育公平竞争秩序有重大危害的行为。"从生理角度看,服用兴奋剂对运动员的身心健康造成损害。无论是哪一种类型的兴奋剂,它对人的器官、人的血液和人的精神,都有不同程度的破坏性,同时会引发各种各样的疾病。不少兴奋剂对人的危害是长期的、终身的、不可恢复的。"[6] 此外,使用兴奋剂不但背离了公平竞赛的竞技体育运动宗旨,同时也破坏了公平竞争的体育精神。为了在辽宁省第十届运动会上取得好成绩,2006年鞍山市田径学校的领导组织多名未成年运动员集体使用兴奋剂,在社会上造成了严重影响。

尽管兴奋剂能够提高运动成绩,但科学研究证明,使用兴奋剂会对人的身心健康产生许多直接危害,特别令人担心的是,许多有害作用是在数年之后才表现出来。使用兴奋剂对运动员身体健康的主要危害包括:运动员会出现严重的性格改变,产生药物依赖,导致细

---

[5] 《兴奋剂困扰体育界上百年》,载 http://www.olympic.cn/e-magzine/12/2008-12-26/1707709.html。

[6] 谢琼桓:《试论兴奋剂对体育可持续发展的威胁》,载《成都体育学院学报》2005年第3期。

胞和器官功能异常,产生过敏反应,损害免疫力,引起各种感染(如肝炎、艾滋病等)。奥林匹克运动的杰出领导人、前国际奥委会主席萨马兰奇,曾对兴奋剂的本质下过著名的“死亡定义”:“服用兴奋剂是欺骗,也是走向死亡。它引起生理上的死亡——通过使用不正当的操作手法严重(有时是不可逆地)改变人体正常的生理作用。造成肉体上的死亡,正如近年来一些悲剧性事件所表明的那样。导致精神上和理智上的死亡,即同意进行欺骗和隐瞒自身的能力,承认在正视自我和超越自身极限方面的无能和不求进取。还有道德上的死亡——拒绝接受整个人类社会所公认的行为准则。”[7]随着竞技体育发展,兴奋剂问题已经滋生蔓延成为全球性问题。兴奋剂的使用手段从单一到多样化,并同高科技紧密联系在一起。兴奋剂从最初在赛马、马拉松、自行车等少数项目上使用到现在滥用药品的增多,使用范围不断扩大。使用兴奋剂行为从单纯的个人行为逐渐成为有组织的行为。为了使药效得到最大限度的发挥,越来越多的专业人员参与到兴奋剂团队中来,对兴奋剂的泛滥起到了推波助澜的作用。正是基于使用兴奋剂有着严重的社会危害性,一些使用兴奋剂的行为已经纳入刑法调整,追究行为人的刑事责任。

二、反兴奋剂法律规制历程

(一)国际反兴奋剂法律规制

1. 在国际上,反兴奋剂的斗争主要来自国际奥委会。成立于1961年的国际奥委会医学委员会,在1964年颁布了《医务条例》,医学委员会依据该条例负责对奥运会的兴奋剂检查工作。首次兴奋剂检测是在1964年的第18届东京奥运会上,以后每届奥运会都进行兴奋剂检查,并且数量逐届增多。

2. 1988年汉城奥运会上的田径运动员本·约翰逊兴奋剂丑闻使国际奥委会认识到兴奋剂会严重损害体育道德和违背奥林匹克精神,也使奥委会意识到兴奋剂斗争单靠国际奥委会是远远不够的,它需要各国政府通过法律的形式来一致对兴奋剂进行有效的打击。

3. 1999年《国际奥委会反兴奋剂宣言》在瑞士洛桑召开的世界反兴奋剂大会上通过。1999年世界反兴奋剂机构成立,该机构独立于国际奥委会,独立开展全球反兴奋剂工作。

4. 2003年世界反兴奋剂机构的《世界反兴奋剂条例》在哥本哈根反兴奋剂大会上通过,这是全球反兴奋剂规则统一的标志。

5. 2005年《反对在体育运动中使用兴奋剂国际公约》在联合国教科文组织第33届会议上通过,这是全球反兴奋剂法律规制体系正式形成的标志。

6. 《世界反兴奋剂条例》后又经过两次修订,分别于2009年、2015年生效。2019年11月在波兰卡托维兹召开的第五届世界反兴奋剂大会上审议通过了2021年版《世界反兴奋剂条例》,这是第三次修订,修订后的条例已经于2021年1月1日起实施。

(二)我国反兴奋剂法律规制

我国历来重视兴奋剂问题,持续规范和加强反兴奋剂工作,作为《反对在体育运动中使用兴奋剂国际公约》的缔约国,高度重视国内反兴奋剂工作,也积极参与国际反兴奋剂斗

---

[7] 《对兴奋剂问题的思考》,载 http://2004.sina.com.cn/other/2004-08-09/55018.html。

争。在国际上,我国成为世界各国中最为重视兴奋剂问题、取得反兴奋剂成效明显的国家之一。我国已经形成了以体育法为中心,刑法、行政法规、规章制度等较为完善的反兴奋剂法律体系,这为我国开展反兴奋剂工作提供了法律依据,也逐渐建立和形成了反兴奋剂管理、预防、检查、处罚、教育等制度体系。

1. 1985 年、1987 年原国家体委连续发文要求严格执行国际奥委会关于禁用兴奋剂的规定,1987 年原国家体委运动医学研究所成立并内设兴奋剂检测中心。

2. 1989 年,我国在北京建立了兴奋剂检测实验室,并连续 20 年通过国际奥委会、世界反兴奋剂机构的认证。1989 年我国正式颁布反兴奋剂的规范性文件,即原国家体委颁布的《全国性体育竞赛检查禁用药物暂行规定》,1990 年我国开始进行兴奋剂检查。

3. 1992 年中国奥委会反兴奋剂委员会成立,下设办公室与检查处,负责组织实施全国反兴奋剂的各项业务工作。1995 年原国家体委颁布《禁止在体育运动中使用兴奋剂的暂行规定》。1995 年《体育法》颁布实施,对兴奋剂的相关问题作了规定。

4. 2004 年 1 月 13 日《反兴奋剂条例》(国务院令第 398 号)由国务院发布,已经修订三次(根据 2011 年 1 月 8 日国务院《关于废止和修改部分行政法规的决定》第一次修订;根据 2014 年 7 月 29 日国务院《关于修改部分行政法规的决定》第二次修订;根据 2018 年 9 月 18 日国务院《关于修改部分行政法规的决定》第三次修订)。2007 年中国反兴奋剂中心成立,中国反兴奋剂中心制定了一些具体的有关兴奋剂的操作细则,如治疗用药豁免实施细则、运动员行踪信息管理实施细则、兴奋剂违规听证实施细则等。2014 年 11 月 21 日国家体育总局发布《反兴奋剂管理办法》(国家体育总局令第 20 号,已废止)。2021 年国家体育总局颁布《反兴奋剂管理办法》(国家体育总局令第 27 号)等。《体育法》第五章专门规定了"反兴奋剂",也是《体育法》新增内容,主要规定了禁止使用兴奋剂的原则、不得向体育运动参加者提供或者变相提供兴奋剂,国家建立健全反兴奋剂制度、管理机制,规定了体育行政部门和相关部门的职责以及反兴奋剂国际合作等。这样有利于从法律层面协调一致,体现了我国协调统一治理兴奋剂问题的坚定态度,落实习近平总书记对兴奋剂问题"零出现""零容忍"的重要指示精神。至此中国反兴奋剂法律规范形成了以体育法基本法为框架,行政法规、部门规章、规范性文件统一联系的反兴奋剂法律体系。(详见表 8－1)

表 8－1　我国反兴奋剂相关的法律法规

效力级别	名称	备注
法律	《体育法》	2022 年 6 月 24 日第十三届全国人民代表大会常务委员会第三十五次会议修订通过公布,第五章"反兴奋剂"
	《刑法修正案(十一)》	2020 年 12 月 26 日第十三届全国人民代表大会常务委员会第二十四次会议通过
	最高人民法院《关于审理走私、非法经营、非法使用兴奋剂刑事案件适用法律若干问题的解释》	2019 年 11 月 12 日由最高人民法院审判委员会第 1781 次会议通过,2019 年 11 月 18 日公布,自 2020 年 1 月 1 日起施行

续表

效力级别	名称	备注
行政法规	《反兴奋剂条例》	2004年1月13日国务院令第398号发布，根据2011年1月8日国务院《关于废止和修改部分行政法规的决定》第一次修订，根据2014年7月29日国务院《关于修改部分行政法规的决定》第二次修订，根据2018年9月18日国务院《关于修改部分行政法规的决定》第三次修订
部门规章	《反兴奋剂管理办法》	2021年7月20日发布，国家体育总局令第27号
	《蛋白同化制剂和肽类激素进出口管理办法》	2017年11月17日发布，国家食品药品监督管理总局令第37号
规范性文件	体育总局《关于印发〈反兴奋剂规则〉的通知》	2020年12月28日国家体育总局发布，体规字〔2020〕5号
	体育总局印发《关于进一步规范体育赛场行为的若干意见》	2018年8月7日国家体育总局发布，体规字〔2018〕9号
	体育总局、公安部《关于加强体育赛场行为规范管理的若干意见》	2021年5月17日国家体育总局、公安部发布，体规字〔2021〕2号
制度性文件	体育总局办公厅《关于做好委托兴奋剂检查工作的通知》	2017年1月17日国家体育总局办公厅发布，体反兴奋剂字〔2017〕43号
	体育总局办公厅《关于印发〈兴奋剂检查官管理办法〉的通知》	2017年6月5日国家体育总局办公厅发布，体反兴奋剂字〔2017〕120号
	体育总局办公厅《关于印发〈反兴奋剂规范〉的通知》	2018年7月24日国家体育总局办公厅发布，体科字〔2018〕86号
	体育总局《关于印发〈国家体育总局"反兴奋剂工程"建设方案〉的通知》	2020年5月6日国家体育总局发布，体科字〔2020〕54号
	体育总局《关于印发〈国家体育总局兴奋剂违规责任追究办法〉的通知》	2021年7月19日国家体育总局发布，体科字〔2021〕139号
	《2022年兴奋剂目录公告》	2021年12月31日国家体育总局、商务部、国家卫生健康委员会、海关总署、国家药品监督管理局第56号公告发布

三、我国反兴奋剂法律制度

（一）反兴奋剂管理制度

经过三十多年的努力，我国逐步建立了统一的反兴奋剂管理体制，为保障我国的反兴奋剂工作健康发展提供了有力的组织和人力资源保障。根据《反兴奋剂条例》《反兴奋剂管理办法》的相关规定，在我国反兴奋剂工作中逐步确立了由国家体育主管部门统一管理、国务院相关职能部门协同配合的管理体制。《反兴奋剂条例》第4条规定：国务院体育主管部门负责并组织全国的反兴奋剂工作。县级以上人民政府负责药品监督管理的部门和卫生、教育等有关部门，在各自职责范围内依照本条例和有关法律、行政法规的规定负责反兴奋剂工作。《反兴奋剂条例》第7条规定：国家对兴奋剂目录所列禁用物质实行严格管理，任何单位和个人不得非法生产、销售、进出口。《反兴奋剂管理办法》第5条规定：国家体育总局主管全国的反兴奋剂工作。地方各级体育行政部门主管本地区的反兴奋剂工作。国家反兴奋剂机构、全国性体育社会团体、国家运动项目管理单位、运动员管理单位、全国综合性运动会组织机构在各自职责范围内负责开展反兴奋剂工作。

国家体育总局领导、协调和监督全国的反兴奋剂工作，确定反兴奋剂工作目标与任务，起草、制定反兴奋剂管理制度与规章，制定国家反兴奋剂发展规划，审核并监督省级体育主管部门、国家反兴奋剂机构、全国性体育社会团体、国家运动项目管理单位反兴奋剂工作的实施，开展政府间反兴奋剂国际交流与合作。地方各级体育主管部门领导、协调和监督本地区的反兴奋剂工作。县级以上人民政府负责药品监督管理的部门和卫生、教育等有关部门，在各自职责范围内依照《反兴奋剂条例》和有关法律、行政法规的规定负责反兴奋剂工作。与此同时，反兴奋剂工作坚持“零容忍”，坚持严令禁止、严格检查、严肃处理的方针，推动构建“拿干净金牌”的反兴奋剂长效治理体系。国家体育总局根据“关口前移”的指导思想，坚持“预防为主，惩防并举”，公平、公正、公开，维护运动员和辅助人员合法权益的原则，加强反兴奋剂的宣传教育，努力构建“标本兼治、综合治理、惩防并举、注重预防”的反兴奋剂管理体系。[8]

（二）兴奋剂违规行为种类

关于兴奋剂违规行为，《体育法》中并未直接规定。《反兴奋剂条例》只规定了3种兴奋剂违规行为，包括：运动员使用兴奋剂；运动员辅助人员、运动员管理单位向运动员提供兴奋剂；运动员、运动员辅助人员、运动员管理单位拒绝、阻挠兴奋剂检查。详见《反兴奋剂条例》第22条，全国性体育社会团体应当对在本体育社会团体注册的成员的下列行为规定处理措施和处理程序：(1)运动员使用兴奋剂的；(2)运动员辅助人员、运动员管理单位向运动员提供兴奋剂的；(3)运动员、运动员辅助人员、运动员管理单位拒绝、阻挠兴奋剂检查的。前款所指的处理程序还应当规定当事人的抗辩权和申诉权。全国性体育社会团体应当将处理措施和处理程序报国务院体育主管部门备案。

《反兴奋剂管理办法》通过列举的方式对兴奋剂违规行为进行了规定，即第2条规定，本办法所称兴奋剂，是指年度《兴奋剂目录》所列的禁用物质和禁用方法。本办法所称兴奋剂违规包括以下情形：(1)检测结果阳性；(2)使用或企图使用兴奋剂；(3)逃避、拒绝或未能完成样本采集；(4)违反行踪信息管理规定；(5)篡改或企图篡改兴奋剂管制环节；(6)持有兴奋剂；(7)从事或企图从事兴奋剂交易；(8)对运动员施用或企图施用兴奋剂；(9)共谋或企图共谋兴奋剂违规行为；(10)违反禁止合作规定；(11)阻止举报或报复举报人；(12)其他法律法规或者国家体育总局的规范性文件明确将其规定为兴奋剂违规的行为。这些违规行为基本与《世界反兴奋剂条例》(2021年版)一致。下面将根据中国反兴奋剂中心中英文对照版《世界反兴奋剂条例》(2021年版)，介绍兴奋剂违规行为的种类。《世界反兴奋剂条例》(2021年版)，第2条“兴奋剂违规”：本条款旨在详细说明构成兴奋剂违规的情况和

---

〔8〕 陈书睿：《我国反兴奋剂法律之研究》，载《南京体育学院校学报（社会科学版）》2011年第1期。

行为。在出现一项或多项违规情况和行为时,将安排举行兴奋剂违规事件的听证会。运动员或其他当事人有责任了解何种情况或行为会构成兴奋剂违规以及禁用清单包括哪些物质和方法。以下情况和行为构成兴奋剂违规:

2.1　在运动员的样本中发现禁用物质或其代谢物或标记物

2.1.1　确保没有禁用物质进入自己体内,是每个运动员的个人责任。运动员应对从其体内采集的样本中发现的任何禁用物质或其代谢物或标记物承担责任。因此,依照条款2.1,没有必要为证实运动员的兴奋剂违规而阐明运动员的企图、过错、疏忽或故意使用。[条款2.1.1的释义:根据本条款,确定兴奋剂违规行为并不考虑运动员的过错问题。本规则参考了CAS诸多判决中的"严格责任"原则。运动员的过错应根据第10条在决定违反反兴奋剂规则后果时予以考虑。这一原则得到CAS的一贯支持。]

……

2.2　运动员使用或企图使用某种禁用物质或禁用方法

[条款2.2释义:任何可靠方式均可用以确认是否使用或企图使用某种禁用物质或禁用方法。条款3.2的释义指出,与条款2.1提出的证实违规所需的证据不同,使用或企图使用禁用物质或禁用方法也可通过其他可靠方式得以确认,如运动员承认,证人陈述,书面证据,纵向分析得出结论,包括运动员生物护照中的部分数据,或不能完全满足条款2.1规定的证实某种禁用物质存在的全部条件的其他检测信息。例如,只要反兴奋剂组织提供令人满意的解释,即使没有另一个样本的确认,也可以通过仅检测A样本或仅检测B样本而得出的可靠分析数据证实运动员是否使用了某种禁用物质或禁用方法。]

2.2.1　确保没有禁用物质进入自己体内和不使用禁用方法,是每个运动员的个人责任。因此,没有必要为证实运动员使用禁用物质或禁用方法的兴奋剂违规,而阐明运动员的企图、过错、疏忽或故意使用。

2.2.2　某种禁用物质或禁用方法使用或企图使用是否既遂并不重要。使用或企图使用某种禁用物质或禁用方法就足以构成兴奋剂违规。[条款2.2.2释义:"企图使用"禁用物质或禁用方法的举证,需要证明运动员有此企图。这一特殊的兴奋剂违规行为的举证需要证明故意的事实,并未破坏为违反条款2.1和条款2.2关于使用禁用物质或禁用方法而制定的"严格责任"原则。运动员一旦使用禁用物质即构成违规,但如果运动员在赛外使用不属于赛外禁用的禁用物质,则不构成违规(但如在赛内收集的样本中发现禁用物质或其代谢物或标记物,将被视为违反条款2.1,而无论运动员何时使用的该物质)。]

2.3　运动员逃避、拒绝或未完成样本采集

逃避样本采集,或在接到依照反兴奋剂规则授权的检查通知后,拒绝样本采集、无正当理由未能完成样本采集,或者存在其他逃避样本采集的行为。[条款2.3的释义:例如,如果证明运动员故意避开兴奋剂检查官以逃避通知或检查,则构成违反"逃避样本采集"的兴奋剂违规。违反"未完成样本采集"的违规可能基于运动员的故意或疏忽行为,而"逃避"或"拒绝"样本采集则考虑是运动员的故意行为。]

2.4　违反行踪信息管理规定

注册检查库中的运动员在12个月内累计3次出现《检查和调查国际标准》所定义的错

过检查和/或行踪信息填报失败。

2.5 运动员或其他当事人篡改或企图篡改兴奋剂管制过程中的任何环节

2.6 运动员或运动员辅助人员持有某种禁用物质或禁用方法

2.6.1 运动员赛内持有任何禁用物质或禁用方法,或运动员赛外持有任何赛外禁用的禁用物质或禁用方法,除非运动员证明该持有符合依照条款4.4批准的治疗用药豁免(以下简称"TUE"),或有其他可接受的正当理由。[条款2.6.1和条款2.6.2的释义:可接受的正当理由不包括,诸如为赠送朋友或亲属而购买或持有禁用物质,除非该当事人有正当的医疗理由和医生开具的处方,例如为糖尿病患儿购买胰岛素。]

2.6.2 运动员辅助人员赛内持有任何禁用物质或禁用方法,或运动员辅助人员赛外持有与运动员、比赛或训练有关的,赛外禁用的任何禁用物质或禁用方法,除非运动员辅助人员证明该持有符合依照条款4.4向运动员批准的TUE,或有其他可接受的正当理由。[条款2.6.1和条款2.6.2的释义:可接受的理由包括,例如运动员或队医使用禁用物质或禁用方法(例如肾上腺素自动注射器)处理急性病和应对紧急情况;在申请和收到TUE决定前不久,运动员因治疗原因而持有禁用物质或禁用方法。]

2.7 运动员或其他当事人从事或企图从事任何禁用物质或禁用方法的交易

2.8 运动员或其他当事人赛内对运动员施用或企图施用任何禁用物质或禁用方法,或赛外对运动员施用或企图施用任何赛外禁用的禁用物质或禁用方法

2.9 运动员或其他当事人共谋或企图共谋

协助、怂恿、资助、教唆、策划、包庇他人的兴奋剂违规、企图违规或违反条款10.14.1的行为,或者实施任何其他类型的故意共谋或企图共谋。

2.10 运动员或其他当事人禁止合作

2.10.1 禁止反兴奋剂组织管辖下的运动员或其他当事人在职业或与体育相关的范围内与下列运动员辅助人员合作:

2.10.1.1 运动员和其他当事人不得与因兴奋剂违规而被禁赛或因兴奋剂问题构成刑事犯罪或受到职业处罚的教练、体能教练、医生或其他运动员辅助人员合作。禁止合作的类型包括:获得训练、战术、技术、营养或医学建议;获得疗法、治疗或处方;提供任何身体物质以供检测;允许运动员辅助人员作为代理人或代表。禁止合作不需涉及任何形式的补偿。

2.10.1.2 如果该当事人在反兴奋剂组织的管辖下,正处于禁赛期,或者如果该当事人不在反兴奋剂组织的管辖下,并且依照《世界反兴奋剂条例》的规定尚未在结果管理程序中对其实施禁赛,但如果将与《世界反兴奋剂条例》一致的规则适用于该当事人,其已因兴奋剂问题被认定有罪或在刑事、纪律或职业程序中被发现其行为可能构成兴奋剂违规。该当事人被取消资格的期限应当以下列两个期限中较长的一个为准:从有关刑事、职业或纪律处罚决定作出之日起6年,或有关刑事、纪律或职业处罚确定的处罚期。

2.10.1.3 如果该当事人作为条款2.10.1.1或2.10.1.2中所述人员的联系人或中间人。

……

2.11 运动员或其他当事人阻止或报复向当局举报的行为

2.11.1 任何威胁或企图恐吓他人的行为,目的是阻止其向WADA、反兴奋剂组织、执

法机构、监管机构或职业纪律机构、听证机构或为 WADA 或反兴奋剂组织开展调查的人员,善意举报与涉嫌兴奋剂违规或涉嫌不遵守《世界反兴奋剂条例》的行为有关的信息。

2.11.2　对向 WADA、反兴奋剂组织、执法机构、监管机构或职业纪律机构、听证机构或为 WADA 或反兴奋剂组织开展调查的人员,善意提供与涉嫌兴奋剂违规或涉嫌不遵守《世界反兴奋剂条例》的行为相关的证据或信息的人员进行打击报复。就条款 2.11 而言,报复、威胁和恐吓包括因缺乏善意或做出不适当反应而针对该举报人采取的行为。

(三)兴奋剂检查制度

兴奋剂的检查与检测是反兴奋剂法律的重要制度,自 20 世纪 90 年代初开始,我国在全国范围内实施了统一的兴奋剂检查计划,实行严格的检查制度,逐年提高检查数量和质量。根据我国《体育法》《反兴奋剂条例》《反兴奋剂管理办法》等体育法律法规规章,我国目前已经建立起严格、规范、有序的兴奋剂检查制度。

1. 检查机构及其检查队伍

(1)国务院体育主管部门是兴奋剂检查和检测的实施机构,具体由中国反兴奋剂中心实施。国务院体育主管部门应当制定兴奋剂检查规则和兴奋剂检查计划并组织实施。国家反兴奋剂机构负责确定兴奋剂检查程序和标准,管理兴奋剂检查工作人员,组织实施兴奋剂检查,指导和监督委托兴奋剂检查的开展等各项工作。

(2)兴奋剂检查官是指国家体育总局反兴奋剂中心授权的、负责执行样本采集等活动的技术官员。国家体育总局反兴奋剂中心负责检察官的管理,包括招募、培训、派遣、监督、考核、资格认证、级别评定和奖惩工作。

2. 检查方式

兴奋剂检查方式在国际上一般有赛内检查和赛外检查,我国《反兴奋剂条例》对上述两种检查方式都进行了规定。第 32 条规定:国务院体育主管部门应当根据兴奋剂检查计划,决定对全国性体育竞赛的参赛运动员实施赛内兴奋剂检查;并可以决定对省级体育竞赛的参赛运动员实施赛内兴奋剂检查。其他体育竞赛需要进行赛内兴奋剂检查的,由竞赛组织者决定。第 33 条规定:国务院体育主管部门应当根据兴奋剂检查计划,决定对在全国性体育社会团体注册的运动员实施赛外兴奋剂检查。

3. 检查种类

根据《反兴奋剂管理办法》第 19 条的规定,兴奋剂检查包括:(1)列入国家年度兴奋剂检查计划的检查;(2)经国家反兴奋剂机构批准或者同意的委托检查;(3)国家体育总局指定或者授权开展的其他检查。

4. 检查行为规定

在规定兴奋剂检查机构的同时,我国《反兴奋剂条例》同时对反兴奋剂检查人员的检查行为进行了规定,以保证兴奋剂检查依法、规范、有序。第 34 条规定:兴奋剂检查工作人员应当按照兴奋剂检查规则实施兴奋剂检查。第 35 条规定:实施兴奋剂检查,应当有 2 名以上检查人员参加。检查人员履行兴奋剂检查职责时,应当出示兴奋剂检查证件;向运动员采集受检样本时,还应当出示按照兴奋剂检查规则签发的一次性兴奋剂检查授权书。检查人员履行兴奋剂检查职责时,有权进入体育训练场所、体育竞赛场所和运动员驻地。有关单位和人员应当对检查人员履行兴奋剂检查职责予以配合,不得拒绝、阻挠。

5. 兴奋剂检测

《反兴奋剂条例》第36条规定:受检样本由国务院体育主管部门确定的符合兴奋剂检测条件的检测机构检测。兴奋剂检测机构及其工作人员,应当按照兴奋剂检查规则规定的范围和标准对受检样本进行检测。《反兴奋剂管理办法》第25条规定:国家体育总局确定符合兴奋剂检测国际标准条件和资质的兴奋剂检测实验室,所有受检样本应当送到具备兴奋剂检测资质的实验室进行检测。不具备兴奋剂检测资质的单位和个人不得实施任何形式的兴奋剂检测。第26条规定:国家反兴奋剂机构应当制定受检样本的保存标准,国家反兴奋剂机构有权对受检样本进一步检测。

(四)兴奋剂处罚制度

对于已经发生的兴奋剂违规行为则要进行相应的处罚。兴奋剂处罚的种类主要包括体育类处罚、行政类处罚、经济性处罚和刑事处罚。根据《体育法》《反兴奋剂条例》的相关规定,我国建立了兴奋剂处罚制度。对违反法律法规的行为,行为人主要承担的法律责任有行政责任、民事责任、刑事责任。另外,行为人还要承担体育组织根据自治规则进行的体育纪律处罚责任。

1. 体育类处罚

兴奋剂违规行为的体育类处罚主要包括取消比赛成绩、禁赛、停赛等。

《反兴奋剂条例》第46条规定:运动员违反本条例规定的,由有关体育社会团体、运动员管理单位、竞赛组织者作出取消参赛资格、取消比赛成绩或者禁赛的处理。《反兴奋剂管理办法》第29条规定:发生兴奋剂违规,由全国性体育社会团体等有关单位依据《反兴奋剂规则》及其章程对运动员和辅助人员作出取消比赛成绩和参赛资格、停赛、禁赛等处理,对相关运动员管理单位作出警告、停赛、取消参赛资格等处理。委托检查中发生的兴奋剂违规,由兴奋剂检查委托方和相关单位作出处理决定。

2. 民事法律责任

《反兴奋剂条例》第39、40条规定了民事责任。民事责任的承担主体是体育社会团体、运动员管理单位和运动员辅助人员。民事责任的受害方是运动员。责任方承担的民事责任的原因包括:一是体育社会团体、运动员管理单位向运动员提供兴奋剂或者组织、强迫、欺骗运动员在体育运动中使用兴奋剂的,造成运动员人身损害的,依法承担民事赔偿责任。二是运动员辅助人员组织、强迫、欺骗、教唆运动员在体育运动中使用兴奋剂的,造成运动员人身损害的,依法承担民事赔偿责任。

3. 行政法律责任

《反兴奋剂条例》第37条规定,体育主管部门和其他行政机关及其工作人员不履行职责,或者包庇、纵容非法使用、提供兴奋剂,或者有其他违反本条例行为的,对负有责任的主管人员和其他直接责任人员,依法给予行政处分。《反兴奋剂管理办法》第41条规定:运动员禁赛期间违规参赛的,或者退役运动员违规参赛的,或者有其他不执行处理决定行为的,应责令停止违规行为;由体育主管部门给予运动员管理单位、负有责任的国家或者地方运动项目管理单位通报批评,给予负有责任的公职人员处分。第43条规定:违规实施兴奋剂检查、检测的,应责令停止兴奋剂检查或者检测;由体育主管部门给予相关单位通报批评,取消该单位体育系统重点实验室资质和体育系统科研项目承担资质,给予负有责任的公职人员处分。承担违反兴奋剂行政法律责任的主体既包括体育行政部门、体育协会等组织,又包括运动员及其辅助人员等自然人。

4. 刑事法律责任

刑事责任是指行为人因其犯罪行为必须承受的,由司法机关代表国家所确定的否定性法律后果。刑事责任是一种最为严厉的法律责任。《反兴奋剂条例》第 39 条规定:体育社会团体、运动员管理单位向运动员提供兴奋剂或者组织、强迫、欺骗运动员在体育运动中使用兴奋剂的,情节严重的,构成犯罪的,依法追究刑事责任。《刑法修正案(十一)》第 44 条规定,引诱、教唆、欺骗运动员使用兴奋剂参加国内、国际重大体育竞赛,或者明知运动员参加上述竞赛而向其提供兴奋剂,情节严重的,处三年以下有期徒刑或者拘役,并处罚金。组织、强迫运动员使用兴奋剂参加国内、国际重大体育竞赛的,依照前款的规定从重处罚。

(五)反兴奋剂宣传教育制度

对兴奋剂违规行为进行惩处只是反兴奋剂斗争的手段而不是目的,反兴奋剂斗争的目的是在体育活动中不使用兴奋剂,实现纯洁体育。我国自展开反兴奋剂工作以来,注重兴奋剂教育,"坚持教育为主、预防为本,提高运动员及其辅助人员自觉抵制使用兴奋剂的能力,预防兴奋剂违规行为的发生"。[9] 因此,反兴奋剂法律对反兴奋剂教育也进行了明确规定。

1. 各主体共同进行反兴奋剂教育制度

对于反兴奋剂教育,我国的《反兴奋剂条例》没有以专章的形式进行规定,而是主要见于第一章"总则"和第三章"反兴奋剂义务"当中。《反兴奋剂条例》第 5 条规定了兴奋剂宣传教育的主管机构和宣传机构:"县级以上人民政府体育主管部门,应当加强反兴奋剂宣传、教育工作,提高体育运动参加者和公众的反兴奋剂意识。广播电台、电视台、报刊媒体以及互联网信息服务提供者应当开展反兴奋剂的宣传。"第三章"反兴奋剂义务"第 18、23、29 条分别规定了体育社团、运动员管理单位、运动员辅助人员以及中等以上教育的学校和其他教育机构的教育义务和职责。如第 18 条规定:实施运动员注册管理的体育社会团体应当加强对在本体育社会团体注册的运动员和教练、领队、队医等运动员辅助人员的监督管理和反兴奋剂的教育、培训。运动员管理单位应当加强对其所属的运动员和运动员辅助人员的监督管理和反兴奋剂的教育、培训。第 23 条规定:运动员辅助人员应当教育、提示运动员不得使用兴奋剂,并向运动员提供有关反兴奋剂规则的咨询。第 29 条规定:实施中等及中等以上教育的学校和其他教育机构应当加强反兴奋剂教育,提高学生的反兴奋剂意识,并采取措施防止在学校体育活动中使用兴奋剂;发现学生使用兴奋剂,应当予以制止。体育专业教育应当包括反兴奋剂的教学内容。

体育运动参加者和公众都能正确、全面认识到兴奋剂的危害,掌握反兴奋剂的知识和

---

[9] 体育总局:《对兴奋剂零容忍以身试法者将严惩》,载 http://news.qq.com/a//20091018/htm。

能力,维护公平竞赛的体育道德。《反兴奋剂管理办法》规定,由国家反兴奋剂机构负责制定反兴奋剂教育考试细则并组织实施,并且高等体育院校和体育运动学校应当开设反兴奋剂教育课程或讲座,各级人民政府体育主管部门、国家反兴奋剂机构、全国性体育社会团体、国家运动项目管理单位、运动员管理单位、全国综合性运动会组织机构应当开展对运动员和辅助人员的反兴奋剂宣传教育,提高体育运动参加者和公众的反兴奋剂意识。

2. 形成反兴奋剂教育考试制度

国家体育总局负责建立反兴奋剂教育考试制度,国家反兴奋剂机构负责制定反兴奋剂教育考试细则并组织实施。地方各级体育行政部门、全国性体育社会团体、国家运动项目管理单位、运动员管理单位负责实施反兴奋剂教育考试制度,并将其作为运动员和辅助人员入队入职、注册和参赛的必要条件。

3. 通过举办培训班的形式加强兴奋剂的宣传和教育

2018 年 6 月中国反兴奋剂教育平台全新上线,即新的反兴奋剂线上教育系统——“中国反兴奋剂教育平台”(CADEP)。这一平台由反兴奋剂中心与中国科学院合作开发,不仅可以实现线上反兴奋剂教育和考试,还能通过采集、分析所有运动员历次反兴奋剂教育、考试数据,有针对性地改进教育计划。

(六)兴奋剂纠纷解决机制

在我国,有关兴奋剂的纠纷可以通过国家体育总局反兴奋剂中心进行听证、向国内体育仲裁机构申请仲裁、向国际体育仲裁员申请仲裁、行会内部处理、诉讼渠道等解决。2022 年修订的《体育法》增设了体育仲裁,即《体育法》第 92 条规定:当事人可以根据仲裁协议、体育组织章程、体育赛事规则等,对下列纠纷申请体育仲裁:(1)对体育社会组织、运动员管理单位、体育赛事活动组织者按照兴奋剂管理或者其他管理规定作出的取消参赛资格、取消比赛成绩、禁赛等处理决定不服发生的纠纷;(2)因运动员注册、交流发生的纠纷;(3)在竞技体育活动中发生的其他纠纷。运动员对因兴奋剂违规行为受到的处罚,可以根据《体育法》的规定提起体育仲裁。《反兴奋剂条例》也规定了体育仲裁的解决机制,即第 46 条规定,运动员违反本条例规定的,由有关体育社会团体、运动员管理单位、竞赛组织者作出取消参赛资格、取消比赛成绩或者禁赛的处理。运动员因受到前款规定的处理不服的,可以向体育仲裁机构申请仲裁。可以说,随着 2022 年《体育法》实施,体育仲裁机构建立,运动员对体育行政部门的兴奋剂违规处罚不服的可以申请体育仲裁,进而更加有利于保护自己的合法权益。

听证是解决兴奋剂相关争议最为常见的方式和渠道,下面重点介绍听证的相关制度。为了解决兴奋剂相关的争议,依照《反兴奋剂规则》和《结果管理国际标准》的有关规定,中国反兴奋剂中心制定了《兴奋剂违规听证实施细则》,作为与《反兴奋剂规则》配套的制度性文件,补充、细化《反兴奋剂规则》关于听证的相关规定,进一步优化、完善兴奋剂违规听证制度。

1. 听证概念

根据《兴奋剂违规听证实施细则》第 2 条规定,听证是指国家体育总局反兴奋剂中心依当事人、利害关系人申请或者依职权组织的,就涉嫌兴奋剂违规听取当事人、利害关系人陈述、申辩和其他听证参加人意见,核实判定有关事实和法律问题的活动。

2. 听证的适用范围

根据《兴奋剂违规听证实施细则》第3条"适用范围"规定,国家体育总局授权实施的或者省级体育主管部门、全国性体育社会团体和其他体育社会团体等委托反兴奋剂中心实施的兴奋剂检查或调查中发生检测结果阳性或其他兴奋剂违规,在调查、处理过程中需要组织听证的,适用本细则。第5条"举行听证"规定,当事人、利害关系人对兴奋剂检测结果或其他兴奋剂违规的指控有异议,或者要求对其涉嫌兴奋剂违规作出陈述、申辩,提交书面听证申请的,应当举行听证。当事人、利害关系人未提交听证申请,反兴奋剂中心认为确有必要的,可以举行听证。涉及国际赛事或国际级运动员,由国际体育组织或其他相关方负责结果管理的案件,反兴奋剂中心可以受国际体育组织或其他相关方委托举行听证。反兴奋剂中心负责结果管理的国际级、国家级运动员或其他当事人的兴奋剂违规,征得当事人本人、反兴奋剂中心、世界反兴奋剂机构一致同意后,可以直接在国际体育仲裁院举行听证。

3. 关于听证委员会

根据《兴奋剂违规听证实施细则》第6条"听证委员会"规定,反兴奋剂中心负责成立听证委员会。听证委员会委员由法律、体育、医学、反兴奋剂和其他科学领域的专家担任,人数不少于10人,每届任期4年。

听证委员会委员应当符合下列条件:(1)具有良好道德水准和职业操守;(2)熟悉反兴奋剂法律法规和有关规定;(3)在各自的专业领域具备与反兴奋剂有关的专业知识。体育主管部门、中国奥委会、反兴奋剂中心的工作人员,以及任何参与案件前期调查处理的人员不担任听证委员会委员,不参与听证会结论的作出。听证委员会应当独立、专业、公正、高效地履行职责。反兴奋剂中心为听证委员会履行职责提供支持和保障,并尊重其运行独立性。

4. 听证会的程序

《兴奋剂违规听证实施细则》第26条规定了听证会的程序,即听证会一般按照下列步骤进行:(1)听证主持人核验听证参加人的身份信息、授权委托书等证明材料;(2)听证主持人宣读听证事由,听证主持人、听证员、记录员和听证参加人名单,听证会程序和纪律等,宣布听证会开始;(3)反兴奋剂中心代表陈述指控当事人兴奋剂违规的事实、证据、法律依据,对有关问题作出解释说明,提出意见和建议;(4)当事人、利害关系人及其委托代理人进行陈述,对被指控兴奋剂违规的事实、证据及有关问题进行申辩;(5)如有必要,其他相关方代表进行陈述;(6)各方出示需要在听证会上出示的重要证据,相互质证,并依次询问证人;(7)听证员就有关问题进行询问;如有必要,可以分开询问听证参加人;(8)反兴奋剂中心代表就有关问题进行询问;如有必要,各方可以就听证所涉及的事实、证据、法律依据等问题相互询问和辩论;(9)听证主持人征询反兴奋剂中心代表、当事人、利害关系人及其他听证参加人的最后意见;(10)听证主持人宣布听证会结束。

思考题

1. 谈一谈对竞技体育法律地位的认识。
2. 竞技体育的基本法律制度有哪些？
3. 竞技体育中运动员、教练员、裁判员的权利义务有哪些？
4. 兴奋剂违规行为有哪些？

第九章　体育组织法律制度

第一节　体育组织概述

一、体育组织概念与特征

(一)体育组织的概念

1.组织和社会组织

组织溯源于人类结社行为,结社即人们组成团体,是人类发展群聚行为的体现。最早的关于人们组织的记载可以追溯至春秋时期的荀子,荀子在《荀子·王制》中讲道,"曰:人能群,彼不能群也。人何以能群?曰:分。分何以能行?曰:义。……"到后来,倡导结社自由发展为表现人类社会进步,也体现了政府人本主义治理施政理念的体现。法国著名思想家托克维尔在《论美国的民主》中提出:"结社自由是仅次于自己活动自由的最自然的自由。"结社行为凸显了人类以自然性、伦理性的特征形成社团,以自愿性、平等性为特征加入社团,再到以自愿性、法律性为特征运转社团,最终发展到以外部性、延伸性为特征组织活动,彰显结社行为对人类各类社会活动发展的组织和聚集作用。结社行为受到政治结盟、社会发展、生活状况以及公民素质等多种因素的影响,其最终目的是人民对美好生活的向往。

基于结社行为演化及不同国家或地区政党管理体制等影响,由一定目的、任务和形式加以编制起来不同性质、属性、层级、特征和服务内容的组织而形成的社会有机结合体,使组织已成为现代社会最突出的特征。组织发展至今几乎渗透到大众社会生活各方面,成为现代社会中的纽带。组织是指为了满足一定的社会需要与个人需要,达到某种特定的目标,而将社会行为彼此协调一致的社会团体。组织具有集团性、社会性与目标制约性。组织是由两个或两个以上的成员构成,一个人无法形成组织;组织是社会的组织,它是人和社会关系的中介,人与社会的关系往往体现在人与组织的关系之中;组织是人的组织,作为其成员可以在组织内实现自身的需要,但同时又必须服从受制于组织的目标。

在我国,组织指广义的社会组织。党的十九大提出新时代全面深化改革整体框架,明确指出发挥社会组织优势,实现政府治理、社会调节和居民自治之间的良性互动。从历史的视角,社会组织就是社会转型过程中由各个不同社会阶层的公民自发成立的,在一定程度上具有非营利性、非政府性和社会学特征的各种组织形式及其网络形态。这些组织通常包括各种冠以"学会""研究会""协会""商会""促进会""联合会""联盟""俱乐部"等名称的会员制组织,以及包括基金会和各种民办的学校、医院、文化设施及社会福利设施等各类社会服务实体在内的非会员制组织。[1] 社会组织有狭义社会组织和广义社会组织之分。狭义社会组织即一般而言的民间组织,主要是根据现行法规在各级民政部门登记注册的社会团体、基金会和民办非企业单位,以及并未在民政部门登记而主要在各级工商联体系中登记注册的以企业家为主体的会员制的协会组织。广义的社会组织涵盖社区基层组织、农村专业协会、工商注册非营利组织、境外在华组织,以及人民团体、事业单位和社会企业。社区基层组织指由城乡居民自发成立,主要在社区范围内开展活动的各种基层社会组织,是当前发展较快的组织。

2. 体育组织

体育组织(Sports Organization)是指一定的人员按照一定的程序,在一定的期限内,为了实现一定的体育目标而组成的合作性统一体。体育组织是管理体育事务的主体和实施体育管理的核心,现已成为全球或国家(地区)体育管理中的实践主体。体育组织是以参与体育活动为共同目标使人群聚集的一种社会现象。西方体育社会学家阿伦古特曼认为:"有组织的体育促使现代体育具有平等竞争机会(equality of opportunity to competition)、专门化(specialization)、理性化(rationalization)、科层化(bureaucratic organization)和量化(qualification)特征。"[2]随着人类文明程度提升,体育已由游戏起源演变成为人类社会有组织的社会活动。有组织的体育运动促使体育由非正式运动走向正式运动。体育组织属于社会组织分类中文化组织的范畴,是承载体育社会活动的基本单位。体育组织的类型、特征和作用受到不同国家(地区)、运动项目、制度体系、时代背景、人群特征等因素的影响。

体育作为关系国计民生的重要领域,在我国现代化进程中也呈现出前所未有的变化。体育组织发挥的作用日益突出,成为简政放权、参与基层治理、助力国民体质提升、促进我国体育事业多元化发展的重要力量。从"管理主义"向"体育治理"的转变中,在建设体育强国的背景下,以多元化、多样化、多层次体育需求为驱动,竞技体育、青少年体育、全民健身和体育产业等一系列任务促使我国构建多元化体育组织成为体育发展所需,不同类型体育组织以国家法律法规为规制,以发挥自身特色,构成支撑国家体育治理体系的主体。

《体育法》第61条规定:"国家鼓励、支持体育组织依照法律法规和规章开展体育活动,推动体育事业发展。国家鼓励体育组织积极参加国际体育交流合作,参与国际体育运动规则的制定。"新时代背景下,各级体育组织的主要工作职责是:一是承接政府职能转移,加强体育行业(项目)标准化管理和事务性管理工作;二是做好普及推广工作,广泛团结体育爱好者,积极参与全民健身活动,以专业性、规范化技能,指导服务群众科学健身,推动运动项目普及推广;三是组织开展丰富多彩的健身活动和健身赛事,加强科学健身指导,增强体育公共服务供给,满足人民群众日益增长的多样化健身需求,引导群众消费,提高人民群众的获得感和幸福感;四是积极培养体育后备人才,组织和举办高水平体育管理人才和专业技术人才业务培训,提升教练员、裁判员和社会体育指导员队伍的专业水平,助推建立选拔人

---

〔1〕 王名:《社会组织论纲》,社会科学文献出版社2013年版,第15页。

〔2〕 [美]阿伦·古特曼:《从仪式到记录:现代体育的本质》,花勇民、钟小鑫、蔡芳乐编译,北京体育大学出版社2012年版。

才、培养人才、输送人才的机制;五是主动参与社会治理,向社会传递正能量。致力推广体育文化,挖掘与凝练特色体育项目文化,将体育文化充分融入赛事活动,以个性化制作、可视化呈现、互动化传播等方式推广体育文化,弘扬中华体育精神。

(二)体育组织的特征

1. 组织性。组织性指体育组织的发展有着严密的组织保障。在体育组织中,组织性主要体现在以下方面:一是有正式的组织机构和管理体制。体育组织的成立与发展,需要得到相关主管部门的批准和业务部门的指导。二是有组织章程和管理规范以及固定的工作人员。三是工作人员有明确的角色和分工,确保组织成员的行为与组织目标相符合。四是成员之间有交往体系,体现不同成员之间的相互从属关系。五是有目标准则,用于评估和检查组织的成果和组织中个体的活动成果。

2. 自治性。自治性是指体育组织具有独立的决策、活动以及自律能力。主要体现在:一是体育组织在法律规定的范围内,可自由决策、自主安排开展各种体育活动。二是体育组织的活动不受营利机构的控制。任何营利机构不得利用经济制裁等手段阻挠体育组织发展。三是体育组织的财务和人员具有相对独立性,应具有健全的财务机构、组织团队,负责组织的日常工作运转。

3. 自愿性。体育组织的自愿性主要体现在三个方面:一是组织成员的自愿性。体育组织的成立基于成员自愿加入组织,资源尤其是资金来源相当一部分是基于自愿性的捐赠。二是活动的自愿性。体育组织活动是开放式、网络式、扁平化的群众自愿组织自发开展的。三是服务的自愿性。体育组织提供公共服务是基于志愿精神,不以取得回报或谋取私利为目的。

4. 服务性。体育组织虽不是公共权力机构,但可以为政府、企业、事业单位以及公民个人等提供体育相关的信息、政策、法律等服务,依靠提供公共体育服务来获得社会的认可。主要体现在:一是沟通。在政府与社会、社会与公众之间架起沟通的桥梁,更加准确、高效、及时地传递信息。二是协调。调节政府与社会、社会与公民以及社会群体之间、群众之间的各种关系,缓和矛盾、减少冲突、求同存异,最终实现体育发展。三是监督与导向。从一定程度上讲,体育组织为体育行政部门政策和决策提供导向,监督政府更好地服务群众体育需求。

二、我国体育组织法律制度的发展

中华人民共和国成立以来,特别是改革开放以来,我国法律法规中与“社会团体”相关的词主要有中介组织、社会团体、民间组织和社会组织等,这些名称移植于体育即为体育中介组织、体育社会团体、体育社会组织、体育组织等。

在法律层面,体育组织相关概念随着时代的发展变化也在进一步发展完善。1993 年 11 月 14 日党的十四届三中全会通过的《中共中央关于建立社会主义市场经济体制若干问题的决定》中提出:“中介组织要依法通过资格认定,依据市场规则,建立自律性运行机制,承担相应的法律和经济责任,并接受政府有关部门的管理和监督。”其中用的是“中介组织”。1995 年《体育法》在第五章规定了“体育社会团体”,并在第 36 条规定:“国家鼓励、支持体育社会团体按照其章程，组织和开展体育活动，推动体育事业的发展。”1998 年 10 月 25 日国务院令第250 号发布，2016 年2 月6 日国务院令第666 号国务院《关于修改部分行政法规的决定》修订的《社会团体登记管理条例》采用“社会团体”一词，明确规定：“本条例所称社会团体，是指中国公民自愿组成，为实现会员共同意愿，按照其章程开展活动的非营利性社会组织。国家机关以外的组织可以作为单位会员加入社会团体。”

2013 年《国务院机构改革和职能转变方案》提出：“基本形成政社分开、权责明确、依法自治的现代社会组织体制。”2014 年 10 月 23 日党的十八届四中全会通过的《中共中央关于全面推进依法治国若干重大问题的决定》在“推进多层次多领域依法治理”部分提出：“发挥人民团体和社会组织在法治社会建设中的积极作用。”2016 年中共中央办公厅、国务院办公厅印发《关于改革社会组织管理制度促进社会组织健康有序发展的意见》中指出：“以社会团体、基金会和社会服务机构为主体组成的社会组织，是我国社会主义现代化建设的重要力量。”这些规定明确使用“社会组织”一词，其覆盖范围正朝着纵深及宽泛两个维度发展。《民法典》第 90 条规定：“具备法人条件，基于会员共同意愿，为公益目的或者会员共同利益等非营利目的设立的社会团体，经依法登记成立，取得社会团体法人资格；依法不需要办理法人登记的，从成立之日起，具有社会团体法人资格。”至此，学界及实践部门对“体育社会团体”的认识达成了三点共识：一是具有非营利性的法律属性；二是具有独立的法律地位；三是与政府、企业、社会之间存在多向互动关系。

“体育社会组织”的覆盖范围主要被限定为“法人”组织，不包括“学校体育中的组织”及企事业单位内部自愿组织设立的体育组织，更不包括社会上未经依法登记的体育组织。随着我国体育治理向基层社区的赋能下沉，源于居民满足自身发展需求的内在动力，基于公民体育意识的觉醒并有组织地参与其中的民间体育组织大量出现。这些体育组织是指由群众自发组织、自我管理，以在基层组织开展体育活动、满足群众体育锻炼需求为主要目标的体育组织，在全民健身中具有便捷性、机动性、灵活性等优势。大量民间体育组织并不满足“依法登记成立”的要求，正广泛参与体育事业运行，并成为推动我国体育事业发展的重要力量。

“体育组织”的内涵与外延明显大于“体育社会团体”和“体育社会组织”，而随着我国体育管理体制和运行机制改革不断深入，我们需要对更大范围的体育领域的组织进行规制。依据未来我国体育事业发展趋势，“体育组织”更符合国家政策导向与社会发展要求。从体育全球化角度看，“体育组织”更符合国际体育界对举办和发展体育活动主体的习惯之称谓。从相关座谈调研及问卷调查情况看，对采用“体育社会组织”“体育组织”为章名持赞成态度的占比为 37.66% 和 41.39%，具有一定的社会基础。[3] 体育组织已成为推动体育事业发展的重要力量，其法律定位及职责权限与体育管理体制改革和政府职能转变密切相关。《体育法》第六章名称确定为“体育组织”，覆盖面更宽泛，更契合我国对体育社会发展的期许，是最优选择，《体育法》规定为体育组织的健康发展提供了法治保障。

---

[3] 谭小勇、李烨欣：《从“体育社团”到“体育组织”》，载 https://www.shupl.edu.cn/2022/0704/c1170a110293/page.htm。

三、体育组织的分类

体育组织根据不同的标准,可作如下分类:

1. 体育组织根据其性质,可以分为政治性体育组织、营利性体育组织和非营利性体育组织。

政治性体育组织主要指体育行政组织,即具有典型行政管理职能的体育职能部门。政治性体育组织主要发挥政府主导体育公共事务的职能,围绕体育战略管理、体育公共政策、全球体育治理、体育管理体制、体育财政管理等内容,其作用主要体现在政府治理职能的体育监督评价和绩效评估等应用与体育组织管理实践之中。

营利性体育组织主要是指体育企业,是自主经营、独立核算、自负盈亏、具有独立法人资格的体育组织。营利性体育组织主要以体育市场化、商业化为目标,发挥市场在体育经济领域配置中的决定性作用。工作内容围绕体育产业政策、体育市场行为、体育产业经济、体育市场绩效、体育人力资源以及职业体育组织和体育企业治理等开展活动。

非营利性体育组织也称为体育社会组织,该类组织是当前体育组织形态中种类最多、规模最大且最为活跃的组织,在动员社会资源、激发社会活力、服务社会大众、促进身心健康等方面发挥着重要作用。随着政府公共治理和体育事业深化改革的发展,我国体育社会组织也由出生萌芽期发展到规模逐步提升、功能明显彰显,尤其是在全民健身、青少年体育等事业中的作用更加明显。非营利性体育组织改革的目标将是构建不同类型、不同区域、不同层级的体育社会组织以满足大众多元化、多样性、多层次、多目标的体育需求。

2. 以不同体育需求为导向的体育参与人群来划分,体育组织还可以分为竞技体育组织、职业体育组织、群众体育组织、青少年体育组织。

竞技体育组织。受不同的国家体育管理体制的影响,竞技体育组织主体也不同,如美国竞技体育组织是典型的社会化、市场化体育组织,以此为依托开展竞技体育训练、竞赛和管理事务。我国是以国家体育行政组织为引导的各级各类体校和省市体育专业队为依托开展竞技体育训练、竞赛和管理事务,全国性奥运单项体育组织、体育运动学校、高等院校高水平运动队等是竞技体育组织的核心组织。

职业体育组织。随着体育全球化、商业化及大众对高水平体育竞赛和表演需求不断增长,形成了以赋予体育项目市场价值和商业化运作为特征的职业体育联盟。职业体育组织凭借其高度商业化、文化多元化、利益最大化等特征,已发展成为当今最受大众青睐的一种体育组织形态。

群众体育组织。社会化是体育发展的必然趋势,组织化是体育社会化过程中的主要助推力。体育组织最初的形态就是将参与活动的人们聚集在一起,从其体育人群参与水平角度分析,其具有业余性特征,我国群众体育组织也有社区体育组织、行业性体育组织、虚拟体育组织、体育自组织等不同分类。

青少年体育组织。青少年体育组织具有教育性、服务性、非营利性特点。青少年参与体育活动为其终身体育奠定基础,处于发育阶段的青少年处于身体机能的敏感期,通过出台青少年体育发展规划等政策,激发其参与体育运动的激情,尤其可以培育出各种不同类型、层级和运动项目的青少年体育组织，如全国或地区青少年体育联合会、传统体育项目学校、户外运动营地、青少年体育后备人才基地、青少年体育培训机构等。

3. 按照体育组织的法律地位为标准，可以分为法人登记体育组织和备案登记体育组织。

法人登记的体育组织。《民法典》第90条规定："具备法人条件……为公益目的或者会员共同利益等非营利目的设立的社会团体，经依法登记成立，取得社会团体法人资格……"登记的体育组织主要有：体育社会团体、体育类民办非企业单位、体育基金会等。

备案登记的体育组织。备案登记的体育组织主要指的是城乡体育组织，这些组织是在自愿的基础上，由民众自发组织，自我管理，以在社会基层组织和开展体育活动，满足普通民众体育需求为主要目标。

四、体育组织的功能

我国体育组织对于满足人们个性化、多元化、专业化体育诉求，联结各区域、各阶层人们从事体育运动，推动我国体育各业态协调发展，推进体育社会组织治理体系和治理能力现代化，实现体育事业健康发展发挥着重要作用。体育组织的功能主要体现在以下方面：

第一，提高国家的国际地位。体育组织能够将个人力量集合在一起，利用集体的力量实现既定的组织目标，进而推动社会体育事业的迅速发展。通过体育组织推动国家体育力量建设，在我国建设体育强国的道路上贡献自己的力量。

第二，为组织成员提供更好的体育服务和专业指导，使组织成员的利益得到维护，促进组织成员自身的不断发展。体育组织发展的基本前提就是人们的体育需求，通过体育组织维护自己的合法权益，并使自己的体育知识得到增长，体育技能得到发展，进而获取社会的承认，实现自我提高的最终目的。

第三，满足人们对体育的多样化需求。体育组织很好地满足了人们在提高运动水平、休闲娱乐、强身健体，以及增长体育知识等多方面的体育需求，只有更好地满足人们的体育需求，才能吸引更多有体育需求的人们参与到体育组织中，进而推动体育组织的合理有序的发展。

第四，推动我国经济的发展。体育组织是根据人们的体育需求建立的，不仅可以为体育需求者提供良好的体育服务，推动体育活动更加健康地发展，还可以在发展过程中合理引导体育运动者的体育消费，进而催生出一个或几个新的体育经济增长点，带动我国经济的发展。

第五，提升国家文明水平。体育组织具有共同的组织目标，这是其存在和发展的关键，而要想实现体育组织的目的，就需要组织成员的共同劳动，这就需要组织成员具备良好的团结协作精神，在讲求独立性的现代社会中，体育组织通过有效的组织管理，进而达到提升国家精神文明的目的。

第二节　体育组织的法治化进程

由于体育组织发展的不平衡和法律地位不足,体育组织的发展主要表现为法律制度的缺失和不足,体育组织的发展过程也是体育法治的完善过程。

我国的体育组织从宋代开始就有了较大的发展,如当时的武术社团“角抵社”“英略社”“锦标社”等声势十分浩大。到了近代,随着西方竞技体育的传入,体育社团大量涌现,著名的有大通体育会、南华体育会、松口体育会、精武体育会、中华武士会、北京体育竞进会、中华全国体育协进会、上海游泳体育会等。在革命根据地有列宁体育会、赤色体育会、延安体育会、延安新体育学会等,有效地组织了革命战争时期的军民体育活动。中华人民共和国成立后,体育组织的发展可以分为以下几个时期。

一、创建期(1949～1978年)

中华人民共和国成立后,为发展人民体育运动,推动和保障体育组织健康发展,1950年政务院颁布《社会团体登记暂行办法》,确立了社会团体的类别、登记的范围、筹备登记、成立登记的程序、原则、登记事项以及处罚等内容。1951年内务部制定颁发《社会团体登记暂行办法施行细则》,依据此细则,中华人民共和国成立前留存的带有封建、迷信色彩的秘宗会、神武会等体育社会被取缔,原有的体育公益性社团、体育项目协会、体育联谊会、体育学术研究社团组织等进行了依法登记并确立了其法律地位。同时,我国又相继创立一批新的全国性体育组织(如中华全国体育总会)和行业性体育协会(如火车头协会),1964年成立8个全国性体育社团。此后我国体育组织增势平稳发展。

这一时期体育组织在管理体制上高度依附于行政管理体制。计划经济时期政府的全能性和权威性属性,决定着其对各级各类社会组织的人事安排、财政拨款、日常管理、组织活动等几乎所有资源的全民掌控,而民间力量则基本被排除于组织边界之外。这种体制内生的特质决定了此期间体育组织机体只继承着政府的单一基因,其性质和结构表现为典型的“政社同质同构”的官方行政性特征。在形式上,主要以协会形式存在一元性类型。此期间体育组织主要是各级体育协会,类型单一,其功能的发挥使政府政治、社会、文化等各项职能在体育领域的自然延伸,缺失实质意义上的以民间群众为主体构成的自愿性、自治性特性。成员构成方面,主要以政治精英为主体。这个时期的体育组织为各级具有官方性质的体育协会,其成员主要是各级象征(政府)人员即政治精英,由其带领运动员参与各级各类竞技体育比赛,亦由其发动广大人民参与群众体育活动。

以历史的观点来看,在当时较为复杂的政治生态和社会环境下,这种由国家统揽的总体性社会结构具有无可替代的体制合理性和优越性,各级体育组织(主要是体协)“既抓提高,又抓普及”,即既肩负着竞技体育事业发展的重担,又承载着群众体育事业普及的责任。此阶段30年期间,我国竞技体育颇有建树,从国内全运会开始,克服重重阻碍,一步步艰难走向了国际舞台。群众体育方面的职工体育、农村体育也曾掀起几次高潮。体育组织为改革开放前我国“举国体制”下竞技体育的飞跃和群众体育普及做出了时代的贡献。

二、增长期(1978～1989年)

1978年12月召开的十一届三中全会开启了我国改革开放的伟大历史征程,给体育组织的发展带来了机遇。经济发展和社会开放的活跃局面点燃了人们投身社会建设的热情,由此掀起了一波自上而下由体制力量推动的全社会结社高潮,各类由官方内生性社会组织如雨后春笋般纷纷创立。1979年我国新成立全国性社会组织60个,其中体育社团数量达14个,为新中国成立以来我国体育社团数量成立较多的一年。1982年《宪法》第35条规定:“中华人民共和国公民有言论、出版、集会、结社、游行、示威的自由。”公民结社自由的权利,为人们结社活动以及社会组织的发展提供了宪法保障。此后我国社会组织基本在无障碍的自由环境中加速生长,体育组织发展处于平稳发展的趋势,随着体育改革和发展的需要,体育组织数量呈现有起有落的曲线形发展轨迹。截至1989年,我国全国性社团增至1600多个,地方性社团增至20余万个(包括30多家全国性基金会、180多家地方性基金会及170多家全国性行业协会),分别达到改革开放之初的16倍和40倍。

此阶段受我国重返奥运大家庭、备战和参加奥运会,女排从1981年至1986年5次蝉联世界杯和奥运会冠军(又称“五连冠”)的影响和激励,原国家体委和各级体协把工作重点投向了竞技体育领域,群众体育工作则主要由民间成立的体育组织承担。因此,此阶段呈现明显的二元性特征,即官方性各级体育协会和民间性体育组织并立共存。

此期间体育组织的人员结构主要以政治精英和体育精英群体为主体构成。一方面,此期间存在数量众多的由体制推动成立的官方性质的各类各级体育协会,其人员构成主要来自政府部门的政治精英。另一方面,许多具有强烈社会责任感和参与积极性的知识分子和专家也踊跃发起成立各类各级体育社会组织,尤其以学术性社会团体为多。这些体育精英们有着较为深厚的专业素养和社会影响力,具备获取体制内官方支持从而获得组织合法性保障的能力。在他们的助力下,我国民间体育社会组织和群众体育都得到了快速发展。

三、规制期(1990～2002年)

进入20世纪90年代,我国改革开放向纵深推进。1995年7月6日原国家体委制定并实施了《奥运争光计划》推动了我国竞技体育和社会体育的迅速发展,体育组织由此进一步完善并呈现出社会化、市场化的态势。1988年民政部设立管理司专司社会团体和基金会登记管理事务,国务院又先后颁布了《基金会管理办法》(1988年)、《外国商会管理暂行规定》(1989年6月)、《社会团体登记管理条例》(1989年10月),初步确立了我国社会团体“归口登记、双重负责、分级管理”的登记和管理体制。

1990年以民政部《关于清理整顿社会团体的请示》为标志,我国对社会组织进行了一次清理整顿。此次清理整顿,意图改变我国以往“多头审批、多头管理”,实则“乱审批、无管理”的社团治理格局,以行政手段限制、清理关闭一些不利于时代发展环境或不符合相关政策法规的社会组织。我国体育组织数量其后出现较大幅度的减少。1995年6月随着《全民健身计划纲要》的推行,社会体育逐步形成为中央、省、市(地)、区(县)、街道(乡镇)的体育社会团体层次,基本覆盖了全国城乡的广大地区。体育组织类型结构包括体总、人群体协、项目体协、行业体协等。在学校体育中,部分高校已在社团建设上取得了较好效果,尤其是高校中的高水平竞技体育俱乐部,对我国高水平运动员培养模式的转变,产生了积极影响。1996年中共中央办公厅、国务院办公厅《关于加强社会团体和民办非企业单位管理工作的通知》颁布,要求按照"双重负责、从严、统一归口登记"的原则分期分批对所有社会团体普遍进行一次检查、清理、整顿。此次清理整顿造成我国社会团体数量有一次大幅下降。与1996年18.5万家的峰值相比,2001年仅剩12.9万家,减少了将近6万家。两次清理整顿及其相关政策法规的颁布实施,对于我国体育社会组织走上制度化和规范化建设轨道起到了重要的保障作用。1998年10月国务院颁布《社会团体登记管理条例》和《民办非企业单位登记管理暂行条例》,进一步强化了体育组织的双重管理体制。2001年我国又相继发布了《体育类民办非企业单位登记审查与管理暂行办法》和《全国性体育社会团体管理暂行办法》,使国家参与和管控体育社会组织的行政权力得以进一步强化,从而更加固化了我国社会组织双重监管的体制机制。

这一时期,单项运动协会也得到较快发展。我国单项运动协会基本不具有社团属性。从1988年开始原国家体委实行竞技体育管理体制的改革,陆续将足球、武术、登山、棋类等运动项目管理体制进行了协会化改革试点。1993年以后,国家体委加快了单项协会实体化的步伐,先后将41个全国单项运动协会、56个项目转入实体化管理。到1997年年底,共组建了20个运动项目管理中心,承担着68个单项协会的组织工作。主要奥运会竞赛项目都建立了单项体育协会。一些非奥运会项目如登山、摩托车等项目也有了自己的协会组织,一部分已由"名义"性逐步转化为实体,形成依托社会、自主管理、自我发展的机制。在实际运行中,绝大多数协会对运动项目的管理依然是名义上的,项目管理权尤其是奥运会项目管理权主要集中在运动项目管理中心。非奥运会项目协会实体化程度高于奥运会项目协会。20世纪90年代中后期,社会主义市场经济的深度发展为改革提供了动力,由国家体育总局主导的全国性体育协会开启了真正的实体化转型探索。当时主要针对不同项目特点及其市场化程度采用"分类监管"和"(项目)协会+(管理)中心"的管理模式,初步确定对足球、网球、武术等项目协会进行实体化改革,利用市场化机制尝试解决社会组织发展道路上遇到的矛盾和去行政化问题。

此期间我国的体育组织呈现"多元共生、多型并存"的特征。据民政部统计数据,1999年我国各类民办非企业单位已经有6000家,2000年上升至2.3万家,2001年时超过8万家。诞生于民间的未被法律承认的体育社会组织更是难计其数,他们对于组织和发展群众参与体育活动,扩大体育人口规模,传承和创新体育文化发挥了积极作用。此外,始于20世纪80年代的各级基金会此期间也得到了一定程度的发展,如北京围棋基金会(1985年)、中华全国体育基金会(1994年)、杭州市陈伯滔体育发展基金会(1995年)等体育类基金会相继成立,1986年至2000年共成立体育基金会15家。这些体育社会组织的诞生和成长打破了我国体育组织一元独存的状态,呈现体育协会、体育社团与体育民办非企业单位、体育基金会、民间体育社会组织多型并存、多元共生的局面,优化了我国体育组织结构。同时,许多真正来源于社会、生活于民间、成长于市场的体育社会组织已经成长为独立的市场主体，表现出一定的“独立性”和“自治性”特征。

四、稳增期（2003～2016年）

进入21世纪，党和国家提出建设服务型政府的施政方略。截至2002年10月，挂靠在国家体育总局，由体育总局进行业务指导和管理的全国性体育社团共有87个（包括分支社团共计123个），其中包括国家体育总局作为业务主管单位以及由国家体育总局发起成立的全国性体育协会、学会、研究会、联谊会、基金会等体育社团组织。建设服务型政府，离不开社会组织的广泛参与。此阶段政府对社会组织采取积极引导、鼓励发展的态度，为了降低或消除“双重管理体制”的弊端，各地在实践探索基础上陆续出台一系列法规文件，采用直接登记、备案登记等分类管理策略简化登记手续，对未被合法化的社会组织予以承认，使之纳入社会管理范畴。针对不同类型、不同性质的体育组织，采用了“合法化、市场化、实体化”的分类管理策略。对于广泛存在的不合法的体育社团，通过降低门槛进行合法化身份确认；对体育社会组织生成，政府通过建立体育社会组织孵化以后采用直接或间接手段创设，或鼓励企业、个人等社会力量自组自立；在社会组织成长方面，加大人力、物力和财力支持力度，利用市场化机制，通过补贴、减税、购买服务等形式进行资助和扶持。由此，各级各类社会组织迎来百花开放佳期，数量开始稳步回升。此期间新增社会组织数量基本以每年30%的增长率递增。截至2012年年底，全国共有体育社会组织23590个，其中体育社团15060个，体育类民办非企业单位8490个，体育基金会40个。此外全国全民健身活动站点超过25万个，网络体育组织达到80余万个，各级各类青少年体育俱乐部超过6000余个。全国注册培训的公益性社会体育指导员已达141万人，职业社会体育指导员达7万余人。[4] 截至2016年，全国共有体育社会组织47280个，其中体育社会团体35876个、体育基金会335个、体育民办非企业单位11069个，类型结构趋于完善；从层级分布看，国家级96个、省级2394个、地市级14875个、区县级29915个。[5] 民间体育社会组织数量超过百万。[6]

这一时期的发展特点表现为我国对于体育社会组织的管理逐渐走向开放，在完善相关制度、有序规制的基础上，积极引导和促进体育社会组织的发展。此外，体育社会组织类型更趋多元化、社会化和市场化。多元化即体育组织类型更加多样，社会组织的参与人也更趋多元化。社会化即体育组织秉持“自愿、自立、自治”的原则，更多地由社会参与创立、建设和发展。不仅有在政府领域推动体育改革和发展的政治精英，在学术团体、各类媒体为体育改革和发展建言献策、表达意见的知识精英，活跃于市场领域、引领体育产业发展壮大的经济精英，还有许多有着强烈社会责任感、使命感和公益精神，指导和引领城乡社区基层群众体育组织投身于各种贴近人民生活的社会精英，更有积极参与、志愿服务、身体力行的

---

〔4〕刘鹏在2014年6月26日上午开幕的中华全国体育总会第九次全国代表大会上作报告时的介绍，载http://sports.sohu.com/20140626/n401422005.shtml。

〔5〕卢文云：《改革开放40年中国群众体育发展成就与经验》，载《体育文化导刊》2019年第3期。

〔6〕陈丛刊：《体育社会组织监管的价值诉求、多维困境与实现路径——基于社会责任国际标准视角》，载《上海体育学院学报》2017年第4期。

广大普通民众。他们根植于社会,生活于民间,能够深刻理解并积极反映群众体育诉求,对我国体育组织的公益实践、良性发展和社会治理发挥着越来越重要的引领作用。

五、高质量发展期(2017 年至今)

2017 年党的十九大作出"我国经济已由高速增长阶段转向高质量发展阶段"的重要论断,高质量发展已经成为新时代体育组织改革发展的新方向。我国体育组织从高速增长阶段逐渐迈入高质量发展阶段,变现为增速放缓,但其规范性、活跃度以及功能发挥等均得到质的提升。截至 2017 年年底,体育社会组织在全国正式登记的数量增幅达 10.86%,各级类别的体育协会数量也在大幅度增加,全国全民健身站点已达到每万人 3 个。[7]

根据我国民政事业发展统计公报,截至 2020 年年底全国共有社会组织 89.4 万个。[8]体育作为关系国计民生的重要领域也在经历着前所未有的发展变化,体育组织呈现高质量发展的态势,发挥的作用也日益突出,成为简政放权、参与基层治理、助力国民体质提升、促进我国体育事业多元化发展的重要力量。体育法律法规也充分发挥了体育基本法对体育组织依法开展参与体育活动的引导作用,重点加强了体育行业自律,促进了单项体育协会的发展。2019 年 8 月 10 日,国务院办公厅印发了《体育强国建设纲要》,强调到 2035 年形成社会组织健康发展的体育发展新格局。并指出发挥全国性体育社会组织示范作用,推进各级体育总会建设;鼓励社会组织和单项体育协会打造褒奖运动精神的各类荣誉奖励;引导、支持和鼓励体育类社会组织在体育对外交往活动中发挥作用。《体育强国建设纲要》提出 9 大重要工程,其中在"青少年体育发展促进工程"中提出,要构建青少年体育社会组织管理和支持体系。在"体育社会组织建设工程"中提出,要支持符合条件的地区依法成立体育总会;支持符合条件的乡镇(街道)和城乡社区依法建立老年人体育协会、社会体育指导员协会、单项体育协会;支持大中小学、厂矿企业等企事业单位发展各类群众性体育社会组织;稳步推进各级运动项目协会与行政机关脱钩等改革。

随着我国社会治理体系和治理能力现代化的深度推进,基于"强政府"基础之上的"强社会"必将形成,一个真正基于公民社会、法治国家的集自立、自治、多元、全员秉性于一体的体育社会组织将应运而生,健康成长,并进而在未来的体育生活、社会治理和体育强国建设中发挥重要作用。

第三节 主要体育组织的法律规定

一、中华全国体育总会和地方各级体育总会

(一)中华全国体育总会和地方各级体育总会概况

中华全国体育总会(All - China Sports Federation)于 1952 年在北京成立,是中华人民共

---

〔7〕 2017 年中国体育场馆数量达 195.7 万个,参见产业信息网,http://www.chyxx.com。

〔8〕 载 https://images3.mca.gov.cn/www2017/file/202109/1631265147970.pdf。

和国的全国群众性体育组织，是依法成立的非营利性的社团法人。中华全国体育总会的宗旨是遵守国家宪法、法律、法规和各项政策，依据《体育法》，推进《全民健身计划》《奥运争光计划》的实施；联系、团结运动员、教练员、体育工作者、体育爱好者及热心支持体育事业的团体和个人，联系台湾、香港、澳门地区同胞及海外侨胞中的体育界人士，努力发展体育事业，为全面建设小康社会、推进中国特色社会主义服务；同中国奥委会密切合作，为增进世界人民的友谊服务。中华全国体育总会及其活动接受其业务主管单位国家体育总局及社团登记机关中华人民共和国民政部的业务指导和监督管理。中华全国体育总会实行会员制，省、自治区、直辖市体育总会，全国各单项体育运动协会，以及行业系统体育协会可以申请加入中华全国体育总会，作为其单位会员。地方各级体育总会是新时代党和政府团结和联系广大体育工作者，体育社会组织和热心支持体育事业各方人士的桥梁和纽带，是综合性、枢纽型、非营利性的体育组织，受民政、体育部门委托，承担体育社会组织具体业务监管和服务职责。

中华全国体育总会的任务有以下九个方面：(1)宣传和普及群众体育运动，不断增强人民体质，提高全民族整体素质。(2)举办或联合举办全国性、境内国际性比赛和体育活动，进一步提高竞技运动水平，攀登世界体育高峰。(3)大力推进体育改革，对体育事业重大方针政策、发展战略提出建议，为政府决策服务。(4)通过组织体育活动，向广大群众尤其是向运动员、青少年进行爱国主义、集体主义和社会主义教育，培养其奋勇进取、顽强拼搏、团结友爱等优秀品德，树立遵纪守法观念。(5)组织体育理论、运动技术、科研教学等专题调查研究，促进体育科学化。(6)发展体育产业，培育体育市场，开发无形资产，促进体育产业化。(7)加强与全国各体育组织的联系，沟通情况，交流经验，指导工作。(8)开展国际体育交流，发展同国外体育组织和体育工作者的友好往来。(9)对全国性单项体育协会自律性经济处罚收入实行内部收支两条线管理，对总会收入和支出实行“统一核算，统一管理”。

（二）中华全国体育总会和地方各级体育总会在体育组织发展中的作用

《体育法》第62条规定：“中华全国体育总会和地方各级体育总会是团结各类体育组织和体育工作者、体育爱好者的群众性体育组织，应当在发展体育事业中发挥作用。”强调了中华全国体育总会在各级体育总会中的领导地位和核心作用，反映了目前各级体育总会会员以团体会员为基础的状况，并明确了上下级体育总会的关系。《体育强国建设纲要》指出，要“发挥全国性体育社会组织示范作用，推进各级体育总会建设”。中共中央办公厅、国务院办公厅印发《关于构建更高水平的全民健身公共服务体系的意见》，明确“培育一批融入社区的基层体育俱乐部和运动协会”“引导体育社会组织下沉社区组织健身赛事活动”。在社会治理方面，全国体育总会和地方各级体育总会作为“枢纽型”社会组织，横向联动社区、纵向对接协会，可以发挥联系服务、资源整合、沟通协调的桥梁纽带作用，推动体育组织与社会体育协调发展。

体育总会在体育组织发展中起着“领方向”的作用。全国体育总会和地方各级体育总会具备极强的示范性作用，引导体育组织以人民为中心，站稳人民立场，增强社会认同感，将推广普及作为工作目标，带动更多群众“加入一个组织，爱上一项运动”。建立完善供需对接机制，走访社区、街道，了解诉求，听取困难，组织开展“进社区”等下沉式服务。在“15

分钟健身圈”建设、“一老一少”、“亲子”健身服务、体育场馆社会利用等领域,推动体育组织积极参与,提升在社区的影响力。定期开展服务社区优秀协会、星级健身团队、志愿者等评选表彰活动,以点带面,以榜样力量推动体育组织更亲民、更便民、更惠民。

全国体育总会和地方各级体育总会还起着“杠杆”作用。充分发挥资源整合功能,在活动举办、平台建设、品牌宣传等方面通过持续发力,解决体育组织参与范围局限、参与路径补偿、声音传导不强等问题。加强科技赋能,借助社交媒体、预定平台等移动互联网平台和信息化技术,为社区居民体育赛事预约、使用中以及使用后服务,打造一站式服务平台。与主流媒体合作,打造媒体矩阵,将协会动态、赛事讯息、活动计划第一时间传递给社区居民,提高协会认知度。发挥政府购买服务的“杠杆”作用,打造品牌赛事活动,助力项目推广,推动协会发挥壮大。

全国体育总会和地方各级体育总会还具有“服务”功能,实施体育组织发展的“六边工程”。[9] 加强人才队伍建设,发挥社会体育指导员专业优势进行专业指导,不断提升健身咨询、技术讲解、心理调适、紧急处置等实际工作能力。完善沟通协作和工作运行机制,提升社会化、专业化能力。建立信息公开及社会监督举报受理机制,引入第三方财务机制,督促体育组织加强自律,提高服务水平。

二、中国奥林匹克委员会

《体育法》第63条规定,“中国奥林匹克委员会是以发展体育和推动奥林匹克运动为主要任务的体育组织,代表中国参与国际奥林匹克事务”,明确了中国奥委会的主要任务。《体育法》第65条第1款规定:“全国性单项体育协会是依法登记的体育社会组织,代表中国参加相应的国际单项体育组织,根据章程加入中华全国体育总会、派代表担任中国奥林匹克委员会委员。”该规定理顺了中华全国体育总会、中国奥委会和全国性单项体育协会之间的关系,准确反映了奥委会“群众性组织”的性质,凸显了奥委会在发展体育事业中的独特地位。

“中国奥林匹克委员会”简称“中国奥委会”,英文名称为 Chinese Olympic Committee,缩写为COC。中国奥委会标志为“跳动的五颗星星下的五环”。中国奥委会是中华人民共和国具有法人资格的、以发展体育和推动奥林匹克运动为任务的全国性、非营利性体育组织。在与国际奥林匹克委员会和亚洲奥林匹克理事会等国际体育组织及各国家(地区)奥委会的关系中,唯有中国奥委会有权代表中国的奥林匹克运动。中国奥委会的宗旨是在中国弘扬奥林匹克主义和奥林匹克价值观,推动奥林匹克运动和中国体育事业的发展,通过体育促进构建和谐社会;遵守国家法律和有关政策,遵守社会道德规范。自1979年恢复在国际奥委会的合法权利以来,中国奥委会组团参加了普莱西德湖1980年冬奥会和洛杉矶1984年奥运会以来的历届冬季、夏季奥运会,取得了出色的成绩。此外,我们成功举办了北京1990年亚运会、北京2008年奥运会、广州2010年亚运会、南京2014年青奥会等国际综

---

〔9〕 完善群众身边的体育组织;加强群众身边的体育指导;支持群众身边的体育赛事;建设群众身边的体育设施;丰富群众身边的体育活动;弘扬群众身边的体育文化。

合性运动会。2022年,我国北京又成功举办冬奥会,北京成为唯一一个举办两届奥运会的城市。

中国奥委会业务范围主要是:(1)依据《奥林匹克宪章》,在全国范围内发展和维护奥林匹克运动,宣传奥林匹克主义的基本原则,保证《奥林匹克宪章》在中国得到遵守。(2)促进竞技体育和群众体育的协调发展,鼓励和支持妇女全面参与体育事业。(3)全权代表中国参加地区、洲级和国际综合性体育赛事,包括冬/夏季奥林匹克运动会、冬/夏季亚洲运动会和东亚运动会以及其他与奥林匹克运动有关的活动。在有关全国单项体育协会的配合下,选拔运动员组成中国体育代表团参赛,并提供必要的费用和体育装备。(4)在中国选定有条件申办和举办奥林匹克运动会、亚洲运动会或东亚运动会等国际综合性体育赛事的城市。(5)协助其他全国性体育组织举办全国综合性的比赛活动。(6)反对体育运动中任何形式的歧视和暴力,禁止使用国际奥林匹克委员会、世界反兴奋剂机构和国际单项体育联合会公布的禁用药物和方法。

中国奥林匹克委员会的任务及有关限制性要求包括:协调奥林匹克项目,在青年中发展体育运动,以促进他们在品德、智力、体质等方面全面发展;协助其他全国性体育组织举办全国综合性比赛活动。唯有本会有权报名参加奥运会和冬季奥运会、亚运会和冬季亚运会。为此目的,在有关单项体育协会的合作下,选拔运动员组成中国奥林匹克代表团,并为该团提供必要的费用和体育器材;经国际奥委会批准,本会有权使用奥林匹克旗帜和奥林匹克徽章,并根据国际奥委会的指示,禁止任何第三者在中华人民共和国领土上使用上述标志。只有本会有权在与奥运会及奥林匹克有关的活动中使用“奥林匹克”“奥林匹克运动会”“奥林匹克周期”等名称,但不得用于商业用途;在本会的活动中,不允许有以政治、社会、种族和宗教为由的任何歧视;本会必须遵守国际奥委会和奥林匹克宪章,本会章程如与奥林匹克宪章有分歧,则以奥林匹克宪章的有关条款为准。

中国奥委会最高权力机构是全体委员会议。中国奥委会委员由下列人员组成:所有隶属于为国际奥委会所承认的国际单项体育运动联合会的全国代表;国际奥委会中的中国委员是本会执委会的当然委员,并拥有表决权;社会及体育界人士和运动员代表。中国奥委会全体委员会议选举主席1人、副主席若干人、秘书长1人、司库1人及委员若干人组成执行委员会,主持本会经常性工作。执行委员会下设秘书处、群体部、宣传部、竞赛部等办事机构,在秘书长领导下进行工作。

三、体育科学学术组织

体育科学学术组织是党和政府发展体育科技事业的助手。《体育法》第64条规定:“体育科学社会团体是体育科学技术工作者的学术性体育社会组织,应当在发展体育科技事业中发挥作用。”目前,我国的体育科学学术组织主要是体育科学学会,包括中国体育科学学会和各省、自治区、直辖市体育科学学会。

中国体育科学学会(China Sport Science Society)成立于1980年,是我国成立时间长、运作规范、社会影响较大,集学术性、科普性、公益性于一体的最大规模、最高层次的体育科技学术社会团体,是体育科技工作者的忠实代表和传播体育科技文化的重要基地与发展体育科技事业的重要力量。

地方体育科学学会可以成为中国体育科学学会的团体会员。体育科学社会团体的宗旨是:团结组织广大体育科学技术工作者,认真贯彻党的基本路线,面向世界、面向未来、面向现代化,促进体育科学技术的繁荣和发展,促进体育科学技术的普及与推广,促进体育科技人才的成长和提高,为增强人民体质、提高运动技术水平和社会主义精神文明建设服务,为社会主义现代化建设做出贡献。体育科学学会的指导方针是坚持辩证唯物主义和历史唯物主义,坚持百花齐放、百家争鸣,提倡体育精神和科学道德。

体育科学学术组织的任务是:开展体育学术交流,活跃学术思想,促进学科发展;普及科学技术知识,传播体育科研成果和教学训练等方面的先进技术和经验;开展继续教育,进行技术培训,帮助体育科技工作者补充新的知识,提高业务水平;为制定我国有关体育政策和体育科技等提供咨询,接受委托承担某些课题的研究以及科技项目论证、成果鉴定、科技开发、技术服务等;编辑出版体育科技学术书刊和科普读物;开展国际体育科技学术交流,发展同国外体育科学技术团体和科学技术工作者的友好联系与交往;举荐人才,表彰奖励在学术活动中取得优异成绩的体育科技工作者;反映体育科技工作者的意见和要求,维护他们的合法权益;举办为学术活动、科技普及和体育科技工作者服务的事业。

四、全国性单项体育协会

单项体育协会是推动我国体育事业发展的重要力量,《体育法》关于单项体育协会的规定共三条,且规定得非常明确。第65条第1款规定:"全国性单项体育协会是依法登记的体育社会组织,代表中国参加相应的国际单项体育组织,根据章程加入中华全国体育总会、派代表担任中国奥林匹克委员会委员。"本条规定明确了其在相应项目上的主导地位。

中华人民共和国成立以来,我国对体育项目的管理基本上实行体育主管部门直接管理的方式。尽管全国性单项体育协会名义上在20世纪50年代就已建立,但随着体育事业的发展和国家经济体制改革的不断深化,原有的运动项目管理体制已难以适应体育事业发展的要求。因此,要改革现有的运动项目管理办法,使各全国性单项体育协会成为责权利相统一、全面负责本项目管理的实体,逐步形成真正意义上的以全国性单项体育协会为主的运动项目管理体制。改革后全国性单项体育协会的基本任务是:在体育主管部门的指导下,根据国家的体育法律和方针政策,统一组织和协调本运动项目的发展,推动本运动项目的普及和运动技术水平的提高。全国性单项体育协会的主要职责包括:负责全国本项目的业务管理,研究和发展本项目的发展规划;指导和管理本项目优秀运动队伍的建设和后备人才的培养;研究制定和组织实施本运动项目全国竞赛制度、计划、规程和裁判法,负责本项目全国性竞赛的管理,审定全国比赛规则和运动成绩;开展国际交往和技术交流,提出本运动项目的国际活动计划,负责和指导参加国际竞赛队伍的组织、集训和在我国举办本运动项目的国际比赛的审批和组织工作,组织实施本项目运动员、裁判员技术等级制度,对高水平教练员、裁判员进行培训和考核;负责和组织本运动项目的科研和出版有关的专业书刊;依法从事经营活动,广开经费来源渠道,为本项目的发展筹集资金;搞好协会的组织建设,广泛联系和团结社会各界人士,充分发挥桥梁纽带作用。根据国家有关规定,各实体协会应当接受体育行政部门和民政部门的依法管理、指导和监督。

《体育法》第65条第2款规定，“全国性单项体育协会负责相应项目的普及与提高，制定相应项目技术规范、竞赛规则、团体标准，规范体育赛事活动”，确立了单项体育协会法律地位问题，也实际上扩大了单项体育协会职责范围。《体育法》第104条第1款规定：“国家建立体育项目管理制度，新设体育项目由国务院体育行政部门认定。”本条规定的单项体育协会与体育项目之间的关系为“负责相应项目”，实现了法律条文规定之间的相符合。本规定也为实现从单项体育协会“同构”到“脱钩”提供了重要的法律支撑，明确了单项体育协会具有“制定相应项目技术规范、竞赛规则、团体标准，规范体育竞赛活动”的职责。

《体育法》第66条规定，“单项体育协会应当依法维护会员的合法权益，积极向有关单位反映会员的意见和建议”，明确了单项体育协会的社团属性，决定了其除了法律授权，还包括其会员权利的契约性让渡，确定了维护会员的合法权利应是单项体育协会发展的重点工作，应当重视发展会员，完善会员制度以实现可持续发展。

建立和健全体育社团工作考核评估机制等间接方式来实现单项体育协会运作使体育整合趋向组织网络化，有利于政府提高效能，但是在某些特定情况下也可能造成负面效应，出现提供公共产品不足的“失灵”现象。《体育法》第67条规定，“单项体育协会应当接受体育行政部门的指导和监督，健全内部治理机制，制定行业规则，加强行业自律”，明确了体育行政部门对单项体育协会的指导和监管，这种指导和监管并不是强硬的监管和直接的监督，而是一种柔性的和嵌入式的监管，是在法定范围内的以体育行政部门为单项体育协会的规则政策法规提供指导建议的方式。

阅 读 正定社会体育组织蓬勃发展 五十多家“草根”体协助力全民健身[10]

7月12日，离8月8日全民健身日还有不到一个月，正定体育中心办公室的报名电话不时响起：一会儿教场庄村竹马协会要报个展演节目，一会儿树林运动健身协会、厢同村广场舞协会也表示想参与全民健身日展演……

“既能传播我们的非遗项目，又能和大家一起锻炼身体，一举多得。”教场庄村竹马协会负责人张秀云高兴地说。

这些踊跃报名的协会，都是正定县“草根”性体育组织。“草根”性体育组织，是指由群众自发组织、自我管理，以在基层组织开展体育活动、满足群众体育锻炼需求为主要目标的体育组织，在全民健身中具有便捷性、机动性、灵活性等优势。

“正定县目前有近七十家社会体育组织，其中‘草根’体育协会五十多家。”正定体育中心负责人告诉记者，“草根”体育协会正在成为正定体育事业蓬勃发展的一大助力。该县今年正在筹备的全民健身日展演，首次将“草根”体育协会纳入，这些协会拟参加展演的节目占到了总数的一半左右。

正定县自2009年起开始推动乒乓球、足球等体育协会组建，但直到2018年，体育协会组织数量才达到15家。近几年，该县体育协会尤其是“草根”体育协会为何发展如此迅速呢？

---

〔10〕 载 http://www.sjz.gov.cn/col/1490932064295/2021/07/20/1626744300848.html。

"'草根'体育协会可以说是应运而生,也是新的探索。"正定体育中心负责人介绍,该县2018年就建成了"十五分钟健身圈",实现了全县24个社区、174个行政村健身设施全覆盖,赛事活动更是达到了每年一百多场,亟须更多社会体育组织来进行健身指导。鉴于正式协会注册、审批手续相对复杂,对活动场地、办公场地、人员数量等要求较高,他们决定积极推动"草根"体育组织组建。

他们规定,无论农村还是城镇,只要有固定健身场地、项目、时间和人群的健身群体,都可以申请建立"草根"体育协会。对于这类协会,除了发起人基本情况、理事名单等6项基本要素外,不设其他硬性要求。正定体育中心还会帮助"草根"体育协会制定协会章程,提供技术培训、场地使用、赛事活动等多方面支持;举办全民健身赛事活动,也会将"草根"体育协会作为组织、参与的重点对象。2020年,正定县被省体育局列为发展"草根"体育协会试点县。

教场庄村竹马协会在2019年8月申请成立。张秀云说,该村在古时是演武场,竹马、战鼓一直是村里代代传承的非遗项目,长期练习这些项目的村民有三十多人。申请成立协会后,大家一起推广传承竹马、战鼓的劲儿更足了,经常去参加县里的表演和各种文体活动,今年还获得了正定县"鼓王争霸赛"二等奖。

迎旭健身操协会,原本是几十个人在迎旭公园一起跳广场舞的队伍。申请成立协会时,正定体育中心根据他们的年龄构成和活动特点、地点等,建议他们选择比较流行的广播体操作为协会活动内容,成立健身操协会。该协会成立后,果然更受欢迎,成员迅速壮大到二百来人。

为提高"草根"体育协会服务群众能力,正定体育中心积极给予协会成员参加省市县社会体育指导员培训活动的机会,为"草根"协会培养社会体育指导员1449名,其中国家级社会体育指导员8名,省一级社会体育指导员36名。

为方便日常管理和协会间的交流沟通,正定体育中心建立了"草根"体育协会聊天群。每天,各个协会负责人都会在群里分享协会的动态。正定县跑步运动协会不仅积极组织成员参加元旦长跑、石家庄正定国际马拉松等赛事活动,有时还组团到外地参赛。协会负责人齐玉川经常在群里发布协会成员参加各类赛事活动的视频,其他协会受到鼓舞,也开始走出正定。

截至目前,该县"草根"体育协会成员已近五千人,其中长期进行体育锻炼的接近半数。伴随着草根体育协会的快速发展,正定县群众体育的活力大幅提升。

正定县体育中心负责人表示,接下来,他们将鼓励"草根"体育协会进一步提升辐射带动能力,同时搭建更广阔的赛事活动平台,让更多群众享受到专业体育指导培训带来的科学健身实惠。

思考题

1. 从体育治理和法治角度理解"体育社会团体"到"体育组织"发展变化。
2. 体育组织有什么功能?
3. 简述我国体育组织的法治化进程。

第十章 体育产业法律制度

第一节 体育产业法概述

一、体育产业的概念与分类

产业(industry)是一个历史范畴,伴随着人类的社会分工产生、发展并不断演变。在当代,产业已经从“以生产物质资料为主导经济特征的物质生产部门”扩展到“为生产和生活服务,并以信息、知识和精神为特征的一切生产部门”。[1] 随着产业概念的逐步扩展,体育这项人类古老而崇高的事业,也成为社会产业的一个重要组成部分,“体育产业”的概念是在整个社会产业不断演进的大背景下逐步形成和发展并最终得到确立的。由于世界各国国情不同,对体育产业目前尚无统一的定义,概括起来基本形成两种观点:一是从狭义上认为体育产业就是体育服务业,是生产和提供体育服务和劳务的企业集合。二是从广义上认为体育产业是生产物质产品和精神产品、提供体育服务的各行业的总和,既包括体育服务业,也包括体育用品制造、体育建筑等业态。[2] 目前,美国、英国、澳大利亚、日本等体育产业发达国家均认可体育产业的广义内涵,认为体育产业是为国民经济提供体育产品和服务的组织和部门的总称,不仅包括体育物质产品部门,也包括提供体育服务产品的部门。

随着我国体育产业实践活动的逐渐丰富,对于体育产业的理解也日趋深入。1985 年国务院批转国家统计局《关于建立第三产业统计的报告》,体育被列入第三产业,置于第三产业的第四层次,构成卫生、体育与社会福利业,使其产业性质得到了确认。2003 年 5 月 15 日,国家统计局印发《三次产业划分规定》,对国民经济行业分类进行了重新调整,修订后的三次产业划分将体育产业与文化和娱乐业一起组成文化、体育和娱乐业,使体育产业在国民经济的核算体系中占据一席之地,为我国体育产业的决策和科研提供有效的信息支持。但这一时期对于体育产业的认识比较局限,基本是从狭义角度的认识。

2008 年 6 月,为规范体育及相关产业的统计口径和范围,国家统计局和国家体育总局在深入研究的基础上,颁布了《体育及相关产业分类(试行)》,将体育及相关产业界定为:“为社会公众提供体育服务和产品的活动,以及与这些活动有关联的活动的集合。”这一界定虽然是从统计工作的角度出发作出的,但反映出我国对于体育产业的认识在不断深化,

---

[1] 曹可强:《体育产业概论》,复旦大学出版社 2004 年版,第 3 页。

[2] 国家发展和改革委员会社会发展司、国家体育总局经济司编:《〈国务院关于加快发展体育产业促进体育消费的若干意见〉100 问》,人民体育出版社 2015 年版,第 1 页。

从广义角度界定体育产业得到国家认可。

2014年10月国务院《关于加快发展体育产业促进体育消费的若干意见》颁布,我国体育产业发展面临的形势和背景发生了重大变化,2015年9月国家统计局和国家体育总局对《体育及相关产业分类(试行)》进行了修订,正式发布《国家体育产业统计分类》(国家统计局令2015年第17号),该分类将体育产业划分为11个大类、37个中类、52个小类。《国家体育产业统计分类》以体现我国体育活动的特点为主要划分依据,突出了体育活动的特点和我国体育实际发展现状,兼顾与体育相关的上下游产业及新兴产业,并尽可能全面地包含了为社会和公众提供体育产品和服务的体育实践活动,在结构上既与国家统计口径保持对应,也为未来因实践发展而带来的新变化留有空间。

2017年6月,《国民经济行业分类》(GB/T 4754-2017)发布,为了与国民经济新的行业分类相衔接,2019年3月,国家统计局第4次常务会议通过《体育产业统计分类(2019)》(国家统计局令第26号),这次修订结合近年来我国体育产业实践的发展变化,根据新旧国民经济行业的对应关系,在保持2015年《国家体育产业统计分类》基本结构不变的前提下,对相关类别、说明和对应行业代码进行了调整。该分类明确了体育产业的概念界定和分类范围,体育产业是指为社会提供各种体育产品(货物和服务)和体育相关产品的生产活动的集合,分类范围包括11个大类、37个中类和71个小类。其中11个大类具体包括:(1)体育管理活动;(2)体育竞赛表演活动;(3)体育健身休闲活动;(4)体育场地和设施管理;(5)体育经纪与代理、广告与会展、表演与设计服务;(6)体育教育与培训;(7)体育传媒与信息服务;(8)其他体育服务;(9)体育用品及相关产品制造;(10)体育用品及相关产品销售、出租与贸易代理;(11)体育场地设施建设。

二、我国体育产业法治建设历程

我国体育产业是以体育事业的改革为契机发展起来的,计划经济下体育是国家的福利事业,主要依靠行政手段进行管理。随着我国社会主义市场经济体制的建立和完善,体育产业不断发展壮大,体育产业的法治建设逐步完善。

(一)体育产业法治建设的准备和起步阶段

党的十一届三中全会的召开确立了解放思想、实事求是的思想路线,党和国家的重点转移到社会主义现代化建设上来,我国经济进入一个快速发展的时期,体育工作也迎来了新局面。在当时的历史条件下,虽然体育产业或体育产业化的概念还远未形成,但原国家体委已经开始对体育的经济功能进行初步探索,制定了一些涉及体育经营活动的政策,提出了体育社会化改革的一些思路。1979年9月20日,原国家体委、原国家旅游局向国务院报送《关于开放山区、开展国际登山活动的请示》,经中央批准,自1980年起对外开放一些山区,以收费办法接待外国登山队来我国登山。该政策成为中华人民共和国成立以来第一个关于体育项目经营活动的规制政策,标志着我国体育产业法治建设开始起步。[3]

1980年4月25日,原国家体委、财政部、原国家劳动总局、原文化部联合下发《关于充

[3] 陈爱辉:《我国体育产业政策变迁的研究》,载《北京体育大学》2016年第5期。

分发挥体育场地使用效率的通知》,从提高使用效率和增收节支的角度,允许体育场地面向社会组织电影、文艺演出等活动,并对票务收入等作出了规定,为体育场馆的经营活动提供了依据。

1984 年,中共中央在总结中华人民共和国成立以来特别是改革开放以来我国体育工作基本经验的基础上,发布了《关于进一步发展体育运动的通知》,提出了"在本世纪内把我国建设成体育强国"的奋斗目标,明确了加快我国体育事业发展的指导思想、主要任务和工作措施。该通知对体育场馆利用率的提高提出要求,并指出将体育场馆作为体育人才培养基地的功用及开发体育场馆的经济功能,转变体育场馆的单位性质。

这一时期体育产业的概念尚未形成、体育产业的主体地位尚未确立,体育产业政策还停留在附属于一般体育事业发展相关政策的阶段。[4]

(二)积极探索和初见成效阶段

党的十四大明确了建立社会主义市场经济体制的目标,市场经济是法治经济,体育产业的法治建设加快推进。1992 年 6 月,原国家体委在北京召开全国足球工作会议,决定把足球职业化改革作为体育改革的突破口。同年 11 月,原国家体委在广东召开全国体委主任座谈会("中山会议")贯彻十四大精神、深化体育改革。1993 年 5 月 24 日,原国家体委发布《关于深化体育改革的意见》,首次对体育产业的概念进行界定,不仅提出到 20 世纪末基本形成社会化体育产业体系的目标,还提出一系列推进体育产业化进程的政策措施,在信贷、税收政策方面给予体育与教育、文化部门同等待遇。该意见附件《关于培育体育市场、加速体育产业化进程的意见》专门就培育和发展体育市场,推进体育事业单位逐步向产业化过渡,加速体育产业化进程等问题提出了更为具体的政策建议。1992 年,中共中央、国务院《关于加快发展第三产业的决定》将体育列入第三产业中的第三层次,属于提高科学文化水平和居民素质的服务部门,进一步明确了体育的产业属性。

这一时期,专门针对体育产业或其产业部门的政策和法规也陆续颁布,1994 年原国家体委发布《1994 - 1995 年度体育彩票发行管理办法》和《关于加强体育市场管理的通知》,使体育经营活动纳入法治管理的轨道。1995 年 6 月 16 日,原国家体委发布《体育产业发展纲要(1995 - 2010 年)》,界定了我国体育产业的类别,明确了我国体育产业发展的指导思想、发展目标及政策措施,提出充分调动各方面的积极性、发展体育产业,争取用 15 年左右时间,逐步建成……门类齐全、结构合理、规范发展的体育产业体系,积极培育体育健身娱乐市场,大力发展体育竞赛表演市场,培育和发展体育的人才、技术信息等要素市场;加快体育单项运动协会的产业化发展,加强对体育无形资产的经营开发,加强体育彩票的管理和发展,加快体育市场的立法进程等政策措施。1996 年 7 月 1 日,原国家体委发布了《关于进一步加强体育经营活动管理的通知》,明确了体育经营活动的概念,规定对体育经营活动实行分级管理,对违反有关规定的,体育行政部门应当依本部门职权或会同公安、工商、税务、物价等有关部门,根据国家有关规定责令其限期改正,或予以取消从业资格、吊扣经营证照等处罚。

---

[4] 詹新寰:《中国体育产业政策的历史与走向》,载《环球体育市场》2010 年第 6 期。

随着北京奥运会申办成功,2003 年财政部、国家税务总局、海关总署颁布了《关于第 29 届奥运会税收政策问题的通知》,明确制定了对第 29 届奥运会组委会、国际奥委会和奥运会参与者实行的若干税收优惠政策。2004 年 6 月 7 日,财政部、国家税务总局下发《关于调减台球、保龄球营业税税率的通知》,决定对台球、保龄球减按 5%(原为 20%)税率征收营业税。

2007 年 3 月国家体育总局发布《体育事业"十一五"规划》,这是我国第一次以五年规划的形式对体育产业的发展进行总体性规划,规划分析了"十一五"期间我国体育产业发展面临的形势,指出了体育产业发展的指导原则和目标,并提出要改革体育产业的管理体制,加强对体育市场的规范管理,进一步完善体育产业政策,加强对体育产业的指导与服务。

2005 年 11 月 10 日,国家认证认可监督管理委员会、国家体育总局公告 2005 年第 32 号公布《体育服务认证管理办法》。该办法规定,国家实行统一的体育服务认证制度,由国家认证认可监督管理委员会、国家体育总局按照各自职责,分工协作,共同实施。这是国家体育总局和有关部门联合发布的第一部体育服务业的技术政策文件,之后又陆续颁布了 26 项体育服务标准。2007 年 1 月国家标准委《关于推进服务标准化试点工作的意见》(国标委农联〔2007〕7 号),将体育标准化作为其试点的内容之一,提出:"以健身休闲、竞技表演和运动训练等体育活动为主要内容,制定实施体育场所开放条件、体育场馆等级划分和体育活动组织等服务标准,保证体育服务安全,提升体育服务质量水平,创造体育服务市场健康有序的竞争环境,推动群众体育和竞技体育协调发展。"这些专门性体育产业政策和管理规范的颁布显示出我国体育产业法治建设初见成效。

(三)体育产业政策和法律监管体系日益完善阶段

2010 年国务院办公厅发布的《关于加快发展体育产业的指导意见》,首次将体育产业提升到国家战略体系的高度,解决了长期以来体育产业发展缺乏国家层面政策支持的问题,为我国体育产业发展提供了政策保障。[5] 为贯彻落实国务院《关于鼓励和引导民间投资健康发展的若干意见》和国务院办公厅《关于加快发展体育产业的指导意见》,2012 年 5 月 31 日,国家体育总局发布了《关于鼓励和引导民间资本投资体育产业的实施意见》,支持、鼓励、引导民间资本进入体育用品生产及销售、体育场馆建设运营、体育健身休闲和体育竞赛表演领域,通过设立体育产业发展引导资金、支持符合条件的民间资本进入体育资本市场等方式加大对民间资本投资体育产业的支持力度。

为保障消费者人身安全,促进体育市场健康发展,2013 年 2 月 21 日,国家体育总局发布《经营高危险性体育项目许可管理办法》,规定"经营高危险性体育项目,应当向县级以上地方人民政府体育主管部门申请行政许可",并对申请、审批、监督检查、法律责任等作出具体规定。同年 5 月 1 日,国家体育总局又发布了《关于做好经营高危险性体育项目管理工作的通知》,同日,国家体育总局、人力资源和社会保障部、原国家工商行政管理总局、原国家质量监督检验检疫总局、原国家安全生产监督管理总局联合发布《第一批高危险性体育项

---

〔5〕 刘鹏:《充分发挥体育产业服务经济社会发展的作用》,载中共中央国家机关工作委员会网,http://www.zgg.org.cn/pub/zgg/bwdj/gbwml/tyzj/tyzjdjldzhdj/201004/t20100401_8227.Html。

目目录公告》,进一步强化了高危险性体育项目的监管。

2014 年 10 月,国务院印发了《关于加快发展体育产业促进体育消费的若干意见》(国发〔2014〕46 号)。该意见强调推动体育产业成为我国经济转型升级的重要力量,对体育产业发展进行了全方位的战略部署,为体育产业的进一步发展指明了方向、明确了目标。为加快体育产业发展,该意见从大力吸引社会投资,完善健身消费政策,完善税费价格政策,完善规划布局与土地政策,完善人才培养和就业政策,完善无形资产开发保护和创新驱动政策,以及优化市场环境等七个方面出台了一系列政策措施。

国务院《关于加快发展体育产业促进体育消费的若干意见》颁布后,一系列体育产业促进政策相继出台,《关于体育场馆房产税和城镇土地使用税政策的通知》《关于加快发展健身休闲产业的指导意见》《关于加快发展体育竞赛表演产业的指导意见》《关于大力发展体育旅游的指导意见》等针对体育产业重点领域的支持力度加大,在《体育产业发展"十三五"规划》的统领下,冰雪、水上、航空、山地户外等运动产业发展规划相继出台。在《体育强国建设纲要》提出体育产业成为国民经济支柱性产业新目标的背景下,2019 年 9 月 4 日国务院办公厅印发《关于促进全民健身和体育消费推动体育产业高质量发展的意见》,再次强调落实已有税费政策、加强体育知识产权保护、加大金融支持力度,完善体育产业政策,优化发展环境。

除了宏观层面产业政策的完善,体育市场管理规范也不断强化,《体育市场黑名单管理办法》《体育标准化管理办法》等市场监管与规制法律颁布实施,体育产业政策和法律监管体系日益完善。

三、2022 年《体育法》增设体育产业专章的立法背景与意义

1995 年《体育法》颁布时,我国体育产业尚处于初步探索阶段,《体育法》中没有直接关于体育产业的具体规定,仅在第 44 条规定:"县级以上各级人民政府体育行政部门对以健身、竞技等体育活动为内容的经营活动,应当按照国家有关规定加强管理和监督。"因此,一直以来关于体育产业的发展多以政策性文件方式予以规定,体育产业政策以其灵活性、及时性和针对性强等特点在促进我国体育产业快速发展中发挥了重要作用。但与法律相比,政策性文件的法律层级和法律效力较低,缺乏一定的稳定性,刚性不足,透明度低。随着体育产业在国民经济中的地位不断提升,要实现体育产业长期、稳定和健康发展需要完善的法治保障。

2022 年 6 月 24 日,第十三届全国人大常委会第三十五次会议表决通过了修订后的《体育法》,此次法律修订的亮点之一就是在第七章增设了"体育产业"一章。通过专章立法明确体育产业是我国体育基本法调整的重要对象,将近年来经过实践证明行之有效的体育产业的方针、政策和措施上升至法律层面,予以认可并固定下来,成为依法治体的重要组成部分。

《体育法》对体育产业专章规定,不仅为体育产业的发展提供了更为坚实的法律保障,对促进体育产业高质量发展意义深远,而且有助于解决体育产业发展中面临的新问题,有效保证体育产业相关政策的落地实施。体育产业涉及众多部门,作为快速发展的新兴产

业,在相关政策制定和实施过程中常常出现找不到上位法依据的情况,这也是在过去一段时间制约体育产业发展的重要难点问题之一,而2022年《体育法》关于体育产业的相关规定无疑将有力破解上述问题。《体育法》对体育产业发展过程中涉及的政府职责、产业规划、融合发展、创新发展、区域协调发展、支持区域特色和民族特色的体育产业、鼓励社会资本投入、加强体育产业专业人才培养以及完善体育产业监测和统计等具体内容作出了全方位规定,涵盖了体育产业的主要工作和类型。《体育法》赋予了国家和政府多措并举,支持、鼓励体育产业发展的职责,规定国家制定体育产业发展规划,明确要求县级以上人民政府应当建立政府多部门合作的体育产业发展工作协调机制;国家支持和规范发展体育用品制造、体育服务等体育产业,促进体育与健康、文化、旅游、养老、科技等融合发展;国家支持地方发展具有区域特色、民族特色的体育产业;等等。这些条款的实施将有力促进体育事业和体育产业协同发展,推动体育产业高质量发展迈上新台阶。

第二节　体育产业促进制度

一、国家促进体育产业发展的基本方针

自2014年国务院《关于加快发展体育产业促进体育消费的若干意见》(国发〔2014〕46号)颁布以来,国家对体育产业的定位和促进体育产业发展的思路日益明晰,体育产业成为推动经济转型升级、培育经济发展新动能、拉动经济增长的重要着力点和突破口,推动体育产业成为国民经济支柱性产业,进一步提升体育产业在国民经济与社会发展中的地位成为我国当前一个时期的重要工作。因此,《体育法》对于体育产业采取了提倡鼓励类的表述,不仅总则部分开宗明义,明确规定国家支持体育产业发展,完善体育产业体系,规范体育市场秩序,鼓励扩大体育市场供给,拓宽体育产业投融资渠道,促进体育消费。而且“体育产业”一章中的8条规定中也均采用了“鼓励”“支持”“促进”等表述,并运用立法手段明确了体育产业发展的基本方针和促进体育产业高质量发展的政策和措施,充分体现出国家对体育产业的高度重视和促进体育产业发展的总体思路。具体体现在以下方面。

1. 国家制定体育产业发展规划,建立多部门合作的体育产业发展工作协调机制。《体育法》确立了体育产业发展规划先行的原则,明确国家制定体育产业发展规划,通过规划引领,不断扩大体育产业规模,增强体育产业活力,促进体育产业高质量发展,丰富体育市场供给,满足人民群众多样化体育需求。

为充分发挥基层政府发展体育产业的积极性和主动性,使体育产业的发展规划更具针对性,《体育法》要求县级以上人民政府应当建立政府多部门合作的体育产业发展工作协调机制。这一机制的设立,将成为县级以上人民政府的法定义务并将被纳入相关考评和检查、监督机制中,有助于提升体育产业发展规划在地方层面的落地执行效果。

2. 支持体育产业融合发展、创新发展和规范发展。体育产业作为新兴产业、绿色产业和朝阳产业,产业链条长,横贯第二产业和第三产业,向上能够带动体育服务业的发展,向下

能够带动体育制造业的发展，并且与文化、旅游、健康、养老等产业间有着很强的关联融合性。《体育法》将融合发展机制上升为法律层面，规定国家规范和发展体育用品制造、体育服务等体育产业，促进体育与健康、文化、旅游、养老、科技等融合发展；[6]对体育产业融合发展提出了进一步的具体要求，并且明确了各部门在推动实施该项政策时的责任。

科技是第一生产力，创新是引领发展的第一动力，以建立现代体育产业体系为目标，必须发挥科技创新在我国体育产业转型升级中的引领作用，科学技术与体育产业深度融合，在提升体育产业科技含量的同时，也为新科技拓展出更广阔的应用领域。《体育法》把科技创新赋能体育的政策纳入立法，明确提出国家支持体育用品制造业创新发展，鼓励企业加大研发投入，采用新技术、新工艺、新材料，提高产品科技含量，促进体育用品制造业转型升级。对于体育服务业，国家培育健身休闲、竞赛表演、场馆服务、体育经纪、体育培训等服务业态，提高体育服务业水平和质量。符合条件的体育产业，依法享受财政、税收、土地等优惠政策。

职业体育是体育产业的核心。社会主义市场经济条件下，职业体育既有提高竞技运动水平的功能与使命，又有遵循市场规律，发展体育产业的内在驱动。《体育法》"竞技体育"一章规定，"国家促进和规范职业体育市场化、职业化发展，提高职业体育赛事能力和竞技水平"，强调了职业体育的竞技属性。"体育产业"一章则强调了职业体育的经济属性，规定国家完善职业体育发展体系，拓展职业体育发展渠道，支持运动员、教练员职业化发展，提高职业体育的成熟度和规范化水平。职业体育俱乐部应当健全内部治理机制，完善法人治理结构，充分发挥其市场主体作用。两章的条款相互呼应，共同构成了我国职业体育法律制度的顶层设计，为适时制定全面调整各类职业体育社会关系的配套立法提供了法律依据。[7]

3. 建立健全区域体育产业协调互动机制，促进区域体育协调发展。我国地大物博，幅员辽阔，不同区域间差异大，存在一定的不平衡性。体育产业发展中的资源优势分布也不平衡，从总体上看，中西部地区体育产业发展与东南部地区相比差距较大。这就需要因地制宜发展体育产业，打造一批符合市场规律、具有市场竞争力的体育产业基地，建立区域间协同发展机制，形成东、中、西部体育产业良性互动发展格局。加快推动京津冀、长三角、粤港澳大湾区、成渝城市群等区域成为体育产业增长极，支持中西部地区充分利用江河湖海、山地、沙漠、草原、冰雪等独特的自然资源优势，发展区域特色体育产业，扶持少数民族地区发展少数民族特色体育产业。

同时，交流合作是区域体育产业发展的基础，国家建立健全区域体育产业协调互动机制，推动区域间体育产业资源交流共享，促进区域体育协调发展。积极搭建区域体育产业合作平台，加强政府部门间的沟通与协调，促进区域间体育产业资源的自由流动和合理配置，加快发展区域体育产业，并处理好区域内特色化发展和同质化发展的关系，统筹考虑区域内的资源禀赋，引导运动项目产业合理布局，因地制宜发展区域特色体育产业。

---

〔6〕 姜世波：《促进与规制：体育产业立法的双重进路》，载《成都体育学院学报》2022年第4期。

〔7〕 杨国庆：《完善体育立法　保障竞技体育高质量发展》，载《中国体育报》2022年7月2日。

4. 鼓励社会资本投入体育产业。我国体育产业长期以来主要依靠政府投资,体育企业融资方式单一,融资渠道狭窄,在场馆设施建设方面尤其显著。如何进一步优化市场环境,降低体育产业的准入门槛,提高体育参与的投资回报率,鼓励社会资本投入体育产业,是促进我国体育产业高质量发展的重大课题。《体育法》明确规定国家鼓励社会资本投入体育产业,建设体育设施,开发体育产品,提供体育服务,为体育产业投融资活动提供了法律支持,有利于体育产业进一步扩大规模。

5. 鼓励培养体育产业专业人才。人才是经济社会发展的第一资源,体育产业专业人才是实现体育产业高质量发展的重要支撑,但高素质体育产业人才缺乏仍是我国体育产业面临的巨大挑战。随着我国体育产业市场化程度的逐步提高,企业对体育产业人才的需求越来越大,然而现阶段懂体育又掌握经营管理知识的专业人才数量仍无法满足市场需求。高校是国家培养高层次人才的主要阵地,国家鼓励有条件的高等学校设置体育产业相关专业,旨在拓宽体育产业人才的培养渠道,提高体育产业人才的培养水平。在人才培养形式上提倡多方投入,既包括政府投入又鼓励社会投入,提倡校企合作,加强职业教育和培训,提倡产业、学校和科研机构合作,培养复合型体育产业专业人才,形成有效支撑体育产业发展的人才队伍。

6. 完善体育产业统计体系。体育产业统计是通过多种方式的科学统一的调查统计和测算研究,分析体育产业在国民经济中的地位与作用,量化描述体育产业的目标和数据监测的实施进程。体育产业统计已经成为检验体育产业工作成效的一面镜子,也是提升体育产业社会影响力的重要手段。[8] 综合考虑国情及体育产业发展的现实情况,《体育法》明确规定以国际标准产业分类和国民经济行业分类为基础,建立和完善体育产业统计分类体系,开展体育产业统计监测,定期发布体育产业数据。科学准确的产业统计有助于科学分析和掌握体育产业发展动态,为制定产业政策、加强产业管理、进行产业调控提供数据,为体育产业有关管理部门和投资主体的科学决策提供信息支持,对引导产业发展具有重要作用。

二、体育产业发展规划

(一)体育产业发展规划的功能

现代国家对社会经济的引导促进形成了以“国家规划—经济政策—调节手段”为轴线的宏观调控体系的三个环节和层次。相应地,对某一产业的调控在内容构成上,包括产业发展规划、产业政策和各种具体的调节手段,而产业发展规划在其中起着统领作用。

规划与计划意义相近,一般而言,计划通常是指人们在行动之前预先进行的筹谋、设计的未来行动方案,包括未来行动的具体内容和实施步骤等。计划本身是一种理性的体现,无论是个人还是组织,行动之前往往都离不开周密的计划,对于国家来说,计划的重要性更为突出和明显,国家需要通过计划的运用,制定经济和社会发展战略,部署、规划、安排和调控国民经济运行和发展。规划则是指国家或地区的中长期发展计划,是对今后一个较长时

---

[8] 曹可强、张林主编:《体育产业概论》(第2版),高等教育出版社2019年版,第49~50页。

期的指导性纲要，而不是具体项目的方案。[9] 可以说，规划是分阶段实施的中长期计划。

体育产业规划是指综合运用各种理论分析工具，从体育产业发展的实际状况出发，充分考虑国际国内及区域产业发展态势，对体育产业发展的定位、产业体系、产业结构、产业链、空间布局、经济社会环境影响和实施方案等作出的中长期的科学计划。

体育产业发展规划具有以下三方面功能：

1. 预测引导功能，产业规划具有鲜明的导向作用，不但可以预测产业未来的发展方向，而且有利于引导市场主体遵从并行动。在宏观上为各级政府和企业提供了发展体育产业的行动指南和目标，并为实现这些预期目标提供具体的政策协调和指引。

2. 协调功能，即在实现体育产业发展目标的过程中，规划可以统筹协调财政、税收、金融等各种政策手段，共同作用于产业发展目标。

3. 促进和调控功能，通过体育产业发展规划的预测、引导和利益协调功能，促进和推动体育产业发展目标的实现，并对其发展予以适当调控。

（二）我国体育产业发展规划的概况和实施情况

1995年6月16日，原国家体委印发了《体育产业发展纲要（1995－2010）》，这是我国首个体育产业的纲领性文件，该纲要确立了体育产业发展的指导思想、重点和目标，提出：争取用15年左右的时间，逐步建成适合社会主义市场经济体制、符合现代体育运动规律、门类齐全、结构合理、规范发展的体育产业体系。基本形成以体育主体产业为基础、多业并举、多种所有制并存、共同发展的产业发展新格局。并从多个方面提出了发展体育产业的基本政策和措施。1996年3月17日第八届全国人民代表大会第四次会议批准的《国民经济和社会发展"九五"计划和2010年远景目标纲要》中，除了对全民健身计划和奥运争光计划进行表述外，将体育产业的发展纳入国家国民经济规划之中，提出了体育社会化、产业化的发展方向，强调进一步改革体育管理体制，有条件的运动项目要推行协会制和俱乐部制，形成国家与社会共同兴办体育事业的格局，走社会化、产业化道路。

按照社会主义市场经济发展的要求和"十一五"期间我国体育事业发展总体部署，2007年3月国家体育总局编制发布了《体育产业"十一五"规划》，这是我国体育产业的第一个五年规划，标志着体育产业进入以五年发展规划引领的新阶段，体育行政主管部门制定实施的专门性体育产业发展规划，成为引导和促进我国体育产业发展的重要举措。其后，《体育产业"十二五"规划》（2011年4月29日）和《体育产业发展"十三五"规划》（2016年7月13日）相继颁布，各时期的发展规划明确了体育产业发展的总体方向、原则路径、目标任务和保障措施，规划的系统性和延续性越来越强，在体育产业发展中的重要价值和作用逐渐凸显，成为引领体育产业发展，完善市场机制和激发市场活力的重要手段。[10] 并且在政府职能转变的背景下，编制体育产业发展规划和拟定产业政策成为政府宏观管理和市场调控的主要职能。[11]

---

〔9〕《经济法学》编写组编：《经济法学》（第2版），高等教育出版社2018年版，第194页。

〔10〕郭彬、赵雯婷、吴飞：《体育强国背景下我国体育产业"十四五"规划编制前瞻》，载《北京体育大学学报》2020年第7期。

〔11〕董新光：《地方与国家体育产业"十一五"规划目标的一致性问题分析》，载《体育文化导刊》2008年第2期。

随着体育产业向纵深发展,为进一步拉动消费,普及和推广新兴的运动项目,加快相关运动项目产业发展,国家体育总局、国家发展改革委等相关部门针对一些重点发展的运动项目产业编制了更具针对性的发展规划,《航空运动产业发展规划》《水上运动产业发展规划》《山地户外运动产业发展规划》《马拉松运动产业发展规划》《武术产业发展规划(2019－2025年)》等陆续发布实施。为了更好地落实上述规划,各省、自治区和直辖市等也结合本地实际和体育产业资源特点,编制地方体育产业发展规划和专项规划,如《吉林省冰雪产业高质量发展规划(2021－2035年)》《陕西省山地户外运动产业发展规划(2018－2025)》等。

体育产业发展规划已成为我国体育产业现代化治理的有效手段之一,规划的结构逐渐丰富完整,发展目标的细分更加科学具体,主要任务的细化拆解更加便于落地执行。规划明确了一定时期体育产业发展的方向、原则、目标任务和保障措施,有利于体育产业实现聚力发展和重点突破,合理引导社会共识和对体育产业发展的市场预期,集聚产业发展所需的人、财、物等资源,补齐发展中的"短板",增强体育市场主体的发展信心。科学的规划有利于我国体育产业实现追赶超越,我国体育产业相比国外体育产业发达国家,起步较晚,产业体系还不完善,产业附加值尚待开发释放,体育细分领域的龙头企业的国际竞争力还不强,通过科学规划可以高效配置资源,科学合理布局,明确工作重点,提供体育产业发展政策优惠,政府依据履行职责,按照既定步骤实现体育产业的高质量发展。[12]

三、体育产业财政和税收政策

(一)体育产业财政政策

财政是国家为了满足实现职能的需要,通过直接占有和支配使用一部分社会产品或国民收入,进行的分配和再分配活动。[13] 随着我国财政经济体制改革的深入,财政宏观调控和公共服务的功能得到确立并不断强化。公共财政要求国家财政收支活动应当从计划经济体制下的以指令性计划等行政手段直接干预微观经济活动为主的做法,转到以间接的宏观调控手段为重点的轨道上来,以充分发挥市场机制的基础调节作用为基本着眼点,以为社会提供必要的、无差别的公共产品和社会服务为己任,充分凸显政府的"社会性"和财政的"公共性"。

对于体育产业的发展而言,财政必须坚持"有所为,有所不为":一方面,应当从纯粹的经营性和竞争性领域中退出,更多地让市场发挥资源配置的决定性作用;另一方面,则要强化其在社会资源配置、收入分配调节和宏观调控等方面的应有职能,保证体育公共产品和公共服务的有效供给。为此,2010年国务院办公厅发布的《关于加快发展体育产业的指导意见》,提出为拓宽体育产业发展资金来源渠道,政府可以通过安排补助资金等方式促进体育产业发展。2014年国务院《关于加快发展体育产业促进体育消费的若干意见》也明确提出,有条件的地方可设立体育发展专项资金,对符合条件的企业、社会组织给予项目补助、

〔12〕郭彬、赵雯婷、吴飞:《体育强国背景下我国体育产业"十四五"规划编制前瞻》,载《北京体育大学学报》2020年第7期。

〔13〕《经济法学》编写组编:《经济法学》(第2版),高等教育出版社2018年版,第127页。

贷款贴息和奖励。在国务院政策的激励下,地方各级政府结合自身经济实力和体育产业发展状况设立财政扶持性的体育产业引导资金和专项资金,引导、培育和扶持区域内体育产业项目、企业等。

体育场馆设施是发展体育事业和体育产业的重要物质基础,公共体育场馆具有公益性和经营性的双重属性,承担着推动全民健身服务和改善民生的公益职能,在积极推动场馆市场化、企业化运营的过程中,也不能忽视其公益属性。2014 年 5 月 16 日财政部、国家体育总局发布《大型体育场馆免费低收费开放补助资金管理办法》(财教〔2014〕54 号)由中央财政设立专项资金对大型体育场馆免费低收费开放给予补助,以促进大型体育场馆向社会开放,满足群众对健身场地的需求。补助资金分为补贴资金和奖励资金两部分,补贴资金对体育场馆向社会免费低收费开放给予适当补贴;奖励资金对体育场馆提高公共体育服务能力、提升服务质量和服务水平给予适当奖励。补助资金的管理和使用坚持统一管理、突出重点、合理安排、专款专用、注重绩效的原则,严格执行国家法律法规和财务规章制度,并接受财政、审计、体育行政部门的监督和检查。为进一步规范和加强公共体育场馆向社会免费低收费开放补助资金管理,提高资金使用效益,2022 年 1 月 28 日,财政部和国家体育总局在《大型体育场馆免费低收费开放补助资金管理办法》的基础上发布了《公共体育场馆向社会免费或低收费开放补助资金管理办法》,对补助资金的分配、审核、使用、管理作出更科学的规范,提高了补助资金管理和使用的安全性、有效性和规范性。

(二)体育产业税收政策

税收是国家为实现其公共职能而凭借其政治权力,依法由政府专门机构向居民和非居民就其财产和特定行为实施的强制、无偿地取得财政收入的一种课征行为或手段。[14] 税收具有配置资源的功能,是国家调节经济运行的重要经济杠杆,在宏观调控方面具有重要作用。国家通过增税与减免税等手段可以影响社会成员的经济利益,引导企业、个人的经济行为,从而影响产业结构的调整。因此,国家通过法律设定征税对象和税率,制定税收优惠政策,能对体育产业的生产经营者和消费者的行为施加影响。

1. 个人所得税

为了有利于动员全社会力量资助和发展我国的体育事业,财政部、国家税务总局《关于个人取得体育彩票中奖所得征免个人所得税问题的通知》(财税字〔1998〕12 号)规定,从 1998 年 4 月 1 日起,对个人购买体育彩票中奖收入的所得税政策作如下调整:凡一次中奖收入不超过 1 万元的,暂免征收个人所得税;超过 1 万元的,应按税法规定全额征收个人所得税。

2. 企业所得税

《企业所得税法》(中华人民共和国主席令〔2007〕第 63 号)规定企业所得税的税率为 25%,符合条件的小型微利企业,减按 20% 的税率征收企业所得税。为支持科技创新,在企业所得税方面,税法明确:国家需要重点扶持的高新技术企业,减按 15% 的税率征收企业所得税。在国家税务总局《关于实施高新技术企业所得税优惠有关问题的通知》(国税函

〔14〕《经济法学》编写组编:《经济法学》(第 2 版),高等教育出版社 2018 年版,第 148 页。

〔2009〕203 号)中,也对落实高新技术企业所得税优惠及其过渡性优惠政策有具体规定。在高新技术企业的认定方面,科技部、财政部、国家税务总局于 2008 年印发了《高新技术企业认定管理办法》(国科发火〔2008〕172 号),对高新技术企业认定条件等有了明确要求。高新技术企业指在国家重点支持的高新技术领域目录内,持续进行研究开发与技术成果转化,形成企业核心自主业知识产权,并以此为基础开展经营活动,在中国境内(不包括港、澳、台地区)注册一年以上的居民企业。

目前体育领域内运动器材装备、运动康复设施、运动服装面料等方面的高科技创新普遍存在,但体育产品和服务整体上并未被纳入国家重点支持的高新技术领域目录。为此,《关于加快发展体育产业促进体育消费的若干意见》提出将体育服务、用品制造等内容及支撑技术纳入高新技术领域,对其进行税收方面的优惠,以鼓励更多体育企业加大研发投入,提高科技含量。目前科技部等部门正在研究将体育服务、用品制造等内容及其支撑技术纳入国家重点支持的高新技术领域的配套政策。

3. 增值税

2016 年财政部、国家税务总局《关于全面推开营业税改征增值税试点的通知》(财税〔2016〕36 号)明确将体育服务纳入生活服务中的文化体育服务缴纳增值税。2016 年 5 月 1 日正式实施的《营业税改征增值税跨境应税行为增值税免税管理办法(试行)》(国家税务总局公告 2016 年第 29 号)对在境外提供的文化体育服务、教育医疗服务、旅游服务免征增值税。在境外提供的文化体育服务和教育医疗服务,是指纳税人在境外现场提供的文化体育服务和教育医疗服务。为参加在境外举办的科技活动、文化活动、文化演出、文化比赛、体育比赛、体育表演、体育活动而提供的组织安排服务,属于在境外提供的文化体育服务。

4. 房产税和城镇土地使用税

体育场馆是重要的社会公共基础设施,《房产税暂行条例》规定,由国家财政部门拨付事业经费的单位自用的房产,社会举办的体育馆等公共、公益事业单位自用的房产免纳房产税。《城镇土地使用税暂行条例》规定,国家财政部门拨付事业经费的单位自用的土地等 7 类土地可以减免土地使用税。但由于缺乏具体的执行细则,对体育场馆自用房产和土地范围、执行标准等没有具体明确,操作方面标准不一,增加了体育场馆的税收负担,不利于体育场馆服务行业的健康发展。

为此,体育总局等八部门《关于加强大型体育场馆运营管理改革创新提高公共服务水平的意见》(体经字〔2013〕381 号)明确提出:“大型体育场馆自用的房产和土地,符合税收法规规定条件的,可享受有关房产税和城镇土地使用税优惠。”在此基础上,该意见将该政策适用范围扩大至全部体育场馆,旨在为场馆减轻负担的同时,促进场馆服务业的发展、推动健身消费。该意见将给予优惠的服务范围限定为“提供公益性群众体育健身服务”,也与体育产业发展和政府导向相契合。

为贯彻落实国务院《关于加快发展体育产业促进体育消费的若干意见》,2015 年 12 月 17 日财政部、国家税务总局发布《关于体育场馆房产税和城镇土地使用税政策的通知》(财税〔2015〕130 号)对国家机关、军队、人民团体、财政补助事业单位、居民委员会、村民委员会拥有的体育场馆,用于体育活动的房产、土地,免征房产税和城镇土地使用税;经费自理事业单位、体育社会团体、体育基金会、体育类民办非企业单位拥有并运营管理的体育场馆，同时符合下列条件的，其用于体育活动的房产、土地，免征房产税和城镇土地使用税：(1)向社会开放，用于满足公众体育活动需要；(2)体育场馆取得的收入主要用于场馆的维护、管理和事业发展；(3)拥有体育场馆的体育社会团体、体育基金会及体育类民办非企业单位，除当年新设立或登记的以外，前一年度登记管理机关的检查结论为"合格"。

对于企业拥有并运营管理的大型体育场馆，其用于体育活动的房产、土地，减半征收房产税和城镇土地使用税。同时通知要求上述税收优惠体育场馆的运动场地用于体育活动的天数不得低于全年自然天数的70%，体育场馆辅助用房及配套设施用于非体育活动的部分，不得享受上述税收优惠。而对于高尔夫球、马术、汽车、卡丁车、摩托车的比赛场、训练场、练习场，除另有规定外，也不得享受房产税、城镇土地使用税优惠政策。

四、体育产业投融资政策

改革开放以来，我国在投资体制方面进行了一系列改革，初步形成了投资主体多元化、资金来源多渠道，投资方式多样化、项目建设市场化的新格局。投融资领域出台了许多相关政策，有力地推动了投资市场的发展。[15] 但长期以来，我国体育企业融资方式单一、融资渠道狭窄，过度依赖银行贷款，以致出现利率较高、成本难支等现象。同时，体育企业普遍规模较小、固定资产较少、初始资金周转能力差、自身治理能力有限、信用度不高，加之多数不能提供符合要求的足够的抵押物等情况，往往难以获得银行贷款。此外，对直接融资的资本市场利用较少，股票债券等融资方式发展滞后，也是造成体育企业的融资难题始终无法破解的原因之一。

针对以上问题，国务院《关于加快发展体育产业促进体育消费的若干意见》从多个方面提出了丰富的政策工具。

一是支持符合条件的体育企业上市，支持符合条件的企业发行企业债券、公司债、短期融资券、中期票据、中小企业集合票据和中小企业私募债等非金融企业债务融资工具。鼓励各类金融机构在风险可控、商业可持续的基础上积极开发新产品，开拓新业务，增加适合中小微体育企业的信贷品种。支持扩大对外开放，鼓励境外资本投资体育产业。

二是推广和运用政府和社会资本合作(PPP)等多种模式，吸引社会资本参与体育产业发展。政府和社会资本合作模式是指政府为增强公共产品和服务供给能力、提供供给效率，通过特许经营、购买服务、股权合作等方式与社会资本建立利益共享、风险分担的长期合作关系。PPP模式有利于创新投融资机制，促进投资主体多元化，推动各类资本相互融合、优势互补，拓宽社会资本投资渠道；对于理顺政府与市场的关系，加快政府职能转变，充分发挥市场资源配置资源的决定性作用。目前，我国关于政府和社会资本合作的政策包括：国务院《关于加强地方政府性债务管理的意见》(国发〔2014〕43号)提出推广使用政府与社会资本合作模式，鼓励社会资本通过特许经营等方式，参与城市基础设施等有一定收

---

〔15〕 国家发展和改革委员会社会发展司、国家体育总局体育经济司编：《〈国务院关于加快发展体育产业促进体育消费的若干意见〉100问》，人民体育出版社2015年版，第64页。

益的公益性事业投资和运营。《关于加快推进健康与养老服务工程建设的通知》(发改投资〔2014〕2091 号)提出,在公立资源丰富的地区,鼓励社会资本通过独资、合资、合作、联营、参股、租赁等途径,采取政府和社会资本合作等方式,参与医疗、养老、体育健身设施建设和公立机构改革。上述文件对采取 PPP 等方式参与体育健身设施等公益性事业投资、建设和运营提出了指导性意见。

三是政府引导,设立由社会资本筹资的体育产业投资基金。通过借鉴其他领域资本市场产业投资基金的成熟运作模式,由政府有关部门牵头推动筹集设立体育产业投资基金,通过市场手段将分散的社会资本汇聚起来,由专业化的投资管理机构进行运作,进行投融资机制创新。

四是鼓励保险公司围绕健身休闲、竞赛表演、场馆服务、户外运动等需求推出多样化保险产品。国务院《关于保险业改革发展的若干意见》(国发〔2006〕23 号)提出,"努力开发满足不同层次、不同职业、不同地区人民群众需求的各类财产、人身保险产品,优化产品结构,拓宽服务领域",与蓬勃发展的体育产业相比,我国体育保险覆盖面小,保障程度低,保险品种少,保险服务不到位。鼓励保险公司围绕健身休闲、竞赛表演、场馆服务、户外运动等需求推出多样化保险产品,意在引导保险公司进一步拓宽产品种类,探索推出健身休闲、户外运动的意外伤害险,竞赛表演领域的运动员保险、赛事安全险,青少年和学校体育的运动伤害险、业余比赛险,体育场馆的安全责任险等,满足体育运动多样化的保险需求。《关于加快发展体育产业促进体育消费的若干意见》提出,鼓励引导企事业单位、学校、个人购买运动伤害类保险,通过推广保险制度为运动健身人群提供基本保障,减少健身事故中的纠纷。

五、体育产业用地规划与土地政策

国务院《关于加快发展体育产业促进体育消费的若干意见》明确要求,各地要将体育设施用地纳入城乡规划、土地利用总体规划和年度用地计划,合理安排用地需求。新建居住区和社区要按相关标准规范配套群众健身相关设施,按室内人均建筑面积不低于 0.1 平方米或室外人均用地不低于 0.3 平方米执行,并与住宅区主体工程同步设计、同步施工、同步投入使用。凡老城区与已建成居住区无群众健身设施的,或现有设施没有达到规划建设指标要求的,要通过改造等多种方式予以完善。充分利用郊野公园、城市公园、公共绿地及城市空置场所等建设群众体育设施。鼓励基层社区文化体育设施共建共享。在老城区和已建成居住区中支持企业、单位利用原划拨方式取得的存量房产和建设用地兴办体育设施,对符合划拨用地目录的非营利性体育设施项目可继续以划拨方式使用土地;不符合划拨用地目录的经营性体育设施项目,连续经营一年以上的可采取协议出让方式办理用地手续。

国务院办公厅《关于促进全民健身和体育消费推动体育产业高质量发展的意见》进一步对建设体育场地设施,优化体育产业供地提出要求。各地区在编制国土空间规划时要统筹考虑体育用地布局,在安排年度土地利用计划时,加大对体育产业新增建设用地的支持力度。利用以划拨方式取得的存量房产、土地兴办体育产业,符合《划拨用地目录》的可按划拨方式办理用地手续,不符合《划拨用地目录》的可采取协议出让方式办理。鼓励各地探索利用集体建设用地、符合条件的"四荒"(荒山、荒沟、荒丘、荒滩)土地发展体育产业。

因地制宜建设体育设施。鼓励各类市场主体利用工业厂房、商业用房、仓储用房等既有建筑及屋顶、地下室等空间建设改造成体育设施，并允许按照体育设施设计要求，依法依规调整使用功能、租赁期限、车位配比及消防等土地、规划、设计、建设要求，实行在5年内继续按原用途和土地权利类型使用土地的过渡期政策。合理利用公园绿地、市政用地等建设足球场、篮球场、排球场等体育设施，鼓励社会资本参与投资建设并依法按约定享受相应权益。已交付的体育设施由体育部门履行监管职责，确保落实体育用途。

第三节　体育产业管理法律制度

一、职业体育法律制度

职业体育一般被认为是以职业俱乐部为实体，职业联赛为载体，以职业运动员的竞技能力和竞赛为基本商品，并以追求良好的经济收益，使资本在运作过程中不断增值作为运作目标以获取最大利润为目的的经营体系。[16] 职业体育是竞技体育发展的高级形态，对于提升竞技水平，发挥体育的经济功能和市场价值，促进体育产业快速发展，进而拉动内需、促进增长、带动就业有着重要意义。而职业体育的发展离不开法律制度的支持和规范。《体育法》明确规定国家促进和规范职业体育市场化、职业化发展，提高职业体育赛事能力和竞技水平。为实现这一目标，国家完善职业体育发展体系，拓展职业体育发展渠道，支持运动员、教练员职业化发展，提高职业体育的成熟度和规范化水平。《民法典》《公司法》《劳动法》等国家基本法也为职业体育俱乐部的运营，俱乐部与职业运动员的法律关系调整以及运动员的权利保护等提供了法律依据。基于体育的国际化和自治性，在全球范围内形成的体育自治规则，包括各体育组织的章程制度、体育行业规则等也为我国职业体育的规范运作提供了最为直接的参照依据。

（一）职业体育俱乐部的法律地位

竞技体育的职业化是体育发展的高级形式，是市场经济的必然产物。职业体育俱乐部则是职业体育的重要组织形式。我国从20世纪90年代初开始进行体育职业化改革，1991年在大连成立了第一个职业足球俱乐部。1992年6月，中国足协以及原国家体委领导在北京红山口召开会议，宣布将足球作为我国竞技体育改革的突破口，率先实行职业俱乐部制。1994年中国足球正式推出职业联赛，体育职业化的序幕被拉开，之后又相继带动了其他运动项目职业化的改革。

关于职业体育俱乐部的界定，目前尚无统一的说法。众多学者从不同的角度有各自的理解，各个运动项目协会的规定也不尽相同。《中国足球协会章程》将足球俱乐部定义为："在中国足协会员注册，遵守国际足联、亚足联和中国足协及其所属会员的章程、规程、规定

---

〔16〕 黄晓灵、黄菁：《职业体育俱乐部的经营收益》，载《体育学刊》2005年第1期。

和决议,参加中国足协主办的比赛,具有独立法人资格的组织。"《中国篮球协会俱乐部管理条例》第2条规定:"篮球俱乐部是从事篮球运动的体育团体,并必须是在所在地区民政部门登记注册的,具有独立法人资格的社会团体或者是在所在地区工商行政部门登记注册的,具有独立法人资格的经济实体。"依据现阶段我国职业体育俱乐部的注册性质来看,所谓职业体育俱乐部是指具有企业法人资格的、以营利为目的的体育机构。[17]

职业体育俱乐部具有团体性,俱乐部的人格和财产在不同程度上同其成员的人格和财产相对分离,以及必须依法成立并在法律允许的范围内从事活动等特征,与具有法人性质的公司的特征相吻合。所以,我国的职业体育俱乐部从法学角度划分属于公司性质的团体或组织。依据我国《公司法》的规定,投资者设立公司时,可以在法律规定的公司形式中任选其一,但不得采取法律没有规定的公司形式或者自行创设某种公司形式。通过对我国现阶段职业体育俱乐部的考察,我国现有职业体育俱乐部绝大部分为有限责任公司。当然随着我国体育市场化进程的发展,在有条件的体育项目上也可以采用股份有限责任公司的形式。

(二)职业体育市场准入制度

市场准入制度是国家和政府准许公民和法人进入市场,从事商品生产经营活动的条件和程序规则等各种制度和规范的总称。[18] 一个行业的市场准入主要包括行政机关通过行政许可和行业协会控制两种方式。行政许可方式是政府行政部门通过批准和注册,对于进入市场从事生产经营活动的市场主体资格或进入市场的行为进行的管制,行业协会控制方式是行业协会基于行业内成员的认同和约定而制定的行业自律规则。从性质上看,行业协会控制方式应当属于一种协定或集体契约,具有契约的约束效力,行业协会外非成员的准入要求则可以看作是一种要约,要约的法源就是集体认同的协会章程。

职业体育采取了特殊的联盟运作方式,职业体育联盟和俱乐部是职业体育市场经营的参与主体。俱乐部是职业体育组织的基本生产经营单位,而职业体育联盟是介于市场与企业之间的中间组织,发挥着"组织化市场"的功能,其组织行为较好地体现了把市场竞争和组织管理关联一体综合运作的要求,在经营上表现为垄断经营。[19] 职业体育俱乐部要加入职业体育联盟获取联赛关键资源的进入权,则需要遵守联盟或协会组织章程的相关规定。为了保持有效竞争和规模化经济效益的实现,成熟的职业体育联盟往往有限制球队进入联盟的倾向,对进入与退出体育竞争的俱乐部资格有着严格的条件和程序限制。因此,职业体育市场准入制度是指在市场经济规律支配下,为达到职业体育市场优胜劣汰、优化资源配置、市场秩序稳定发展的目的,由国家和政府部门、准政府性质的职业体育联盟/协会制定的,关于职业体育俱乐部应具备何种条件或资质进入职业体育市场进行经营、获取职业体育联盟关键资源"进入权"所进行的资质、准入程序等规范的总称,其中包括市场准入机制、俱乐部市场交易过程中的运营动态监管机制以及职业体育市场退出机制。职业体育市

---

〔17〕 鲍明晓:《体育产业——新的经济增长点》,人民体育出版社2000年版,第255页。

〔18〕 李昌麒主编:《经济法学》,中国政法大学出版社1999年版,第149页。

〔19〕 张保华:《职业体育服务业研究》,经济科学出版社2009年版,第115页。

场准入机制和退出机制的建立和完善在一定程度上有助于保证职业体育市场的“优胜劣汰”，改善了职业体育市场俱乐部主体的公司治理结构，使其按照职业体育联盟市场准入机制标准和程序进行优化，一定程度上提高了职业体育俱乐部的总体质量。[20]

以我国职业足球为例，为规范足球俱乐部建设，促进职业联赛健康发展，2017 年 12 月 12 日，中国足球协会根据国际相关法律法规、《亚足联俱乐部准入规程》以及《中国足球协会章程》等相关文件印发了《中国足球协会职业俱乐部准入规程》，要求申请参加中国足球协会超级联赛、中国足球协会甲级联赛的俱乐部均应当依据本规程进行准入申请并完成各项准入审查工作。规程的主要内容包括：

1. 准入工作的管理。首先明确了准入管理机构，规定中国足协是我国职业足球俱乐部准入工作的管理机构，负责俱乐部的准入审核、评估事项，向亚足联负责，制定并执行职业俱乐部准入规程。其次对准入机构的成员要求、保密要求等予以规定。

2. 准入申请者资格。准入申请者应为具有独立法人资格的足球俱乐部，其应当在工商部门或民政部门进行登记注册，同时在中国足协的地方会员协会进行行业内注册。准入申请者在达到参加相应级别联赛的体育成绩的同时，只有获得相应级别职业联赛的准入资格，方能参加中超、中甲或中乙职业联赛。

3. 准入标准。该规程详细规定了体育、设施、人员与管理、法律、财务五个方面的最低标准。准入标准分为强制性标准（A 级）、义务性标准（B 级）和倡导性标准（C 级）三级，准入申请者没有达到本规程中所申请参加级别联赛的任何一个 A 级标准，将不能获得该级别联赛的准入，同时不能参加该级别的职业联赛。准入申请者没有达到本规程中所申请参加级别联赛的任何一个 B 级标准，虽仍能获得该级别联赛的准入，但将受到准入管理者的处罚。

4. 准入程序。规程对职业俱乐部的准入审核、决策程序、审核评估程序作出具体要求。

5. 其他准入申请的内容、资格的失效和撤销、处罚等规定。

与《中国足球协会职业俱乐部准入规程》相配套，为规范和提高职业足球俱乐部财务工作，2018 年 12 月，中国足球协会印发《中国足球协会职业俱乐部财务监管规程》以及中超、中甲、中乙俱乐部 2019 ~ 2021 年度财务约定指标。这些规程与指标对提高俱乐部管理能力和运营水平，促进职业联赛长期稳定健康发展具有重要意义，也为我国其他运动项目职业化改革提供了借鉴。

（三）职业体育俱乐部法人治理结构

法人治理结构是现代企业制度中最重要的组织架构，是公司制度的核心。狭义的公司治理主要是指公司内部股东、董事、监事及经理层之间的关系，广义的公司治理还包括与利益相关者（如员工、客户和社会公众等）之间的关系。公司作为由法律赋予人格的法人实体，需要有相适应的组织体制和管理机构，使之具有决策能力、管理能力，行使权利并承担责任。

我国《公司法》根据我国公司的发展实际，吸收国外先进公司组织结构的有益经验，对我国公司的组织结构作了明确的规定。按照《公司法》相关规定，法人治理结构由四个部分

---

〔20〕 李燕领：《我国职业体育市场准入制度研究——以篮球、足球项目为例》，苏州大学 2011 年博士学位论文。

组成:

1. 股东会或者股东大会,由公司股东组成,所体现的是所有者对公司的最终所有权,是公司的最高权力机构。

2. 董事会,由公司股东大会选举产生,对公司的发展目标和重大经营活动作出决策,维护出资人的权益,是公司的决策机构。

3. 监事会,是公司的监督机构,对公司的财务和董事、经营者的行为发挥监督作用。

4. 经理,由董事会聘任,是公司的执行机构。公司法人治理结构的四个组成部分,都应该依法设置,它们的产生和组成、行使的职权、行事的规则等,在《公司法》中作了具体规定。

我国职业俱乐部公司制改造是我国职业俱乐部发展的方向,建立产权明晰、责权明确、政企分开、管理科学的现代企业制度是我国职业足球俱乐部的目标。以职业足球为例,2015年出台的《中国足球改革发展总体方案》明确规定:优化俱乐部股权结构。实行政府、企业、个人多元投资,鼓励俱乐部所在地政府以足球场馆等资源投资入股,形成合理的投资来源结构,推动实现俱乐部的地域化,鼓励具备条件的俱乐部逐步实现名称的非企业化。完善俱乐部法人治理结构,加快现代企业制度建设,立足长远,系统规划,努力打造百年俱乐部。《体育法》第72条也进一步明确要求,职业体育俱乐部应当健全内部治理机制,完善法人治理结构,充分发挥其市场主体作用。

从我国职业体育俱乐部的实际情况来看,俱乐部大都在形式上建立了比较完善的内部组织机构,但是在股东权益的保护、董事会职责的明确、俱乐部内部监督机制以及民主决策等方面还有待加强。我国职业体育俱乐部的内部组织结构首先应该按照《公司法》的要求,实现法人治理制度,完善内部组织结构,通过章程等其他公司文件明确各自的职责权限并真正加以落实。这是当前完善整个体育俱乐部制度的关键,也是保证俱乐部健康发展的关键。同时,俱乐部要建立能够发挥和保护教练员、运动员积极性,保护其合法权益的体制和机制。[21]

二、体育经纪人管理制度

体育经纪人是指依法取得合法资格,专门从事体育赛事、体育组织的品牌包装、经营策划、无形资产开发,以及运动员的转会、参赛等中介活动的自然人、法人或其他组织。规范化的体育经纪行为和专业化的体育经纪人是体育市场的重要组成部分。2004年原国家工商行政管理总局颁布的《经纪人管理办法》(已失效)于2016年4月29日废止后并未颁布新的对经纪人及经纪行为进行规制的法规,我国暂无统一的体育经纪人管理办法。目前对体育经纪人主要依据《民法典》和部分运动项目协会规定、地方管理规定等来管理。职业化程度高且与国际接轨的足球和篮球项目协会出台了适用于本项目经纪人的专门规定,其中1999年颁布了《中国足球协会球员代理人管理规定》,并于2016年、2018年经过两次修订;2009年颁布了《中国篮球协会经纪人管理办法》,并于2019年修订发布《中国篮球协会经纪

---

〔21〕 周进强:《职业体育俱乐部管理问题研究——职业体育俱乐部法律问题研究之三》,载《天津体育学院学报》2002年第1期。

活动管理办法(试行)》。

根据上述规定,我国对体育经纪人的管理制度主要有以下内容。

(一)资格认定制度

根据申请人的条件、专业知识和能力,由主管机关确认其是否符合法律规定的基本要求,从而对其资格予以认定,这是对体育经纪人进行管理的基本制度。2016 年为了简化社会就业资格证书认证程序,打开社会职业资格管理的改革局面,人力资源和社会保障部推出《进一步减少和规范执业资格许可和认定事项的改革方案》,随后原定于当年举行的 2016 年体育经纪人职业资格统一考试被取消。后经过国家体育总局人力资源开发中心一年的论证探索,从 2017 年开展体育经纪人等级培训与能力测评系列工作,等级测评采取全国统一时间、统一测评标准的方式进行。目前我国体育经纪人等级培训分为三级,从低到高依次为三级、二级和一级,2017 年首先开展三级体育经纪人的培训测评考核认证工作,成绩合格者将颁发“体育经纪人等级培训与能力测评证书”。

(二)注册登记制度

体育经纪人在获得资格认定后,根据法律所规定的注册登记程序、时间到相应的体育组织或经纪人联合会注册。《中国足球协会球员代理人管理规定》规定,在中国境内从事球员代理活动的其他地区代理人(持有非中国大陆地区护照),包括已取得其他国家或地区(国际足联会员协会)有效代理人资格的代理人和未在其他协会取得有效资格的人员,在中国足协进行注册并获得中国足协颁发的代理人资格证后方可在中国境内进行球员代理活动。

(三)保证金制度

《中国足球协会球员代理人管理规定》对足球代理人管理实行保证金制度。自然人在中国足协注册时应在规定时间内向中国足协缴纳保证金 20 万元人民币,且本款项只能由自然人的本人账户向中国足协指定账户缴纳,不得由他人代缴。代理人自愿放弃或被终止代理人资格的,可书面申请退还保证金。《中国篮球协会经纪活动管理办法(试行)》规定,通过中国篮协经纪人考核并符合上述其他条件的申请人,要获得中国篮协经纪人证书并开展经纪活动,须按照中国篮协官网公告的时间、方式等要求及时向中国篮协缴纳保证金人民币 5 万元。保证金主要用于下列情况:(1)在经纪活动中的赔偿;(2)因违反本办法以及国际篮联或其洲际篮球组织、中国篮协的相关规定从事、开展经纪活动而承担的处罚、罚款等。

(四)合同管理制度

为了保证经纪人和委托人双方的合法权益,双方必须以合同形式明确各自的责、权、利,以便受到法律的保护。一般来说,合同的主要条款应包括双方的基本情况,服务范围、经纪期限、佣金支付方式、合同终止条件、争议解决方式等内容。《中国篮球协会经纪活动管理办法(试行)》将篮球经纪合同分为交流型、商务型和综合性三类,并对不同类型经纪合同的主要条款进行了明确。

(五)佣金制度

佣金是体育经纪人最主要的收入来源。一般来说,佣金的收取方式有两种,即按比例收费和按时间收费。佣金制度主要包括收费的方式、收费的标准、给付的时间、佣金的请求权及丧失权等。《中国篮球协会经纪活动管理办法(试行)》规定,经纪活动交易完成后,所产生的佣金由委托方支付;收取佣金和费用,须向付款人开具正规发票/可接受的收费凭证,并依法缴纳税费,并敦促付款人履行和完成有关税费的缴纳义务和责任。

(六)仲裁制度

当体育经纪活动出现争议和纠纷时,可以通过仲裁程序予以解决。《中国足球协会球员代理人管理规定》规定,与代理人活动有关的争议,球员、代理人和俱乐部可根据中国足协章程和中国有关法律、法规将争议提交中国足协仲裁委员会解决。随着2022年《体育法》对我国体育仲裁制度的规定,体育经纪争议也可以提交专门的体育仲裁机构仲裁。

(七)违规处罚制度

当体育经纪人违反规定时,应该承担相应法律责任并予以处罚。《中国足球协会球员代理人管理规定》规定,违反国际足联、亚足联和中国足协章程、规程及相关规定的代理人,可给予以下处罚:(1)警告。(2)罚款(如不缴纳罚款,将从保证金中扣除;被扣除后应在15日内将保证金补齐)。(3)暂扣证书一年。(4)吊销代理人资格证书,取消注册资格。(5)停止参与足球活动。上述处罚可单独使用也可并行。对处罚结果有争议,符合相关规定的可按程序申诉。

(八)培训制度

在取得经纪人资格之前,要经过相关科目的学习培训,同时体育经纪人执业过程中的后续培训教育也是十分重要的内容。体育经纪人要不断更新自己的知识,除了自己学习,还应该由管理机关组织集中培训学习,并以此作为年度检审的必要条件。

三、体育彩票业管理制度

体育彩票业是体育产业的重要组成部分,也是体育产业的支柱产业之一。体育彩票作为一种特殊的商品,是体育资金市场化筹集的一种重要方式,自20世纪90年代面世以来,我国的体育彩票以其低投入、高回报的特征和收益用于公益事业的性质极大地吸引了公众的关注,销售额不断上升,长时间保持良好的势头,不仅缓解了国家的财政压力,增加了大量就业机会,而且带动了体育相关产业的发展,加快了我国体育的产业化进程。

由体育彩票的特殊属性所决定,体育彩票市场具有很强的政策性、敏感性和一定的风险,体育彩票的管理除了要遵守彩票业的一般规律之外,还必须反映体育运动发展的规律和体育市场经营的特殊属性,需要较强的政策导向、行政干预和计划调控,由国家进行专门管理,所以体育彩票的法制化管理也是我国体育产业法律制度的一个重要方面。根据2009年7月1日起正式实施的《彩票管理条例》,以及国务院、财政部、国家体育总局有关体育彩票的法规和规范性文件的规定,我国体育彩票的具体管理制度包括以下内容。

(一)体育彩票管理体制

国务院特许发行体育彩票,未经国务院特许,禁止发行其他彩票,禁止在中华人民共和国境内发行、销售境外彩票。国务院财政部门负责全国体育彩票监督管理工作,国务院体育行政部门按照职责负责全国体育彩票的管理工作。省、自治区、直辖市人民政府财政部门负责本行政区域的体育彩票监督管理工作,省、自治区、直辖市人民政府体育行政部门按照职责负责本行政区域的体育彩票管理工作。县级以上各级人民政府公安机关和县级以上工商行政管理机关,在各自的职责范围内,依法查处非法体育彩票,维护彩票市场秩序。

(二)体育彩票发行和销售管理制度

1. 体育彩票发行和销售管理机构

国务院体育行政部门依法设立的体育彩票发行机构负责全国的体育彩票发行和组织销售工作。省、自治区、直辖市人民政府体育行政部门依法设立的体育彩票销售机构分别负责本行政区域的体育彩票销售工作。彩票发行机构申请开设、停止体育彩票的具体品种或者申请变更彩票品种审批事项的,应当依照规定的程序报国务院财政部门批准。国务院财政部门应当根据彩票市场健康发展的需要,按照合理规划彩票市场和彩票品种结构、严格控制彩票风险的原则,对彩票发行机构的申请进行审查。

2. 体育彩票的发行制度

彩票发行机构申请开设体育彩票品种,应当经国务院体育行政部门审核同意,向国务院财政部门提交下列申请材料:申请书;彩票品种的规则;发行方式、发行范围;市场分析报告及技术可行性分析报告;开奖、兑奖操作规程;风险控制方案。

国务院财政部门应当自受理申请之日起 90 个工作日内,通过专家评审、听证会等方式对开设彩票品种听取社会意见,对申请进行审查并作出书面决定。体育彩票发行机构申请变更彩票品种的规则、发行方式、发行范围等审批事项的,应当经国务院体育行政部门审核同意,向国务院财政部门提出申请并提交与变更事项有关的材料。国务院财政部门应当自受理申请之日起 45 个工作日内,对申请进行审查并作出书面决定。

体育彩票发行机构申请停止彩票品种的,应当经国务院体育行政部门审核同意,向国务院财政部门提出书面申请并提交与停止彩票品种有关的材料。国务院财政部门应当自受理申请之日起 10 个工作日内,对申请进行审查并作出书面决定。经批准开设、停止彩票品种或者变更彩票品种审批事项的,彩票发行机构应当在开设、变更、停止的 10 个自然日前,将有关信息向社会公告。因维护社会公共利益的需要,在紧急情况下,国务院财政部门可以采取必要措施,决定变更彩票品种审批事项或者停止彩票品种。

3. 体育彩票的销售制度

体育彩票发行机构、销售机构可以委托单位、个人代理销售体育彩票。体育彩票发行机构和销售机构应当与接受委托的彩票代销者签订彩票代销合同。彩票代销者不得委托他人代销彩票。

体育彩票销售机构应当为体育彩票代销者配置彩票投注专用设备。彩票投注专用设备属于彩票销售机构所有,彩票代销者不得转借、出租、出售。彩票销售机构应当在彩票发行机构的指导下,统筹规划彩票销售场所的布局。彩票销售场所应当按照彩票发行机构的统一要求,设置彩票销售标识,张贴警示标语。

体育彩票发行机构、销售机构、彩票代销者不得有下列行为:进行虚假性、误导性宣传;以诋毁同业者等手段进行不正当竞争;向未成年人销售彩票;以赊销或者信用方式销售彩票。需要销毁彩票的,由体育彩票发行机构报国务院财政部门批准后,在国务院体育行政部门的监督下销毁。体育彩票发行机构、销售机构应当及时将彩票发行、销售情况向社会全面公布,接受社会公众的监督。

(三)体育彩票开奖和兑奖管理制度

体育彩票发行机构、销售机构应当按照批准的彩票品种的规则和开奖操作规程开奖。国务院体育行政部门和省、自治区、直辖市人民政府体育行政部门应当加强对体育彩票开奖活动的监督,确保体育彩票开奖的公开、公正。

体育彩票发行机构、销售机构应当确保彩票销售数据的完整、准确和安全。当期彩票销售数据封存后至开奖活动结束前,不得查阅、变更或者删除销售数据。体育彩票发行机构、销售机构应当加强对开奖设备的管理,确保开奖设备正常运行,并配置备用开奖设备。体育彩票发行机构、销售机构应当在每期彩票销售结束后,及时向社会公布当期彩票的销售情况和开奖结果。体育彩票中奖者应当自开奖之日起60个自然日内,持中奖彩票到指定的地点兑奖,彩票品种的规则规定需要出示身份证件的,还应当出示本人身份证件。逾期不兑奖的视为弃奖。体育彩票发行机构、销售机构、代销者应当按照彩票品种的规则和兑奖操作规程兑奖。

(四)体育彩票资金管理制度

体育彩票资金包括彩票奖金、彩票发行费和彩票公益金。彩票资金构成比例由国务院决定。体育彩票品种中彩票资金的具体构成比例,由国务院财政部门按照国务院的决定确定。体育彩票发行机构、销售机构应当按照国务院财政部门的规定开设彩票资金账户,用于核算彩票资金。国务院财政部门和省、自治区、直辖市人民政府财政部门应当建立体育彩票发行、销售和资金管理信息系统,及时掌握体育彩票销售和资金流动情况。体育彩票奖金用于支付彩票中奖者。彩票单注奖金的最高限额,由国务院财政部门根据彩票市场发展情况决定。体育彩票发行费专项用于彩票发行机构、彩票销售机构的业务费用支出以及彩票代销者的销售费用支出。

体育彩票发行机构和销售机构的业务费实行收支两条线管理,其支出应当符合彩票发行机构、彩票销售机构财务管理制度。体育彩票公益金按照政府性基金管理办法纳入预算,实行收支两条线管理。体育彩票公益金专项用于体育公益事业,不用于平衡财政一般预算。体育彩票发行机构、销售机构应当按照国务院财政部门的规定,及时上缴彩票公益金和彩票发行费中的业务费,不得截留或者挪作他用。财政部门应当及时核拨彩票发行机构、彩票销售机构的业务费。体育彩票公益金的分配政策,由国务院财政部门会同国务院体育行政部门提出方案,报国务院批准后执行。

体育彩票发行费、公益金的管理、使用单位,应当依法接受财政部门、审计机关和社会公众的监督。体育彩票公益金的管理、使用单位,应当每年向社会公告公益金的使用情况。国务院财政部门和省、自治区、直辖市人民政府财政部门应当每年向本级人民政府报告上年度体育彩票公益金的筹集、分配和使用情况,并向社会公告。

四、体育标准化管理制度

标准是质量的准绳,是经济社会有序发展的技术支撑。“得标准者得天下”,标准在某种程度上决定着市场的控制权,标准竞争已成为继产品竞争、品牌竞争之后,一种层次更深、水平更高、影响更大的竞争形式,体育产业同样需要标准化的强力支撑。[22] 国务院《关于加快发展体育产业促进体育消费的若干意见》提出大力推进体育产业标准化工作,提高我国体育产业标准化水平。2017 年 10 月 23 日,国家体育总局印发《体育标准化管理办法》,同期,国家体育总局办公厅印发了《体育标准制修订工作实施细则》。2018 年 8 月 14 日,国家体育总局和国家市场监管总局联合印发《体育标准体系建设指南(2018－2020 年)》全面提升体育标准化服务能力,重点制定支持群众体育、竞技体育、体育产业发展的关键标准,推进体育国际标准化工作。2022 年 2 月国家体育总局根据 2017 年修订的《标准化法》,修订并印发了《体育标准化管理办法》,该办法对高质量发挥体育标准化在推动群众体育、竞技体育和体育产业发展中的基础性、引领性作用具有重要意义。目前,我国体育行业标准体系不断完善,国家标准从基础通用到器材装备、从健身指导到设施配建,涉及内容广泛,全方位支撑了全民健身国家战略和体育产业的发展。

(一)体育标准化工作的管理

国家体育总局统一管理体育部门和体育行业的标准化工作。依据《标准化法》《全国专业标准化技术委员会管理办法》,国家体育总局设立全国体育标准化技术委员会,根据标准化工作需求,提出体育领域标准化工作的政策和措施建议,为有关厅司局、直属事业单位推动标准化工作提供技术支撑,开展体育领域基础通用技术标准化工作。

县级以上地方体育行政主管部门管理本行政区域内体育标准化工作,组织宣传贯彻、实施体育领域国家标准、行业标准,组织编制体育领域地方标准,组织推广体育标准化试点示范,对体育领域标准的实施情况进行监督检查。全国性体育社会组织依据章程规定的业务范围规范开展团体标准化工作,组织制定体育领域团体标准,提出体育领域国家标准、行业标准建议,承担组织起草部门委托开展的体育标准化工作,实施体育领域标准。鼓励、支持社会团体、企业事业单位和教育、科研机构、公民个人等开展或者参与体育标准化工作,提出体育领域国家标准、行业标准建议。

(二)体育标准的分类

对需要在全国范围内统一的体育领域产品、过程和服务的基础通用要求,应当制定体育领域国家标准。按照标准的法律约束力分类,国家标准分为强制性标准、推荐性标准。在国家体育总局职责范围内,对保障人身健康和生命财产安全、国家安全、生态环境安全以及

〔22〕 国家发展和改革委员会社会发展司、国家体育总局体育经济司编:《〈国务院关于加快发展体育产业促进体育消费的若干意见〉100 问》,人民出版社 2015 年版,第 83 页。

满足社会经济管理需要的应当制定体育领域强制性国家标准。在国家体育总局职责范围内,对满足基础通用、与强制性国家标准配套、对体育行业起引领作用等需要的技术要求,可以制定体育领域推荐性国家标准。对没有国家标准、需要在体育部门和体育行业内统一的技术要求,可以制定体育领域行业标准。为满足地方自然条件、风俗习惯和地方体育发展需要等特殊技术要求,可以制定体育领域地方标准。

鼓励、支持全国性体育社会组织协调相关市场主体共同制定满足体育市场和创新需要的团体标准,由本团体成员约定采用或者按本组织的规定供社会自愿采用。鼓励、支持体育领域企业根据需要自行制定企业标准,或者与其他企业联合制定企业标准。

体育领域推荐性国家标准、行业标准、地方标准、团体标准、企业标准的技术要求不得低于强制性国家标准的相关技术要求。

(三)体育标准的制定、实施和监督

体育领域国家标准、行业标准的制定实行计划管理,组织起草部门应当在职责范围内建立标准体系,开展年度计划申报工作。各类标准的管理按照国务院标准化行政主管部门的有关规定执行。制定体育领域标准的一般程序包括:项目提出、立项、组织起草、征求意见、技术审查、编号、发布、出版公开。禁止利用体育领域标准实施妨碍商品、服务自由流通等排除、限制市场竞争的行为。

国家体育总局应当对体育标准化工作进行信息公开。各级体育行政主管部门应当严格执行体育领域国家标准、行业标准,依据法定职责建立健全体育领域标准的实施监督评价反馈机制和实施情况统计分析报告制度。鼓励各级体育行政主管部门合理合法采信体育社会组织公开的团体标准。积极推动参与体育领域国际标准化活动,开展体育标准化对外合作与交流,参与制定国际标准,结合国情采用国际标准,推动中国标准与国外标准之间的转化运用。

体育领域团体标准和企业标准实施自我声明公开和监督制度。体育领域社会团体对其公开的全部信息负责。体育领域企业应当公开其执行的强制性标准、推荐性标准、团体标准或者企业标准的编号和名称;体育领域企业执行自行制定的企业标准的,还应当公开产品、服务的功能指标和产品的性能指标。体育领域企业应当按照标准组织生产经营活动,其生产的产品、提供的服务应当符合企业公开标准的技术要求。

组织起草部门应当定期对其职责范围内的体育领域国家标准、行业标准进行评价,根据反馈和评价情况对其制定的标准进行复审。标准复审周期一般不超过5年。经过复审,对不适应体育事业发展需要和技术进步的应当及时修订或者废止。

(四)保障机制

各级体育行政主管部门应当重视标准化工作,履行标准化工作职责,将标准化工作纳入本部门工作计划,并根据实际工作需要将体育标准化工作经费纳入本部门经费预算。各级体育行政主管部门应当加强体育标准化人才培养,对在标准化工作中做出显著成绩、突出贡献的单位和个人,可以依据国家有关规定给予表彰和奖励。

(五)法律责任

生产、销售、进口产品或者提供服务不符合强制性标准,或者企业生产的产品、提供的服务不符合其公开标准的技术要求的,按依法承担民事责任。生产、销售、进口产品或者提供服务不符合强制性标准的,依照《产品质量法》《进出口商品检验法》《消费者权益保护法》等法律、行政法规的规定查处,记入信用记录,并依照有关法律、行政法规的规定予以公示;构成犯罪的,依法追究刑事责任。

组织起草部门、全国性体育社会组织制定的标准不符合《体育标准化管理办法》规定的,应当及时改正;拒不改正的,国家标准、团体标准由国家体育总局向国务院标准化行政主管部门申请废止,行业标准由国家体育总局公告废止。对于利用标准实施排除、限制市场竞争行为的,依照《反垄断法》等法律、行政法规的规定执行。

第四节 体育知识产权保护法律制度

一、概述

(一)知识产权的定义与特征

对于知识产权,国际上至今尚未形成统一权威的定义,一般有广义和狭义两个方面。广义的知识产权,可以包括一切人类智力创作的成果,也就是《建立世界知识产权组织公约》所划的范围。国际保护工业产权协会1992年东京大会将知识产权分为"创作性成果权利"与"识别性标记权利"两大类。其中前一类包括7项,即发明专利权、集成电路权、植物新品种权、Know－How权(也称技术秘密权)、工业品外观设计全、版权(著作权)、软件权。后一类包括3项,即商标权、商号权(也称厂商名称权)、其他与制止不正当竞争有关的识别性标记权。[23]

狭义的知识产权,则包括工业产权与版权两部分。我国《民法典》第123条规定,民事主体依法享有知识产权,知识产权是权利人依法就下列客体享有的专有的权利:(1)作品;(2)发明、实用新型、外观设计;(3)商标;(4)地理标志;(5)商业秘密;(6)集成电路布图设计;(7)植物新品种;(8)法律规定的其他客体。可见,《民法典》中的知识产权是基于创造性智力成果和商业标记依法产生的权利的统称。

知识产权与有形财产权比较具有如下法律特征:

1. 知识产权客体的非物质性。知识产权是一种新型的民事权利,是一种有别于财产所有权的无形财产权。知识产权的客体是智力成果和商业化标记等知识产品,是一种没有形体的精神财富,其中所包含的科学艺术成就和经营性标记具有使用价值和交换价值。相对于不动产等有形物,知识产权的客体不能进行有形控制的占有,对它们的使用不会发生有形的损耗,也不会有对知识产品的事实处分等只有有形物才具有的权利行为。因此,客体的非物质性是知识产权的本质属性所在,也是该项权利区别于其他财产权利的最主要法律特征。

2. 知识产权的排他性。知识产权一经确认,便具有财产权的共性,即排他性,或者说专

---

〔23〕 郑成思:《知识产权法》(第2版),法律出版社2003年版,第5页。

有性、独占性,其主要表现在两个方面:其一,知识产权为权利人所独占,权利人垄断这种专有权并受法律严格保护,其他人未经权利人许可都不能实施,否则就构成侵权,要负法律责任,这就是实施上的排他性。其二,对同一项知识产权,不允许有两个或两个以上同一属性的知识产权并存。但是这种独占性并不是绝对的,为了促进知识的广泛传播,推动社会进步和发展,法律还规定了合理的使用、法定许可、强制许可等制度对知识产权进行必要的限制。

3. 知识产权的法律确认性。知识产权必须经过法律的直接确认才能产生。智力成果本身并不能直接产生知识产权,必须经过专利法、商标法等专门立法之后才能受到法律保护。同样的智力成果可以由不同的主体同时或先后完成,但智力成果本质上要求独创性和单一性,因此,必须由法律专门赋予其中具有创造性的智力成果的完成人以独占性的支配权,才能构成一项知识产权。

4. 知识产权的地域性。知识产权作为一种专有权利,其空间效力并不是无限的,而要受到地域限制,即具有严格的领土性,即一个国家所确认和保护的知识产权,仅在这个国家法律保护的范围内有效。除非签订有国际公约或双边互惠协定外,知识产权没有域外效力,其他国家对这种权利没有保护义务,任何人均可以在自己国内自由使用该知识产权。

5. 知识产权的时间性。知识产权是一种有时间限制的权利,仅在法律规定的期限内受到保护。一旦超过有效期限,这一权利就自行消灭,期限届满后,相关知识产品就成为整个社会的共同财富,任何人都可以无偿地随意使用。

(二)体育知识产权的概念

体育知识产权是知识产权的重要组织部分之一。我国对体育领域知识产权保护问题的研究尚处于起步阶段,体育知识产权的概念未形成统一的认识。参照一般知识产权的定义并结合体育领域的实际,体育知识产权是指自然人、法人、非法人社会组织或者国家依据法律的规定对其在竞技体育、体育文化和体育产业经营等领域的创造性智力成果和经营性标志所享有的专有权利的总称。[24] 体育知识产权是一个动态的概念,随着社会经济的发展、科技的革新,其适用范围与研究对象也将发生变化,就其具体范围来说,体育知识产权是体育组织、体育工作者、体育经营者和赞助者依法享有体育智力劳动成果和经营标志、信誉的权利,主要客体包括体育著作权、体育专利权、体育商标权、体育赛事转播权、民族传统体育项目、奥林匹克运动标志、体育专有技术、体育未公开信息、与知识产权有关的反不正当竞争方法等。体育知识产权自然具备知识产权所共有的非物质性、专有性、法律确认性、地域性和时间性等法律特征。

(三)体育知识产权的法律保护

1. 国际社会对体育知识产权的法律保护

(1)世界知识产权公约。国际知识产权公约很多,得到绝大多数知识产权公约普遍一致保护并已涵盖到体育知识产权的主要有体育著作、论文、教学训练的录像带、光盘,体育专利的服装、器材、仪器等产品,体育产品上的商标、经营活动中的商号等很少部分内容。大

---

〔24〕 张玉超:《我国体育知识产权的基本法律问题研究》,载《中国体育科技》2014 年第 2 期。

多数体育特有的主要知识产权未能得到明确保护,如运动竞赛表演、运动技战术创新、运动竞赛电视转播、体育技术秘密、体育专有技术等。《保护表演者、录音制作者与广播组织公约》第9条指出:"任何缔约国均可根据国内法律和法规,将本公约提供的保护扩大到不是表演文学或艺术的艺人。"这就是说可以将体育竞赛表演列入保护范围。运动竞赛表演可以作为作品,运动员作为表演者。《建立世界知识产权组织公约》规定的保护范围很宽泛,即"与人类创造性活动的一切领域的发明有关的权利","一切其他来自工业、科学及艺术领域的智力创作活动所产生的权利"。可以说所有体育知识产权的内容都受《建立世界知识产权组织公约》的保护。

联合国教科文组织在1998年通过决议,设立口头和非物质文化遗产评选,两年审批一次。教科文组织认为,口头和非物质文化遗产是确定文化特性、激发创造力和保护文化多样性的重要因素。各国优秀的民族传统体育是各国优秀的民族文化遗产的重要组成部分,理应受此项决议保护。

(2)专门的体育知识产权公约。专门的体育知识产权公约很少,仅有《保护奥林匹克会徽内罗毕公约》和《埃斯特角宣言》。《保护奥林匹克会徽内罗毕公约》保护范围很窄,仅有奥林匹克会徽,连奥林匹克名称、会歌、会旗、吉祥物都未列入范围。《埃斯特角宣言》主要是将各国民族体育项目按文化遗产原则作为民间文学艺术作品进行保护和发扬。

(3)国际体育知识产权合同。国际体育知识产权合同如举办夏季奥林匹克运动会、世界杯足球赛合同。现在国际体育组织举办的世界重大比赛,主办者都要同各国承办者签订保护竞赛的电视转播、赞助广告、名称、标志等知识产权合同。这种合同受到各国法律和法规的承认,是当今保护体育知识产权的主要形式。

2. 我国保护体育知识产权的相关法律

我国过去由于没有专门的知识产权法,体育知识产权主要采取自我保护、民间命名及合同的方式予以保护。民间命名方式主要有:(1)以创作者命名,如陈式、杨式太极拳;(2)以家族命名,如杨家枪、岳家锤;(3)以发源地命名,如少林拳、武当拳;(4)以风格命名,如形意拳、猴拳、醉拳。民间合同方式主要有收徒弟、密传、家传等约定俗成合同方式进行自我或社会民间保护。

随着我国知识产权法律保护制度的健全和完善,国家越来越重视在知识产权保护方面的制度建设,构建了由《民法典》《商标法》《专利法》《著作权法》《反不正当竞争法》《专利代理条例》以及地方各级人大通过知识产权保护条例等组成的知识产权保护法律体系,并适应加入世贸组织的形势承认并履行《与贸易有关的知识产权协定》(TRIPs)项下的义务,相继加入了《保护工业产权巴黎条约》《专利合作条约》《商标国际注册马德里协定》《国际植物新品种保护公约》《保护文学和艺术作品伯尔尼公约》《世界版权公约》等十余个国际公约、条约、协定或议定书,实现了中国知识产权保护的国际接轨。在此法律框架之下,体育知识产权也得到了越来越完善的保护。1996年7月13日国务院发布的《特殊标志管理条例》,其中包括了对体育标志的管理和保护,该条例第2条规定,特殊标志是指经国务院批准举办的全国性和国际性的文化、体育、科学研究及其他社会公益活动所使用的,由文字、图形组成的名称及缩写、会徽、吉祥物等标志。2002年颁布,2018年6月28日修订的《奥林匹克标志保护条例》,进一步加强了对奥林匹克标志的保护,保障了奥林匹克标志权利人的合法权益。2022年修订的《体育法》也拓展了对相关体育知识产权的保护,即第52条规定:在中国境内举办的体育赛事,其名称、徽记、旗帜及吉祥物等标志按照国家有关规定予以保护。未经体育赛事活动组织者等相关权利人许可,不得以营利为目的采集或者传播体育赛事活动现场图片、音视频等信息。

二、体育赛事转播权的法律保护

体育赛事,尤其是大型赛事,需要主办者从硬件(场地、器材、设备)到软件(策划、组织、接待、比赛)进行大量的投入,一场精彩纷呈的体育赛事是体育组织者、运动员以及相关人员体力劳动和脑力劳动的结晶,体育赛事能够满足人们的精神需求,从这个角度来看,赛事具备了作为商品的核心价值。随着信息传播技术的发展,体育赛事与传媒产业形成一种经济共生关系,体育赛事组织者通过向媒体转让权利,不仅能够扩大体育比赛的影响力,增加观众人数,而且可以为赛事组织者带来经济收益,进而推动体育的发展。相比于其他传播手段,电视对体育赛事的转播画面最直观、受众最多、历史最久,因此体育赛事转播权的历史发展中,赛事的电视转播权受到较多关注。1958年,《奥林匹克宪章》就明确提出了转播权的概念,即第一章第11条规定:"奥林匹克运动会是国际奥委会的专属财产,国家奥委会拥有与之有关的全部权利,特别是不加限制地涉及该运动会的组织、开放、转播、录制、重放、复制、获取和散发的全部权利。"这一规定为国家奥委会收取高额的电视转播费奠定了基础。[25] 其后,随着体育赛事从广播、电视转播发展到网络新媒体的转播,更进一步扩展和丰富了体育赛事传播的手段与内容。

但有关体育赛事转播权的定义在国内外没有得到统一,从法律角度上讲,它并不是一个严谨的法律概念。在国外的理论探讨和业界实践中,围绕体育赛事转播权的权利界定产生了多种说法,比较有代表性的包括赛场准入权说、娱乐服务提供说和企业权利说等。[26] 伴随着我国体育产业的发展,国内对于体育赛事转播权的探讨也越来越多,大多数学者希望用某种权利形式来解释体育赛事转播权,由此出现了多种观点:有的认为体育赛事转播权属于广播组织权,是著作权法中邻接权的一种;[27] 有的认为体育赛事转播权是一种广义上的"合同权",赛事主办方根据协会的章程、合同享有相应权利;还有的提出体育赛事转播权应归属为"表演者权"[28] 和"非表演者权"以及新型的"商品化权"[29] 等观点。虽然国内外对赛事转播权的法律属性仍存在一定的争议,但毋庸置疑,无论是国际还是国内,赛事转播权已经成为体育赛事组织者重要的权利,能为其带来巨大的收益,已成为体育组织一项非常重要的经济来源,理应得到法律的保障。因此,一般认为体育赛事转播权是体育赛事组织允许电视、网络等媒体向公众播放体育比赛并由此获得报酬的权利。该权利的享有主

---

[25] 张玉超:《中国体育知识产权保护制度研究》,知识产权出版社2012年版。
[26] 张玉超、曹竞成:《体育赛事转播权的法律属性》,载《首都体育学院学报》2014年第6期。
[27] 蒋新苗、熊任翔:《体育比赛电视转播权与知识产权划界初探》,载《体育学刊》2006年第1期。
[28] 马骁:《奥运会电视转播权及网络转播权的法律分析》,载《电子知识产权》2003年第4期。
[29] 魏鹏娟:《体育赛事电视转播权法律性质探析》,载《首都体育学院学报》2006年第5期。

体是体育组织或赛会主办单位，客体是体育比赛，内容按照播放方式，可以分为电视转播权和网络转播权；按照播放内容，可以分为实况转播权、赛事集锦权和新闻报道权等。[30]

《体育法》第52条规定：在中国境内举办的体育赛事，其名称、徽记、旗帜及吉祥物等标志按照国家有关规定予以保护。未经体育赛事活动组织者等相关权利人许可，不得以营利为目的采集或者传播体育赛事活动现场图片、音视频等信息。该条规定没有直接使用"转播权"的概念，避免了新增权利概念界定的困难，但明确了体育赛事中无形资产的权属和保护，并且新的规定也比传统转播权的概念更加宽泛，不仅包括未经体育赛事活动组织者等相关权利人许可，以营利为目的采集或者传播体育赛事活动现场音视频的行为，还禁止以营利为目的采集或者传播图片等信息，有利于更好地保护赛事组织者的权利，制止以营利为目的的摄制、盗录、盗播行为。

三、体育标志权的法律保护

（一）体育标志与体育标志权

标志，作为名词使用时，亦作标识、标记。《现代汉语词典》对其所下定义是"表明事物特征的记号"。在社会生活的各个领域，人们大量使用诸如国徽、会徽、商标、商号、地名、路标等以图形、文字或多种组合形式展示出来的各种标志，以区分、代表和象征构成大千世界的各类事物。体育标志，就字面含义而言，是作为区别这一体育事物和那一体育事物、体育事物和非体育事物，反映各类不同体育事物文化内涵和表现特征的记号。

由于所代表的体育事物本身的区别，各种体育标志的功能方向、作用范围和影响力度等有很大的差异。相当多的体育标志其全部意义都归结于对事物的区分，一般不具有直接的经济功能，即不能通过使用这些体育标志产生经济效益，如以不同的技术竞赛规则为标志来区分各种体育运动项目，以体育教材名称为标志来区分体育专业的学科内容。但是，也有一些体育标志在具有一般区分功能的基础上，可以因对其的使用而产生一定的甚至是可观的经济价值，如将某一著名体育组织或重大体育赛事的标志使用于某一商品的包装或广告宣传，就可能大幅度地增加该商品的市场销量。根据发展体育产业和开发体育市场的现实需要，我们对体育标志予以关注的根本出发点在于这些体育标志本身具有经济价值，对其使用能够获得经济收益。因而在这一应用角度上所研究的体育标志并非体育标志的全部，而是特指那些能够进入市场运营、自身可以进行价值度量、能够为所有人和使用人获取经济收益的体育标志。具有这种性质的体育标志主要依存于体育组织和体育活动之中，而且应是著名的或知名度较高的、较大型的或较大规模的体育组织和体育活动。

因此，严格来说，体育标志是指能够进行市场运营并获得经济收益的，在知名度和规模较大的体育组织和体育活动中以名称、徽记、吉祥物等为表现形式的，反映一定体育文化特质的专门记号。实践中，体育标志又呈现出多样化的表现形式，主要为：体育活动和体育组织的名称，包括中文、外文、全名或缩写；体育活动和体育组织的徽记，包括各种图形、颜色以及图形与文字组合；体育活动的吉祥物，包括基本造型、颜色等。在我国，根据《国旗法》的

---

[30] 冯春：《体育赛事转播权的法律属性研究》，载《社会科学家》2016年第3期。

规定,国旗不得用于商业用途,有国旗的体育组织标志不能同其他一般标志一样在商业中使用。为此,中国奥委会专门启用了商用徽记。

体育标志作为人类劳动创造的知识产品,是在社会和市场的运用中体现其自身价值的。体育标志处于社会和市场多方主体相互交往的社会关系之中,必然产生多方有权对体育标志占有和处分的问题,从而自然引出体育标志权的概念。根据知识产权的一般原理,体育标志权就是体育标志的所有人对体育标志所依法享有的专有权利,它是一种以财产权属性为主的独占权以及由其衍生出来的相应处分权和经济收益权。体育标志权的客体,是作为知识产品并以各种形式表现的体育标志。[31]

(二)奥林匹克标志的保护

随着奥林匹克精神的传播以及奥林匹克运动在全世界范围内的展开,奥林匹克标志已成为世界上的著名标志。目前无论是理论界还是实践部门都缺乏对奥林匹克标志的界定,而大多以列举的形式来表达,通过这些列举,可以看出"奥林匹克标志"的内涵和外延。《奥林匹克宪章》中提供了最为狭义的奥林匹克标志的界定,指的就是奥林匹克五环。与奥林匹克五环并列的有奥林匹克旗帜、奥林匹克格言、奥林匹克徽记、吉祥物以及其他与奥林匹克有联系的标记、图案、纪念章、招贴、物品和文献等。

我国《奥林匹克标志保护条例》规定,受保护的奥林匹克标志包括:(1)国际奥林匹克委员会的奥林匹克五环图案标志、奥林匹克旗、奥林匹克格言、奥林匹克徽记、奥林匹克会歌;(2)奥林匹克、奥林匹亚、奥林匹克运动会及其简称等专有名称;(3)中国奥林匹克委员会的名称、徽记、标志;(4)中国境内申请承办奥林匹克运动会的机构的名称、徽记、标志;(5)在中国境内举办的奥林匹克运动会的名称及其简称、吉祥物、会歌、火炬造型、口号、"主办城市名称+举办年份"等标志,以及其组织机构的名称、徽记;(6)《奥林匹克宪章》和相关奥林匹克运动会主办城市合同中规定的其他与在中国境内举办的奥林匹克运动会有关的标志。

奥林匹克标志权利人依照《奥林匹克标志保护条例》对奥林匹克标志享有专有权。未经奥林匹克标志权利人许可,为商业目的擅自使用奥林匹克标志,或者使用足以引人误认的近似标志,即侵犯奥林匹克标志专有权,引起纠纷的,由当事人协商解决;不愿协商或者协商不成的,奥林匹克标志权利人或者利害关系人可以向人民法院提起诉讼,也可以请求市场监督管理部门处理。市场监督管理部门处理时,认定侵权行为成立的,责令立即停止侵权行为,没收、销毁侵权商品和主要用于制造侵权商品或者为商业目的擅自制造奥林匹克标志的工具。违法经营额5万元以上的,可以并处违法经营额5倍以下的罚款,没有违法经营额或者违法经营额不足5万元的,可以并处25万元以下的罚款。当事人对处理决定不服的,可以依照《行政复议法》申请行政复议,也可以直接依照《行政诉讼法》向人民法院提起诉讼。进行处理的市场监督管理部门应当事人的请求,可以就侵犯奥林匹克标志专有权的赔偿数额进行调解;调解不成的,当事人可以依照《民事诉讼法》向人民法院提起诉讼。利用奥林匹克标志进行诈骗等活动,构成犯罪的,依法追究刑事责任。

国务院市场监督管理部门、知识产权主管部门依据《奥林匹克标志保护条例》的规定,

---

[31] 于善旭、马法超:《体育标志与体育标志权初探》,载《天津体育学院学报》2001年第3期。

负责全国的奥林匹克标志保护工作。县级以上地方市场监督管理部门依据《奥林匹克标志保护条例》的规定，负责本行政区域内的奥林匹克标志保护工作。进出口货物涉嫌侵犯奥林匹克标志专有权的，由海关参照《海关法》和《知识产权海关保护条例》规定的权限和程序查处。

四、体育专有技术的法律保护

(一)体育专有技术的概念和客体

技术是指人类在利用自然和改造自然的过程中积累起来并在生产劳动中体现出来的经验和知识。专有技术也即非专利技术和技术秘密，专利技术是指法律赋予获得专利权人对其获得专利的发明创造在一定范围内享有专有权利的技术(发明创造)，直接受国际专利公约和各国专利法保护。社会生活中还存在各种既不涉及国家、军事的技术，又不是专利的技术，体育运动中的专有技术是指体育运动中特有的、社会其他行业没有、极少用、用不上的专门技术，主要有：

1. 重要运动技术创新动作。其是指在该运动项目中的关键性创新技术动作，它可以使成绩大幅提升，或使难度提高，观赏性显著增强。例如，跳高中的“背越式”过杆技术、游泳中“风车式”自由泳技术、篮球的“急停跳投”技术、乒乓球的“弧圈球”技术、足球的“胸部停球倒勾”射门技术、排球的拦网技术等。

2. 运动竞赛战术。其是指将运动技术在竞赛中科学地综合利用，或团体成员间相互更合理有效地协调配合的方式和方法。同样的人员、同样的人数、同样的训练技术水平，作不同的科学搭配组合，或采取不同的战术方法，就可以实现优势互补、扬长避短，形成最大合力，以己长攻彼短，就可以得到显著的效果。如篮球赛中“三二联防”、足球“四四二”进攻等。

3. 运动技战术训练方法及手段。其是指通过新的适合运动员(队)特点，顺应该运动项目发展趋势，运用先进的高科技手段，对传统的训练和恢复的方法及手段进行改造，以达到更好的训练竞赛效果。如德国赖因德尔创造的“间歇训练法”、我国的“三从一大”训练法等。

4. 体育运动测试方法及手段。其是指将科学技术领域中的新原理、新技术或新方法移植运用到体育领域中的测量统计与评价上，包括运动成绩的测定、训练水平的测定、心理素质的测评、运动机能的测试等。如激光测速仪器、投掷项目的激光测距、运动心率监测系统、运动心理测试仪等。

(二)体育专有技术的保护

体育专有技术是体育无形资产的重要组成部分和体育工作者的重要权益，这些技术有的可以提高运动技术水平；有的有利于运动竞赛的顺利进行，促进运动项目的发展。它是教练员、运动员、体育科研人员、经营管理人员的智力劳动成果，也是他们通过体育运动取得实际利益的方式，是一种无形财产。因此对于既有实用价值，又能为权利人带来经济利益或竞争优势，还能进一步完善运动技战术，对该运动项目的发展产生重大影响的专有技术，应该得到社会肯定和保护。

体育非专利技术不能申请专利。因为这些体育项目的设计、裁判技术规则、技术动作创新、各种成套技术动作等,虽是知识性智慧性活动,但基本上属于公共领域范围,不能由某个人或组织独占使用。由于体育竞赛的公开透明性特征,任何技术战术成果最终都要在竞赛中公开使用,而且只要符合技术动作规范和裁判规则,任何人都可以使用任何技术动作,其中绝大多数都不是自己创造的。所以体育活动中公开运用的新专有技术不能申请专利保护,有些甚至逐步成为竞赛规定必须完成的动作,如体操、跳水、武术、花样滑冰等项目的动作。如果授予专利,不利于这些先进的运动技战术广泛和及时地推广使用,也不利于体育项目的发展。

体育专有技术虽不属于专利权保护范围,但并非不给予其任何形式的奖励和保护。支持和鼓励社会成员为社会做贡献是推动人类社会发展的动力,也是社会的最基本原则,《体育法》第 13 条规定,国家对在体育事业发展中做出突出贡献的组织和个人,按照有关规定给予表彰和奖励。此外,对专有技术的保护分散地规定在不同的法律法规当中:

1.《民法典》。运用合同的形式保护体育专有技术是较为普遍的方法,通常情况下,权利人可以通过订立专有技术转让协议实现体育专有技术的价值。我国《民法典》第 869 条规定:"技术秘密转让合同的受让人和技术秘密使用许可合同的被许可人应当按照约定使用技术,支付转让费、使用费,承担保密义务。"除了合同法的保护,体育专有技术作为体育组织或个人的一项财产权利,当权利受到侵害时,可直接运用《民法典》侵权责任的相关规定予以保护,即《民法典》第 1185 条规定:"故意侵害他人知识产权,情节严重的,被侵权人有权请求相应的惩罚性赔偿。"

2.《劳动法》。劳动合同中,一般明确规定雇员在受雇期间及解雇或离职后一定时期内,对其因职务上的原因所接触到的一切技术秘密,承担保密义务。为了防止劳动者泄露企业的秘密,我国《劳动法》第 22 条规定:"劳动合同当事人可以在劳动合同中约定保守用人单位商业秘密的有关事项。"该法第 102 条还对劳动者违反保密约定的情形作出规定:"劳动者违反本法规定的条件解除劳动合同或者违反劳动合同中约定的保密事项,对用人单位造成经济损失的,应当依法承担赔偿责任。"

3.《反不正当竞争法》。侵害专有技术的行为是一种不正当竞争的行为,体育专有技术权利人只要采取措施使其专有技术处于保密状态,就属于我国《反不正当竞争法》对于商业秘密的保护范围。《反不正当竞争法》第 9 条规定,经营者不得实施下列侵犯商业秘密的行为:(1)以盗窃、贿赂、欺诈、胁迫、电子侵入或者其他不正当手段获取权利人的商业秘密;(2)披露、使用或者允许他人使用以前项手段获取的权利人的商业秘密;(3)违反保密义务或者违反权利人有关保守商业秘密的要求,披露、使用或者允许他人使用其所掌握的商业秘密;(4)教唆、引诱、帮助他人违反保密义务或者违反权利人有关保守商业秘密的要求,获取、披露、使用或者允许他人使用权利人的商业秘密。经营者以外的其他自然人、法人和非法人组织实施前款所列违法行为的,视为侵犯商业秘密。第三人明知或者应知商业秘密权利人的员工、前员工或者其他单位、个人实施本条第 1 款所列违法行为,仍获取、披露、使用或者允许他人使用该商业秘密的,视为侵犯商业秘密。

阅　读　新浪诉天盈九州体育赛事节目著作权案[32]

【基本信息】

案号:(2020)京民再128号

(2015)京知民终字第1818号

(2014)朝民(知)初字第40334号

原告:北京新浪互联信息服务有限公司

被告:北京天盈九州网络技术有限公司

第三人:乐视网信息技术(北京)股份有限公司

【案情】

北京新浪互联信息服务有限公司(以下简称新浪公司)经授权取得了2012年3月1日起两年内在门户网站独家播放中超联赛视频的权利,包括但不限于提供比赛直播、录播、点播等服务。凤凰网"中超"栏目下开设"体育视频直播室"(网址为ifeng. sports. letv. com),新浪公司对2013年8月1日"山东鲁能VS广东富力""申鑫VS舜天"两场中超联赛比赛的实时直播视频进行了公证,均有回看、特写、场内、场外、全场、局部的画面,并有全场解说。新浪公司据此起诉凤凰网经营者北京天盈九州网络技术有限公司(以下简称天盈九州公司),要求天盈九州公司停止涉案侵害著作权及不正当竞争行为,消除影响,并赔偿经济损失1000万元。乐视网经营者乐视网信息技术(北京)股份有限公司(以下简称乐视公司)作为第三人参加诉讼。

一审法院判决天盈九州公司停止播放新浪公司获得授权的中超联赛比赛、赔偿损失50万元等。天盈九州公司不服,提起上诉。二审诉讼中,新浪公司表示仅对涉案比赛直播的公用信号所承载的连续画面主张权利,不包括评论员对赛事的解说。二审法院认为,涉案两场赛事公用信号所承载的连续画面既不符合电影类作品的固定要件,亦未达到电影类作品的独创性高度,故涉案赛事公用信号所承载的连续画面未构成电影类作品,据此判决撤销一审判决,驳回新浪公司的全部诉讼请求。新浪公司不服二审判决,提起再审。再审法院认为,电影类作品与录像制品的划分标准应为独创性的有无,而非独创性程度的高低。电影类作品定义中"摄制在一定介质上"的理解,应结合现行《著作权法》第3条、《著作权法实施条例》第2条的规定从整体、体系上予以解释。二审法院对"摄制在一定介质上"的解释过度限缩了该类作品的内涵和外延。中超联赛赛事公用信号所承载的连续画面的制作存在较大的创作空间,并不属于因缺乏个性化选择空间进而导致表达有限的情形。涉案赛事节目构成现行《著作权法》保护的电影类作品,而不属于录像制品,被诉直播行为侵犯了新浪公司对涉案赛事节目享有的"著作权人享有的其他权利"。据此,再审法院判决撤销二审判决,维持一审判决。

【点评】

本案被誉为国内体育赛事节目网络直播著作权纠纷第一案,核心争议在于体育赛事节目是否构成现行《著作权法》所保护的电影类作品。再审法院结合《著作权法》的立法目的,运用文义解释、体系解释等方法对体育赛事节目著作权保护中的两大争议——"独创性"和"摄

[32]　资料来源:北京政法网,www. bj148. org,2022年8月7日。

制在一定介质上”的认定,进行了深入分析,明确提出电影类作品与录像制品的实质性区别在于连续画面的制作者是否进行了创作,所形成的连续画面是否具有独创性,二者的划分标准应为独创性的有无,而非独创性程度的高低;对电影类作品定义中的“摄制在一定介质上”则应作广义解释。体育赛事公用信号所承载的连续画面构成电影类作品。在法律适用上,再审判决还明确区分了《著作权法》与《反不正当竞争法》的适用规则,积极回应了体育赛事产业加强体育赛事节目著作权保护的强烈诉求。通过对法律的合理解释与适用,明晰了体育赛事节目的保护规则,在加强权利保护的同时,平衡了体育赛事节目创作者、传播者和社会公众之间的利益,取得了良好的法律效果和社会效果,对于类似案件的审理具有借鉴指导意义。

思考题

1. 试述《体育法》体育产业专章立法的意义。
2. 我国体育产业的促进制度主要有哪些方面?
3. 体育经纪人管理制度具体有哪些?
4. 试述我国对奥林匹克标志的法律保护。

第十一章　体育监管与保障法律制度

第一节　体育监管与保障概述

一、体育监管

《体育法》第十章"监督管理"专章是对竞技体育、全民健身、青少年和学校体育、反兴奋剂、体育产业等章节所规定各类体育活动进行体育行政监管的全面性和总领性规定，首次在法律层面系统、全面地实现了体育监管的法定化。

（一）我国体育监管的特点

《体育法》"监督管理"一章，改变了传统体育治理中的相关理念，也使《体育法》对体育治理关系的调整有了相应的保障机制，既体现了监管的特征，也将现代治理理念融入体育监管中，可以分析出我国体育监管的特点：

1. 体育监管的政治性。所谓政治性是指拥有共同价值观和利益目标的人群结盟，结盟群体的组织活动宗旨在于：为维护和发展本群体利益而主动、策略性地处理本群体内部以及与其他群体的关系。《体育法》的规范调整涉及全民健身、青少年和学校体育、竞技体育、反兴奋剂、体育组织、体育产业等诸多内容。这些内容有的是在政府监管下遵循市场机制原则，有些则存在于政府治理和社会治理中。对于国家而言，监管是国家治理活动的关键制度性工具。

2. 体育监管的目标性。监管的目标是指在监管固有政治导向上需要实现的目标，即监管活动具有清晰的目标。能够高效地发现问题是监管的目标之一，监管的"管"字包含了价值创造和效率优化的思想。体育监管的目标是促成建立和维护一个稳定、健全和高效的社会或组织运行体系。体育事业和体育活动的参与主体非常广泛，如果从法律关系的角度讲，整个体育治理所形成的关系中，就有一个由履行体育管理职能的机关与其他当事人所形成的具有行政性的法律关系。在这个法律关系中作为治理主体的一方，包括各级人民政府、体育管理的职能部门，以及其他与体育治理事项有关的行政主体等，享有单方面的权利，如对体育赛事作出审批、对体育主体资格作出认可、对已经开展的体育活动进行管理和控制等。

3. 体育监管的规制性。体育监管的规制性是指，监管的效果以及监管本身均应该对被监管的目标对象形成显著的心理与行为诱致性效应。如果体育监管缺失了规制性效应，基本可以认定监管活动是无效的。《体育法》设置监督管理制度的法治理念也正源于此。换言之,如果《体育法》中没有设置监督管理制度,其在实施中就会遇到一定障碍。通过监督制度的设置使《体育法》所规制的事项、所调整的关系都能由冷冰冰的条文变为具体的权利和义务。而监督管理如果流于形式,同样无法促进《体育法》中权利和义务的实施。

4. 体育监管的全面性。体育的监管的设置与《体育法》所调整的法律关系相对应。在调整这些复杂的因体育而引起的社会关系时不能有所疏漏,不能留有空白地带。《体育法》在监督管理部分体现了监管事项的全民性,包括几乎所有体育事业中的问题和事项,如市场监管问题、突发体育事件问题、主体资格审核问题、体育赛事后勤补给问题等。这种在监督过程中的全面覆盖,使体育监管部门对体育的后续保障、事后跟踪等不留死角。有关监管内容的选择和处理也非常系统,有着逻辑上的结构性,从主体到行为到特殊事项到突发事件等,每一个监管的内容都有着相应的关联性。这使《体育法》与我国所强调的法治保障体系联系在一起,其理论前提和制定依据也非常厚实。

5. 体育监管职责的明确性。需要对每一个主体规定相对明确的职责,避免在监督管理中出现推诿或者不作为等情形。《体育法》在监督管理中有些职责非常明确,如体育赛事活动因发生极端天气、自然灾害、公共卫生事件等突发事件,不具备办赛条件的,体育赛事活动组织者应当及时予以中止,未中止的由县级以上人民政府责令其中止。在此基础上,还明确要求县级以上地方人民政府在每届任期中要对同级人民代表大会或者常务委员会报告一次有关体育治理中的事项,使体育监督管理中的职责履行有着后续的保障机制。这种关于职责的具体规定,关于职责的明确化是2022年《体育法》监督管理中的又一个亮点。

6. 体育监管的实效性。《体育法》在监督管理的规定中,没有罗列相关抽象的概念,每个条文都是监督管理的具体化,例如规定国家建立体育项目管理制度,新设体育项目由国务院体育部门认定,每四年公布一次体育项目目录,使监督部门在履行监督职能时有更为具体的依据。而经营高危险体育项目必须履行严格的行政审批程序,经营者只有拿到许可证之后才可以经营。为了使监督制度常态化,规定县级以上人民政府应当建立体育执法机制,为体育执法提供必要保障。体育执法情况应当向社会公布,接受社会监督。这就使体育治理中的监督保障既是一个完整的机制和体系,也是能够和社会对接的开放性的。

(二)体育监管的原则

体育监管的原则是指社会及组织监管活动在导向监管目标的过程中应该遵循的工作或制度要求。这些要求规制了体育监管系统的设计思想、行动方向、组织方式,体现出高级、复杂的社会控制系统特征。

1. 监管协同化原则。体育监管在于最大化促进和激发监管系统的协同化效应,以确保体育组织的行为、活动严格导向于目标的实现。监管协同化原则就是为确保组织目标实现而对监管复杂因素(如监管目标、监管依据、监管组织、监管者、监管知识、监管利益相关者)有目的、有计划的系统设计与优化,在充分认知各类监管因素性质与特征的基础上,最大限度地促进监管因素间的协同化效应,抑制孤立、冲突与对抗效应。《地方各级人民代表大会和地方各级人民政府组织法》第73条第5项规定,县级以上的地方各级人民政府负责管理本行政区域内的体育行政工作,监管是体育行政部门的当然职责。履行体育行政监管需要政府工作部门之间的协同配合,建立工作部门之间协同机制,实现协同监管。《体育法》第

102 条第 2 款规定:"县级以上人民政府公安、市场监管、应急管理等部门按照各自职责对体育赛事活动进行监督管理。"协同机制还要求相关工作部门发现违法行为不属于其主管事项的,不能以不属于其管理事项为由忽视违法行为的存在,而应当积极与有关部门进行沟通,书面通知并移交有关部门查处。《体育法》第 101 条规定:"县级以上人民政府体育行政部门和有关部门应当积极履行监督检查职责,发现违反本法规定行为的,应当及时做出处理。对不属于本部门主管事项的,应当及时书面通知并移交相关部门查处。"

2. 适度风险容忍原则。美国经济学家斯莱弗认为,任何制度安排都需要在"无序"和"专制"两种社会成本之间权衡。对于体育活动而言,无论是集体层面,还是个体层面,都必须留有一定的试错空间,反应过早、实施过度的监管会抑制社会及组织的活力与创新。当然,任何风险都必须存在一定的阈值,即一旦触碰风险控制的上限,应即刻采取系统性的修正或纠正措施。如《体育法》第 105 条对经营高危险性体育项目的规定,第 106 条对举办高危险性体育赛事活动的规定都体现了体育监管的适度风险容忍原则。

3. 关键监管原则。任何社会及组织的监管活动都受制于既定的资源限制,此外社会或组织活动均具有多目标同时共存的特点,如若盲目无序地实施监管,不但会耗费组织珍贵的监管资源,而且无助于组织目标的实现,甚至由于盲目或错误地安排目标控制次序,导致组织多目标资源竞争,并恶化目标之间的冲突。因此,体育监管工作的重点是将核心目标及业务流程作为监管的关键,控制了监管的关键也就控制了监管活动的全局。如《体育法》第 102 条第 1 款规定:"县级以上人民政府体育行政部门对体育赛事活动进行监管,对赛事活动场地实施现场检查,查阅、复制有关合同、票据、账簿,检查赛事活动组织方案,安全应急预案等材料。"

4. 闭环控制原则。体育监管是辅助与协同社会或者组织目标实现的高级、复杂的系统控制活动,然而这种高级、复杂的控制活动因其内含的政治性、目标性与规制性特征,使社会及组织均可以从政治性、目标性、规制性三个维度去审视监管活动的效果。因此,体育监管除本身具有自省与自我优化机制特点外,监管还应接受专门的社会及组织机构的监督与评价,监管"监管"的部门与职能的存在使监管活动构成一个机制合理的闭环系统,监管活动系统并非一条开环式的直线,而是具有闭环回路特征的机制模式。《体育法》第 107 条规定:"县级以上地方人民政府应当建立体育执法机制,为体育执法提供必要保障。体育执法情况应当向社会公布,接受社会监督。"第 108 条规定:"县级以上地方人民政府每届任期内至少向本级人民代表大会或者其常务委员会报告一次全民健身、青少年和学校体育工作。"

二、体育监督管理的立法意义

《体育法》坚持以习近平法治思想和关于体育的重要论述为指引,以《宪法》为根本,聚焦《体育法》实施以来体育领域法治成功经验和新的治理问题,从立法层面厘清依法治体逻辑和规范,开启了依法治体新篇章。"监督管理"一章,科学、明确、细化监管体系,突出良法的明确性、可行性和实效预期。

1. 进一步完善了体育治理的法律规范体系。坚持依法治体必然建立在坚持依宪立法、依法行政基础上。"监督管理"一章的设立,填补了体育法政府监管空白。从职责定位、工作机制、履职程序和方式方法、执法保障、履职监督等方面,对体育监督管理工作进行了定位精准、逻辑清晰、高度凝练的规范,强化了高危险性体育项目和赛事、体育市场的监管力度和规则,对体育监督管理工作进行明确规范,从立法上进一步推动实现服务、监督、管理相统一。将经营高危险性体育项目目录管理和许可制度上升到法律层面规范,解决立法位阶不高、执法力度不够问题;填补了体育监管职责分工与协作、体育赛事体育市场监管方式、体育执法机制、体育工作监督等立法空白,以及高危险性体育赛事监管立法空白。

2. 构建了体育法行为政府监管工作机制。党的二十大报告明确指出:“法治政府建设是全面依法治国的重点任务和主体工程。转变政府职能,优化政府职责体系和组织结构,推进机构、职能、权限、程序、责任法定化,提高行政效率和公信力。”就是要求政府在行使权力、履行职责过程中坚持法治原则,严格依法行政,政府的各项权力都在法治轨道上运行。全面贯彻法治政府的主动作为和引领示范精神,在体育法律层面首次规范监管程序、执法协作、执法保障、人大监督等监管体系机制,细化了特定事项的事前事中事后监管机制和规则。提高责任意识,明确主体定位。确立了县级以上人民政府统筹,体育部门主责,按体育法调整行为性质由相关部门分工监管、联合监管的主体责任体系;规定了县级以上人民政府体育行政部门和有关部门应当积极履行监督检查职责;规定了县级以上人民政府公安、市场监管、应急管理等部门按照各自职责对体育赛事活动进行监督管理;规定了县级以上人民政府市场监管、体育行政等部门按照各自职责对体育市场进行监督管理。完善制度机制,提高主动治理能力。明确了积极履行监督检查职责,突出了对责任部门履职的主动性和常态化要求,确定了执法移送和协作机制;明确了体育项目管理和新设项目认定管理制度。细化监管监督,重视执法保障。首次明确规定了人大对体育工作的监督机制及具体措施和监督范围;明确了县级以上人民政府体育执法机制建设和保障要求。

3. 加强了高危险性体育项目和体育赛事监管。习近平新时代法治思想要求“法治建设要为了人民、依靠人民、造福人民、保护人民”。近年来,伴随着我国体育领域市场主体的多元化、行为形式的多样性,也出现了部分市场主体安全生产意识淡薄,规范意识和责任意识欠缺的问题,导致部分体育项目的经营和体育赛事活动存在风险隐患,安全事故时有发生。针对新形势新问题,相关条款聚焦规范体育赛事、体育项目监管行为,明确监管机制,推进事中事后监管法治化、制度化、规范化,提高赛事活动监管规范位阶,强化监督机制,有效防范和处置危险事件,切实保障人民群众生命健康安全。

4. 保障了体育行政监督权的合理运行。好的制度关键在于执行,周密的制度保障措施,需要有必要的监督管理措施,使好的制度能够在实践中达到预期的效果。监督管理也是一把“双刃剑”,没有监督的权力必然导致腐败,体育事业同其他领域一样,需要落实对行政机关的监督,让权力在制度的“笼子”里合理地运行。《体育法》“监督管理”一章,通过明确体育行政等部门的责任,建立体育行政执法机制,强化各行政部门的协调关系,对于督促相关行政部门依法行政,及时纠正行政许可实施过程中的违法行为,完善行政许可权的运行程序,规范体育市场,体育赛事活动、高危险性体育项目和高危险性体育赛事活动运行具有重要意义。《体育法》进一步明确体育行政部门和相关部门进行体育监督管理的法律责任,特别在“法律责任”一章规定了未经许可举办高危险性体育赛事活动,未及时中止体育赛事,不符合安全条件,存在弄虚作假、营私舞弊等行为,未按照要求采取保障措施的体育赛事组织者的法律责任。第110条规定:"体育组织违反本法规定的,由相关部门责令改正,给予警告,对负有责任的领导人员和直接责任人员依法给予处分;可以限期停止活动,并可责令撤换直接负责的主管人员;情节严重的,予以撤销登记。"也在第113条规定了未经许可经营高危险性体育项目的经营者的法律责任,进一步明确了体育行政部门对体育市场、体育赛事监管的方式方法,实现体育行政监督合理范畴。

三、体育保障

保障是指作为社会成员之间的某种意义上的交互动态的有限支撑和支持,比如:基本生存,基本生活,基本医疗,就业,失业,阶段性的免费义务教育,基本养老,居住条件,安全,合情合理、正当正义的言论自由等。它需要建立在全社会的文明和财富逐步的增加和法治建设逐步完善的基础上。法的生命在于实施,权利的实现需要法治的保障。保障条件可以理解为一种狭义的、直接的具体事项保障。《体育法》第八章专章规定了《体育法》实施的保障条件,本着以问题为导向,积极回应社会各界关切,科学研判体育改革发展的态势,在很多方面体现了立法者对发展体育事业的高度重视和全方位支持,强化对于体育事业高质量发展的保障力度。在很多方面有鲜明的制度发展和创新。

1. 在突出体育事业的公共因素方面作出重要的制度安排。体育事业的高质量发展,关涉国民身体健康和幸福指数提升,具有特殊的公益属性,但又是国家社会福祉之所系。支持体育事业,特别是全民健康体育事业的发展,属于政府的重要职责。政府在支持体育事业的过程中,自然需要动用公共财政资源,对此也毫无疑义。但在支持体育事业的发展中,如何公平、高效地运用公共财政资源,如何以适当的方式调动社会的力量来参与到体育事业的高质量发展之中,也是不容忽视的重要问题。

《体育法》进一步明确了公共财政对于体育事业给予财政预算资金支持,是一种法定的、具有强制性特征的公法层面上的义务,并且明确要求相应的支持力度,要与"国民经济和社会发展相适应"。《体育法》第77条规定:"县级以上人民政府应当将体育事业经费列入本级预算,建立与国民经济和社会发展相适应的投入机制。"应该说,伴随着国民收入水平的提高以及民众对体育锻炼需求的增加,相应的公共预算支持的力度也会越来越大。

鼓励社会力量参与发展体育事业。《体育法》第78条第1款规定:"国家鼓励社会力量发展体育事业,鼓励对体育事业的捐赠和赞助,保障参与主体的合法权益。"明确提到"社会力量",并且强调要保障参与主体的合法权益。因为各种社会力量参与体育事业发展的时候,往往会结合采取市场化、商业化的形式。虽然相关的参与方式可能是市场化的,但在实际效果上,也推动了体育事业的发展。强调对于参与体育事业发展的社会力量的权益保障非常重要。社会力量的充分参与,是确保体育事业发展具有可持续性的重要保障。而社会力量能够持续参与的前提,就是其合法权益能够得到充分保障。

《体育法》第78条第2款规定:"通过捐赠财产等方式支持体育事业发展的,依法享受税收优惠等政策。"这是从税收角度支持体育事业发展的重要举措。针对体育事业的捐助和赞助,可以享受税收优惠,是国际上的通行做法。政府在让出部分税源的同时,以一种类似于“杠杆效应”的方法,激励社会力量针对体育事业的自愿捐助。应该说,这种税收方面的扶持,能够以少带多,以部分带动全面,对于支持体育事业的资金来源,具有“倍增”效应。《体育法》进一步明确了基于公益目的对体育事业进行的捐赠,在一般性的意义上应该享有抵扣等税收优惠。但具体应该符合何种条件,可以在何种程度上享受税收优惠,还需要相应的税收方面的法律法规进一步予以明确规定。因此,这一条在条文表述上,特别强调了“依法”享受。

2. 从制度层面将体育事业发展保障纳入各层次规划。体育事业的发展离不开各个层级的政府、社区以及社会主体的支持。由于其本身的公益属性,因此在一些场合,发展体育事业难免会与地方政府、市场主体的利益诉求发生冲突。所以依靠公益精神来支撑体育事业的发挥,是远远不够的。如果没有强有力的约束,相关的利益冲突很可能导致体育事业的发展基于商业利益的考虑而被牺牲或忽视。《体育法》突出强调在基础层面,特别是建设规划的层面上,实现对体育事业的强支撑。

3.《体育法》“保障条件”章节除从人、财、物等方面对体育发展的保障,更多的是对有关条款实操性、现实性的修改完善,以切实起到法律的刚性规范作用。如因特殊需要临时占用公共体育场地设施超过10日的,应当经本级人民政府体育行政部门同意;超过3个月的,应当报上一级人民政府体育行政部门批准。经批准拆除公共体育场地设施或者改变其功能、用途的,应当依照国家有关法律、行政法规的规定先行择地重建。

4. 明确规定了地方体育行政部门对公共体育场地的管理权力,如公共体育场地设施的规划设计和竣工验收,应当征求本级人民政府体育行政部门意见。

《体育法》是指导我国体育事业发展的部门法,是维护人民群众参与体育运动权利的法律保障。《体育法》“保障条件”章节是更为明确地保障国家体育事业发展和人民群众体育需求的有关人、财、物等方面的具体法律规范,为体育的发展提供了法律规制的操作性和针对性,我国以人民为中心的体育理念势必会在法律的保障下得到有效推进。

第二节 体育监管法律制度体系

一、体育赛事监管法律制度

体育赛事就是以体育竞技为主题,一次性或不经常发生,且具有一定期限的集众性活动。它不仅能够推动举办地旅游业的发展、提升举办地知名度、改善城市形象,还能够对举办地的经济、社会、环境等诸多领域产生影响。[1] 体育赛事最早起源于祭祀活动,古希腊诗人荷马在公元前8世纪的文学作品《伊利亚特》史诗中曾说到,阿契里斯为了纪念在特洛伊战争中死亡的朋友巴托勒,特别举行了一场体育竞赛,这是目前为止有关运动比赛的最早记载。体育游戏是体育赛事的萌芽。当今被称为世界头号体育运动的足球运动的前身是

[1] 黄海燕:《体育赛事管理》,人民体育出版社2012年版。

汉代就在我国盛行的一种被称为“蹴鞠”的体育游戏。体育赛事随着人类文明的进步而不断发展，由纯粹运动员、裁判员组成的体育竞赛是体育赛事的传统形式，到现在，体育赛事已经发展为观众、媒体、赞助商等其他主体也加入的集社会、政治、经济、文化等多种因素为一体的、复杂的、综合的特殊事件，故而必须对体育赛事进行监督管理。

体育赛事监管是各级体育行政部门在符合法律规定的前提下以多样化手段对相应行政区域内的体育赛事活动实施的监管。体育赛事监管的价值在于进一步明确体育行政部门对赛事监管的对象、原则、方法、事项、流程等，有助于构建完善的体育赛事监管体系，建立公平、公正的市场竞争秩序，确保体育赛事活动持续健康发展。

2014 年国务院取消了部分赛事审批权，极大地激发了体育市场主体活力，扩宽了体育市场经济增长空间的显性壁垒，使商业性和群众性体育赛事数量增加、规模扩大。由于大型体育赛事活动涉及面广、参与人数多、外部影响因素复杂、社会关注度高，如对安全问题疏于监管，极易引发安全事故，而有效的监管措施能够规避大型体育赛事活动中的安全事故。体育赛事监管政策出台的首要目的是解决体育赛事活动中出现的各类问题。2017 年国家体育总局率先针对赛事审批权取消后开展数量最多的武术搏击和马拉松运动，分别出台了《关于进一步加强武术赛事活动监督管理的意见》《关于进一步加强马拉松赛事监督管理的意见》，旨在贯彻“放管服”改革的总体部署，进一步促进武术搏击和马拉松赛事健康有序发展。2018 年国家体育总局印发《关于进一步加强体育赛事活动监督管理的意见》，明确要求各级体育主管部门、各级体育项目管理中心和体育行业协会，应加强对其主办、承办或者授权其他单位举办的体育赛事活动的日常监管工作。为进一步加强体育赛事活动安全监管服务，解决体育赛事活动中存在的现实问题，保护人民群众生命安全和身体健康，2021 年国家体育总局等十一部委联合印发《关于进一步加强体育赛事活动安全监管服务的意见》，进一步明确了“政府监管与行业自律相结合”“实行分级分类管理”“加强事中事后监管”“监管与服务相结合”的体育赛事活动安全监管服务原则。从 2014 年国务院提出“简政放权、放管结合，取消商业性和群众性体育赛事审批”到 2021 年《关于进一步加强体育赛事活动安全监管服务的意见》，文件不再单独强调“监管”的重要性，而是契合“放管服”改革的应有之义。国家逐步将监管与服务相结合，以问题为导向，把赛事“安全”“保障”“治理”摆在更加突出的位置，为赛事承办企业释放包括交通运输、医疗卫生、安全保卫、物质援助、志愿服务等在内的无偿公共资源和服务保障，实现了由“重监管、轻服务”到“重服务、轻监管”的向度转变。

《体育法》第 102 条规定：“县级以上人民政府体育行政部门对体育赛事活动依法进行监管，对赛事活动场地实施现场检查，查阅、复制有关合同、票据、账簿，检查赛事活动组织方案、安全应急预案等材料。县级以上人民政府公安、市场监管、应急管理等部门按照各自职责对体育赛事活动进行监督管理。体育赛事活动组织者应当履行安全保障义务，提供符合要求的安全条件，制定风险防范及应急处置预案等保障措施，维护体育赛事活动的安全。体育赛事活动因发生极端天气、自然灾害、公共卫生事件等突发事件，不具备办赛条件的，体育赛事活动组织者应当及时予以中止；未中止的，县级以上人民政府应当责令其中止。”这意味着，国家对商业性和群众性体育赛事活动的监管有了更加明确的指向，在顶层设计上对体育赛事活动监管作出了立法回应。关于现行有效的体育赛事监管有关政策文件详见表11-1。

表11-1 现行有效的体育赛事监管有关政策文件梳理

发布时间	文件名称	发文机关
2014年10月2日	《关于加快发展体育产业促进体育消费的若干意见》	国务院
2014年12月24日	《关于推进体育赛事审批制度改革的若干意见》	国家体育总局
2015年5月15日	《关于开展赛事审批制度改革落实情况自查工作的通知》	国家体育总局办公厅
2017年8月24日	《关于进一步加强武术赛事活动监督管理的意见》	国家体育总局
2017年10月25日	《关于进一步加强马拉松赛事监督管理的意见》	国家体育总局
2018年12月11日	《关于加快发展体育竞赛表演产业的指导意见》	国务院办公厅
2019年8月10日	《体育强国建设纲要》	国务院办公厅
2019年12月27日	《关于进一步加强和规范体育领域事中事后监管的若干意见》	国家体育总局
2020年1月17日	《体育赛事活动管理办法》	国家体育总局
2021年6月25日	《关于进一步加强体育赛事活动安全监管服务的意见》	国家体育总局等十一部委
2021年7月18日	《全民健身计划(2021-2025年)》	国务院
2021年7月26日	《关于进一步加强田径赛事活动安全监管服务工作的意见》	中国田径协会

二、体育项目监管法律制度

体育项目是强身祛病、娱乐身心及提高运动技术水平所采用的各项活动内容和方法的总称,通常也叫运动项目或体育手段。人们在长期的社会实践中逐步形成的各种身体活动,其中对身心有益的内容,被人们有意识地加以运用,逐渐产生和形成了体育项目。随着社会和科学的进步,体育项目在不断地更新和发展。

为了应用的需要,世界各国根据自己的特点和习惯归纳分类。苏联和东欧一些国家把全部运动项目和内容分为游戏、体操、运动(竞技)和旅行。日本一般分为游戏、竞技、表演性运动和形式的运动。美国在20世纪50年代以前一般将体育手段分为自然运动和非自然运动。中国习惯分为:游戏、体操、田径、球类、武术、国防体育、水上、冰雪和其他等。若按任务和形式可分为强身祛病和运动竞赛两大类。具体运动,又可按不同目的要求进行更细致的分类。体育手段服从于体育的目的任务,选择体育手段要从具体任务出发,因人而异,因地制宜,科学合理,重在实效。

体育项目管理制度建立是为了加强我国开展体育运动项目的科学、规范管理,适应国内外体育运动项目发展趋势,促进体育事业高质量发展,满足人民群众健身需要。1999年国家体育总局首次公布体育项目，2006 年重新公布体育运动项目，2019 年被废止。其间新增国际跳棋、女子拳击、三人篮球、空手道、沙滩足球等体育项目。完善的体育项目管理制度对于提升体育治理的科学性具有重要意义。《体育法》第 104 条规定："国家建立体育项目管理制度，新设体育项目由国务院体育行政部门认定。体育项目目录每四年公布一次。"本条赋予国务院体育行政部门新设体育项目标准的职权，并规定体育项目目录更新的时间要求，进一步促进体育运动项目的规范化管理。

《体育法》重点规定了高危险性体育项目，第 105 条规定了高危险性体育项目的申请条件。高危险性体育项目是指专业技术性强、危险性大、安全保障要求高的体育项目。高危体育项目的行政监管源于法律规定，监管主体通过法律授权，在法定范围内依法行使监督权力，其监管行为由国家强制力保障实施，政府掌握公权力，有利于维护市场秩序，有效治理高危体育经营中的违法违规行为。

2009 年 10 月 1 日开始实施的《全民健身条例》对高危险性体育项目的相关事项作出明确、具体的规定，包括企业、个体工商户的经营条件，调整高危险性体育项目目录等事项。2011 年 3 月国家体育总局发布《体育事业发展"十二五"规划》，第 35 条提出了要加强高危险性体育项目的安全保护和技术指导，[2] 这对高危险性体育项目经营活动的监管来说，多了一份政策上的支持与保障。2013 年 2 月，国家体育总局公布了《经营高危险性体育项目许可管理办法》(2014 年国家体育总局令第 19 号、2016 年国家体育总局令第 22 号修改)，进一步对申请与审批、监督检查、法律责任等事项作出规定。

2013 年 5 月 1 日，国家体育总局、人力资源和社会保障部、原国家工商行政管理总局、原国家质量监督检验检疫总局、原国家安全生产监督管理总局等五部门正式发布《第一批高危险性体育项目目录公告》，游泳、滑雪(包括高山滑雪、自由式滑雪、单板滑雪)、潜水、攀岩为中国第一批高危险性体育项目，这是从国家层面首次明确高危体育项目的类型。2019 年 12 月，国家体育总局发布了《关于进一步加强和规范体育领域事中事后监管的若干意见》，明确要依法依规对滑雪、游泳等重点项目或者重点领域的赛事活动及其场馆设施进行重点监管，并强化全过程监管和安全监管。在附件 1 的《国家体育总局监管事项目录清单》中，对经营高危险性体育项目的监管包含了"对经营高危险性体育项目单位的行政检查""对未经审批经营高危险性体育项目的行政处罚""对取得行政许可后不再符合条件仍经营的行政处罚"三个子事项。

三、体育行政许可法律制度

2004 年 7 月 1 日《行政许可法》的实施，标志着我国依法行政进入一个新的阶段，为建

---

〔2〕《体育事业发展"十二五"规划》中规定："加强体育市场规范管理。会同市场管理等部门建立健全相关法规，完善监督管理机制，规范体育市场主体行为，维护市场秩序，促进体育市场规范发展。加强体育经营活动的安全监管，对于高危险性体育项目的经营活动，建立严格、规范、公开、透明的市场准入制度，加强技术指导和安全保护，依法加强日常监督检查及产品质量检测，确保消费者人身安全。完善体育服务标准，推行体育服务质量认证制度，提高体育服务水平。开展体育行业特有工种职业技能鉴定工作，提高体育服务从业人员的服务意识和专业水平。"

设有限政府、规范行政权力、推进政府法治奠定了重要的法律基础。在《行政许可法》实施之际,国务院还专门以行政决定的政令方式,发布了经过改革调整后所保留设定的行政许可项目。其中,也包括了有关的体育行政许可项目。国家体育总局作为国务院的体育职能机构,又专门对体育行政许可项目以及审批条件和程序等作出规范性文件予以实施。国家体育总局在2004年《关于做好〈中华人民共和国行政许可法〉贯彻实施工作的通知》中,就直接将体育行政部门负责的行政许可事项称为"体育行政许可"。《行政许可法》第2条规定:"本法所称行政许可,是指行政机关根据公民、法人或者其他组织的申请,经依法审查,准予其从事特定活动的行为。"体育行政许可是国家行政机关行使行政职权、履行行政职责的具体行政行为,但并不是所有的体育行政机关都可作出行政许可行为,行政许可权要依法设定。《体育法》第105条规定了经营高危险性体育项目的行政许可权,第106条规定了举办高危险性体育赛事活动的行政许可。结合体育监管法律制度体系需求,重点对高危险性体育赛事行政许可进行分析。

一般认为,高危险性赛事活动具有以下特点:(1)高危险性赛事活动具有危险性,其发生不安全事件的概率远远高于普通体育赛事活动,"高危险性"是指危害发生的高度可能性以及大概率,高危险性体育赛事活动是个相对概念,是与一般性体育赛事活动的危险程度相比较的概念;(2)举办高危险性体育赛事活动具有专业性,技术复杂程度较高,对于体育赛事活动组织者具有较高要求,对人与设施等具有较高要求;(3)高危险性体育赛事具有多样性,要求不同的自然、人工场地以及全民保障条件来适应项目的举行,体育行政部门有必要针对不同高危险性体育项目要求体育赛事活动组织者构建不同的安全保障系统。因此,举办高危险性体育赛事活动属于《行政许可法》第12条第1项所规定的"……直接关系人身健康、生命财产安全等特定活动,需要按照法定条件予以批准的事项"。

为落实《加快发展体育产业促进体育消费的若干意见》的要求,2014年国家体育总局明确取消了包括商业性和群众性体育赛事在内的全国性体育赛事审批,再加上地方在政策、资金方面加大支持力度,大大激发了社会力量兴办体育赛事的热情,赛事规模不断扩大,办赛主体日趋多元,体育赛事溢出的效应、辐射功能和拉动作用日益彰显。这其中不乏一些高危险性较高的如山地越野、超长距离跑之类的具有高危险性的体育赛事。如甘肃白银景泰"5·22"黄河石林百公里越野赛公共安全责任事件造成21名参赛选手死亡的悲剧,事故发生除了天气等直接原因外,更是因为安全监管措施不落实等原因。体育赛事管理部门未认真落实体育赛事行业安全监管责任,市县两级相关职能部门未按照大型群众性活动要求,对赛事执行运营单位制定的安保方案、采取的安保措施等实施有效监管,导致源头隐患和安全风险未得到及时发现和整改。

《体育法》第106条第1款规定了举办高危险性体育赛事活动行政许可的申请条件。首先,高危险性体育赛事活动组织者需要配备具有相应资格或者资质的专业技术人员,这是高危险性体育赛事顺利举办的"人"的保障。其次,高危险性体育赛事活动的组织者需要配置符合相关标准和要求的场地、器材和设施,这是高危险性体育赛事顺利举办的"物"的保障。最后,高危险性体育赛事活动组织者需要制定通信、安全、交通、卫生健康、食品、应急救援等相关保障措施,这是高危险性体育赛事顺利举办的"技"的保障。而有关举办高危险性体育赛事活动许可一般程序、制定赛事活动目录采取跟经营高危险性体育项目相同规定。但是,就举办高危险性体育赛事活动行政许可程序中的行政许可申请人、行政许可的审查、行政许可的主体、行政许可的期限等需要在下位法中进行明确规定。

第三节　体育保障法律制度体系

一、政府购买公共体育服务保障法律制度

1912 年,法国法学家莱昂·狄骥最早明确提出了公共服务的范畴,他认为政府是公共服务的唯一主题。法国学者古斯塔夫·佩泽尔将公共服务的主体由政府向其他公共团体进行了延伸。公共服务主要是指政府或者社会其他组织,以社会公益为目的,为满足社会公共需要而提供的各种有形或无形公共产品。提供体育公共服务,是政府必须履行的公共行政给付的重要职能。《公共文化服务保障法》第 49 条规定:"国家采取政府购买服务等措施,支持公民、法人和其他组织参与提供公共文化服务。"形成文化体育领域内政府购买公共服务的基本法律保障。《体育法》对实践中已被广泛采用的政府通过购买公共体育服务,提高政府公共服务供给能力和效率的手段进行了明确规定,即第 80 条规定:"国家支持通过政府购买服务的方式提供公共体育服务,提高公共体育服务水平。"这一规定结合了公益因素与市场因素,体现了体育的公益属性与市场机制的有机结合,是未来体育公共服务供给的重要方式和渠道。

1. 政府购买公共体育服务的主体。政府向社会力量购买公共体育服务的主体是各级行政机关和参照《公务员法》管理、具有行政管理职能的事业单位。纳入行政编制管理且经费由财政负担的群团组织,也可根据实际需要,通过购买服务方式提供公共服务。

2. 承接政府购买公共体育服务的主体。承接政府购买公共体育服务的主体包括依法在民政部门登记成立或经国务院批准免予登记的社会组织,以及依法在工商管理或行业主管部门登记成立的企业、机构等社会力量。承接政府购买服务的主体应具有独立承担民事责任的能力,具备提供服务所必需的设施、人员和专业技术的能力,具有健全的内部治理结构、财务会计和资产管理制度,具有良好的社会和商业信誉,具有依法缴纳税收和社会保险的良好记录,并符合登记管理部门依法认定的其他条件。

政府向社会力量购买服务的内容为适合采取市场化方式提供、社会力量能够承担的公共服务,突出公共性和公益性。各地区、各有关部门要按照有利于转变政府职能,有利于降低服务成本,有利于提升服务质量水平和资金效益的原则,在充分听取社会各界意见基础上,研究制定政府向社会力量购买服务的指导性目录,明确政府购买的服务种类、性质和内容,并在总结试点经验基础上,及时进行动态调整。

3. 政府购买公共体育服务的内容。国务院印发的《政府向社会力量购买公共文化服务指导性目录》中有关体育服务的内容有:全民健身和公益性运动训练竞赛的宣传与推广;公益性文化体育产品的创作与传播;全民健身活动的组织与承办;公益性体育培训、健身指

导、国民体质监测与体育锻炼标准测验达标活动的组织与承办;公益性青少年体育活动的组织与承办;面向特殊群体的公益性文化体育活动的组织与承办;民族民间传统体育项目的保护、传承与展示;公共体育设施、户外营地的运营和管理;公共体育健身器材的维修维护和监管;民办体育场馆设施、民办健身机构面向社会提供的免费或低收费服务等。

4. 购买公共体育服务的机制。各地要按照公开、公平、公正原则,建立健全政府向社会力量购买服务机制,及时、充分向社会公布购买的服务项目、内容以及对承接主体的要求和绩效评价标准等信息,建立健全项目申报、预算编报、组织采购、项目监管、绩效评价的规范化流程。购买工作应按照《政府采购法》的有关规定,采用公开招标、邀请招标、竞争性谈判、单一来源、询价等方式确定承接主体,严禁转包行为。

购买主体要按照合同管理要求,与承接主体签订合同,明确所购买服务的范围、标的、数量、质量要求,以及服务期限、资金支付方式、权利义务和违约责任等,按照合同要求支付资金,并加强对服务提供全过程的跟踪监管和对服务成果的检查验收。承接主体要严格履行合同义务,按时完成服务项目任务,保证服务数量、质量和效果。

5. 严格按照《政府采购法》确定的服务范围实施政府购买服务。严禁将铁路、公路、机场、通讯、水电煤气,以及教育、科技、医疗卫生、文化、体育等领域的基础设施建设,储备土地前期开发,农田水利等建设工程作为政府购买服务项目。

二、公共体育场地设施保障法律制度

《体育法》明确了有关居住社区配套体育场地设施的规定,新建、改建、扩建居住社区,应当按照国家有关规定,同步规划、设计、建设用于居民日常健身的配套体育场地设施。《体育法》第 82 条第 3 款规定,公共体育场地设施的设计和建设,应当符合国家无障碍环境建设要求,有效满足老年人、残疾人等特定群体的无障碍需求。第 88 条规定县级以上地方人民政府有建立全民健身公共场地设施维护管理机制的权责,有义务将管理和维护全民健身公共场地设施的责任进行制度性落实,以解除人们对体育伤害的后顾之忧。

1.《体育法》明确了全民健身场地的优先保障。《体育法》第 81 条规定:“县级以上地方人民政府应当按照国家有关规定,根据本行政区域经济社会发展水平、人口结构、环境条件以及体育事业发展需要,统筹兼顾,优化配置各级各类体育场所设施,优先保障全民健身体育场所设施的建设和配置。”《体育法》第 82 条进一步强化了从建设规划的角度对体育事业的支持和体育行政部门在涉及体育事业发展的城市规划形成中的影响力和话语权以及我国社会对于特定群体的关怀和基本的社会生活权利的保障。

2.《体育法》把配套体育场地设施的建设,强制性地纳入小区建设规划中。《体育法》第 83 条规定:“新建、改建、扩建居住社区,应当按照国家有关规定,同步规划、设计、建设用于居民日常健身的配套体育场地设施。”小区建设中如果配套体育设施的场地和建设不达到相应的标准,就无法通过规划审查和批准以及后续的验收。这就从根本上保障了居民在社区层面上对于体育锻炼设施的需求能够得到基本的满足。《体育法》这一规定将从根本上使居民获得足够的体育锻炼场地和锻炼设施。

3.《体育法》侧重于在既有场地资源中“挖潜”。《体育法》第 86 条规定:“国家鼓励充分、合理利用旧厂房、仓库、老旧商业设施等闲置资源建设用于公民日常健身的体育场地设施,鼓励和支持机关、学校、企业事业单位的体育场地设施向公众开放。"这一规定实实在在地体现了对体育事业发展的全方位支持。对既有闲置的场地资源中,稍加改造即可以用作体育设施的场地,可以"花小钱、办大事、见实效",实现资源的高效利用。另外,机关、学校、企事业单位等拥有比较好的体育场地存量资源的单位,也应当秉持公益精神,在不影响其功能实现的情况下,将其内部的体育场地向公众开放,实现资源共享。从逻辑以及公平性的角度来说,机关事业单位的建设和运行经费基本上源于公共财政的支持,其体育设施和场地在使用中当然也应该体现公益精神。

4.《体育法》从法律上确保了体育场地设施的可获得性,在确保民众能够有效获得体育运动设施方面作出明确规定,即《体育法》第 84 条的规定,强调公共体育场地设施管理单位应当公开向社会开放的方法,对特殊群体实行优惠。对于免费和低收费开放的体育场地设施,按照有关规定享受补助。同时,第 85 条规定,国家推进体育公园建设,鼓励地方因地制宜发展特色体育公园,推动体育公园免费开放,满足公民体育健身需求。

在避免体育场所被不当占用、改建方面,作出了更加明确具体并具有可操作性的规定。《体育法》第 87 条规定:"……不得擅自改变公共体育场地设施的功能、用途或者妨碍其正常使用。因特殊需要临时占用公共体育场地设施超过十日的,应当经本级人民政府体育行政部门同意;超过三个月的,应当报上一级人民政府体育行政部门批准。经批准拆除公共体育场地设施或者改变其功能、用途的,应当依照国家有关法律、行政法规的规定先行择地重建。"

5.《体育法》明确了体育健身场地的维护管理的责任主体。《体育法》第 88 条规定,县级以上地方人民政府应当建立全民健身公共场地设施的维护管理机制,明确管理和维护责任。这一规定解决了实际生活中"有人建,没人管"的现象。考虑到对公共体育场地的维护和保障是一个持续不断的资源投入过程,因此很容易出现"断供",导致体育场地年久失修,缺乏维护,影响其功能发挥。在这种情况下,确定明确的责任主体就具有重要意义。

《体育法》是指导我国体育事业发展的基本纲领,是维护人民群众参与体育运动权利的法律保障。《体育法》"保障条件"章节是更为明确地保障国家体育事业高质量发展和人民群众体育需求的有关人、财、物等方面的具体法律规范,为体育的高质量发展提供了法律规制的操作性和针对性,体现了以人民为中心的体育理念,使人民群众的体育权利在法律的保障下得到有效落实。

三、青少年和学校体育教育保障法律制度

《体育法》"总则"第 10 条规定:"国家优先发展青少年和学校体育,坚持体育和教育融合,文化学习和体育锻炼协调,体魄与人格并重,促进青少年全面发展。"这凸显出青少年体育作为国家体育强国、教育强国、健康中国的基础性工程,备受重视。《体育法》第三章专章规定"青少年和学校体育",以强化法治保障的方式,拓展体育对青少年人群的服务范畴、内容、方式和目标等。体育专业教育法治保障有如下特点:

1. 涵盖青少年体育法治保障的全人群。学校是青少年接受体育教育和参与体育锻炼的

主要阵地。中共中央、国务院印发的《中长期青年发展规划(2016-2025年)》规定:青年年龄范围是14~35周岁。因此,青少年人口界定、数量和规模,都大大超过适龄学生的年龄段,比在校学生的面更广、规模更大。《体育法》除了提出"开齐开足体育课"等学校体育条款,还通过增加"国家实行青少年和学校体育活动促进计划,健全青少年和学校体育工作制度……推动青少年和学校体育活动的开展和普及"等条款,将未进入幼儿园的学龄前儿童和未进入普高或职高阶段等青少年体育纳入其中,实现了涵盖青少年体育法治保障的全人群目标。

2. 构建青少年体育法治保障的全流程。从人体生长发育的角度来看,学前期是神经系统与灵敏素质发展的窗口期;从体育技能提升的角度来看,青少年因个人喜好、身体条件和体育参与环境等不同,运动项目、体育参与水平和目标也不相同。因此,仅学校体育难以满足全体青少年全流程式体育参与。《体育法》规定"教育行政部门、体育行政部门和学校应当组织、引导青少年参加体育活动,预防和控制青少年近视、肥胖等不良健康状况,家庭应当予以配合"等条款,不仅对应对青少年棘手的健康问题提供了法治依据,更构建了涵盖体育和教育等多部门、校内校外等全流程的健康促进支撑体系。更为重要的是,为践行"使命在肩、奋斗有我"的体育精神,从青少年中发现有潜质的体育后备人才已成为全社会的责任,《体育法》将"鼓励学校组建运动队、俱乐部等体育训练组织"等内容纳入,加大了深化体教融合的法治保障力度,解决了基层青少年体育公共服务和体育后备人才培养法治依据不足的问题。

3. 覆盖青少年体育法治保障的全领域。在全球范围内,体育促进青少年健康已成为共识:青少年阶段是体育促进其健康成长的关键期,应以跨域性治理形成一种主动式、低碳式、积极式、长远式和可持续的青少年健康促进体系。改革开放以来,我国实施一系列跨部门治理的青少年健康促进和体育后备人才培养政策。显然,青少年体育服务和管理工作不仅包括体育、教育等行政部门,而且涵盖共青团、妇幼、地方政府、社会组织、企业等。《体育法》以青少年体育参与需求为导向,提出"学校可以设立体育教练员岗位""开展符合学前儿童特点的体育活动""各级人民政府应当在场地、设施、资金、人员等方面对体育运动学校予以支持"等条款,旨在完善青少年体育校内和校外、普及和提高等全域式体育法治保障。

四、体育保险法律制度

体育保险在我国起步较晚,20世纪80年代开始出现试办体育保险的相关实践,直到2004年3月中国太平洋保险经纪有限公司(CSIB)的成立,才真正意义上拉开了我国专业体育保险的发展序幕。1995年,全国政协会议上11位委员联名建议,要求为国家体育事业做出突出贡献的运动员、教练,建立一套伤残和养老的保险制度。原国家体委非常关注这一问题,积极寻找解决办法。1996年,香港南华运动总会名誉主席洪祖杭先后捐赠1200万元成立了"祖杭体育保险基金";1997年4月,原国家体委组织举行了全国体育社会保险工作研讨会,正式开始了我国体育社会保险的前期筹备工作。就在我国传统体育财产保险业紧张运作的时候,1997年9月,中华全国体育基金会2000万元的中华体育财产保险投资基金被骗,使我国体育财产保险行业遭到重创。直到1998年7月21日,我国女子运动员桑兰在美国友好运动会上意外摔伤致残,运动员伤残保险再次成为关注焦点之一。1998 年 9 月 28 日,中华全国体育基金会与中保人寿保险有限公司签约,体育保险的发展有了初步结果。1999 年 10 月 20 日,中国太平洋保险公司北京分公司正式签署了与中华全国人民体育慈善基金会的合作协议,为国家队每名运动员在体育训练、比赛和其他日常生活工作中的意外事故提供保险赔偿,最高保险理赔额约为 7.2 亿元。我国体育保险的发展已经取得了进一步的发展。2019 年国务院办公厅颁布了《关于促进全民健身和体育消费推动体育产业高质量发展的意见》,2020 年银保监会等 13 部门联合颁布了《关于促进社会服务领域商业保险发展的意见》,两个文件都提出要大力发展体育运动应用领域的商业保险、相关保险保障机制,以管理体育赛事、体育活动中的体育风险。

体育保险分为非营利性体育保险和营利性体育保险。非营利性体育保险,即体育社会保障,或体育社会保险,指由政府管理,不以营利为目的,以保证体育经济协调发展和社会秩序安定为目标而实施的体育保险保障计划,是一种政策性体育保险;或者保证以加入保险者的相互利益为目的而办理的体育保险,如相互保险(运动员伤残互助保险)、合作保险等。营利性体育保险,又名营利性运动保险、商业性体育保险,是保险集团、保险公司、保险人以营利为目的所经营的体育运动保险。股份制保险经营的体育运动保险属于中国最普遍的一项营利性体育运动保险。

《体育法》第 90 条规定:"国家鼓励建立健全运动员伤残保险、体育意外伤害保险和场所责任保险制度。大型体育赛事活动组织者应当和参与者协商投保体育意外伤害保险。高危险性体育赛事活动组织者应当投保体育意外伤害保险。高危险性体育项目经营者应当投保体育意外伤害保险和场所责任保险。"

在我国《保险法》和保险公司产品分类中,并无单独的"体育保险"险种和业务。一定程度上可以认为,体育保险并不是一种单一的保险业务,而是以与"体育"相关的运动员、从业人员、普通的体育爱好者、体育活动场所或体育场馆和体育设施为保险标的的综合性保险计划,一方面包括运动员等体育活动参加人员的意外伤害、医疗、伤残、养老等保险,另一方面也包括体育场馆等体育设施财产、公共责任以及赛事责任等保险。

五、残疾人体育权利保障法律制度

《中国残疾人体育事业发展和权利保障》白皮书指出:"体育对包括残疾人在内的每个人的生活都具有重要价值……残疾人体育重在参与,这是残疾人的一项重要权利,是人权保障的重要内容。"《"十四五"残疾人保障和发展规划》提出,到 2035 年,残疾人的全面发展和共同富裕取得更为明显的实质性进展。残疾人体育权利的保障需要推进均等化和多元化。均等化是实现残疾人体育权利的法制基础和前提,是"形式平等"向"实质平等"的转向。多元化是残疾人在实践中参与体育活动的类型多样性和权利保障主体的多元化,法律保障普通残疾民众参与健身活动的权利、残疾运动员参与竞技体育的权利、特殊教育学校学生参与体育活动的权利。

目前,我国已经形成以《宪法》为核心,以《残疾人保障法》《体育法》《残疾人就业条例》《无障碍环境建设条例》等为重要支撑的残疾人体育权益保障法律体系。我国现行关于残疾人体育权利保障的法律规范和政策见表 11 - 2。

表 11 - 2 我国现行关于残疾人体育权利保障的法律规范和政策

序号	名称	相关规定	效力级别
1	《残疾人保障法》	第 41 条第 2 款:各级人民政府和有关部门鼓励、帮助残疾人参加各种文化、体育……丰富残疾人精神文化生活。 第 43 条:政府和社会组织扶持残疾人开展群众性文化、体育、娱乐活动,举办……残疾人……	法律
2	《体育法》	第 5 条:国家依法保障公民平等参与体育活动的权利,对未成年人、妇女、老年人、残疾人等参加体育活动的权利给予特别保障	法律
3	《无障碍环境建设条例》	第 12 条:县级以上人民政府应当优先推进下列机构、场所的无障碍设施改造: (1)特殊教育、康复、社会福利等机构;(2)国家机关的公共服务场所;(3)文化、体育、医疗卫生等单位的公共服务场所;(4)交通运输、金融、邮政、商业、旅游等公共服务场所	行政法规
4	《公共文化体育设施条例》	第 12 条:公共文化体育设施的设计,应当符合实用、安全、科学、美观等要求,并采取无障碍措施,方便残疾人使用…… 第 21 条:需要收取费用的公共文化体育设施管理单位,应当根据设施的功能、特点对……残疾人等免费或者优惠开放……	行政法规
5	《全民健身条例》	第 8 条第 3 款:制定全民健身计划和全民健身实施计划,应当充分考虑……残疾人……的特殊需求	行政法规
6	《全民健身计划纲要》	广泛开展残疾人体育健身活动,提高残疾人的身体素质和平等参与社会活动的能力。丰富残疾人体育健身方法,培养体育骨干,提高残疾人体育运动水平	国务院规范性文件
7	《全民健身计划(2021 - 2025)》	加强对公共体育场馆开放使用的评估督导,优化场馆免费或低收费开放绩效管理方式,加大场馆向青少年、老年人、残疾人开放的绩效考核力度。 支持举办各类残疾人体育赛事,开展残健融合体育健身活动 完善公共健身设施无障碍环境,开展残疾人康复健身活动	国务院规范性文件
8	《"十四五"残疾人保障和发展规划》	推动残疾人体育全面发展。……实施残疾人康复健身体育行动,将残疾人作为重点人群纳入全民健身公共服务体系建设,组织残疾人参加各级各类全民健身活动,推动残疾人康复健身体育身边化服务。加强残疾人体育运动保护研究	国务院规范性文件

阅读 甘肃白银“5·22”百公里越野跑公共安全责任事件[3]

2021年5月22日,2021年(第四届)黄河石林山地马拉松百公里越野赛暨乡村振兴健康跑在白银市景泰县黄河石林风景区举行,比赛期间遭遇突发降温、降水、大风的高影响天气,发生公共安全责任事件,造成21名参赛选手死亡,8人受伤。

景泰黄河石林百公里越野赛是白银市、景泰县地方特色体育赛事,自2018年至2020年,已经举办了三届。第一届于2018年5月20日举办,是中国田径协会认证A类赛事,获评等级赛事“铜牌赛事”“自然生态特色赛事”;第二届于2019年6月8日举办,是中国田径协会认证A类赛事;第三届于2020年9月29日举办,未获得中国田径协会认证。

2021年(第四届)黄河石林山地马拉松百公里越野赛暨乡村振兴健康跑于2021年5月22日举办,包括5公里乡村振兴健康跑、21公里越野赛、100公里越野赛三个组别,其中乡村振兴健康跑参加1700人(不含游客);21公里越野赛报名人数120人,实际参赛93人;100公里越野赛报名187人,实际参赛172人。本届赛事未向中国田径协会申报认证。该100公里越野赛发生重大安全责任事故。

该百公里越野跑赛事难度较大,赛道海拔最低1347米,最高2285米,落差超过900米。赛事当日,开跑不久后,百公里越野赛部分海拔四段20－31公里处天气突变,短时内局地出现大风、冻雨、冰雹等高影响天气,气温骤降,但由于距离打卡点较远,不能得到及时的保暖措施等援助,许多参赛人员难以抵御严寒、继续参加比赛,甚至出现身体不适、失温等危险状况,更有部分参赛人员失去与赛事主办方的联系,情况十分危急。

随后,赛事主办方被迫停止赛事,同时联系当地政府、警方,组织多方力量搜救失联人员。但由于天气突变的赛段内险峰林立,夜间可见度低,气温也一再降低,搜救难度之大可想而知。经过长时间的搜救,截至第二天上午9时30分,百公里越野赛的172名参赛人员中的151人已经确认安全,但遗憾的是其余21名参赛人员不幸遇难,其中不乏梁晶这样的国内马拉松优秀选手。该届赛事该项比赛的死亡率高达12.21%。

经过甘肃银保监摸排统计,截至5月24日15时,保险业预估赔偿金额为1386.34万元人民币,其中,团体意外险赔偿金额高达1000余万元,自然灾害救助保险预估赔偿金额高达230余万元。具体而言,团体意外险对每位遇难者家属赔付意外伤害赔偿金额50万元、医疗费用赔偿金额3万元,附加突发急性病保险10万元,均按各险种赔偿限额赔付。然而,这样的赔偿力度却没有得到遇难者家属的认可。

这是一起由于极限运动项目百公里越野赛在强度难度最大赛段遭遇大风、降水、降温的高影响天气,赛事组织管理不规范、运营执行不专业、应急救援不及时,导致重大人员伤亡的体育竞赛公共安全责任事件。根据《甘肃白银景泰“5·22”黄河石林百公里越野赛公共安全责任事件调查报告》,引起事故的直接原因除天气外,工作方面主要是因为赛事举办机构风险防范意识不强,在赛前收到气象部门气象信息专报和大风蓝色预警后,未采取有效应对措施;未按高海拔赛事标准,将防风保暖装备列入强制装备清单;赛道补给点设置不合理,在最难最险的高海拔赛段(2230米)未设置医疗救助和补给点;未采取加强和改善通讯条件的措施,导

〔3〕 载https://news.sina.com.cn/c/2021－06－26/doc－ikqciyzk1966429.shtml。

致最危险时刻通讯联络不畅。赛事承办执行和运营单位组织、管理、运营水平低,未按规定制定专项应急预案和安保措施,应急救援力量准备严重不足;在收到请求救援、大范围退赛信息后,前期救援统筹不够、组织不力。间接原因其中之一就是安全监管措施不落实。白银市、景泰县体育赛事管理部门未认真落实体育赛事行业安全监管责任,在此类赛事的事前审批取消后,忽视安全监管责任,未落实事中事后监管措施;未主动为赛事的竞赛组织、参赛保障、安全管理等方面提供业务指导、技术支持和咨询服务。市县两级相关职能部门未按照大型群众性活动要求,对赛事执行运营单位制定的安保方案、采取的安保措施等实施有效监管,导致源头隐患和安全风险未得到及时发现和整改。

思考题

1. 体育监管应当遵循哪些原则?
2.《体育法》“监督管理”专章设立的意义是什么?
3. 请用体育监管和保障理论分析甘肃白银“5·22”百公里越野跑公共安全责任事件。

第十二章　涉外体育法律制度

第一节　涉外体育法概述

一、涉外体育法的含义

从法理上看,涉外体育法和国际体育法的含义并无太大差别,他们调整的都是涉外体育关系。在中国深化改革、扩大开放,越来越融入世界的背景下,学界越来越多地以宏观的视野去审视问题,从而更多地使用国际体育法这一概念。

在这里,我们提到涉外体育法,并且将其和国际体育法并列,一方面是为了方便介绍,通过涉外体育法勾画出国内法关于涉外体育关系的规制情况,另一方面也为了回避理论界关于国际体育法是国内法还是国际法的争论,而将涉外体育法定性为国内法进行论述,将国际体育法的研究目光投向国际条约和国际惯例。在这里,我们将涉外体育法定义为:一国调整涉外体育关系的法律规范的总称。

二、涉外体育法的性质

在法律性质上,涉外体育法可以界定为国内法中那部分专门调整涉外体育关系的法律,所以属于国内法性质。涉外体育法是专门调整涉外体育关系的法律,涉外体育关系虽然以本国的涉外体育法律为主,但同时也适用本国缔结或参加的国际条约及本国承认的国际惯例,对于国际条约和国际惯例等问题,我们将在后面国际体育法章节中进行介绍。

三、涉外体育法的特征

1. 调整对象具有涉外因素。涉外体育法调整的是具有涉外因素的体育关系。涉外体育关系,是指在体育关系的三要素中至少有一个要素与国外有联系。关于何为与国外有联系,即“涉外”性的界定,我国学理上存在三种标准:第一种是三要素标准,它主要考察法律关系的三要素主体、客体、内容是否涉外;第二种是主体标准,它只考察三要素中的主体要素是否涉外,即当事人的国籍、住所或习惯住所等;第三种是实质标准,它主要考察争议的实质是否涉外。

由于主体标准认定涉外性过于狭隘,实质标准认定涉外性又过于灵活,所以理论界比较倾向的是三要素标准,这也得到了 1988 年《关于贯彻执行〈中华人民共和国民法通则〉若干问题的意见(试行)》第 178 条的肯定,最高人民法院《关于适用〈中华人民共和国涉外民事关系法律适用法〉的解释》第 1 条、最高人民法院《关于适用〈中华人民共和国民事诉讼法〉的解释》第520条也采纳了三要素说。

因此,涉外体育关系的涉外因素可以分解如下:(1)主体涉外,作为体育关系主体的当事人一方或各方是外国人、无国籍人、外国企业或者组织的,或者经常居所地在国外的;(2)内容涉外,产生、变更或者消灭体育权利义务关系的法律事实发生在国外;(3)客体涉外,体育关系主体之间的权利义务共同指向的对象或标的位于国外。只要体育关系的主体、客体、内容三要素中有一个涉外,该体育关系就是涉外体育关系。

2. 调整方法包括直接调整方法和间接调整方法。公法领域的涉外体育关系主要采用的就是直接调整方法进行调整,诸如刑法、行政法等公法具有严格的属地效力,没有域外效力,所以在调整涉外体育关系时将外国公法一概排除。调整这类涉外体育关系同国内体育关系是一样的,直接适用国内公法。因此这不是涉外体育法的研究重点。

间接调整方法主要是针对私法领域的涉外体育关系,应用领域主要是民商事领域。在这一领域,外国法的域内效力或是国内法的域外效力在一定条件下得到了承认。国内法中因此存在一种特殊的规范,即冲突法规范,这种规范并不直接规定当事人的权利与义务,而是指明涉外民商事关系应适用何种法律。这些能够调整涉外体育关系的冲突规范则是涉外体育法的重要内容。

3. 没有统一的法典,散见于各单项立法中。虽然2022年《体育法》已经趋于完善,但是涉外体育法内容庞杂,不可能由一部法典规范所有内容,其实质内容来源于已有的部门法,如宪法、行政法、刑法、民商法等,所以涉外体育法的内容也散见于这些部门法的条文中。

四、涉外体育法的基本原则

涉外体育法的基本原则是国家管理涉外体育活动的基本准则,也是涉外体育立法和司法的基本准则。根据《体育法》第14条的规定,我国的涉外体育法的基本原则主要包括以下三方面。

1. 尊重国家主权原则。尊重国家主权原则是对外交往最基本的原则,当然也是涉外体育活动的基本原则。国家主权是国家的根本属性,它有两层含义:一是对内的最高权力,即对其领土内的一切人和物及领土外的本国人管辖的权力;二是对外独立自主的权力,即不受任何其他国家控制、干涉的权力。尊重国家主权原则就是要求尊重国家对内的最高权力和对外独立自主的权力。

我国《宪法》序言中规定,中国坚持独立自主的对外政策,坚持互相尊重主权和领土完整、互不侵犯、互不干涉内政、平等互利、和平共处的五项原则,坚持和平发展道路,坚持互利共赢开放战略,发展同各国的外交关系和经济、文化交流,推动构建人类命运共同体。这确立了在对外交往中尊重国家主权原则,《体育法》第14条的规定也是这一国际交往基本原则的具体体现。

在涉外体育活动中,尊重国家主权原则的具体要求是:(1)在涉外体育活动中,我国的主权、安全、发展利益和尊严必须予以尊重,反对任何国家、地区或者组织借体育事务以任何形式干涉我国内政,侵犯我国主权独立及领土完整,损害我国安全、发展利益和尊严。(2)任何国家、地区或者组织在国际体育运动中损害我国主权、安全、发展利益和尊严的,我国可以根据实际情况采取相应措施。(3)有关国家机关或组织在管辖涉外体育纠纷中,必须维护好我国的主权、安全、发展利益和尊严。

2. 平等互利原则。平等互利原则是国际交往的重要原则,平等互利原则包含两层含义:[1]一是平等,即国与国之间的交往必须建立在国际人格平等的基础上;二是互利,即注意实质平等,只有这样才能更好地鼓励发展,实现合作。

平等互利原则和尊重国家主权原则是相互依存的,没有对国家主权的尊重,就不能保证平等互利地开展涉外体育活动,没有真正的平等互利,国家的主权、安全、发展利益和尊严就会受到损害。在涉外体育活动中,平等互利原则的具体要求是:(1)所有涉外体育活动的个人或组织,都应依法平等地享有权利和承担义务。(2)鼓励开展对外体育交往,支持参与国际体育运动,有关国家机关或组织在管辖涉外体育纠纷时,应遵循奥林匹克精神,平等地保护好双方当事人的合法权利。(3)在涉外体育活动中,我国同其他国家间的法律地位是平等的,在开展涉外体育交往中,始终坚持独立自主,以互利双赢为目标,以体育为媒介促进同各国的交流,发展和各国的友好关系。

3. 信守国际条约原则。信守国际条约原则又称条约神圣原则,它对维护正常的对外体育交往有极其重要的意义。在一个没有最高权力机关可以强制执行条约的国际社会里,如果条约可以被肆意的不遵守,那么国际关系就会面临困顿,国际秩序就会发生混乱。信守国际条约原则是指一国在平等自愿基础上缔结某个条约,就必须遵守该条约,并切实履行该条约的义务。

在涉外体育活动中,信守国际条约原则的具体要求是:在涉外体育活动中,应一秉诚意地遵守缔结和参加的相关国际条约,履行相应国际义务,自觉维护奥林匹克精神体系下的体育秩序,不得以国内法规定或者其他理由拒绝履行所承担的涉及体育的国际条约所规定的义务。

第二节　中国涉外体育法律制度

一、涉外体育代理制度

关于涉外体育代理学理上并无定义,法律上也没有给予单独规定,在实践中只是商事代理的一种表现形式,一般认为商事代理属于委托代理。所以要了解我国涉外体育代理制度,必须首先了解我国代理制度。根据1987年实施、2009年修正的《民法通则》(现已废止)第64条的规定,我国法律根据代理权产生的基础不同,将代理分为法定代理、指定代理和委托代理三类。但是2017年出台并实施的《民法总则》(现已废止)删掉了《民法通则》中的指定代理,只保留了法定代理和委托代理两分法的基本分类形式。2021年1月1日开始实施的《民法典》承袭了《民法总则》的规定。根据《民法典》第163条的规定,代理包括委托代理

---

[1] 邵津主编:《国际法》(第2版),北京大学出版社2005年版,第33页。

和法定代理,委托代理人按照被代理人的委托行使代理权,法定代理人依照法律的规定行使代理权。《民法总则》之所以将指定代理删除,原因在于指定代理本质上也是根据法律规定而进行的指定,应属于法定代理的范围,适用法定代理的一般规定。所谓法定代理,就是基于法律规定而直接产生的代理,是对无民事行为能力人和限制民事行为能力人实施民事法律行为的代理。这里的法定代理指的是实体上的法定代理,不包括程序上的法定代理,程序上的法定代理是指在诉讼中对无民事行为能力人和限制民事行为能力人实施的诉讼行为。从实体法上来看,体育代理一般都归属于委托代理,所以我们在此主要关注我国实体法上委托代理法律制度。我国现行立法有关委托代理制度的规定主要体现在《民法典》第一编第七章和第925、926条的规定中。

根据《民法通则》第63条,所谓委托代理,是指代理人在代理权限内,以被代理人的名义实施民事法律行为,而被代理人对代理人的代理行为直接承担民事责任。这种规定继承了传统大陆法系代理的规定,确立了我国的直接代理制度。1999年实施的《合同法》突破了《民法通则》仅有直接代理的规定,在其在第402条和第403条确立了我国间接代理制度。《民法总则》第七章对《民法通则》的规定作了修订和补充,但是基本承袭了《民法通则》对委托代理的定义,没有规定间接代理制度。《民法典》第一编第七章基本照搬了《民法总则》第七章的规定。《民法典》第925、926条承袭了《合同法》确立的间接代理制度。

《民法典》第925条规定了显名的间接代理制度,显名间接代理合同除非有相反证据,将直接约束委托人和第三人。《民法典》第926条规定了隐名的间接代理制度,当隐名代理合同订立后,如果第三人因受托人对委托人不履约的,受托人负有披露义务,即向委托人披露第三人,委托人此时可行使介入权,对第三人代行使受托人权利,但第三人知道受托人与委托人代理关系的除外。如果因委托人原因受托人对第三人不履约的,受托人也负有披露义务,即向第三人披露受托人,第三人此时可选择是否介入,也就是可以选择受托人或委托人主张权利,一旦选择,则不能改变。

虽然我国法律规定了代理制度,但美中不足的是,涉外代理制度的相关规定仍需完善,尤其是冲突规范也经历了从无到有的过程。根据《涉外民事关系法律适用法》第16条的规定,涉外代理适用代理行为地法律,但被代理人与代理人的民事关系,适用代理关系发生地法律。当事人可以协议选择委托代理适用的法律。

在现实生活中,涉外体育代理是非常常见的,它是指本人、代理人、第三人之间成立的体育民事法律关系中含有涉外因素的代理。实践中比较典型的有两种:一是体育品牌的代理销售,这包括中国体育品牌在国外的代理销售,又包括国外体育品牌在中国的代理销售;二是体育经纪人,体育经纪人在运动员、俱乐部、协会、赞助商、广告商之间牵线搭桥,它包括为运动员个人代理赞助、合同谈判等事宜,也包括代理运动组织与赛事管理的各类行销、管理和赞助业务。

涉外体育代理涉及三方当事人,即本人、代理人、第三人。本人和代理人之间的关系称为内部关系,本人与代理人对第三人的关系称为外部关系。关于涉外体育代理的内部关系,首先适用当事人合意选择的法律,在当事人未选择适用的法律时,适用代理关系发生地法律。关于涉外体育代理的外部关系,即本人与代理人对第三人之间的外部关系的法律适用问题则比较复杂,主要解决代理人是否享有代理权、代理权的范围限制、代理权的撤销以及越权或无权代理行为的责任归属等问题,一般认为应适用代理行为地法律。如果指向适用的法律是我国法律,那么再依据《民法典》等相关法律规定进行处理。

二、涉外体育合同制度

涉外体育合同顾名思义就是与体育相关的具有涉外因素的合同。究竟多大程度与体育相关可以归类为体育合同是很难界定的。由于《民法典》并无对其特别规定,根据《民法典》第467条的规定,适用合同的一般规定,可参照类似合同的规定或者是其他法律最相类似的规定。

涉外体育合同作为涉外合同的一种,应适用我国关于涉外合同的一般规定,即《涉外民事关系法律适用法》和《民法典》。根据《涉外民事关系法律适用法》的规定,涉外体育合同首先适用当事人协议选择的法律,当事人没有选择的,适用履行义务最能体现该涉外体育合同特征的一方当事人经常居所地法律或者其他与该涉外体育合同有最密切联系的法律。如果是涉外体育用品消费合同,则适用消费者经常居所地法律,但是消费者选择适用商品、服务提供地法律或者经营者在消费者经常居所地没有从事相关经营活动的,则应适用商品、服务提供地法律。如果是涉外体育组织劳动合同,则适用劳动者工作地法律,若难以确定劳动者工作地的,则适用体育组织主营业地法律。如果根据以上规定,涉外体育合同指向适用的法律是我国法律,那么再依据《民法典》等相关法律规定进行处理。

三、涉外体育知识产权制度

涉外体育知识产权制度应适用我国关于涉外知识产权的规定,现按专利法、商标法、著作权法分述如下。

(一)涉外体育专利权

我国涉及专利权方面的立法主要有:《专利法》《专利法实施细则》《专利代理管理办法》等。

专利权指一国专利主管机构根据该国法律,授予合法申请人对某项专利技术在法定期限内所享有的专有权,包括制造权、进口权、使用权、销售权、许诺销售权、转让权、许可使用权等。专利包括发明、实用新型和外观设计三种类型。《专利法》所称发明,是指对产品、方法或者其改进所提出的新的技术方案。《专利法》所称实用新型,是指对产品的形状、构造或者其结合所提出的适于实用的新的技术方案。《专利法》所称外观设计,是指对产品的整体或者局部的形状、图案或者其结合以及色彩与形状、图案的结合所作出的富有美感并适于工业应用的新设计。

我国对涉外体育专利的规定主要包括以下内容:

1. 强制代理制度。在我国没有经常居所或者营业所的外国人、外国企业或者外国其他组织在中国申请涉及体育专利和办理其他涉及体育专利事务的,应当委托依法设立的专利代理机构办理。

2. 保密审查制度。任何单位或者个人将在我国完成的涉及体育的发明或者实用新型向外国申请专利的,应当事先报经国务院专利行政部门进行保密审查。

3. 优先权制度。优先权是指专利申请人在提出专利申请后,法定期限内又以相同主题提出专利申请的,第一次专利申请的申请日作为其后一次专利申请的申请日,杜绝抄袭者抢先申请,以保障专利申请人权利。申请人自涉及体育的发明或者实用新型在外国第一次提出专利申请之日起 12 个月内,或者自涉及体育的外观设计在外国第一次提出专利申请之日起 6 个月内,又在我国就相同主题提出专利申请的,依照条约或者依照相互承认优先权的原则,可以享有优先权。

4. 法律适用。在我国没有经常居所或者营业所的外国人、外国企业或者外国其他组织在我国申请涉及体育的专利的,依照条约或者依照互惠原则,根据我国《专利法》办理。

(二)涉外体育商标权

我国涉及商标权方面的立法主要有:《商标法》《商标法实施条例》等。

商标权是商标所有人对法律确认并给予保护的商标所享有的专有权,包括商标专用权、续展权、转让权、许可使用权等。商标包括注册商标和非注册商标,注册商标是经商标局核准注册的商标,包括商品商标、服务商标和集体商标、证明商标,原则上只有注册商标受法律保护,但未注册的驰名商标也受商标法的保护。

我国对涉外体育商标的规定主要包括以下内容:

1. 强制代理制度。主要包括两方面:其一,外国人或者外国企业在我国申请商标注册和办理其他商标事宜的,应当委托依法设立的商标代理机构办理。其二,申请人在我国设有真实有效的营业所、住所,或者拥有中国国籍,且其涉及体育的商标已在商标局获得注册,或者已向商标局提出商标注册申请并被受理的,可以根据马德里协议或协议书通过商标局向世界知识产权组织国际局申请国际注册。

2. 优先权制度。外国申请人自其涉及体育的商标在外国第一次提出商标注册申请之日起 6 个月内,又在我国就相同商品以同一商标提出商标注册申请的,依照条约或者相互承认优先权的原则,可以享有优先权。凡要求优先权的,应当在提出体育商标注册申请的时候提出书面声明,并且在 3 个月内提交第一次提出的商标注册申请文件的副本,未提出书面声明或者逾期未提交商标注册申请文件副本的,视为未要求优先权。

3. 法律适用。外国人或者外国企业在我国申请涉及体育的商标注册的,应当依据条约或者按对等原则办理。

(三)涉外体育著作权

我国涉及著作权方面的立法主要有:《著作权法》《著作权法实施条例》《实施国际著作权条约的规定》等。

著作权是指法律规定文学、艺术和科学作品的作者对其作品所享有的权利。著作权包括人身权和财产权,人身权包括发表权、署名权、修改权及保护作品完整权。财产权包括复制权、发行权、出租权、展览权、表演权、放映权、广播权、信息网络传播权、摄制权、改编权、翻译权、汇编权和应当由著作权人享有的其他权利。著作权所保护的作品是指文学、艺术和科学领域内具有独创性并能以一定形式表现的智力成果,包括文字、口述作品、音乐、戏剧、曲艺、舞蹈、杂技艺术作品、美术、建筑作品、摄影作品、视听作品、工程设计图、产品设计图、地图、示意图等图形作品和模型作品、计算机软件等。

我国对涉及体育的涉外著作权的规定主要是双重国籍国民待遇制度。包括以下几个方面:其一,我国公民、法人或者非法人涉及体育的作品,无论是否发表,均受我国《著作权法》保护。其二,外国人、无国籍人的涉及体育的作品首先在我国境内出版的,受我国《著作权法》保护。其三,外国人、无国籍人的涉及体育的作品在我国境外首次出版的,30 日内在我国出版的,视为该作品同时在我国出版,也受我国《著作权法》保护。其四,未与我国签订条约的国家的作者以及无国籍人的涉及体育的作品首次在我国参加的国际条约的成员国出版的,或者在成员国和非成员国同时出版的,受我国《著作权法》保护。其五,外国人、无国籍人的涉及体育的作品根据其作者所属国或者经常居住地国同我国签订条约享有著作权的,受我国《著作权法》保护。其六,涉及体育的作品在我国首次发表后,30 日内也在《保护文学和艺术作品伯尔尼公约》的成员国发表的,可以受到该公约成员国法律保护。

(四)《涉外民事关系法律适用法》及《国际私法示范法(第六稿)》

依靠冲突规范来进行调整具有涉外因素的体育知识产权关系,是体育知识产权法律适用中非常重要的方式。《涉外民事关系法律适用法》是现在涉外体育知识产权法律适用的主要依据,但是相关规定只有三条,并没有将知识产权细分,只是笼统地进行了规定。关于涉外体育知识产权的归属和内容,一律适用被请求保护地法律。关于涉外体育知识产权合同关系,当事人可以通过意思自治确定涉外体育知识产权转让和许可使用适用的法律,当事人没有协议选择法律的,适用涉外合同一般规定。关于涉外体育知识产权侵权关系,也适用被请求保护地法律,同时规定当事人可以进行有限的意思自治,在侵权行为发生后协议选择适用法院地法律。如果根据以上规定,涉外体育知识产权指向适用的法律是我国法律,那么再依据我国知识产权相关法律规定进行处理。

2000 年由中国国际私法学会制定的学者意见稿《国际私法示范法(第六稿)》专设“知识产权”一节,对知识产权的法律适用进行了比较细致的规定,可以作为未来立法的借鉴。

1. 涉外体育专利权的法律适用。由于体育专利权的享有和地域性息息相关,被一国授予专利权后也仅在授予国有效,所以对于专利权依据专利申请地法来确定比较合适。《国际私法示范法(第六稿)》规定涉外体育专利权的成立、内容和效力,适用专利申请地法。

2. 涉外体育商标权的法律适用。由于体育商标权同体育专利权一样,也有明显的地域性,被一国授予获准的商标也仅在授予国有效,所以对于商标权依据商标注册登记地法来确定比较合适。《国际私法示范法(第六稿)》规定涉外体育商标权的成立、内容和效力,适用注册登记地法。

3. 涉外体育著作权的法律适用。由于体育著作权的成立与工业产权(专利权、商标权)不同,在大多数情况下,往往自创作作品完成之日或是首次出版之日起自动产生,所以著作权的成立、内容和效力,依据权利主张地法确定比较合适。《国际私法示范法(第六稿)》规定涉外体育著作权的成立、内容和效力,适用权利主张地法。

4. 涉外体育知识产权合同关系的法律适用。我国法律把知识产权合同当作一般的民事合同看待,所以对于涉外体育知识产权合同依据涉外合同的规定来确定。《国际私法示范法(第六稿)》规定有关涉外体育知识产权的合同,适用关于合同的一般规定。

5. 涉外体育知识产权侵权关系的法律适用。由于知识产权侵权具有特殊性,为了更好地保护受害人的合法权益,《国际私法示范法(第六稿)》规定涉外体育知识产权侵权的法律救济,适用请求保护地法。

四、涉外体育纠纷处理法律制度

涉外体育纠纷由于具有涉外因素,所以在解决这类纠纷时需要考虑两个或两个以上国家或地区的法律,有关的程序性行为也会涉及两个以上国家或地区的法律,如相关体育诉讼文书的送达、判决的承认与执行等。涉外体育纠纷处理的方式可以分为两类:一类是替代性争议解决方式,包括体育组织内部裁决、体育和解、体育调解、体育仲裁;另一类是诉讼解决方式。

(一)替代性争议解决方式

替代性争议解决方式(alternative dispute resolution, ADR),是一种非诉讼解决方法,也被广泛运用到体育纠纷解决中,包括体育组织内部裁决、体育和解、体育调解、体育仲裁等。涉外体育纠纷的处理与国内体育纠纷的处理差别不大,可以通过体育组织内部裁决、双方当事人达成和解协议、第三方进行调解或是提交仲裁的方式予以解决。

在替代性争议解决方式上,涉外体育纠纷多涉及有关仲裁裁决的承认与执行问题。根据《民事诉讼法》第290条的规定,国外仲裁机构作出的有关体育的裁决,需要我国人民法院承认和执行的,应当由当事人直接向被执行人住所地或者其财产所在地的中级人民法院申请,人民法院应当依据条约或者互惠原则办理。1987年中国加入《承认及执行外国仲裁裁决公约》(以下简称《纽约公约》),由于几乎所有与中国建交的国家都是《纽约公约》的成员国,所以中国对外国体育仲裁裁决的承认与执行的依据主要是《纽约公约》。此外,《仲裁法》还专设第七章"涉外仲裁的特别规定",这里的涉外仲裁裁决指的是在中国的仲裁机构所作的具有涉外因素的仲裁裁决,这类仲裁裁决的承认与执行,根据《仲裁法》第70、71条规定,当事人可以依据《民事诉讼法》第281条向人民法院申请体育仲裁裁决的撤销或不予执行。

根据《民事诉讼法》第287条第2款的规定,我国涉外仲裁机构作出的发生法律效力的有关体育仲裁裁决,当事人请求执行的,如果被执行人或者其财产不在我国,应当由体育纠纷当事人直接向有管辖权的外国法院申请承认和执行。由于中国已经加入了《纽约公约》,所以体育纠纷当事人可以依据《纽约公约》直接向有管辖权的外国法院申请承认和执行。

(二)涉外体育诉讼

关于涉外体育诉讼,主要的法律依据是《民事诉讼法》第四编"涉外民事诉讼程序的特别规定"以及民事诉讼法司法解释,主要内容包含如下:

1. 管辖权问题。首先,普通管辖制度。一般都以被告住所地作为确定涉外体育纠纷的管辖依据,如果被告在我国有住所,则我国法院就有管辖权。其次,特别管辖制度。对在我国没有住所的被告提起的诉讼,如果是体育合同纠纷或者其他涉及体育财产权益纠纷,而且合同在我国签订或者履行，或者诉讼标的物在我国，或者被告在我国有可供扣押的财产，或者被告在我国设有代表机构，则我国法院也有管辖权。再次，协议管辖制度。涉外体育合同或者涉外体育财产权益纠纷的当事人，可以用书面协议选择被告住所地、合同履行地、合同签订地、原告住所地、标的物所在地、侵权行为地等与争议有实际联系地点的外国法院管辖。最后，应诉管辖制度。涉外体育纠纷诉讼的被告对人民法院管辖不提出异议并应诉答辩的，视为承认该人民法院为有管辖权的法院。

2. 财产保全问题。涉外体育纠纷当事人既可以在诉讼后提出财产保全申请，也可以在诉讼前提出，但是诉前保全只能依据利害关系人申请，法院不能主动裁定采取。人民法院裁定准许诉前财产保全后，申请人应当在30日内提起诉讼或仲裁。逾期不起诉或申请仲裁的，人民法院应当解除财产保全。人民法院裁定准许财产保全后，被申请人提供担保的，人民法院应当解除财产保全。申请有错误的，申请人应当赔偿被申请人因财产保全所遭受的损失。

3. 期限问题。如果涉外体育诉讼的被告在我国没有住所，人民法院应当将起诉状副本送达被告，并通知被告在收到起诉状副本后30日内提出答辩状。被告申请延期的，是否准许由人民法院决定。在我国没有住所的涉外体育诉讼的当事人不服第一审人民法院判决、裁定的，有权在判决书、裁定书送达之日起30日内提起上诉。被上诉人在收到上诉状副本后，应当在30日内提出答辩状。当事人不能在法定期间提起上诉或者提出答辩状，申请延期的，是否准许由人民法院决定。此外，人民法院审理涉外体育诉讼案件基本没有审限限制。

4. 送达问题。首先，我国人民法院和外国法院可以根据条约或者互惠原则，相互代为送达文书。其次，关于送达方式，人民法院对在我国没有住所的当事人送达诉讼文书，可以采用下列七种方式：其一，依照受送达人所在国与我国缔结或者共同参加的国际条约中规定的方式送达；其二，通过外交途径送达；其三，对具有我国国籍的送达人，可以委托我国驻送达人所在国的使领馆代为送达；其四，向受送达人委托的有权代其接受送达的诉讼代理人送达；其五，向受送达人在我国设立的代表机构或者有权接受送达的分支机构、业务代办人送达；其六，受送达人所在国的法律允许邮寄送达的，可以邮寄送达；其七，不能用上述方式送达的可以进行公告送达，自公告之日起满3个月即视为送达。需要注意的是，外国驻我国的使领馆可以向该国公民送达文书，但不得违反我国法律，并不得采取强制措施。除此之外，未经我国主管机关准许，任何外国机关或者个人不得在我国领域内送达文书。

5. 取证问题。我国人民法院和外国法院可以根据条约或者互惠原则，相互代为调查取证。外国驻我国使领馆可以向该国公民调查取证，但不得违反我国法律，并不得采取强制措施。请求和提供取证司法协助，应当依照我国缔结或者参加的国际条约所规定的途径进行，没有条约关系的，通过外交途径进行。除此之外，未经我国主管机关准许，任何外国当事人及其诉讼代理人都不得在我国境内自行调查取证。

6. 判决的承认与执行问题。对于我国法院作出的发生法律效力的涉外体育纠纷的判决、裁定，如果被执行人或者其财产不在我国，当事人可以直接向有管辖权的外国法院申请承认和执行，也可以由人民法院依照条约或者互惠原则，请求外国法院承认和执行。关于外国法院作出的发生法律效力的涉外体育纠纷判决、裁定,需要我国人民法院承认和执行的,可以由当事人直接向我国有管辖权的中级人民法院申请承认和执行,也可以依照条约或者互惠原则,请求人民法院承认和执行。人民法院对申请或者请求承认和执行的外国法院作出的发生法律效力的涉外体育纠纷判决、裁定,依照条约或者互惠原则审查后,认为不违反我国法律的基本原则或者国家主权、安全、社会公共利益的,裁定承认其效力,需要执行的发出执行令,认为违反我国法律的基本原则或者国家主权、安全、社会公共利益的,则不予承认和执行。

思考题

1. 简述涉外体育法的含义。
2. 简述涉外体育法的特征。
3. 简述涉外体育法的基本原则。

第三编 | 体育争议解决机制

第十三章　体育争议的调解与内部处理

体育争议可以通过许多非诉讼的方式解决，如和解、调解、行政裁决、内部解决等。这里仅介绍调解和体育行会的内部争议解决两种方式。

第一节　体育争议的调解

一、体育调解的适用范围和种类

（一）体育调解的适用范围

除了那些由于兴奋剂事件所引起的争议和纪律处罚争议，体育行政处罚争议、体育刑事争议外，所有其他与体育比赛参赛者、体育运动组织和与体育协会相关的争议都可以提交调解。体育行政处罚争议、体育刑事争议不适用调解制度。体育刑事争议不能用调解方式解决，有罪还是无罪必须作出明确的判决。体育行政处罚争议也不能适用调解制度，因为体育行政机关享有公共权力和国家权力，体育行政机关无权任意处分或放弃国家赋予的权力和职责。从保护相对人的合法权益角度来看，如果让相对人做出让步，则无异于让相对人承认侵害合理，这样做也不符合法律的宗旨。例如，对于服用兴奋剂这样的行政处罚争议，不能通过协商、调解解决。双方当事人的地位是不平等的，体育行政机关无权对国家赋予它的公权力放弃或妥协（调解的成功很大程度上取决于双方的让步）。况且那些没有服用兴奋剂的选手，希望看到服用兴奋剂的选手受到处罚，因为处罚规则是人人知道并且接受的。因此，旨在达成妥协的一种私人性质的争议解决协议的程序完全不适合此类争议。[1]

具体而言，调解主要适用于体育赞助争议、体育合同争议、商业权利争议（如体育知识产权争议）、运动中的轻微伤害赔偿争议等。调解不适用于纪律争议、选拔争议、兴奋剂争议、除名争议等。

（二）体育调解制度的种类

1. 民间调解

民间调解属于诉讼外调解，是指由争议当事人选定的非官方的无调解法定职能的第三

---

〔1〕［英］艾恩·S. 布莱克肖：《体育纠纷的调解解决》，郭树理译，中国检察出版社2005年版，第96页。

者对当事人之间的争议所进行的调解。

2. 调解机构调解

在国际上,有一些专职的国际民商事争议调解机构,对调解方式的制度化、规范化和机构化起了很大的推动作用。例如,法国在体育组织内部建立体育争端调解制度,根据《法国大众与竞技体育活动组织和促进法》的规定,法国国家奥林匹克委员会和体育委员会建立的体育调解委员会,对体育争议进行强制性的先行调解,对调解决定不服的,才能进入外部的司法程序。针对屡屡发生的国际奥林匹克事务中的争议,国际奥委会在体育仲裁机构之外,设立了体育调解机构,为争议的有关各方提供一个"灵活的、非对抗性的、不公开的、花费较小的"讨论和调解的场合。调解人的职责是协助争端各方克服分歧,达成和解。英国的体育争议解决委员会于 2000 年 1 月 1 日成立,其成立是为全英国范围内的体育协会、商业协会和个人提供"一个简单的、独立的、有效的机制……公正、迅速、花费更少地来解决他们之间的分歧"。根据该委员会的调解规则,当事人双方必须签订一份同意进行调解的协议,才能进行调解,调解员由双方当事人选定或指定,调解员的法律地位是明确的,调解员是"独立的成员方",对所有的调解程序都是保密的,任何调解程序达成的协议只有在双方当事人或其代理人签署,并且成为一项最终解决争议的协议的时候,才能产生法律效力。如果当事人不能够达成调解协议,当事人可以请求调解员,在调解员同意的情况下,作出一份"不具有约束力的关于解决方案的书面的建议书"。

在我国,在体育行政部门设置了体育调解中心,负责相关体育争议的调解事宜。有些地方也相继成立了专门的处理体育争议的机构。如 2022 年由海南省体育旅游协会和海南国际仲裁院共同组建运营的体育旅游行业调解仲裁中心在海南省海口市挂牌成立。

3. 仲裁机构调解

仲裁机构调解是仲裁机构对受理的仲裁案件进行的调解,调解不成即行裁决,属于诉讼外调解。目前,世界上许多仲裁机构都受理调解的案件。各仲裁机构的具体做法有所不同:一是把调解程序与仲裁程序分开,分别定有调解规则和仲裁规则,各有各自的程序,各有各自的机构;二是把调解纳入仲裁程序,由仲裁庭主持进行,在仲裁程序开始前或开始后,仲裁庭在主动征得当事人同意后进行调解,调解协议达成一致,调解结案,若双方当事人不愿调解,则进行仲裁,裁决结案。

国际体育仲裁院采用的是第一种做法。国际体育仲裁院专门推出调解服务,有自己的调解规则。该规则第 1 条第 1 款规定:"体育仲裁院的调解是一种没有拘束力的非正式程序,它建立在双方当事人同意进行调解的协议基础之上,各方当事人在体育仲裁院调解员的帮助下,与对方进行协商谈判,试图解决与体育有关的争议。"根据瑞士调解的一般实践,除非体育仲裁院的调解费用预先支付,否则调解程序不会开始。

在法制统一原则的指导下,我国的体育仲裁调解应与仲裁制度一致,故采取后一种仲裁调解办法较为合适。这种做法在我国称为仲裁程序过程中的调解,如果双方当事人有调解的愿望,或一方当事人有调解愿望并经仲裁庭取得另一方当事人同意,仲裁庭可以对其审理的案件进行调解。经仲裁庭主持达成和解的双方当事人应签订书面调解协议,并制作调解书;若不愿调解或不能达成和解协议,仲裁庭进行仲裁裁决,并制作裁决书。调解书与裁决书具有同等的法律效力。目前，我国《体育法》中有专章“体育仲裁”相关规定，建立体育仲裁制度，由专门的体育仲裁机构进行仲裁和调解，当然要以当事人自愿选择调解为前提。

我国仲裁机构“仲裁与调解相结合”的做法，吸取了仲裁的好处和调解的优势，有利于更快地解决争议，有利于体育各方主体保持以往的友好合作关系。

4. 法院调解

法院调解是指在人民法院审判组织的主持下，双方当事人自愿平等协商，达成协议，经人民法院认可后，终结诉讼程序。法院调解主要是针对民商事争议和轻微的侵权争议进行的调解，是诉讼内调解。对案件是否进行调解，取决于当事人的自愿，调解不是必经程序，依法院的调解达成的协议而制作的调解书具有强制执行的法律效力，相当于法院的判决或裁定书。

“司法是维护社会正义的最后一道防线”，体育诉讼是我国体育争议最终和最后的解决途径，法院的审判应当是体育争议解决机制中最后和最权威的一个环节，也就是说，诉讼原则上应是解决体育争议最后的“杀手锏”。在法院审理案件中，往往采取“审判与调解相结合”的形式。

5. 行政调解

国家行政机关依照法律规定对某些特定的民事争议、经济争议或劳动争议等进行调解，属于诉讼外调解。

行政调解也是我国体育争议解决的一个主要渠道。体育行政机关依照法律规定，对其职能范围内的一些体育争议依法进行调解。当事人是否愿意调解，取决于当事人的意愿，调解不是必经程序。调解达成协议的，具有法律约束力。调解未达成协议的或不愿履行协议的，当事人仍可以向法院提起诉讼或选择仲裁。

6. 人民调解

人民调解是解决争议的第一道防线。人民调解委员会调解争议达成的调解协议具有法律效力，但是没有法院调解那样的强制执行效力。

我国的体育民商事争议，实际上也可以用人民调解的方式解决。只要体育争议当事人双方同意进行调解，当事人均具有完全民事行为能力，意思表示是真实的，不违反法律、行政法规的强制性规定或社会公共利益，所达成的调解协议就是有法律效力的。当然，人民调解委员会强迫调解的调解协议是无效的。

综合上述几种调解方式，各种调解制度在性质、职能、程度、效力等方面各有差异，体育争议依据其不同的类型和特点，可以选择适用不同的调解制度，只要便于争议的解决，便达到了调解的目的。如体育从业人员，特别是运动员的雇佣合同与服务合同争议、体育经纪合同争议等合同争议、场地争议、轻微的人身伤害争议等民商事争议，可以选择调解机构调解、法院调解；就体育项目的管理问题而在球队之间发生的争议，运动员和体育行会就比赛资格问题发生的争议，可以选择行政调解和专业的体育调解机构调解方式；全民健身领域的组织或个人的争议等可以选择人民调解方式。

二、体育调解的程序

体育争议调解主要适用于平等主体的民商事争议,如体育行会会员之间的平等权益争议;会员与体育行会之间的平等的财产权与人身权争议等。由于这些争议主要是有关体育内部的以平等为基础的民商事争议,具备一般调解的条件和可能性,运用调解的方式说服、劝解双方当事人,使双方当事人协商一致,有利于当事人自觉化解争议,有效实现双方当事人的体育权益。调解是当事人比较愿意选择的一种争议解决机制。在许多体育行会中,争议解决几乎都将调解作为一种有效的方式来运用,甚至直接设定到自治规则与机制之中。

体育调解的程序一般是:

1. 受理。一般来讲,体育争议受理的方式有两种:一是当事人的申请。由于调解要在充分自主自愿的基础上进行,调解的前提是自愿的,要当事人自愿申请,自己选择调解方式。该申请既可以是口头形式,也可以是书面形式。但无论哪种调解申请形式,申请的同时必须提交调解协议(包括口头形式的协议),调解才可受理。二是主动介入。如法院调解和行政调解方式中较为常见。

2. 选择调解员。体育调解的自愿性也体现在对调解员的选择上,如果双方当事人对调解员的选择有异议,不能达成一致意见,仍不能进行调解。选择调解员对于调解的成功至关重要。

3. 进行调解。尊重每一个当事人的意思,以自治为原则进行调解。一方面要调查事实、分清是非,为调解打好基础。另一方面要主持调解,进行疏导、协调,坚持自愿原则,不得进行强行调解。

4. 调解结束。调解一旦达成协议,并由争议当事人双方和主持调解的人员签名或盖章,送达当事人双方后,双方当事人应忠实于调解协议,自觉履行协议,调解结束;若双方未达成调解协议,调解程序即告结束。

三、调解的局限性

尽管体育调解有利于体育争议的解决,但调解并不是万能的,它只是促成体育争议解决或矛盾化解的一个有利的程序,但不是必经程序,原因是调解的前置基础是争议当事人双方必须自愿进行调解。在最终的调解协议达成,并由书面形式记录下来,且由双方当事人署名之前,调解程序是一种自愿的无拘束的程序,其对于那些对通过调解或其他非诉讼的方式来解决争议不感兴趣的当事人也不适用。[2]

正如德国总理出面调解欧盟关于足球运动员转会新规则的争端一事,施罗德发表谈话时强调:“我很愿意介入这件事,但前提是国际足联和欧洲足联最终必须跟球员工会达成一致,这时我们才能干预。”调解是当事人之间的自愿选择,如果当事人排斥调解,即便是德国总理也无能为力。

另外,并不是所有的体育争议都适用于调解机制,如前文所述体育行会内部的纪律争

---

〔2〕［英］艾恩·S.布莱克肖:《体育纠纷的调解解决》,郭树理译,中国检察出版社2005年版,第218页。

议、服用兴奋剂等争议不适用调解方式。此类争议当事人可以通过仲裁或诉讼方式解决。

调解体系具有如下不足：

1. 调解的监督机制不健全。对体育行政调解、人民调解、体育仲裁调解来说，除了当事人申请执行或提起诉讼而由人民法院审查或审理外，是没有什么监督制约的。发生体育争议的当事人由于缺乏法律素质，可能会完全信赖于“政府”部门的处理，在调解中，越权调解、强行调解、恶意调解等违法调解的现象也会出现，这些调解严重损害了当事人的合法权益，对违法调解的行为人缺少强有力的制裁措施。

2. 专业体育调解组织的不足。除了前述的几种调解方式以外，由于体育争议的某些特殊专业性和技术性要求，体育争议发生以后，争议当事人仍感觉缺乏有利的解决途径。与其他国家以及国际奥委会规定的体育调解制度相比，我国的体育调解制度与社会以及国际接轨的差距较大。

第二节 体育行会内部争议处理

前面讲了调解是体育争议解决的一种较理想的方式，那么，调解能不能解决体育行会内部的争议呢？回答是否定的。体育行会内部的争议是不能由调解手段处理的，原因是在体育行会管理关系中，争议当事人地位处于不平等的位置，如运动员对服用兴奋剂的处罚不服行为引起的争议，能否调解呢？肯定不行。那么如何解决这样的争议呢？

一、体育行会内部争议概述

体育行会内部争议主要是就现行行会规则在适用中发生的争议。体育行会与其成员之间的法律关系，一般表现为三个方面：一是体育服务关系；二是体育利益代表关系；三是体育管理关系。[3]

体育行会内部争议如果涉及服务和利益代表等关系，成员之间基于平等地位而发生的行会内部权益争议，尤其是俱乐部与运动员、教练员、工作人员之间及会员协会与俱乐部之间，涉及会员协会与运动员、教练员、工作人员之间就注册、转会、参赛资格、工作合同等方面发生的争议，应属于体育民商事争议，可以借助外部调解或仲裁或法院解决。如果涉及的是体育刑事争议，应适用于刑事诉讼程序。如果是基于体育行会组织作为一方当事人对其成员进行管理而发生的管理型体育内部争议，许多国家往往考虑采用行会内部的争议解决形式。虽然这一解决机制在国际范围内尤其以国际体育仲裁院（CAS）的争议解决机制较为成功，但从我国的体育管理体制及其发展轨迹来看，我国的体育行会内部争议更为复杂，其内部争议的处理更为困难，这主要是因为我国的体育行会有其特殊的法律性质和法律地位，前章已阐述。但体育行会内部的争议处理对于体育争议快速、便捷地加以解决确实是

---

〔3〕 郭树理：《体育纠纷的多元化救济机制探讨——比较法与国际法的视野》，法律出版社2004年版，第365页。

一种比较好的渠道。这里我们重点介绍一下我国管理型体育内部争议的处理。

我国的体育行会由于其固有的官民“二重性”特征,自然承担了对体育事务进行管理的职能。我国体育行会与其成员之间的管理关系既不是传统法学中的行政管理法律关系,单纯行使行政权,也不是单纯的民事法律关系,只享有民间自治权,而是一种特殊的法律关系。实际上,我国体育行会依法所享有的管理权,既有自治性特性,又有行政权特性。这就决定了我国体育行会在处理其内部争议的时候采用的是多元化手段,这从体育行会的公共管理权力的来源可以看出。

(一)体育行会的公共管理权力的来源与种类

1. 体育行会的权力来源

(1)通过法律授权而取得权力。在传统行政法学中,法律规定非国家行政机关的组织的公共权力叫作法律授权,但人们对法律授权的理解不同。一种观点认为法律授权是一种权力的让渡。这些权力从理论上讲是国家享有的并具体由政府行使的,通过法律、法规的规定,将这些权力让渡给非国家机关的公共组织来行使,只是主体的变化;另一种观点认为,依据法律、法规规定授予管理社会公共事务组织的权力并不都是国家的权力,这些权力中的一部分原本是社会组织自主享有的,国家法律、法规对这些权力的规定只能看作对社会组织享有自主权的认可和保护,而不能认为是授予。显然第二种观点更具有合理性。

笔者认为,在法律、法规规定的体育行会组织对体育的管理权中,一部分是国家通过法律、法规授权行为产生的公权力,如《体育法》第63条规定:“中国奥林匹克委员会是以发展体育和推动奥林匹克运动为主要任务的体育组织,代表中国参与国际奥林匹克事务。”这是典型的法律授权,即将对单项体育赛事的管理权力和本项目的运动员的注册管理权力授予给全国单项体育协会这样的民间体育组织,这是公权力的授予。而《体育法》第65条第1款规定,“全国性单项体育协会是依法登记的体育社会组织,代表中国参加相应的国际单项体育组织,根据章程加入中华全国体育总会、派代表担任中国奥林匹克委员会委员”,法律直接规定了体育行会的权力,这是对体育行会自治权的法律认可和保护。因此,我国体育行业协会或联合会的管理权的取得有两方面:一是因法律授权而取得的公共管理权;二是因法律认可而取得的自治管理权。

(2)因委托而取得权力。由于体育行会的特殊地位,政府要做好体育工作,管理好体育事务,往往通过授权的形式将一部分政府职能交给体育行会组织。国家体育总局《反兴奋剂管理办法》(2021年)第5条规定:“……国家反兴奋剂机构、全国性体育社会团体、国家运动项目管理单位……在各自职责范围内负责开展反兴奋剂工作。”单项体育协会因体育行政机关授权而取得了一定的体育行政管理权。[4]

(3)通过契约方式取得权力。会员与体育行会的关系,可以看作一种契约关系,我们称

---

[4] 应当注意,这是行政委托行为,而不是行政授权行为。行政授权是指法律、法规将某项或某方面的行政职权授予除行政机关以外的组织,被授权者以自己的名义实施行政管理活动和行使行政职权,并由自己对外承担行政活动的法律责任。行政委托是指行政机关在其职权范围内依法将其行政职能或行政事务委托给有关的行政机关、社会团体或个人,受委托人以委托机关的名义实施管理行为和行政职权,并由委托机关承担法律责任。受委托人不会因委托而享有行政主体资格。

之为公共契约(有人称之为多人合同)。这种公共契约是由会员与体育行会组织达成的,会员通过对协会章程的认可,让渡部分自主权给行会组织(或会员授权给行会组织),并由会员提供费用,行会对会员的各种体育活动进行有偿管理的书面协议。这种公共契约(体育行会章程)是体育行会和会员之间的最高自治规范,是基于会员对体育行会的信任而形成的委托关系,行会组织通过公共契约获得行会自治管理权。[5]

2. 体育行会的权力种类

基于以上体育行会的权力来源,体育行会的管理权应包括监管权(资格批准权、标准制定和实施权以及日常管理权)、处罚权、争议解决权。

(1)监管权。体育行会在对体育组织成员进行行业管理时,一般都制定自己的行业规章,行业章程应当载明:体育行会的名称、宗旨、职能;住所;会员资格,人会退会手续,会员的权利义务;机构组织及其职权范围等。在章程中,体育行会组织对体育事务管理行使监管权,依法制定行业规章制度,进行资格审批,有权制定相应的技术要求和标准(体育比赛竞赛规则,运动员参赛条件,体育运动场馆标准等),同时,体育行会有对行会成员进行常规检查、清理整顿、组织比赛的权力。如《中国足球协会运动员身份及转会规定》《中国足球协会运动员管理条例(试行)》等行业规则是中国足协行使日常管理权的依据。

(2)处罚权。在我国,体育行会作为民间的自治社会团体,对体育行业的管理权中最广泛使用的是处罚权。体育行会的处罚权有两种性质:一是行政处罚权,这是依据法律授权而产生的对国家体育事务行使的公共管理权力;二是内部纪律处罚权,这是任何一个民间组织依据章程的规定所享有的权利,几乎所有的体育行会在其章程中都规定了内部纪律处罚制度。如《中国足球协会违规违纪处罚办法》规定处罚的种类有内部警告、警告、罚款、停赛、停止比赛工作、禁赛、扣分、取消参赛资格、取消公开比赛资格、取消主场比赛资格、取消主动或承办比赛资格、取消转会资格、取消注册资格、其他处罚等,并且规定各项处罚可以独立或合并适用。《中国男子篮球甲 A 联赛纪律处罚规定》中处罚的种类有:警告、通报批评、罚款、停赛(停止参加联赛工作)若干场、停止参加联赛比赛(工作)、取消或更改主场、取消承办联赛资格、撤销或降低或建议撤销或降低运动员(教练员、裁判员)技术等级、取消注册资格若干年等。各项处罚可单独或合并执行。

体育行会行使的两种处罚权是不同的,体育行会在对违规者进行处罚时,要分清处罚权的性质和处罚种类,进行适当的处罚,两种处罚权不能混用。内部纪律处罚与行政处罚可以从三个方面进行区别:第一,处罚事由不同。内部纪律处罚是因为违反了体育纪律与体育规则而实施的;行政处罚是因为违法而实施的。第二,处罚的对象不同。内部纪律处罚对象是行会"内部"的人;而行政处罚权的实施对象是行会"外部"的人(因体育行会组织具有了行政主体地位)。第三,实施处罚的依据不同。内部纪律处罚所依据的是该行会章程,行会的本质就是按照章程进行自律性管理;行使行政处罚权所依据的是法律、法规。

(3)争议解决权。争议解决权也称争议处理权,体育行会的章程中一般都规定了体育

[5] 就一般而言,契约要求只要当事人意思表示一致,内容不违反强制性、禁止性规定,不违背公序良俗和法律规定,就具有法律效力。但是体育行会章程的内容(包括国际范围)往往带有一定的"强制性规定",这实际上是格式化条款,与契约的宗旨不符。

行会有权对其内部争议进行处理。依据行会章程,一般的体育行会均制定有自己的内部争议处理机制。体育行会内部争议的处理依据的是行会章程或内部规定。

通过对体育行会权力来源及种类的分析及评价,我们可以清楚地知道,体育行会出于对体育行业的规范和管理,拥有处罚权,但这里的处罚权不是有些人主张的单纯的行政处罚权,也不是单纯的民间自治权。前者认为体育行业协会在中国是具有行政主体地位的,因为其管理者多是行政官员担当的,是一个机构两块牌子,而这些协会的机构和人员大都按公职机构和人员对待,人员工资待遇仍由国家开支;虽然也有选举程序,但其管理人员大部分仍由对应的行政机关决定;在管理和决策上,则要接受主管行政机关的领导和指导。原有行政机关的诸多行政管理职能交给了行业协会,自然使这些行业协会具有了行政管理的职能,从而在行业协会与其成员间,形成了管理与被管理的不对等关系,与行政法律关系的特征基本相同。后者认为,体育行业协会是主要依靠行业内部成员自律管理的社团法人,行业协会自律管理的事务,主要是体育运动的技术性和专业性事项,以及符合体育行业规律的组织活动等事项,应该与国外的体育协会一样享有充分的自治权,体育内部的事务应由自己判断、自己解决。其实,我国的体育行业协会除了具有各国体育行业协会所具有的民间自律性组织的特征外,有一个明显不同于其他国家的特征就是它的来源、功能及相互关系。至今,我国的体育行业协会不是由民间自发产生和完全靠自律管理的社团法人,而是在我国改革开放后进行的体育行政机构改革过程中,由体育行政主管机关转变而来。虽然体育行会工商注册登记为社会团体,但仍带有一定的行政管理色彩。体育行会组织与国外体育行会相比又多了外部管理性,而且这些管理职能还通过法律的形式加以授予和固定。〔6〕 因此,我国的体育行会作为法律法规授权的组织和社团法人,应兼具法律、法规授予的行政管理权和按照行业规章的自主管理权两类管理权。这两类管理权对争议的解决方式有所不同,后者按照行业规章规定,由行业协会自行解决,如中国足协的管理权中涉及的具体竞技比赛以及比赛的具体计划和技术性规则等,就属于行业协会自律管理的内容,此类争议的处理完全可以按行会内部处理机制解决。而前者按法律的规定,因行使行政管理权产生的争议可以通过行政复议或依据法定的行政诉讼程序解决。如中国足协对长春亚泰足球俱乐部及教练员、球员的处理决定是在赛场之外作出的处罚,其内容涉及长春亚泰足球俱乐部及教练员、球员在整个职业联赛中的升级,全体球员、教练员的年度注册等,已经涉及了相对人的经营权和财产权,中国足协显然超出了其行业自律的范围,明显属于外部管理权,行政处罚相对人对这样的处罚处理不服,可以提交行政复议或直接向法院提起行政诉讼解决。

应当指出,在体育事务、体育争议复杂化、多样化的今天,为了适应法治和国际体育关系的整体要求,对体育行业协会行使的管理权既不能一味强调体育行会的自治管理权,而排斥司法,也不能过多地强调司法的干预,影响体育事务的自由发展,要分清其不同性质,明确其不同的解决途径,只有这样,才会有利于推进我国的体育法治建设,保护公民、法人

〔6〕 我们也关注到国内的行业协会的发展变化。行业协会的民间社会性越来越明显,国家对行业协会的性质、功能的定位越来越清晰,正在逐步淡化行政管理的性质,还行会民间本色。

的合法权益,维护体育的和谐发展。

(二)体育行业协会的内部争议类型

基于以上对体育行会管理权的分析,体育行会管理型争议应主要有三大类:一是基于不平等主体关系而形成的管理与被管理型争议,基本上是行政处罚争议;二是平等主体之间基于监管权而产生的委托管理型争议,实际上是委托合同争议;三是基于体育行会内部自治权而产生的内部管理争议,也称为内部纪律争议。前两种争议实际上不属于行会的内部争议,行会的内部争议就是指行会的内部纪律处罚争议——就整个体育内部而言,管理型体育争议大多数是因为运动员或俱乐部不服其所属的体育行会(体育行业协会、体育联合会)对其作出的纪律处罚而引起的。

体育行会内部纪律争议主要是从属的或"上下级"关系的争议,并且与纪律处罚相关的体育争议大部分都是在体育行会内部争议解决机制中处理的。有些体育行会的章程通常规定这类争议首先由该体育行会的内部裁决机构解决。美国、英国、德国等许多国家的体育行会组织都建立了各自的内部争议解决机制和机构,如内部仲裁庭、内部调解机构等,并且大多数此类规则又都规定了内部解决方式的排他性(排除法院)——俱乐部或俱乐部会员不得将与国际足联或其他协会、俱乐部或俱乐部会员间的争议诉至法院,甚至有的国家禁止当事人向国内法院起诉,甚至惩罚意图将争议提交法院的当事人。[7] 应将争议提交给各方同意指定的仲裁机构。我国的体育行会也如此。

会员对体育行会的处罚不服而引起的争议可依章程寻求"内部"救济——向体育行会的有关组织寻求救济。内部纪律处罚争议主要有以下方面的争议:(1)对比赛中判罚不服引起的争议;(2)对延误比赛、弃赛、罢赛、非正常比赛的处罚不服引起的争议;(3)对赌博、贿赂、欺诈行为的处罚不服引起的争议;(4)对使用兴奋剂的处罚不服引起的争议;(5)对赛区违反安全秩序规定的处罚不服引起的争议;(6)对其他违规违纪行为的处罚。

(三)对体育行会行政处罚争议的认识

行政处罚争议一般是指相对人对国家行政机关所作出的行政处罚不服而产生的争议,通常对这种处罚不服,根据《行政处罚法》《行政诉讼法》的规定可以申请行政复议或提起行政诉讼。体育行会的行政处罚争议是指相对人对体育行会的行政处罚的处理不服而引起的争议。从其权力来源来看,体育行会依法享有行政管理权(前面已论述),其中行政处罚是体育行会行使管理权的一个主要方面,而且基于行会的行政处罚权的争议尤为突出,焦点主要在以下几个方面:(1)体育行会能否行使行政处罚权,是否具有行政处罚的主体地位;(2)体育行会的行政处罚是否越权;(3)对体育行会的行政处罚不服的救济渠道。其实这些问题是很清楚的。首先,体育行会在法律授权下是可以行使行政处罚权的。体育行会的管理权来源于法律授权和行政委托,前面已阐述。体育行政管理权依法可以授权给体育行会,体育行会行使行政处罚权是有依据的,经法律、法规授权的体育行会必然具备行政主体资格。体育行会是依法登记的社会团体法人,身份是民间性质的,无论其身份性质如何,

---

〔7〕 这样的做法虽然在有些国家得到了普遍遵从,但它的合法性、正当性是值得商榷的,在法治国家,司法的终极性原则是普遍的法治原则,排斥司法只是某些体育仲裁机构的一厢情愿而已。

体育行会只要具备法律授权主体条件,依法授权,就可以行使行政处罚权,不存在越权的问题,除非超过法律授权范围(国家对体育行会的授权范围是竞赛活动中)。国务院颁布的《反兴奋剂条例》和国家体育总局发布的《全国运动员注册与交流管理办法(试行)》对社团处罚的种类也有具体的规定。《反兴奋剂条例》第 22 条第 1 款明确规定:“全国性体育社会团体应当对在本体育社会团体注册的成员的下列行为规定处理措施和处理程序:(一)运动员使用兴奋剂的;(二)运动员辅助人员、运动员管理单位向运动员提供兴奋剂的;(三)运动员、运动员辅助人员、运动员管理单位拒绝、阻挠兴奋剂检查的。”第 46 条第 1 款规定:“运动员违反本条例规定的,由有关体育社会团体、运动员管理单位、竞赛组织者作出取消参赛资格、取消比赛成绩或者禁赛的处理。”这些有关兴奋剂和运动员注册的管理规定实质上为体育行业协会设定了行政处罚权及处罚的种类。其次,判断一个主体是否具有行政处罚权,不是由该组织的主体性质来决定的,而是由该主体所行使的行为以及该行为的权力性质来决定的。最后,体育行会行使的行政处罚权也是有制约的,不是无拘无束的。相对人对体育行会作出的行政处罚决定有异议,仍可以寻求法律救济。但因为这种争议的主体是不平等的,体育行会行使的是国家权力(公权力),体育行会作为争议的一方当事人不能自己“审判”,只能通过行政诉讼程序解决此类争议。

综上所述,我国体育行会内部争议的类型不同于国外,对于纪律处罚性争议可以采用行业自治管理,由行会内部按照自治章程及有关内部规定自行处理。但应注意,对同一种体育争议行为可以有不同的解决途径,同一处罚事由可能在违反竞技体育规则、体育纪律的同时,又违反了民法、行政法甚至刑法,体育行会内部实施的纪律处罚并不影响其他法律责任的追究,不存在竞合问题。对运动员服用兴奋剂的行为处罚也可以是内部纪律处罚,对内部纪律处罚不服,可以由行会内部争议处理机构的内部处理机制解决。但内部纪律处罚不能超越法律,即不能违反法律、法规、社会公共利益,更不能代替法律。对于兴奋剂处罚时,行政处罚和纪律处罚可以同时并用。

二、体育行会的内部争议处理机制

对体育行会内部争议的处理实质上就是对纪律处罚争议的处理。对这种争议的处理只能通过内部救济——向体育行会组织的有关部门申诉。

申诉是一项保护权利人合法权益的有效救济制度。在体育行会的内部纪律处罚争议中,申诉权是体育争议相对人依法享有的一项重要权利,相对人对于行会组织给予的处罚决定不服,或者认为其所作处罚侵犯其合法权益的,有权提出申诉。申诉制度是一种内部救济制度,只要受处罚的相对人对行会的有关处罚决定不服,就可以通过申诉途径寻求救济。在市场经济、知识经济的今天,行会的处罚结果对相对人今后的发展甚至生存有可能产生不利的影响,建立和完善行会内部争议的处理机制,将有效保护相对人的合法权益。中国足球协会的内部争议处理最具有代表性。根据《中国足球协会章程》(2017 年)第 49、50 条,由纪律委员会、道德与公平竞赛委员会负责内部纠纷的内部处理,并规定了内部处理的种类。

(一)申诉范围

对体育行会纪律委员会或行会其他委员会的处罚决定不服,均应允许申诉。如根据《中国足球协会纪律准则及处罚办法(试行)》允许申诉的范围包括:(1)停赛或禁止进入体育场、休息室、替补席6场或6个月以上;(2)退回奖项;(3)禁止从事任何与足球有关的活动;(4)取消比赛结果、比分作废;(5)联赛扣分、禁止转会、降级、取消比赛资格、取消注册资格;(6)进行无观众比赛、在中立场地进行比赛、禁止在某体育场(馆)比赛;(7)对赛区罚款2万元以上、对俱乐部(队)罚款5万元以上、对个人罚款1万元以上;(8)其他更严重的处罚。

(二)受理申诉的机构

受理申诉的机构为中国足球协会仲裁委员会。

在建立和规范体育行会的内部申诉制度时,需要解决好以下几个方面的问题:第一,行会内部的申诉制度本身是合法的。行会内部的申诉制度不得与现行的法律、法规相抵触。第二,建立相关的基本制度。如听证制度,允许相对人对自己的行为作出说明、辩解、提供证据,吸取其他人参与听证。还有调查、回避、合议等制度。

我国体育行会内部的申诉制度还处于摸索、试验阶段,尚无成熟的经验和规范化的要求。我国目前的体育行会中,大部分运动项目的内部申诉制度不完善。

三、体育行会内部争议处理应注意的几个问题

1. 内部争议处理应在其权限范围内。体育行会处罚权的两种性质是不同的,对行政处罚不服而引起的争议与对行会内部纪律处罚不服引起的争议的处理也是不同的。前者属于外部争议,如果运用内部处理机制显然超出了体育行会的管理权限;后者属于行会内部争议,运用行会内部处理程序行使自治权力,即对内部纪律处罚不服的,可以寻求内部救济。《体育法》第117条规定,运动员违规使用兴奋剂的,由有关体育社会组织、运动员管理单位、体育赛事活动组织者作出取消参赛资格、取消比赛成绩或者禁赛等处理。兴奋剂问题不是哪一个体育行会所能制定和解释的,一般是执行公法组织的权力。但这些处罚权实际上超出了体育行会内部自治管理的范围,这是体育行会依照授权而进行的行政处罚,对这些争议的处理就超出了行会自治的管理权限。体育行会内部争议的处理必须考虑清楚其受理争议的范围,不能将自身行使的两种处罚权混淆,行会内部只能对内部自律性处罚权——纪律处罚权,进行救济。

这里应注意的是,涉及体育行会侵权行为等民事领域的争议,就不是内部争议处理机构所能解决的,应当属于法院的受案范围。如对运动员的处罚,若取消其所有的比赛成绩,并且禁止该选手参加比赛,这些处罚措施毫无疑问将影响到一名职业运动员的人身和经济利益,超出了处罚措施的范围,有可能损害当事人的利益。因为现代社会中的法律作为一种规范人们外部行为的秩序机制,同时也是公民的权利保障机制,任何人都应该有权并有

法律上的可能性在自己的权利受到非法损害时寻求保护。[8] 体育行会侵权行为必须接受司法审查,不是简单的内部权力所能处理的,这已经属于法律层面的问题,不能自行以本行业的内部纪律处分取而代之。体育刑事争议如龚建平案,是在竞赛活动中发生的,但由于构成了刑事犯罪,国家的司法机构对于体育刑事案件具有排他的管辖权,体育行会内部的争议处理机构不能对体育刑事争议进行处理。

2. 内部处理所适用的有关规则必须是合宪合法的。体育行会内部在处理内部争议时是依据章程和内部的有关规定进行的,其所适用的有关规则即使是共同的契约形式,也应是合乎宪法和法律规定的,要遵守社会公共利益的原则。"在理论上,他们的权力是以契约为基础的,人们认为每一个成员都已经签订了给予行业裁判巨大权力的契约;但是实际上,对这个问题他没有选择余地。如果他要从事这项职业,他就不得不服从委员会颁布的规则。"[9] 这样的规则的正当性、处理争议程序的正当性关系到一个人的生存和发展。从我国一些体育行会的实际做法来看,有些行会所适用的有关规则是违反公共利益这一法律原则的。一些行会的权力的正当化程度是低下的,这就使其处罚或处理决定不但为当事人所不服,也使人们对行会权力如此自由的程序感到不信任和不理解,尤其在体育行会占有垄断地位的情形下,体育行会内部争议处理规则的合法、合宪性是今后应着重研究的课题之一。[10] 从体育行会内部争议解决方式的特征来看,它仅仅是一种内部解决方式,行会的章程赋予行会解决争议权,在体育行会自己充当争议一方当事人的情况下,该内部争议解决机构依据行会内部机制也是很难作出公正处理的。

3. 行会所作处理不得损害成员的利益。以中国足协为例,其作为全国性的单项体育协会,依据其章程,排除了对其裁决的司法审查,认为"其诉讼委员会常委会的裁决为最终裁决"。其实,中国足协章程的此项规定来源于国际足联章程的相关规定。但《国际足联章程》并没有排除司法审查的规定。《国际足联章程》第十三章第 63 条第 3 款关于争议解决的规定是:"如果一国的法律允许俱乐部或俱乐部成员就体育部门宣布的任何决定在法院提出质疑,则俱乐部或俱乐部成员在该国足协内或其授权的体育裁判机构可能有的全部措施用尽之前,不得在法院提起质疑。"可见,按国际足联的规定,用尽内部解决机制后仍然未得以解决,可以到法院提起诉讼。中国足协的规定与国际足联的规定是有差异的,因此不能排除司法对内部争议处理的干预,尤其是当体育行业组织行使行业管理权涉及内部成员的身份或影响其权益时,其争议必然可以纳入司法审查(仅限于程序审查)的领域。[11] 在现代法治精神下,除了在国际法上国家以主权者身份可以主张有限的司法豁免外,没有任何人、机构或权威可以主张国家司法管辖的免除,这已是当代各国宪法和国际公约广泛接受的原则,否则不符合"有权利必有救济"的现代法治原则。

---

〔8〕 葛洪义主编:《法理学》,中国政法大学出版社 1999 年版,第 24 页。

〔9〕 [英]丹宁:《法律的训诫》,杨百揆等译,法律出版社 1999 年版,第 166 页。

〔10〕 在具体案件中常常涉及的正当程序的问题有:处罚措施的严厉程度、受罚当事人是否被传唤、是否被告知有关权利、裁决是否公平的等。参见郭树理:《体育纠纷的多元化救济机制探讨——比较法与国际法的视野》,法律出版社 2004 年版,第 151 页。

〔11〕 其审查的内容集中在:该行为是否违反了国家现行法律的规定,是否符合自然公正原则,是否履行了基本的正当程序,相对人是否受到公平对待,是否被剥夺了告知、申辩等程序性权利。

同时,体育行会在进行内部争议处理时,只要涉及会员个人基本权利义务、改变其法律地位、对其有重大影响的都可以通过司法解决。同时注意不能剥夺当事人应享有的知情权、陈述权、申辩权、申请回避的权利等,这是宪法赋予每一位公民的基本权利。

总之,体育行业协会的章程是规范其内部成员的规则,但它不得违背法律,不能制定超越法律之外、凌驾于法律之上的条款,更不能自行司法,做自己案件的"法官",否则便违背了"任何人不能担当自己的法官"的自然公正原则,也不利于对公民权利的保护。

4. 内部争议处理的法律效力。体育行会的内部争议处理权是依据章程而由会员授予的,体育行会就体育行业事务制定的自治规章对体育行业成员都具有约束力,但规章的效力不是法律效力,只是具有合同约束力,它必须得到官方确认后才具有法律效力。我国的体育行会对体育内部争议的解决权是由行会章程规定的,体育内部争议的最终处理决定只能视为具有"内部"的约束力。因此,体育行会的内部争议解决不具有法律约束力,对其不服,仍可以向法院起诉或寻求外部仲裁解决。

思考题

1. 什么是体育内部争议?
2. 行政处罚与纪律处罚有何区别?
3. 争议当事人对纪律处罚不服如何救济?

第十四章　我国体育仲裁制度

依法建立健全我国体育仲裁制度是促进竞技体育全面发展的制度保障,也是坚持依法治体的重要体现,将为我国加快建设体育强国提供坚实的法治保障。本章主要介绍我国体育仲裁制度的基本原理、基本制度和主要内容。

第一节　体育仲裁概述

一、体育仲裁的概念与内涵

体育仲裁是指在体育活动中发生争议的双方当事人,根据在争议发生前或争议发生后所达成的仲裁协议,自愿将争议事项交由体育仲裁机构进行裁决,各方自动履行裁决义务的体育争议解决方式。[1] 体育仲裁制度是根据国家仲裁法律和体育法律建立的一种解决体育争议的法律制度。在国际体育仲裁的司法实践中,由国际奥委会设立的国际体育仲裁院对具有商事性质的体育争议作出的仲裁裁决可以依据1958年《承认及执行外国仲裁裁决公约》获得承认和执行。需要强调的是,体育仲裁机制适用的先决条件是体育争议双方当事人在纠纷发生之前或之后订立有仲裁协议,如果没有相关仲裁协议,则不能启动体育仲裁程序。[2]

依据体育仲裁的概念,体育仲裁的内涵可以理解为以下几点:(1)仲裁的主体是自然人(运动员、教练员、体育官员等相关人员)、法人(国际奥委会、国家奥委会、体育联合会、体育协会、体育俱乐部、体育新闻机构等)和承办体育赛事(奥运会、亚运会、全运会、城运会等)的城市政府。(2)仲裁的对象是与体育活动有关的争端、争议或纠纷。(3)诉诸仲裁既是争议双方当事人的自愿选择,也有法律上的依据。(4)仲裁程序适用体育仲裁机构的程序规则。(5)所适用的实体法包括奥委会的章程和规定,体育联合会、体育协会和体育俱乐部的章程和规定,双方当事人所一致选定的法律,国际社会所公认的一般法律原则等。(6)仲裁裁决是对争议双方当事人均有约束力的终局裁决。(7)执行仲裁裁决的法律保障是国家法律法规和国际公约。

---

〔1〕 于善旭等:《建立我国体育仲裁制度的研究》,载《体育科研》2005年第3期。

〔2〕 黄进等:《仲裁法学》,中国政法大学出版社2008年版,第25~28页。

二、体育仲裁的特点

体育仲裁具有如下特点：

1. 自愿性。根据《体育法》第92条相关规定，申请体育仲裁以当事人的双自愿为前提。双方当事人可根据体育组织章程、仲裁协议及体育赛事规则等对体育纠纷申请体育仲裁裁决。国家体育总局《体育仲裁规则（征求意见稿）》第12条第1款规定："当事人可依据仲裁协议向体育仲裁委员会申请仲裁。仲裁协议包括合同中订立的仲裁条款和以其他书面方式在纠纷发生前或发生后达成的具有仲裁意思表示的协议。"第13条第1款规定："当事人可依据体育组织章程与体育赛事规则申请体育仲裁。"上述规定体现出我国体育仲裁制度以仲裁协议自愿达成或者自愿承认的格式条款，保障当事人意思自治，尊重当事人意愿。

2. 专业性。仲裁的专业性主要表现为仲裁员组成的仲裁庭的专业性。[3]《体育法》第93条第1、2款规定："国务院体育行政部门依照本法组织设立体育仲裁委员会，制定体育仲裁规则。体育仲裁委员会由体育行政部门代表、体育社会组织代表、运动员代表、教练员代表、裁判员代表以及体育、法律专家组成，其组成人数应当是单数。"《体育仲裁规则（征求意见稿）》第7条对体育仲裁员的专业性进行了更为细致的规定："体育仲裁委员会仲裁员应当符合下列条件之一：（一）律师执业满八年；（二）曾任法官满八年；（三）通过国家统一法律职业资格考试取得法律职业资格，从事仲裁工作满八年；（四）从事法学、体育学研究或者教学工作并具有高级职称；（五）具有法律知识且从事体育实务满八年。"上述规定对体育仲裁委员会组成人员应具备的专业知识、职业资质、业务能力作出了详细规定，提出了较高要求。仲裁委员会组成具有广泛的代表性，成员为来自体育和法律领域的专业人士，能够高效公正地居中裁决，充分体现体育仲裁裁决的专业性与权威性。

3. 灵活性。由于体育仲裁充分尊重当事人的意思自治，体育仲裁的诸多具体事项都可以由争议双方当事人自愿协商确定。一般而言，当事人均可在体育仲裁中对仲裁庭的组成形式、开庭方式、使用的准据法及举证程序等进行合意选择，除体育仲裁裁决的执行与撤销外，并无严格的地域管辖限制。

4. 时效性。时效性是体育仲裁相较于民事诉讼的显著特征。当事人可以根据纠纷案件的具体需求自主选择适当的体育仲裁规则，或依据体育组织章程、体育仲裁此协议等快速解决体育纠纷，以提高体育仲裁的效率。《体育法》第97条规定："体育仲裁裁决书自作出之日起发生法律效力。裁决作出后，当事人就同一纠纷再申请体育仲裁或者向人民法院起诉的，体育仲裁委员会或者人民法院不予受理。"《体育仲裁规则（征求意见稿）》第17条规定："体育仲裁委员会收到仲裁申请之日起五日内，认为符合受理条件的，应当受理，并通知当事人……"第27条第5款第1句规定："仲裁庭或紧急仲裁员应在收到临时措施申请或接受指定之日起三日内作出临时措施决定。"第28条第2款第1句规定："体育仲裁委员会决定适用紧急仲裁员程序的，应在收到申请及申请人按规定预缴的紧急仲裁员费用后一日内指定紧急仲裁员，并将指定情况通知所有当事人。"《体育仲裁规则（征求意见稿）》第69条

---

[3] 董小龙、郭春玲：《体育法学》（第3版），法律出版社2018年版，第155页。

第 4 款对特别仲裁程序的时效性明确规定:“仲裁庭应在庭审时听取双方当事人的意见。若事实清楚,证据确实、充分,仲裁庭可以决定不举行庭审,并立即作出裁决。”上述规定为体育仲裁快速解决体育纠纷提供了程序和时间保证。

5. 独立性。我国《体育法》第 91 条规定:“国家建立体育仲裁制度,及时、公正解决体育纠纷,保护当事人的合法权益。体育仲裁依法独立进行,不受行政机关、社会组织和个人的干涉。”《中国体育仲裁委员会组织规则(征求意见稿)》第 2 条规定:“体育仲裁依法独立运行,不受行政机关、社会组织和个人的干涉。”第 17 条第 1 款规定:“仲裁员依法享有以下权利:(一)独立处理体育纠纷,不受行政机关、社会组织和个人的干涉……”上述规定强调体育仲裁机构及仲裁员不受行政机关、社会组织和个人的干涉和影响,通过维护体育仲裁机构和人员的独立性,确保仲裁裁决的公正性。

6. 强制性。体育仲裁的强制性主要表现为体育仲裁裁决的强制执行效力。《体育法》第 99 条规定:“当事人应当履行体育仲裁裁决。一方当事人不履行的,另一方当事人可以依照《中华人民共和国民事诉讼法》的有关规定向人民法院申请执行。”《体育仲裁规则(征求意见稿)》第 58 条规定:“裁决书自作出之日起发生法律效力。裁决书作出后,当事人应当按照裁决书确定的履行期限履行裁决;没有规定履行期限的,应当立即履行。任何一方不履行的,当事人可以向有管辖权的法院申请强制执行。”上述规定以一裁终局的方式显示出体育仲裁的准司法特征,裁决书具有人民法院强制执行的法律效力,能够有效保障当事人的合法权益。

三、体育仲裁的原则

体育仲裁具有如下原则:

1. 当事人自愿原则。当事人自愿原则,也称尊重当事人意愿原则、当事人意思自治原则,是仲裁法最基本的原则。它是以双方当事人的自愿为前提,符合当事人的真实意愿,任何组织和个人都不得强迫当事人仲裁,一方当事人也不得将自己的意志强加给对方。这一原则的适用既有利于稳定当事人双方现存的法律关系,也有利于纠纷的迅速解决。体育仲裁中当事人自愿原则主要体现在:(1)当事人协商决定是否将他们之间的争议提交体育仲裁机构。根据我国《体育法》第 92 条规定,当事人可以根据仲裁协议、体育组织章程、体育赛事规则等申请体育仲裁。《仲裁法》第 4 条规定:“当事人采用仲裁方式解决纠纷,应当双方自愿,达成仲裁协议。没有仲裁协议,一方申请仲裁的,仲裁委员会不予受理。”(2)当事人双方协商选定提交仲裁的仲裁委员会。当事人可以根据共同信任的仲裁机构选择对纠纷处理比较方便的仲裁委员会进行仲裁。(3)当事人必须在争议发生之前或争议发生之后达成将争议交付仲裁解决的书面协议。

2. 独立公正仲裁原则。独立仲裁是仲裁员公正裁决体育纠纷的前提保证。《体育法》第 91 条第 2 款规定:“体育仲裁依法独立进行,不受行政机关、社会组织和个人的干涉。”根据《中国体育仲裁委员会组织规则(征求意见稿)》第 17 条第 1 款规定,仲裁员独立处理体育纠纷,不受行政机关、社会组织和个人的干涉。上述规定为仲裁员独立裁决体育纠纷提供了法律依据,创设了必要的法律环境,确保裁决结果公正公平。

3. 以事实为依据，以法律为准绳原则。以事实为依据，以法律为准绳，是我国体育仲裁的一项基本原则。《仲裁法》第 7 条规定："仲裁应当根据事实，符合法律规定，公平合理地解决纠纷。"《中国体育仲裁委员会组织规则（征求意见稿）》第 18 条规定："仲裁员应当履行以下义务：（一）依法处理体育纠纷……"上述规定要求，体育仲裁机构仲裁员要全面、深入、客观地查清一切事实情况，在当事人举证、质证的基础上，通过对证据的审查判断查清事实，依照相关法律法规、体育仲裁协议、体育组织章程等确定当事人的权利义务关系并平等地对待双方当事人，在不违反法律和公共利益的前提下公平合理地作出裁决。

第二节 我国体育仲裁法律制度

一、我国体育仲裁基本制度

（一）协议仲裁制度

体育仲裁制度适用的先决条件是双方当事人在体育纠纷发生之前或发生之后订立了纠纷仲裁协议；如果不存在这样的协议，则不能启动体育仲裁程序。《仲裁法》第 4、5 条规定："当事人采用仲裁方式解决纠纷，应当双方自愿，达成仲裁协议。没有仲裁协议，一方申请仲裁的，仲裁委员会不予受理。""当事人达成仲裁协议，一方当事人向人民法院起诉的，人民法院不予受理，但仲裁协议无效的除外。"根据《体育法》第 92 条的规定，当事人可以根据仲裁协议、体育组织章程、体育赛事规则等申请体育仲裁。《体育仲裁规则（征求意见稿）》第 12 条第 1 款规定："当事人可依据仲裁协议向体育仲裁委员会申请仲裁。仲裁协议包括合同中订立的仲裁条款和以其他书面方式在纠纷发生前或发生后达成的具有仲裁意思表示的协议。"上述规定显示，当事人向仲裁机构申请体育纠纷仲裁，必须以当事人发生纠纷前或发生纠纷后基于对仲裁各方面事项进行共同选择而达成的仲裁协议为依据，这是仲裁制度的集中表现。

（二）一裁终局制度

我国《仲裁法》第 9 条第 1 款规定："仲裁实行一裁终局制度。裁决作出后，当事人就同一纠纷再申请仲裁或者向人民法院起诉的，仲裁委员会或者人民法院不予受理。"《体育法》第 97 条规定："体育仲裁裁决书自作出之日起发生法律效力。裁决作出后当事人就同一纠纷再申请体育仲裁或者向人民法院起诉的，体育仲裁委员会或者人民法院不予受理。"《体育仲裁规则（征求意见稿）》第 58 条第 2 款规定："裁决书作出后，当事人应当按照裁决书确定的履行期限履行裁决；没有规定履行期限的，应当立即履行。任何一方不履行的，当事人可以向有管辖权的法院申请强制执行。"坚持一裁终局制度有利于体现仲裁的快捷和效率，仲裁机构对受理案件一经作出裁决，立即产生终局的法律效力。

（三）仲裁监督制度

仲裁监督，指的是法院对仲裁的司法监督，主要表现为法院通过司法程序撤销仲裁裁决、拒绝承认和执行仲裁裁决等。广义而言,在我国,仲裁监督具有三种形式,即内部监督,行业监督和司法监督。

1. 内部仲裁监督。内部监督是指体育仲裁委员会内部设立监督机构和制度程序,对体育仲裁的活动过程和工作人员进行监督。《中国体育仲裁委员会组织规则(征求意见稿)》第22条规定:"体育仲裁委员会应当设立监事会,建立仲裁监督制度,对申请受理、办案程序、仲裁员及其他工作人员的行为等进行监督。"内部仲裁监督应遵守应当坚持有错必纠、公正公开、教育与惩处相结合的原则。

2. 当事人监督。当事人监督是指当事人对仲裁机构的规则、仲裁庭组成、仲裁程序的启动、仲裁员的选任及仲裁裁决书等仲裁事项进行统一监督的监督形式。[4]

3. 行业监督。《中国体育仲裁委员会组织规则(征求意见稿)》第5条第3款规定:"体育仲裁委员会组成人员有违反相关法律法规或任职管理规定的,由体育总局予以解聘……"我国体育仲裁机构章程和人员应当接受国家体育总局的行业监督。

4. 司法监督。仲裁司法监督,指的是法院对仲裁实施的监督,主要表现为法院通过司法程序撤销仲裁裁决、拒绝承认和执行仲裁裁决等。司法监督是指法院对当事人不服仲裁裁决而起诉的争议事项具有终局的司法裁决权,以及当事人申请执行时,人民法院有司法审查权。《体育法》第98条规定:"……当事人可以自收到仲裁裁决书之日起三十日内向体育仲裁委员会所在地的中级人民法院申请撤销裁决……人民法院经组成合议庭审查核实裁决有前款规定情形之一的,或者认定裁决违背社会公共利益的,应当裁定撤销。人民法院受理撤销裁决的申请后,认为可以由仲裁庭重新仲裁的,通知仲裁庭在一定期限内重新仲裁,并裁定中止撤销程序。仲裁庭拒绝重新仲裁的,人民法院应当裁定恢复撤销程序。"《体育仲裁规则(征求意见稿)》第61条第1、2款规定:"人民法院通知仲裁庭重新仲裁,仲裁庭同意的,审理程序全部重新进行。人民法院以仲裁庭的组成或者仲裁的程序违反有关规定足以影响公正裁决或仲裁员在仲裁该案时有索贿受贿、徇私舞弊、枉法裁决为由撤销裁决,主任认为有必要的,组庭程序、审理程序全部重新进行。"上述规定说明,我国体育仲裁建立必须接受司法监督。

二、我国体育仲裁制度内容

(一)体育仲裁的范围

体育仲裁的范围通常是指哪些体育纠纷可以仲裁,哪些体育纠纷不可以仲裁,实际上就是研究体育纠纷的可仲裁性问题。对我国体育仲裁的范围在《体育法》第92条作出了明确规定:"当事人可以根据仲裁协议、体育组织章程、体育赛事规则等,对下列纠纷申请体育仲裁:(一)对体育社会组织、运动员管理单位、体育赛事活动组织者按照兴奋剂管理或者其他管理规定作出的取消参赛资格、取消比赛成绩、禁赛等处理决定不服发生的纠纷;(二)因运动员注册、交流发生的纠纷;在竞技体育活动中发生的其他纠纷。《中华人民共和国仲裁法》规定的可仲裁纠纷和《中华人民共和国劳动争议调解仲裁法》规定的劳动争议,不属于

---

[4] 肖建国主编:《仲裁法学》,高等教育出版社2021年版,第208、209页。

体育仲裁范围。”同时,《体育仲裁规则(征求意见稿)》第3条依法将上述仲裁范围确认为体育仲裁委员会的案件受理范围,从程序法的角度进一步明确了体育纠纷的可仲裁的范围。

上述规定对我国体育仲裁范围作了明确且严格的界定,为体育纠纷的仲裁解决提供了明确的指引。

(二)体育仲裁的机构

我国《体育法》第93条第1、2款规定:“国务院体育行政部门依照本法组织设立体育仲裁委员会,制定体育仲裁规则。体育仲裁委员会由体育行政部门代表、体育社会组织代表、运动员代表、教练员代表、裁判员代表以及体育、法律专家组成,其组成人数应当是单数。”第94条规定:“体育仲裁委员会裁决体育纠纷实行仲裁庭制。仲裁庭组成人数应当是单数,具体组成办法由体育仲裁规则规定。”

《中国体育仲裁委员会组织规则(征求意见稿)》第二章规定了体育仲裁委员会的组成方式与原则、职责范围、议事规则、经费来源等事项;规定了根据工作需要,体育仲裁委员会可设置专门委员会;明确了处理争议案件实行仲裁庭制度。第四章规定了体育仲裁委员会的监督职责,列举了解聘仲裁员的情形和仲裁员不得从事的行为,并明确了办案辅助人员的履职要求和工作纪律。

上述规定全面规定了我国体育仲裁委员会和仲裁庭的设立、组成及其职能权责,对中国体育仲裁组织结构进行了顶层设计。

(三)体育仲裁的仲裁员

仲裁员是指体育仲裁机构聘任的在体育争议仲裁案件审理中对当事人的财产权益纠纷进行评判并作出决定的居中裁判者。《体育法》第93条第3款规定:“体育仲裁委员会应当设仲裁员名册。仲裁员具体条件由体育仲裁规则规定。”

《中国体育仲裁委员会组织规则(征求意见稿)》第三章规定了仲裁员依法享有的权利和应当履行的义务,仲裁员由体育仲裁委员会聘任,聘期一般为四年,独立处理体育纠纷,不受行政机关、社会组织和个人的干涉;体育仲裁委员会制定仲裁员工作绩效考核标准,建立仲裁员培训体系,仲裁员有义务参加培训。

《体育仲裁规则(征求意见稿)》第6条规定:“体育仲裁委员会应当建立《中国体育仲裁委员会仲裁员名册》(以下简称《仲裁员名册》),并予以公告。体育仲裁委员会可在《仲裁员名册》中设立《反兴奋剂仲裁员名册》等专门的仲裁员名册。”第7条规定:“体育仲裁委员会仲裁员应当符合下列条件之一:(一)律师执业满八年;(二)曾任法官满八年;(三)通过国家统一法律职业资格考试取得法律职业资格,从事仲裁工作满八年;(四)从事法学、体育学研究或者教学工作并具有高级职称;(五)具有法律知识且从事体育实务满八年。”

我国体育仲裁员的权利义务、任职条件与普通仲裁员的要求相差无几,主要突出了体育专业知识背景,如从事体育学研究或者教学工作并具有高级职称;具有法律知识且从事体育实务满八年。这一条件设定有助于吸纳体育专家学者成为仲裁员,以确保体育行业的专业性和特殊性在仲裁裁决过程中得到充分尊重与考虑。

(四)体育仲裁的程序

仲裁程序是指双方当事人将所发生的争议根据仲裁协议的规定提交仲裁时应办理的

各项手续,包括仲裁案件的受理、审理和裁决作出等程序。《体育法》第94条规定:“体育仲裁委员会裁决体育纠纷实行仲裁庭制度。仲裁庭组成人数应当是单数,具体组成办法由体育仲裁规则规定。”第95条第2款规定:“体育组织没有内部纠纷解决机制或者内部纠纷解决机制未及时处理纠纷的,当事人可以申请体育仲裁。”第96条规定:“对体育社会组织、运动员管理单位、体育赛事活动组织者的处理决定或者内部纠纷解决机制处理结果不服的,当事人自收到处理决定或者纠纷处理结果之日起二十一日内申请体育仲裁。”第100条规定:“需要即时处理的体育赛事活动纠纷,适用体育仲裁特别程序。特别程序由体育仲裁规则规定。”以上规定明确了我国体育仲裁的基本程序,为后续细化体育仲裁程序奠定了法律基础。

《体育仲裁规则(征求意见稿)》第五章对体育仲裁的一般程序作出详细规定,即当事人申请仲裁与体育仲裁委员会受理案件的程序,包括申请、受理、用尽内部救济、仲裁通知、答辩、反请求、变更仲裁请求或反请求、合并仲裁、多方当事人之间的仲裁请求、材料提交与份数、仲裁代理人等。当事人以体育组织内部救济未及时处理纠纷为由申请体育仲裁,体育仲裁委员会审查后认为情况属实且符合申请仲裁条件的,可以受理案件以保护当事人权益;规定当事人可以授权中国或外国的仲裁代理人办理仲裁事项,推动体育仲裁国际化。

《体育仲裁规则(征求意见稿)》第八章对体育赛事活动期间仲裁活动的特别程序作出详细规定,即在保障当事人仲裁权利的前提下,补充、调整常规程序,提高仲裁效率。明确特别程序的适用范围;设立适用于体育赛事活动的《特别程序仲裁员名册》;允许以电话通知的方式送达;简化仲裁庭组成方式,由主任直接指定仲裁员;授权主任合并有关联的待决案件;要求当事人在知情后立即申请回避,主任可拒绝接受当事人不合理的延迟申请;在事实清楚、证据确实充分的情形下,仲裁庭可不举行庭审;主任或仲裁庭可在不听取被申请人意见的情况下作出临时措施决定;依据特别程序作出的裁决是终局裁决,但仲裁庭可在考虑纠纷的复杂性、紧急性等情形后,将纠纷移交常规程序解决。

上述仲裁程序规定进一步丰富和完善了我国体育仲裁制度建设,促使体育仲裁活动能够有效实现程序正义。

(五)体育仲裁裁决的法律效力

体育仲裁裁决的效力是指仲裁庭对体育争议当事人作出的由国家强制力保证裁决执行的效力。我国《体育法》第97条规定:“体育仲裁裁决书自作出之日起发生法律效力。裁决作出后,当事人就同一纠纷再申请体育仲裁或者向人民法院起诉的,体育仲裁委员会或者人民法院不予受理。”

《体育仲裁规则(征求意见稿)》第58条规定:“裁决书自作出之日起发生法律效力。裁决书作出后,当事人应当按照裁决书确定的履行期限履行裁决;没有规定履行期限的,应当立即履行。任何一方不履行的,当事人可以向有管辖权的法院申请强制执行。”

上述规定显示,我国体育仲裁实行一裁终局制度,仲裁裁决具有法律强制效力,能够保证体育争议得到快速和有效的解决。

(六)体育仲裁裁决的撤销

撤销仲裁裁决是指有管辖权的法院,根据一方当事人的申请,依据特定的事由,依法裁定否决仲裁裁决效力的司法监督活动。《体育法》第 98 条规定："有下列情形之一的，当事人可以自收到仲裁裁决书之日起三十日内向体育仲裁委员会所在地的中级人民法院申请撤销裁决：(一)适用法律、法规确有错误的；(二)裁决的事项不属于体育仲裁受理范围的；(三)仲裁庭的组成或者仲裁的程序违反有关规定，足以影响公正裁决的；(四)裁决所根据的证据是伪造的；(五)对方当事人隐瞒了足以影响公正裁决的证据的；(六)仲裁员在仲裁该案时有索贿受贿、徇私舞弊、枉法裁决行为的。人民法院经组成合议庭审查核实裁决有前款规定情形之一的，或者认定裁决违背社会公共利益的，应当裁定撤销。人民法院受理撤销裁决的申请后，认为可以由仲裁庭重新仲裁的，通知仲裁庭在一定期限内重新仲裁，并裁定中止撤销程序。仲裁庭拒绝重新仲裁的，人民法院应当裁定恢复撤销程序。"

《体育仲裁规则(征求意见稿)》第 61 条第 1、2 款规定了裁决撤销后，仲裁审理程序重启的两种情形："人民法院通知仲裁庭重新仲裁，仲裁庭同意的，审理程序全部重新进行。人民法院以仲裁庭的组成或者仲裁的程序违反有关规定足以影响公正裁决或仲裁员在仲裁该案时有索贿受贿、徇私舞弊、枉法裁决为由撤销裁决，主任认为有必要的，组庭程序、审理程序全部重新进行。"

上述规定通过司法监督仲裁的方式，赋予争议当事人寻求司法救济的最后途径，依法保障当事人的合法权益，最大限度地维护了法律的公平正义。

(七)体育仲裁裁决的执行

仲裁裁决执行也称为仲裁裁决强制执行，是指国家设立的执行机构依据债权人的申请和生效的仲裁裁决书，并运用国家强制力强制债务人/被执行人履行仲裁裁决义务，以实现仲裁裁决法律文书所载明的责权活动。[5]《体育法》第 99 条规定："当事人应当履行体育仲裁裁决。一方当事人不履行的，另一方当事人可以依照《中华人民共和国民事诉讼法》的有关规定向人民法院申请执行。"

《体育仲裁规则(征求意见稿)》第 58 条规定："裁决书自作出之日起发生法律效力。裁决书作出后，当事人应当按照裁决书确定的履行期限履行裁决；没有规定履行期限的，应当立即履行。任何一方不履行的，当事人可以向有管辖权的法院申请强制执行。"

上述规定明确了体育仲裁裁决的法律效力，确保裁决书能够得到强制执行，促使体育仲裁成为一种有效的体育争议解决方式。

思考题

1. 我国体育仲裁的特征有哪些？
2. 我国体育仲裁基本制度有哪些？
3. 我国体育仲裁制度的内容有哪些？

---

〔5〕 肖建国主编：《仲裁法学》，高等教育出版社 2021 年版，第 224 页。

第十五章　体育纠纷的诉讼解决

第一节　体育诉讼的基本概念和基本原则

一、体育诉讼的概念和特征

诉讼,俗称“打官司”,是指人民法院和一切诉讼参与人在审判案件的过程中所进行的各种诉讼活动以及由此产生的各种诉讼关系的总和。

诉讼的基本功能在于解决纠纷,与其他纠纷解决方法相比较,诉讼具有以下特征:

1. 诉讼的主持机关是人民法院。诉讼与调解和仲裁的一个不同之处在于调解是在个人或民间机构的主持下进行(在我国虽然也存在人民法院主持下的调解,但法院对这种调解不能起居中决断作用,调解是否成功仍然取决于双方当事人的意思);仲裁是由民间性质的仲裁委员会主持,而诉讼则是由代表国家行使审判权的人民法院主持。

2. 诉讼具有“被动性”。诉讼是以纠纷的一方当事人向人民法院主张自己的权利为前提,人民法院在处理纠纷时具有“被动性”的特点。因为诉讼总是在相应的纠纷或者违法情形发生以后才会产生,而且人民法院奉行“不告不理”的原则,如果没有原告,就不能启动民事诉讼或者行政诉讼。即使是刑事诉讼,也是以公诉机关(人民检察院)或者刑事诉讼原告人(刑事自诉案件)对刑事诉讼的提起作为前提。

3. 诉讼严格按照法定的程序进行。国家通过诉讼法律、法规严格规定了诉讼活动的法律程序,必须严格按照法律程序进行。

4. 诉讼具有终极的性质。因为司法机关的司法权是终极性的权力,无论是对普通民、刑案件的裁断,还是对行政案件的裁断,都具有终局性。

体育诉讼是指人民法院在审判体育纠纷案件的过程中和一切诉讼参与人所进行的各种体育诉讼活动以及由此产生的各种体育诉讼关系的总和。

体育诉讼的基本功能在于解决体育纠纷,作为一种诉讼类别,体育诉讼当然具备一般意义上的诉讼的所有特征。

当然,由于体育自身的特点,体育诉讼的内容会具有一定的专业性、行业性特点,但这并不影响其作为整个诉讼体系的一部分。

二、体育诉讼的种类

由于体育纠纷按其法律性质可分为两大类:一类是作为平等主体的公民、法人、其他组织之间的民事性质的体育纠纷,如体育合同纠纷、体育侵权纠纷;另一类是指政府、政府所属体育行政主管部门及其他行政机关在行政管理职权行使过程中与行政相对人，即被管理对象之间发生的行政性质的体育纠纷，如认为体育行政主管机关没有依法办理有关手续、对体育行政主管部门的行政处罚不服等，均属行政性质的体育纠纷。

法制比较完备的国家（或地区）都建立了三大诉讼法律制度：刑事诉讼、民事诉讼、行政诉讼。我国同样确立了这三大诉讼制度。

诉讼方式可以处理各种体育纠纷，因而大量的此类纠纷都是由人民法院受理和审理的。

三、体育诉讼的基本原则

体育诉讼应遵循以下基本原则：

1. 以事实为根据，以法律为准绳的原则。以事实为根据，是指司法机关和诉讼参与人在体育诉讼活动中，必须以一定的法律事实作为适用法律的根据。但要特别注意的是，这里所讲的事实并不是指一般哲学意义上的客观事实，它是指能为证据证明的事实，尽管司法者力图恢复案件事实的真实面目，但这只是其主观愿望，实际并不能做到。因此，以事实为根据中的事实并不是客观事实，而是法律上的事实。

以法律为准绳，指诉讼活动中只能以法律作为准则，以法律作为处理体育纠纷的唯一尺度或标准。

2. 当事人诉讼权利平等原则。是指当事人诉讼地位完全平等，当事人能平等地行使权利并有权获得法院的平等保障。在适用法律过程中，对任何公民，无论其民族、种族、性别、职业、家庭出身、宗教信仰、教育程度、财产状况、居住期限等有何差别，都应受到平等的对待。

3. 程序正当原则。程序是司法的生命，失去程序，便无司法正义可言了。曾任英国上诉法院院长的丹宁勋爵以十分朴实的语言诠释正当程序：“系指法律为了保持日常司法工作的纯洁性而认可的各种方法；促使审判和调查公正地进行，逮捕和搜查适当地采用，法律救济顺利地取得，以及消除不必要的延误等。”〔1〕具体而言，程序正当原则至少应包括两大原则：一是程序法定原则；二是程序公开原则。程序法定，便不能肆意更改；程序公开，便能有效防止“暗箱操作”，滋生腐败。

第二节　体育民事诉讼基本制度

体育民事诉讼是指人民法院在双方当事人及其他诉讼参与人的参加下，审理体育民事案件和解决体育民事纠纷所进行的司法活动，以及由这些活动所产生的诉讼法律关系。《民事诉讼法》是我国审判民事纠纷案件在程序上的重要依据。

〔1〕［英］丹宁：《法律的正当程序》，李克强等译，群众出版社1984年版，第1页。

一、民事审判机构及其受案范围

根据《人民法院组织法》的规定和最高人民法院的有关规定:最高人民法院和地方各级人民法院普遍设立的民事审判庭和知识产权审判庭在其职权范围内依法对有关的体育民事案件行使审判权。

按照最高人民法院的有关规定,普通人民法院的民事审判庭处理以下体育民事案件:(1)各类体育合同纠纷案件;(2)涉外、涉港澳的体育民事纠纷案件;(3)损害赔偿案件;(4)知识产权纠纷案件;(5)体育劳动纠纷案件。

二、管辖

《民事诉讼法》中的管辖,是指规定上下级法院之间、同级的各个人民法院之间受理第一审民事案件的分工和权限。

(一)管辖划分的原则

划分民事纠纷案件的管辖权,主要考虑以下原则:(1)便于当事人进行诉讼;(2)便于人民法院行使审判权;(3)保证案件公正审判;(4)原则性与灵活性相结合;(5)有利于维护本国主权。

(二)民事纠纷案件管辖的分类

1. 级别管辖

级别管辖是指确定划分各级人民法院之间受理第一审民事案件的分工和权限。确定级别管辖是明确案件管辖权的先决条件。我国《民事诉讼法》将案件的性质、繁简程度、影响范围三者结合起来,作为划分级别管辖的标准。具体地说,基层人民法院管辖除法律规定应由上级人民法院管辖以外的第一审民事纠纷案件。中级人民法院管辖以下三类民事纠纷案件:(1)重大涉外民事纠纷案件;(2)在本辖区有重大影响的案件;(3)最高人民法院确定由中级人民法院管辖的第一审民事纠纷案件(如专利纠纷案件)。高级人民法院管辖在本辖区内有重大影响的民事纠纷案件。最高人民法院管辖在全国有重大影响的,以及认为应该由本院审理的第一审民事纠纷案件。依照法律规定,最高人民法院管辖的案件实行一审终审,所作判决与裁定一经送达即发生法律效力。

2. 地域管辖

地域管辖,又称区域管辖,是指确定同级人民法院之间受理第一审民事案件的分工和权限。地域管辖的目的是解决同级人民法院之间受理第一审民事案件的分工和权限。确定地域管辖的原则,主要与当事人或者诉讼标的物法院管辖区有关,便于当事人参加诉讼和人民法院审理案件。地域管辖又可分为一般地域管辖、特殊地域管辖和专属管辖。

(1)一般地域管辖。一般地域管辖又称普通地域管辖,通常是由被告所在地人民法院管辖,即所谓"原告就被告"。被告为公民的,其所在地为户籍所在地,而住所地与经常居住地不一致的,由经常居住地人民法院管辖。被告为法人或其他组织的,其住所地一般理解为主要办事机构所在地。

(2)特殊地域管辖。特殊地域管辖又称特别地域管辖，主要是按与诉讼标的有联系的原则来确定地域管辖，如体育合同纠纷案件由被告所在地或合同履行地法院管辖；体育保险合同纠纷案件由被告住所地或保险标的物所在地法院管辖；体育侵权纠纷案件由侵权行为地或被告所在地法院管辖。

《民事诉讼法》第24条规定："因合同纠纷提起的诉讼，由被告所在地或者合同履行地人民法院管辖。"但第35条又规定："合同或者其他财产权益纠纷的当事人可以书面协议选择被告所在地、合同履行地、合同签订地、原告住所地、标的物所在地等与争议有实际联系的地点的人民法院管辖……"也就是说，我国立法允许当事人协议选择管辖，这是当事人意思自治原则的体现。当然，当事人只能在上述范围(五类地点)中进行管辖选择，同时，法律规定协议选择管辖不能违背级别管辖和专属管辖的规定。

《民事诉讼法》还规定了共同地域管辖，如同一诉讼的几个被告住所地、经常住所地在两个以上人民法院辖区的，各人民法院都有管辖权。两个以上人民法院都有管辖权的诉讼，原告可以向其中一个人民法院起诉，原告向两个以上有管辖权的人民法院起诉的，由最先立案的人民法院管辖。

3. 移送管辖和指定管辖

移送管辖是指法院受理某一体育民事案件后，发现自己对此案没有管辖权，便依法将案件移送给有管辖权的法院受理。指定管辖是指两个不同法院之间对管辖权发生争议，或者某个有管辖权的法院由于特殊原因不能行使审判权的，由上级法院指定某一个法院或另一个法院管辖。

三、财产保全和先予执行

(一)财产保全

财产保全是指法院在受理诉讼前或者诉讼过程中，根据当事人的申请或者依职权对当事人的财产或争议标的物做出的强制性保护措施，以保证将来作出的判决能够得到有效的执行。财产保全分为诉讼保全和诉前保全两种。

(二)先予执行

先予执行是指人民法院在案件裁决之前，责令被告对原告履行给予义务的一种临时措施。先予执行的适用范围包括追索赡养费、抚养费、抚育费、医疗费、劳动报酬以及因其他情况紧急需要先予执行的案件。

先予执行的适用条件包括：(1)当事人之间的权利义务明确；(2)具有适用先予执行的必要性，如不及时实现其权利，将会严重影响其生活或生产经营；(3)被申请人有履行能力；(4)必须由当事人提出申请。

在先予执行之后，如果申请人败诉，申请人必须通过返还或赔偿的方式来弥补对方的损失，如申请人拒不返还，则由法院强制执行。

四、审判组织与回避

(一)审判组织

人民法院审理体育民事案件,可以由审判员独任审理或由审判员、陪审员组成合议庭或者由审判员组成合议庭进行审理。合议庭人员必须是单数,通常是3人,基于第二审裁判将作为终审裁判,所以第二审必须组成合议庭。

(二)回避

回避是指在民事诉讼中,审判人员以及其他可能影响案件公正审理的有关人员在遇到法律规定的情形时,退出该案件诉讼程序的制度。《民事诉讼法》第47条规定了回避制度,即有下列情况之一的,审判员、书记员、翻译人员、鉴定人员、勘验人员必须自行回避,当事人也有权申请他们回避:(1)本案的当事人或者当事人、诉讼代理人的近亲属;(2)与本案有利害关系;(3)与本案的当事人、诉讼代理人有其他关系,可能影响对案件的公正审理的。

五、体育民事纠纷的审判程序

(一)第一审程序

我国实行两审终审的审判制度,第一审程序包括普通程序和简易程序。第一审普通程序是民事审判程序的基础。

1. 第一审普通程序

(1)起诉与受理。起诉是指公民、法人或其他组织认为自己的体育民事权益受到侵害或与他人发生争议,以自己的名义请求人民法院依法审判,予以司法保护的行为。受理是人民法院对起诉进行审查,并对符合起诉条件的案件予以立案的诉讼活动。

(2)审理前的准备。审理前的准备是指人民法院在受理起诉后,开庭审理前,了解原告诉讼请求和被告答辩的具体内容及所提出的事实、理由和证据,掌握双方争执的焦点,并在立案之日起5日内将起诉状副本送达被告,被告在收到起诉状之日起15日内提出答辩状,人民法院在收到答辩状之日起5日内将答辩状副本发送原告,被告不提出答辩状的,不影响人民法院审理。

(3)开庭审理。根据《民事诉讼法》的规定,开庭审理分为庭审准备、法庭调查、法庭辩论和评议审判四个阶段。开庭审理是人民法院审理民事案件的中心环节。

2. 第一审简易程序

适用于基层人民法院和基层派出法庭审理事实清楚、权利义务关系明确、争议不大的简单的民事案件。适用简易程序审理的案件,当事人可以口头起诉,法院可以当即审理,可以用简便方式随时传唤当事人、证人,并由审判员一人独任审理。与普通程序6个月的审限不同,第一审简易程序应当在立案之日起3个月内审结。

(二)第二审程序

第二审程序是指当事人对第一审人民法院作出的未发生法律效力的裁判不服,提起上诉,由第二审人民法院对案件进行审理并作出终审裁判的程序。

(三)审判监督程序

审判监督程序是指人民法院认为已经发生法律效力的判决、裁定及调解协议确有错误而进行再审的程序。它不是一个案件通常的诉讼程序,而是一种事后救济程序。

六、执行程序

发生法律效力的民事判决书、裁定书、调解书必须执行,负有履行义务的当事人拒绝执行的,另一方当事人可以向原第一审人民法院申请执行。人民法院收到执行申请后,对被执行人采取强制执行措施。

第三节　体育行政诉讼基本制度

我国行政诉讼的法律主要指《行政诉讼法》这部专门调整行政诉讼关系的法典,也包括《民事诉讼法》中与行政诉讼不相抵触、《行政诉讼法》中没有规定又为行政诉讼活动所必须适用的诉讼规定。

我国的行政诉讼具有以下特征:(1)行政诉讼是解决行政纠纷的一种诉讼活动;(2)行政诉讼的原告只能是行政相对人,即认为行政机关和法律、法规授权的组织的具体行政行为侵犯了自己合法权益的公民、法人和其他的组织;(3)行政诉讼的被告只能是作出具体行政行为的行政机关或法律、法规授权的组织。

体育行政诉讼是指公民、法人或者其他组织认为体育行政机关和其他行政机关及法律、法规授权的组织的行政行为侵犯其合法权益,依法向人民法院提起诉讼,人民法院在当事人和其他诉讼参与人的参加下,对行政行为进行审理并作出裁判的活动。

一、行政审判机构及其受案范围

根据《人民法院组织法》的规定和最高人民法院的有关规定,最高人民法院和地方各级人民法院普遍设立的行政审判庭在其职权范围内依法对有关的体育行政案件行使审判权。

根据《行政诉讼法》及最高人民法院的有关规定,人民法院的行政审判庭处理以下体育行政案件。(1)对体育行政机关、其他行政机关及法律、法规授权组织的行政处罚不服的。行政处罚指行政机关和法律、法规授权的组织行使行政职权,对违反行政管理秩序的公民、法人和其他组织所实施的惩戒。行政处罚主要有:警告、罚款、拘留、吊销许可证和执照、责令停产停业、没收财物等形式。(2)对体育行政机关、其他行政机关及法律、法规授权组织采取的行政强制措施不服的。行政强制措施指行政机关或者法律授权的组织认为公民、法人或者其他组织不履行行政法的义务或其行业可能危害社会、妨害行政管理,而依职权对其人身或者有关财物采取的临时性限制措施,其主要包括限制人身自由、对财产的查封、扣押、冻结等。(3)认为体育行政机关、其他行政机关及法律、法规授权组织侵犯法定经营自主权的。(4)认为符合法定条件申请行政机关颁发许可证和执照,行政机关拒绝颁发或者不予答复的。(5)认为行政机关不履行保护行政相对人人身权、财产权法定职责的不作为的行政行为。(6)认为行政机关不依法发给抚恤金的行为。(7)认为行政机关违法要求行政相对人履行义务的行为。(8)认为行政机关侵犯其他人身权、财产权的行为。

二、管辖

行政诉讼管辖是指各级人民法院或同级人民法院审理第一审行政案件的分工和权限。同民事诉讼一样,管辖分为:级别管辖、地域管辖、移送管辖、指定管辖。

三、行政审判的程序

我国行政诉讼实行两审终审的审判制度。

(一)第一审程序

1. 起诉和受理。对属于人民法院受案范围的行政案件,公民、法人或其他组织可以先向上一级行政机关或者法律、法规规定的行政机关申请复议,对复议不服的,再向人民法院提起诉讼;也可以直接向人民法院提起诉讼。

2. 审理前的准备。人民法院应当在立案之日起5日内,将起诉状副本发送被告,被告应当在收到起诉状副本之日起15日内向法院提交做出行政行为的有关材料,并提出答辩状。人民法院应当在收到答辩状之日起5日内,将答辩状副本发送原告。被告不提出答辩状的,不影响人民法院审理。

3. 开庭审理。行政纠纷案件的审理一般应公开进行,但涉及国家秘密、个人隐私和法律另有规定的除外。审理行政案件必须组成合议庭。人民法院审理行政案件不适用调解。人民法院经过审理,根据不同情况,分别作出判决。

(二)第二审程序

1. 提起上诉。当事人不服人民法院第一审判决的,有权在判决书送达之日起15日内向上一级人民法院提起上诉。当事人不服人民法院第一审裁定的,有权在裁定送达之日起10日内向上一级人民法院提起上诉。

2. 上诉案件的审理。审理上诉案件,认为事实清楚的,可以实行书面审理。人民法院认为原判决认定事实清楚、适用法律法规正确的,判决驳回上诉,维持原判;认为原判决认定事实清楚,但适用法律、法规错误的,依法改判;认为原判决认定事实不清、证据不足,或者由于违反法定程序可能影响案件正确判决的,裁定撤销原判,发回原审人民法院重审,也可以查清事实后改判。当事人对重审案件的判决、裁定,可以上诉。

四、执行程序

当事人必须履行人民法院发生法律效力的判决、裁定。公民、法人或者其他组织拒绝履行判决、裁定的,行政机关可向第一审人民法院申请强制执行,或者依法强制执行。行政机关拒绝履行判决、裁定的,第一审人民法院可以采取划拨该行政机关账户内存款的方式强制其履行。公民、法人或者其他组织对具体行政行为在法定期限内既不提起诉讼又不履行的，行政机关可以申请人民法院强制执行或者依法强制执行。

第四节　几类具体体育纠纷的法律解决

一、关于体育财产权益的权属纠纷

体育财产权益的范围十分广泛，包括有形财产权益和无形财产权益。有形财产如体育设施、场地、体育实物等；无形财产如体育知识产权，包括著作权、专利权、商标权、名称权、肖像权、商业秘密权、广告权等，另外还有一些特殊的无形财产如体育比赛转播权、运动员投资回报权、体育特殊标志权等。

有的体育财产权属纠纷属于人民法院民事诉讼的范围，可向人民法院起诉，通过民事诉讼途径解决，如体育实物所有权归属、体育著作权归属、体育商业秘密权归属、体育比赛转播权归属、运动员投资回报归属等。有的体育财产权属纠纷依照法律规定应先由相关行政机关处理，如对行政机关的处理决定不服，可以行政机关为被告向人民法院提起行政诉讼，如体育商标权争议。体育场地权属纠纷，因可能涉及土地所有权和使用权争议，依照《土地管理法》的规定，应先由人民政府处理，如对政府的行政处理不服可申请行政复议，对行政复议决定不服可向人民法院提起行政诉讼，也可直接向人民法院提起诉讼。另外，体育专利权权属争议须先由行政机关审查，对审查决定不服可向人民法院提起行政诉讼。

还有一种特殊情况，即通过立法直接确定体育财产权益的归属。例如，我国《奥林匹克标志保护条例》第 3 条规定："本条例所称奥林匹克标志权利人，是指国际奥林匹克委员会、中国奥林匹克委员会和中国境内申请承办奥林匹克运动会的机构、在中国境内举办的奥林匹克运动会的组织机构。"通过立法的形式直接确定奥林匹克标志的权益归属。

二、体育合同纠纷

体育合同指民事性质的合同，既包括转播许可合同、体育经纪合同、体育代理合同、竞赛担保合同、体育保险合同、运动员转会合同、参赛合同、体育经营合同、体育设施利用合同、体育无形资产使用许可合同等主要以财产为内容的合同，还包括体育劳动合同，如运动员与俱乐部之间的聘用合同等。以财产为主要内容的体育民事合同如果发生纠纷，应适用《民法典》等相关规定，如发生争议，当事人可向人民法院提起民事诉讼。因体育劳动合同发生争议，应依据《劳动法》的相关规定，先向劳动仲裁委员会申请仲裁，一方当事人对仲裁裁决不服，可以对方当事人为被告向人民法院提起民事诉讼。

三、体育侵权纠纷

体育侵权包括侵犯人身权、侵犯有形财产权、侵犯无形财产权、侵犯体育组织的自主权、侵犯非体育组织的自由权等。

1. 侵犯人身权。在体育活动中若对人的身体和精神造成侵害，依法应进行人身损害赔偿。当事人可向人民法院提起民事诉讼,追究加害人(过错方)的民事责任。

2. 侵犯体育有形财产权。如侵占体育设施、场地等。当事人可向人民法院提起民事诉讼,请求责令停止侵害,恢复原状。

3. 侵犯体育无形财产权。如侵犯体育商标权、专利权、专用标志权等,当事人可先请求行政机关处理,也可以直接向人民法院起诉。但对侵权赔偿数额,行政机关只能调解,不能处理,调解不成应通过诉讼途径解决。

4. 侵犯体育组织的自主权。如侵犯体育社会团体自主权、侵犯体育俱乐部的经营自主权,可由当事人向人民法院提起民事诉讼,要求停止侵权、赔偿损失。

5. 侵犯非体育性组织的自由权。例如,《无锡日报》起诉中国足协,控告中国足协侵犯了其采访权。这种纠纷属于民事诉讼范围,可由当事人通过民事诉讼解决。

四、体育行政纠纷

体育行政纠纷包括因对体育行政部门作出的行政处罚决定不服而产生的争议和同体育行政部门行政许可行为有关的行政纠纷。

1. 因对体育行政部门所作的行政处罚决定不服而产生的纠纷。根据相关法律及行政法规的规定,体育行政部门可行使一些行政处罚权,如警告、罚款、没收违法所得、吊销许可证等。如当事人对体育行政部门作出的行政处罚(具体行政行为)不服,可申请行政复议,对行政复议不服,可提起行政诉讼,也可不经复议直接提起行政诉讼。

2. 同体育行政部门行政许可行为有关的行政纠纷。根据《行政许可法》第2条的规定,行政许可是指行政机关根据公民、法人或者其他组织的申请,经依法审查,准予其从事特定活动的行为。涉及体育行政许可的争议包括:体育行政部门拒绝颁发许可证、对许可申请不予答复等。对于行政许可争议,当事人可申请复议,对复议决定不服,可提起行政诉讼,也可直接向法院提起行政诉讼。

阅 读 国内首例马拉松替跑猝死索赔案一审判决　驳回原告请求〔2〕

新华社厦门2017年9月21日电(记者颜之宏、刘旸)2017年9月21日下午,厦门市海沧区人民法院就国内首例马拉松“替跑者”猝死索赔案开庭宣判,一审判决驳回原告的赔偿诉讼请求。

2017年12月10日的厦门海沧国际半程马拉松赛上,吴某钢佩戴李某华的“F12530”号码布进入赛道参赛,在通过终点后不远处摔倒,出现心跳停止、呼吸微弱等情况,经赛事医护人员临时救护后,被送医救治,于当天上午11时33分经抢救无效死亡。医院出具的《居民死亡医学证明(推断)书》认定吴某钢的根本死亡原因是“心脏骤停”。死者吴某钢家属梁某娇、吴某珍、梁某墨将赛事运营方和转让号码布者李某华告上法庭,要求赛事运营方和李某华连带赔偿吴某钢的死亡赔偿金、丧葬费、被抚养人生活费、交通费、精神抚慰金等共计123万余元。

法院认为,侵权损害赔偿案件中,侵权人承担赔偿责任应具备三个要件:一是必须有过

〔2〕 资料来源:腾讯网,https://news.qq.com/a/20170921/028575.htm。

错;二是要有侵害他人民事权益的损害后果;三是过错和损害后果之间存在因果关系。本案中,吴某钢曾参加过泰宁环大金湖世界华人马拉松赛并顺利完赛,应知晓马拉松赛事的运动风险及有关规程,在明知号码布不能转让的情况下却仍然受让,并通过检录参跑,属于自甘风险。

法院认为,没有任何证据表明吴某钢受到了外在或环境方面的加害,或由于外在或环境方面的原因导致其损害扩大,其最后不幸死亡可以认定是自身因素导致。虽然赛事运营方对案涉赛事的检录管理存在过失,李某华违规转让号码布让他人"替跑"存在过错,但均不能认定与吴某钢的死亡结果之间存在法律上的因果关系。法院因此认定,赛事运营方与李某华无须对吴某钢的死亡承担损害赔偿责任。原告三人向赛事运营方和李某华主张侵权损害赔偿不能成立,法院不予支持。

事后经协商,赛事运营方已给予死者吴某钢家属10万元人道主义费用。涉案赛事组委会对李某华处以取消比赛成绩、永久禁止参加由涉案赛事组委会举办的所有赛事的处罚。

思考题

1. 什么是体育诉讼? 体育诉讼有哪几种?
2. 我国体育诉讼的种类及基本原则有哪些?

第四编 ｜ 国际体育法律

第十六章　国际体育法律制度

第一节　国际体育法律概述

一、国际体育法的含义

国际体育法是指调整跨国体育运动与活动的规则、原则、程序及组织流程规范的总称。[1] 涉外体育法与国际体育法往往不做区分，调整对象都为含有国际或者跨国或者涉外因素的体育关系。但为了研究方便，避免争议，我们对其做了区分，将涉外体育法定性为国内法进行论述，而将国际体育法的研究指向国际条约和国际惯例。

换句话说，如果我们从国家对涉外体育关系的规范层面看，可以从两个方面来探讨：一个是体育法的国际层面规范，是指国家根据与体育有关的国际条约对其设定的国际义务或是承认的某些国际惯例，通过内国法律制度所实现的保护；另一个是体育法的国内层面规范，是指一国根据本国法律规定，对具有涉外因素的体育关系进行调整的规范。但体育法的国际层面规范与体育法的国内层面规范不是截然分立的。对于国际条约的成员国而言，其国内法律规范必须依照条约的规定，使之符合条约的最低要求。

二、国际体育法的性质

国际体育法的性质，主要就是要解决国际体育法是国际法还是国内法，或者是介于两者之间的特殊法律的问题。前已述及，这是一个争论很多、众说纷纭的问题。为了研究方便，我们将涉外体育法与国际体育法的概念相分离，如果从广义的国际体育法角度看，国际体育法应该包括一国调整涉外体育关系的法律规范。所以从这个角度出发，国际体育法既包括国内法也包括国际法，既有实体法也有程序法；其主体既有国内法上的自然人和法人，也包括国际法上的国际组织，它是一个包括国际法和国内法在内的特殊法律部门。

从广义国际体育法的角度，我们可以将国际体育法定义为：国际体育法是管理和控制跨国体育活动的政治、经济和社会后果并具有与众不同的特点的一系列规范、原则和程序体系的总和。[2] 国际体育法作为调整、控制和解决运动员、国际体育组织以及政府之间的体育争议和相关活动的规则体系，已经发展成为国际法体系中的一个独立部门。随着我国

---

〔1〕 James A. R. Nafziger, *International Sports Law*, Translational Publishes Inc. ,2004, p. 1.

〔2〕 黄世席：《国际体育法若干基本问题研究》，载《天津体育学院学报》2007 年第 1 期。

开放的进程,体育国际交流交往更加活跃,国际体育法也在不断发展,[3]在和平发展、合作共进的全球治理大背景下,其有能力走得更远。

三、国际体育法的特征

国际体育法的特征主要表现在独立性和依赖性两方面。

1. 独立性。国际体育法是以奥林匹克运动为基础发展形成的法律部门,几乎所有的国际体育运动都受到了奥林匹克运动的影响,奥林匹克宪章构成了国际体育法律的基础,它确立了国际体育法律金字塔式的全球机构框架,这些机构很多独立于政府。它的规则和机构穿插进各个主权国家,形成一张网络,在表面上不受国家的任何约束,如在国家奥委会成员的组成上,政府或其他行政当局不能指定国家奥委会的任何成员,然而国家奥委会可以按自己意志遴选上述部门的代表为委员。此外,国际奥委会委员不由各国家和地区委派,而是由国际奥委会自己选任。因此,委员是国际奥委会在他们各自国家和地区的代表,而不是他们的国家和地区在国际奥委会的代表。这种独特的组织制度使国际奥委会与联合国等国际性官方组织有本质区别。与其他法律领域相比,国际体育法虽然仍饱受政治影响,但它的发展仍然是独立的。

2. 依赖性。有学者曾在《国际体育法》再版序言中不无感慨地说道:国际体育法的发展和变化是非常快的,在1988年《国际体育法》这本书出版第一版的时候,那时正是“冷战”后期,政治问题占据了国际体育领域。现在仍记忆犹新的是1972年慕尼黑奥运会惨案,国家对1980年莫斯科奥运会和1984年洛杉矶奥运会相互间的奥运抵制。[4] 随着“冷战”的结束,国际社会已经进入和平发展时期,随着全球化的到来,国家间合作日益加深,政治问题对国际体育法依然有影响,但跟过去已经不再一样了,国际体育法得到了国家和国际政府间组织的承认,有时候是以立法的方式承认,如国家通过国内立法,履行与体育有关的国际条约对其设定的国际义务;有时候是以司法的方式承认,如通过裁判承认国际体育组织规则的有效性。然而,虽然国际体育法的发展是独立的,但它是否能健康良性发展仍然依赖于各主权国家的态度。

四、国际体育法的基本原则

国际体育法是以奥林匹克运动为基础发展起来的,《奥林匹克宪章》是国际体育法的规范基础,根据《奥林匹克宪章》的规定,国际体育法的基本原则主要有以下几点:

1. 促进公平竞赛原则。《奥林匹克宪章》将公平竞赛列为奥林匹克精神的一个因素,体育比赛只有在公平的基础上竞争才有意义,各国运动员在公平竞赛中才能够增进团结、友谊和相互理解,奥林匹克运动才能为创建和谐共处的世界秩序建立基础。所以奥林匹克运动反对一切破坏公平竞赛的行为,其中最为典型的就是兴奋剂问题,《奥林匹克宪章》第1章第2条第9款明确规定,国际奥委会负责领导反对运动中使用兴奋剂的行为,兴奋剂的使

---

[3] James A. R. Nafziger, *International Sports Law*, Translational Publishes Inc. ,2004, p. 1.

[4] James A. R. Nafziger, *International Sports Law*, Translational Publishes Inc. ,2004, p. xiii.

用实质是一种作弊手段，严重破坏了公平竞赛，是国际体育法律所要规制的行为。

2. 不受政治干涉原则。以奥林匹克运动为基础的国际体育法坚决反对政治对奥林匹克事务的干预，根据《奥林匹克宪章》的规定，政治应远离奥林匹克运动，不能借口政治抵制奥运。根据《奥林匹克宪章》基本原则 6 的规定，对任何国家或个人以政治原因歧视都是违背奥林匹克运动精神的。《奥林匹克宪章》第 6 条第 1 款规定，奥运会是运动员个人和运动队之间而不是国家之间的比赛。

3. 维护基本人权原则。奥林匹克运动反对各种形式的歧视，倡导对人权的保护。国际奥委会还曾在联合国的体系下，推动抵制南非的种族歧视。1964 年东京奥运会拒绝奉行种族隔离制度的南非参加。1970 年 5 月，南非被驱逐出奥林匹克运动。可以看到，以奥林匹克运动为基础的国际体育法是人权的保护阵地，任何违反基本人权的人或组织都将被坚决剔除奥林匹克运动。根据《奥林匹克宪章》基本原则 4 的规定，参加体育运动是一项人权，每一个人都应该有在奥林匹克精神下不受歧视的参加体育运动的机会。

五、国际体育法的渊源

国际体育法的渊源即指国际体育法规范的存在及其表现形式。国际体育法的渊源主要如下：

1. 国际条约。国际条约包括统一国际公法条约、统一国际私法条约和统一国际程序法条约。它主要是由国际组织尤其是联合国及其各专门机构拟定并通过的。

统一国际公法条约主要涉及反兴奋剂、基本人权保护等问题，其中我国加入的专门针对体育运动的公约并不多，主要有《反对体育领域种族隔离国际公约》《反对在体育运动中使用兴奋剂国际公约》等。

我国还加入了其他一些理论上可以适用于体育领域的统一国际公法条约，主要涉及人权、反恐、国家平等领域。[5] 此外，国家间签订的双边或区域性条约也属于国际体育法的渊源，如欧盟在体育运动领域也通过了《反对球场暴力的国际公约》《欧洲反兴奋剂公约》《欧洲体育运动宪章》以及涉及体育运动的大量决议。[6]

关于统一国际私法条约，专门针对体育的有 1981 年通过的《保护奥林匹克会徽内罗比条公约》，不过我国并没有加入该公约。但统一国际私法条约方面存在大量虽不针对体育但适用体育领域的条约，并且很多已经被国内法所接受，其要么在国家立法中被吸纳，转化为国内立法的一部分，要么在国内立法中规定其可直接适用。对我国而言，这些条约主要涉及知识产权等领域，主要有《保护工业产权巴黎公约》《商标注册用商品和服务国际分类尼斯协定》《商标国际注册马德里协定》《商标国际注册马德里协定有关议定书》《世界版权公约》《保护录音制品制作者防止未经许可复制其录音制品公约》《保护文学和艺术作品伯尔尼公约》《世界知识产权组织版权条约》《世界知识产权组织表演和录音制品条约》《专利合作条约》等。

---

〔5〕 外交部网，http://www.fmprc.gov.cn/chn/wjb/zzjg/tyfls/tfsckzlk/zgcjddbty/default.htm。

〔6〕 黄世席：《国际体育法若干基本问题研究》，载《天津体育学院学报》2007 年第 1 期。

关于统一国际程序法公约,我国参加的主要有司法协助方面的公约,既包括国家间的,也包括区际的,其中可以适用体育领域的主要有《承认及执行外国仲裁裁决公约》《关于向国外送达民事或商事司法文书和司法外文书公约》等。

我国的《专利法》《商标法》《著作权法》《民事诉讼法》《民法典》《仲裁法》都不同程度地吸纳了国际公约的规定,并在法律中明文规定了我国所加入的这些条约优先适用的规则,在体育领域当然也不例外。

2. 国际习惯。国际习惯主要包括《奥林匹克宪章》。国际习惯法为公认的国际法渊源之一,并被《国际法院规约》所确定,根据《国际法院规约》第 38 条的规定,"国际习惯,作为通例之证明而经接受为法律者",形成国际习惯法需要具备两个条件:(1)客观条件,即"通例"的存在,被认为是当代西方国际法理论和实践方面最权威的学者之一的布朗利认为,通例实践应该具有下述特征:其一,基于普遍性和连贯性的时间的持续性;其二,做法的连贯性;其三,做法的普遍性。[7] (2)主观条件,即"接受为法律",也就是存在默示的同意,如非政府组织制定的示范法、规章、标准等都有可能由于各国的反复实践和对这种规则的接受而成为国际习惯,如果是明示的接受,则会成为条约,如果是默示的接受,则会形成国际习惯。

纵观奥运史,那些叫嚣抵制的国家长期参加奥运会,有的还都举办过奥运会,这足以说明其是奥林匹克运动的支持者,承认《奥林匹克宪章》的法律效力。所以《奥林匹克宪章》属于国际习惯法,它完全符合国际习惯法所要求的条件,满足持续性、连贯性、普遍性,以及接受为法律这些要求。[8] 此外,根据《奥林匹克宪章》第 1 条第 4 款的规定,无论以何种能力参加奥林匹克运动的人员或者组织都要遵守《奥林匹克宪章》有关条款的规定,并应遵守国际奥委会的决定。所以说,政府作为以某种能力参与奥林匹克运动的组织,在奥林匹克运动中要受到《奥林匹克宪章》的约束。[9]

3. 国际惯例。国际惯例主要包括国际体育组织制定的大量规范性文件,这类似于商事领域的商事惯例,理应也属于国际体育法的渊源。这些国际体育组织制定的规范虽然不具有法律的性质,其规范的实施也不以国家强制力为后盾,但是对有些体育争议的裁决所适用的则主要是这些体育组织的规范,尤其是国际体育仲裁院仲裁争议时更是如此。这些规范尤其是国际体育组织的规范在国际体育界已得到广泛的认可,对于从事体育运动的人员和体育组织来讲,不遵守这些规范有时就不可能参加有关的比赛,故这种强制性的规定又使这些规范具有与法律类似的拘束力。所以国际体育组织制定的有关体育运动的规范也是国际体育法的重要渊源。[10]

4. 一般法律原则和司法判例。我国法学界一般不承认一般法律原则和司法判例作为法律渊源,但在国际体育法的渊源方面,这一观点却要被动摇。一般法律原则和司法判例也是国际体育法重要的渊源之一,这主要是和国际体育仲裁院(Court of Arbitration for Sports,

---

〔7〕 [英]伊恩·布朗利:《国际公法原理》,曾令良、余敏友等译,法律出版社 2003 年版,第 6 ~ 7 页。

〔8〕 James A. R. Nafziger, *International Sports Law*, Translational Publishes Inc. ,2004, p. 2.

〔9〕 James A. R. Nafziger, *International Sports Law*, Translational Publishes Inc. ,2004, p. 267.

〔10〕 黄世席:《国际体育法若干基本问题研究》,载《天津体育学院学报》2007 年第 1 期。

CAS)在国际体育争议解决中占据不可挑战的主导地位息息相关。国际体育仲裁院仲裁已经成为最重要的国际体育仲裁,所有的国际奥林匹克体育单项联合会的成员都承认了国际体育仲裁院的管辖权,几乎所有重要的国际体育纠纷都可以提交国际体育仲裁院仲裁,而且其裁决很少被推翻,这使国际体育仲裁院的权威性受到了公认,在国际体育界影响深远。也就是说,在国际体育界,逐渐形成一个统一的最高司法机关,所以国际体育仲裁院在裁判中所适用的一般法律原则以及国际体育仲裁院的裁判都成为国际体育法的渊源之一。越来越多的专家学者开始致力于研究国际体育仲裁院仲裁案例,以更好地维护本国体育当事人的利益。

第二节　国际体育法律制度

一、国际体育法的主体

国际体育运动主要是由运动员参加比赛来实现的,所以运动员是国际体育最重要的主体。此外,国际体育法的主体包括参与管理国际体育活动的组织和其他人员。参与管理国际体育活动的组织和人员主要有联合国及其相关专门机构、欧盟、国家及奥林匹克运动成员。

国际体育法作为国际法的新分支,联合国所制定的一些基本原则当然也适用于国际体育活动。譬如在反对兴奋剂、反对南非前政府的种族隔离政策在体育运动中的适用以及奥林匹克休战方面。此外,欧盟法院对其他体育争议的裁决以及欧盟制定的反对球场暴力的国际公约等显示了地区性的国际组织在国际体育运动中的地位。[11] 虽然国际体育法尽量避免国家对其的影响,但却离不开国家的支持,因为根据主权原则,国家对本国领域内的体育活动享有管辖权,所以国家也是国际体育法的主体,并且成为国际体育法责任的承担者。

奥林匹克运动是国际体育法的基础,所以奥林匹克运动成员当然也是国际体育法主体的核心。奥林匹克运动成员主要包括国际奥委会、国际残奥会、国际单项体育联合会、国家奥委会、国家残奥会、奥林匹克运动会组织委员会、全国单项体育协会、体育俱乐部以及属于这些组织机构的人员等。这些组织机构的人员除了运动员,还有裁判、教练员和其他体育运动技术人员。

如同国家是国际公法中最重要的主体一样,运动员也是国际体育法中最重要的主体。此外,国际奥委会在国际体育法中的作用也如同联合国在国际公法中那样举足轻重。实践中,国际奥委会对国际体育法的影响甚至远远大于联合国对于国际公法的影响。

一方面,国际奥委会是奥林匹克运动的最高权力机构,所以其也是国际体育法中最重要的组织。国际奥委会是一个具有强大的政治和经济影响的国际体育组织,国际奥委会已经不再是奥林匹克运动的一部分,而是奥林匹克运动本身。如今的国际奥委会和奥林匹克

---

〔11〕 黄世席:《国际体育法若干基本问题研究》,载《天津体育学院学报》2007 年第 1 期。

运动是一回事。[12]

另一方面,国际奥委会在国际体育法的发展过程中起着核心作用。其一,它组织大型的体育比赛,如奥林匹克运动会等。其二,它将运动员之间的体育协会统一起来,在全球范围内形成了俱乐部—国内单项体育联合会—国际单项体育联合会—国际奥委会这样一张组织网。其三,由于其强大的影响力,它制定的许多规范与一些惯常做法都为组织和个人所遵守,并被国家所承认。

二、国际体育法的内容

关于国际体育法的内容问题一直在学界存在争议,引起争议的原因在于,体育法是以行为定义的法律部门,但是其实质的内容又是来自以规则性质定义的法律部门:侵权法、合同法、刑法等。[13] 由于法律规则很多来自其他部门法,并不具有独立性,所以为了避免争议,对国际体育法内容的勾画最好以需要解决的法律问题为主导。具体应包括如下内容:

第一,国际体育法基本理论问题。主要包括国际体育法的概念、特征、性质、渊源、基本原则、主体、体系等。

第二,跨国运动员权利保障问题。主要包括国际赛事运动员参赛资格、跨国运动员转会等。

第三,国际体育商业相关问题。主要包括国际赛事体育知识产权、转播权、市场营销等。

第四,国际赛事裁判的误判和腐败问题,主要包括国际赛事误判的预防和纠正机制、裁判腐败的预防和惩处机制等。

第五,国际赛事体育暴力问题。主要应包括场上国际赛事暴力行为预防和制裁机制、反恐和安保问题等。

第六,国际反兴奋剂问题。主要应包括国际反兴奋剂组织、国际反兴奋剂规则研究等。

第七,国际体育争议解决问题。主要包括国际体育仲裁院仲裁制度、体育争议多元化解决机制等。

除此之外,要构成完整的国际体育法体系,国际体育法内容还应包括以下内容:其一,国际体育组织法,主要研究以国际奥委会为最高权力机构的整个国际体育组织网。其二,国际体育法史研究,主要从国际体育赛事的发展来研究体育法规则的演进。其三,国际体育法的发展趋向研究,主要从国际环境发展大背景下以及国际体育法的发展历程来预测国际体育法的发展趋向。其四,国际体育法与国际政治的辩证关系研究。国际体育法虽然总想独立于政治发展,但却时时刻刻受到政治的影响,同时其在政治影响下发展出来的规则也在时时刻刻影响着国际政治。关于辩证关系的研究主要就是从历史和实证的角度来研究二者的相互影响。

总之,正如有学者所说,国际体育法已有雏形,但形成还没有结束,还在继续。在新的国际背景下,这个年轻的学科会有更大的发展,它的内涵和外延也会不断发生着变化。

---

〔12〕 [西]胡安·安东尼奥·萨马兰奇:《奥林匹克回忆》,孟宪臣译,世界知识出版社 2003 年版,第 107、232 页。

〔13〕 Michael J. Beloff, Tim Kerr and Marie Demetriou, *Sports Law*, Hart Publishing, 1999, p. 7.

三、国际体育法责任

国际体育法责任是一种国家责任,违反国际体育法的行为多样,虽然个人是国际体育运动的实际参加者,但个人在国际体育运动中往往是弱小的。国家由于常常阻挠正常的体育活动,而成为国际体育法责任的承担者。违反国际体育法常常是由国家违反基本人权规则或是借口体育事务干涉别国主权或是违背国际法义务而引起的。以奥运抵制为例,它就是违反国际法应该承担国际体育法责任的行为,一国常常借主办国的内政问题抵制奥运会,违反了不干涉内政原则,此外阻扰本国运动员参加奥运会,也违反了作为习惯法的《奥林匹克宪章》的规定,应当承担国际体育法责任。

由于国际社会是一个平行的社会,是一个国家间的社会,不存在一个最高的司法机关,所以国家责任的承担形式有三种:一是国家间的反报;二是集体制裁行动;三是国际舆论谴责。由于国际体育法的原则是促进世界和平与国家合作,故国家间的反报本身一般就被认为是违反国际体育法的。

国际体育法律责任的形式只有两种:

1. 集体制裁行动,如国际奥委会曾在联合国的体系下,推动抵制南非的种族歧视:1964年东京奥运会拒绝奉行种族隔离制度的南非参加;1968年国际奥委会曾允许南非参加奥运会,后因非洲体育最高理事会的抵制和举办国墨西哥拒发南非入境签证而改变了决定,1970年南非被驱逐出奥林匹克运动。

2. 国际舆论谴责,这仍然是国际体育法律责任承担的主要形式。在平权的国际社会,国际法的发展与国际政治永远是联系在一起的。[14] 以奥林匹克运动为主体的国际体育法虽然尽可能摆脱政治的影响,但是从奥林匹克运动诞生之日起,它就与政治纠缠在一起,难解难分,深受政治的左右。国际体育法是“软法”,且经常遭到破坏,但被破坏不意味着国际体育法不存在,也不意味着国际体育法可以不遵守。多数政府对公众舆论还是非常在意的,在破坏国际体育法时寻找各种借口以掩饰其违法行径。因此,这种责任也是一种惩罚。在当前国际法和国际关系的背景下,使国家遭受世界公众舆论的谴责是国际体育法中国家承担的主要国家责任。

第三节　奥运会相关法律制度

一、奥运会知识产权制度

奥运会知识产权属于知识产权的范畴,奥运会知识产权是巨大的无形资产,也是国际奥委会、主办国奥委会、奥运会组委会重要的财政收入来源。奥运会知识产权是指奥林匹克知识产权人(国际奥委会、主办国奥委会、奥运会组委会和经合法授权的被许可人)根据

---

〔14〕 李寿平:《现代国际责任法律制度》,武汉大学出版社2003年版,第1页。

奥林匹克宪章以及主办城市政府和主办国奥委会会同国际奥委会达成的协议中规定的与奥林匹克有关的商标、特殊标志、专利、作品和其他创作成果所享有的专有权利。

关于奥运会知识产权的分类。奥运会知识产权共分为四类:[15] (1)永久属于国际奥委会专有的产权。主要包括:奥林匹克名称,即奥林匹克、奥林匹亚(中英文);奥林匹克标志;奥运五环、奥林匹克会旗、奥林匹克格言;奥林匹克会歌。(2)奥运会组织委员会申办、筹建以及举办奥运会过程中形成的产权。主要包括:奥运会名称、奥运会徽记、奥运会旗帜、奥运会吉祥物、奥运会口号、奥运会招贴画、奥运会图形以及为奥运会其他图像作品等(闭幕后其权利归国际奥委会所有)。(3)国际奥委会的产权,包括国际奥委会的名称和徽记。(4)组织和个人通过合法渠道取得与奥运会密切相关的产权。主要包括:奥运会电视转播权节目;授权使用奥林匹克知识产权的商品;与奥运会密切相关的作品;与奥运会密切相关的专利产品和专利技术;等等。

关于奥运会知识产权法律制度。奥运会知识产权法律制度主要包括两个方面:一是《奥林匹克宪章》,其对于奥林匹克专有名称、奥林匹克五环图案标志、奥林匹克旗、奥林匹克格言、奥林匹克徽记、奥林匹克会歌等国际奥委会专有的活动和标志作了明确的规定。二是主办城市政府和主办国奥委会会同国际奥委会达成的协议、奥运承办国出台的专门针对奥运会知识产权的法规以及一般知识产权法律法规。以 2008 年北京奥运会为例,主要包括:《保护奥林匹克标志的声明》《2008 年第 29 届奥林匹克运动会主办城市合同》《奥林匹克标志保护条例》《北京市奥林匹克知识产权保护规定》《著作权法》《商标法》《专利法》《特殊标志管理条例》等。

现实中侵犯奥运会知识产权行为出现最多的是奥林匹克标志的滥用、奥林匹克域名的抢注等问题。根据《奥林匹克标志保护条例》第 4、5 条的规定,未经奥林匹克标志权利人许可,任何人不得为商业目的使用奥林匹克标志。以商业目的使用奥林匹克标志是指以营利为目的,以下列方式利用奥林匹克标志:(1)将奥林匹克标志用于商品、商品包装或者容器以及商品交易文书上;(2)将奥林匹克标志用于服务项目中;(3)将奥林匹克标志用于广告宣传、商业展览、营业性演出以及其他商业活动中;(4)销售、进口、出口含有奥林匹克标志的商品;(5)制造或者销售奥林匹克标志;(6)其他以营利为目的利用奥林匹克标志的行为。所以现实中除了像仿冒奥运标识、在产品上随意使用奥运标志等很明显的属于侵权行为外,像利用奥运主题进行产品促销,如出现的"某某产品助北京奥运成功""某某产品为奥运增光添彩""奥运商机研讨会""某某企业祝奥运健儿成功"等,以及直接用"五环""奥运"作为店名、菜名,还有网站向其用户传送奥运五环标志内容的图片等都属于侵犯奥运会知识产权的行为。关于奥林匹克域名的抢注问题,现实中这种现象屡见不鲜,域名被抢注并恶意拍卖。对于国内的域名恶意抢注,可以依法进行大规模的清理,并给予处罚。但是由于域名的国际注册是完全开放的,所以对境外的域名抢注问题,一是应加强自身防范,也就是分别在不同的域名类别和语言上注册各种主域名及其衍生或类似域名;二是对这些境外的域名抢注者,利用域名争端机制解决,如可以到亚洲域名争端解决中心或世界知识产权组织

---

[15] 黄业玲、赵洁:《北京 2008 年奥运会奥林匹克知识产权保护研究》,载《北京体育大学学报》2005 年第 9 期。

进行仲裁。[16]

关于奥运会知识产权的保护方式。依据《奥林匹克标志保护条例》《著作权法》《商标法》《专利法》《特殊标志管理条例》等法律规定，奥运会知识产权的保护方式主要有以下三种：

1. 侵犯奥林匹克知识产权的行为人应当依法承担相应的民事责任，进行民事赔偿。未经奥林匹克知识产权人许可，实施或使用其知识产权，即侵犯其知识产权引起纠纷的，由当事人协商解决；不愿协商或者协商不成的，奥林匹克权利人或者利害关系人可以向人民法院提起诉讼，也可以请求市场管理部门处理。进行处理的市场管理部门应当事人的请求，可以就侵犯奥林匹克专有权的赔偿数额进行调解；调解不成的，当事人可以依照《民事诉讼法》向人民法院提起诉讼。向人民法院提起诉讼的，可同时要求赔偿，关于赔偿额的确定，侵犯专利权的赔偿数额按照权利人因被侵权所受到的实际损失确定；实际损失难以确定的，可以按照侵权人因侵权所获得的利益确定。权利人的损失或者侵权人获得的利益难以确定的，参照该专利许可使用费的倍数合理确定。赔偿数额还应当包括权利人为制止侵权行为所支付的合理开支。

2. 侵犯奥林匹克知识产权的行为人，还应当依法承担相应的行政责任；市场监管部门处理时，认定侵权行为成立的，责令立即停止侵权行为，没收、销毁侵权商品和专门用于制造侵权商品或者为商业目的擅自制造奥林匹克标志的工具；有违法所得的，没收违法所得，并进行罚款。

3. 如果构成犯罪，奥运会知识产权侵权人还必须依法承担相应的刑事责任。《刑法》第二编第三章第七节专门规定了侵犯知识产权的各类犯罪，此外，如果利用奥林匹克标志进行诈骗等活动，触犯刑律的，也要依照《刑法》关于诈骗罪或者其他罪的规定，依法追究刑事责任。

二、奥运会安保制度

奥运会的参与人数多、涉及国家多、媒体关注度极高，是恐怖分子袭击的主要目标之一。百年的奥运史表明，几乎每届奥运会都受到恐怖分子的威胁与破坏。在联邦德国慕尼黑举行的第20届奥运会上发生的“黑九月”事件尤其令人震惊和痛心。1972年9月5日凌晨，巴勒斯坦“黑九月”组织的8名恐怖分子装扮成运动员，混入以色列运动员住地，当场杀死2名以色列运动员，劫持9名运动员做人质。警方解救人质行动失败，这次事件造成了11名以色列运动员和1名警察死亡，这就是震惊世界的慕尼黑惨案。1996年亚特兰大奥运会上，1名种族主义分子在奥林匹克公园制造炸弹爆炸造成2人死亡，另有110余人受伤。2004年雅典奥运会开始前100天，恐怖分子向位于市中心的警察局投掷3枚炸弹，致使建筑物严重受损，至少1名警察受伤。正如国际奥委会秘书长罗格所说：“自从1972年慕尼黑奥运会以来，安全问题成为国际奥委会的最优先考虑因素。‘9·11’恐怖袭击事件进一步提醒国际奥委会对安全问题的重视。毫无疑问，世界已进入百年未有之大变局，安全问题

---

〔16〕 黄世席：《奥运会法律问题》，法律出版社2008年版，第132页。

比以往任何时候都更重要。”[17]

奥运安保是一项复杂的工作,需要建立高效的奥运安保指挥管理体系,制定科学预案,建立反恐专业队伍,充分借助科技手段提高奥运安保的技术水平,合理安排安保力量投入奥运安保。从法律角度看,由于恐怖主义国际化日趋明显,任何国家无论多么强大和富有,都不可能单独在超越国境的全球性问题中保全自己,奥运安保需要国家间的合作。奥运安保制度也主要是由一系列双边反恐条约和国际反恐条约构成,我国参加的国际反恐条约主要有:《关于防止和惩处侵害应受国际保护人员包括外交代表的罪行的公约》《反对劫持人质国际公约》《联合国人员和有关人员安全公约》《制止恐怖主义爆炸事件的国际公约》《联合国打击跨国有组织犯罪公约》《打击恐怖主义、分裂主义和极端主义上海公约》《上海合作组织成员国关于地区反恐怖机构的协定》《关于合作查明和切断在上海合作组织成员国境内参与恐怖主义、分裂主义和极端主义活动人员渗透渠道的协定》《上海合作组织反恐怖主义公约》《制止向恐怖主义提供资助的国际公约》《制止核恐怖主义行为国际公约》等。[18]

奥运安保除了通过联合国、上海合作组织等多边、双边机制,加强国际合作,广泛交流有关恐怖活动的情报、协查国际恐怖分子之外,还要增强与周边及世界各国警务部门的交流与合作,提升反恐技术装备的科技水平。

此外,由于大量他国人员进入奥运主办国,有时还会出现会间义务和国际义务的冲突。如 2004 年雅典奥运会上,东道国希腊发生了会间义务与国际义务相冲突的问题。希腊作为欧盟成员国之一,同时也加入了《申根协定》,根据《申根协定》的约定,协议签约国之间可以边境自由通行,也就是去这些协议签约国,只要办理其中一个国家的签证,就可以自由出入其余申根协定国家。而人员的自由流动自然会影响奥运安保。根据《申根协定》产生的国际义务与对奥运会采取的措施发生冲突,希腊政府决定在奥运会期间暂时停止执行《申根协定》,所有的外国入境者都必须持有签证,以防止恐怖分子钻空子。这是国际条约与国内法发生冲突的典型,国际法没有强制性的规定如何解决该冲突,各国在实践中有不同的解决办法。但至少有一条原则已得到各国实践的肯定,即国家不能违反或规避国家应尽的条约义务。这一原则在国际法院、国际常设法院、常设仲裁法院的判例中得以确立。1969 年《维也纳条约法公约》第 27 条明文规定,一当事国不得以援引其国内法规定为理由而不履行条约义务。这项原则表明,如果一个国家的国内法不符合国际法而使有关国家遭受损害,就必须承担国际责任。

但有学者认为,希腊停止执行《申根协定》有国际法依据。根据《维也纳条约法公约》第 57 条的规定,条约可以基于自身的规定或者其他原因而中止施行。而且在 2001 年八国集团首脑会议上,意大利就决定暂停执行《申根协定》,从会议前几天起至八国首脑会议结束,不允许无签证进入。故希腊政府基于举办奥运会的原因而暂停执行《申根协定》符合国际法。[19] 笔者认为,为保障奥运会安全停止执行国际条约是最大限度保护国际社会的利益,保障奥运会安全与执行国际条约都是奥运会东道国的义务,当二者发生冲突时,东道国可

---

〔17〕 载 http://sports.sina.com.cn,2008 年 4 月 8 日。

〔18〕 载 http://treaty.mfa.gov.cn/web/index.jsp,2022 年 8 月 20 日。

〔19〕 黄世席:《奥运反恐与国际法》,载《北京政法职业学院学报》2005 年第 1 期。

以权衡义务的轻重，选择遵守较重义务。

三、奥运市场营销法律制度

市场营销（marketing）简称“营销”，又称为市场学、市场行销学，是指个人或集体通过交易其创造的产品或价值，以获得所需之物，实现双赢或多赢的过程。美国市场营销协会下的定义：市场营销是创造、沟通与传送价值给顾客及经营顾客关系，以便让组织与其利益关系人受益的一种组织功能与程序。2004 年，美国市场营销协会对定义进行了更新，中国人民大学商学院郭国庆教授建议将这次的新定义完整表述为：市场营销既是一种组织职能，也是为了组织自身及利益相关者的利益而创造、传播、传递客户价值，管理客户关系的一系列过程。[20]

奥运市场营销是国际奥委会等奥林匹克组织利用奥运会及奥林匹克标识所进行的各种商业活动总称，目的是获得用于奥林匹克运动发展的各种资金。奥运会在当今取得巨大成功的原因很大程度上取决于奥运营销的胜利，1984 年洛杉矶奥运会是奥林匹克营销的转折点，在这之前，由于举办奥运会总是亏本的买卖，奥运会一度成为“烫手的山芋”，鲜有国家愿意接手。

奥运市场营销的实质是奥林匹克知识产权的权利人（国际奥委会、国家奥委会、奥运会组委会）为获得奥运会发展的各种基金，利用奥运会或奥林匹克标识，许可他人对奥林匹克知识产权进行商业使用以获取收益的行为。[21] 奥运会市场营销工作是由各级不同层次的管理部门共同来完成的，见图 16－1：[22]

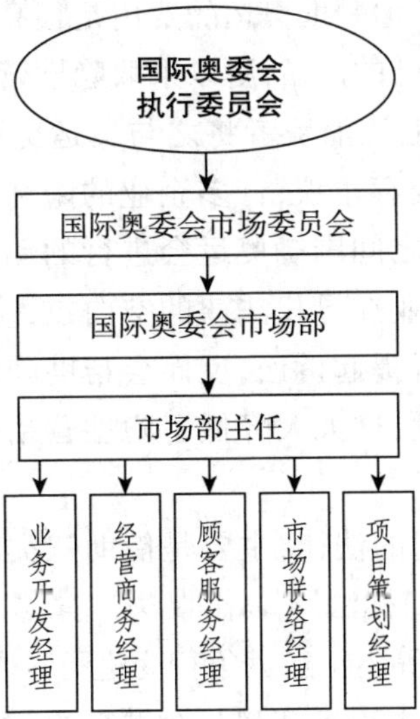

图 16－1　奥运会市场营销工作管理部门

〔20〕 载 http://baike.baidu.com/view/9683.html? wtp = tt，2009 年 1 月 21 日。

〔21〕 刘淇主编：《北京奥运经济研究》，北京出版社 2003 年版，第 279 页。

〔22〕 刘淇主编：《北京奥运经济研究》，北京出版社 2003 年版，第 284 页。

奥运市场营销的最高管理机构是国际奥委会执行委员会,国际奥委会市场委员会负责制定营销政策,而国际奥委会执行委员会负责监督和核准营销政策,对于营销政策的落实和执行则是由国际奥委会市场部负责的。此外,根据国际奥委会执行委员会的指示,奥运会组委会作为临时机构,也会承担一些营销工作,从历届奥运会看,主要包括以下六方面:一是奥运会组委会合作伙伴,除了国际奥委会决定的全球 TOP 赞助商外,奥运会组委会有权决定 10~15 家企业作为自己的赞助商。二是奥运会组委会支持商、供应商,奥运会组委会向奥运会提供体育服务管理信息等各种专用设备的支持商、供应商收取一定的费用。三是奥运会组委会许可证计划,奥运会组委会发放给商家准许其在自己的产品上使用奥林匹克标识的证明文件。四是负责发行纪念币和邮票。五是门票销售。六是奥林匹克广告。在此期间,国家奥委会不能单独进行市场开发,但是国际奥委会将奥运会市场营销收入按照一定比例分配给国家奥委会。国际奥委会还负责奥运会电视转播权营销,它负责与国际转播商签订电视转播权协议,而根据其批准成立的奥林匹克广播电视委员会则负责制作或委托制作有关奥运会的国际电视信号,并将其传输给国际奥委会授权的各个国际转播商。[23]

奥运市场营销最突出的法律问题就是奥运隐性营销问题。隐性营销源自体育赞助,指非赞助商在未支付赞助费用支持体育运动的情况下开展各种营销活动,使之与体育活动建立联系,从而给消费者或者目标受众造成一种假象,误以为其是赛事的赞助者,或者与赛事有某些方面的联系,以达到营销自己产品的目的。[24] 奥运隐性营销针对的赛事就是奥运会,非赞助商以营利为目的使用或者擦边奥运标志,足以引人误以为与奥林匹克标志权利人之间有赞助或者其他支持关系,以获得商业利益。奥运隐性营销猖獗的原因主要有以下三点:一是奥运会有巨大影响力,但赞助奥运的费用是很高的,许多企业不愿支付高额的费用,但又想利用奥运价值宣传自己的产品,所以采取隐性营销的手段,无须为官方赞助商的身份支付高昂的费用却又实际上让消费者将之与奥运会联系了起来,从而提高了品牌价值。二是对于隐性营销的定性尚存争议,许多企业的隐性营销行为不是适用商标、名称等侵犯知识产权的行为,仅是公司之间围绕奥运会进行的创造性的造势活动,这类行为很难定义为违法,以致越来越多的企业在寻找法律的空白点,绕过法律的雷区达到自己隐性营销的目的。三是如对隐性营销者提起诉讼,反而会帮助隐性营销者增加曝光率,因此对赞助商们尽量避免用诉讼解决问题,这大大降低了隐性营销的法律风险成本,进一步助长了隐性营销。[25]

规制奥运隐性营销没有专门的法律,主要是借助三类法律共同规制的:一是知识产权法律法规,如我国的《专利法》《商标法》《著作权法》等。二是反不正当竞争法,如我国《反不正当竞争法》第 6 条就对混同等不正当竞争行为进行了界定和规制。三是专门针对奥运知识产权的法律法规,如我国针对 2008 年奥运会颁布的《奥林匹克标志保护条例》《北京市奥林匹克知识产权保护规定》等。防范隐性营销是维护奥林匹克合作企业利益的需要,也是主办国与国际奥委会签订的一系列合同中做出的承诺。我国在承办 2008 年奥运会和

---

〔23〕 黄菁:《2008 年北京奥运会市场营销策略初探》,西南师范大学体育学院 2005 年硕士学位论文。

〔24〕 黄世席:《奥运会法律问题》,法律出版社 2008 年版,第 68 页。

〔25〕 黄世席:《奥运会法律问题》,法律出版社 2008 年版,第 71 页。

2022年冬奥会时也做出了严厉打击隐性营销的承诺,并主要从以下几个方面打击和防范隐性营销:[26]

1. 着力消除奥运会筹办工作中产生隐性营销的条件。中国奥委会、中国香港奥委会和中国残奥委会等实施联合市场开发,避免同类企业赞助不同类型奥运造成的隐形营销。奥委会在甄选赞助企业时,实行赞助类别排他原则,也就是一个类别只能一个企业赞助。奥运文化活动或主题活动的销售只面向赞助企业,避免非赞助企业仅参与购买这些活动来进行隐形营销。禁止非赞助企业利用奥运会门票进行促销。禁止参赛运动员为非赞助企业做广告宣传。禁止捐赠人、特许经营商、体育器材供应、奥运场馆业主进行与奥运会相联系的宣传。禁止非奥运赞助商出现在奥运比赛场馆周围、空域和主办城市主要地区的户外广告中,奥运会期间赛事转播时段的广告也要进行适当的控制。

2. 依法打击侵犯奥林匹克知识产权的隐性营销行为。北京奥运会和冬奥会的会徽和吉祥物作为美术作品受我国《著作权法》的保护;北京奥组委在商品分类表所涉及的全部类别的商品上对北京奥运会会徽和吉祥物申请了商标注册,受我国《商标法》保护。根据申办奥运会的承诺和《主办城市合同》的约定,国务院颁布了《奥林匹克标志保护条例》,北京市政府也颁布了《北京市奥林匹克知识产权保护规定》,加大了对奥林匹克知识产权保护的力度。

3. 加强反隐形营销宣传和教育。使公众意识到隐性营销带实际上是在欺骗公众,骗取本可以用于举办奥运会所需的资金。新闻媒体要提升对隐形营销的认识,在举办奥运相关活动时,只能向奥运赞助企业募集或者靠自有资金解决,在进行报道时,也应避免使公众误认为非奥运会赞助企业与奥运会之间有赞助关系。

4. 加强教育,提高公众防范隐性营销的意识。通过对反隐性营销意义的宣传,使公众意识到隐性营销带有一定的"欺诈"性,隐性营销实际上是在欺骗公众,骗取本可以用于举办奥运会所需的资金。让公众有意识去做到不从事隐性营销行为,不购买或使用假冒商品,能够积极举报隐性营销行为。

四、奥运会参赛运动员的权利保障制度

《奥林匹克宪章》第6条第1款规定:奥林匹克运动会是个人或团体竞赛项目中运动员之间的比赛,不是国家之间的比赛。萨马兰奇先生在其回忆录中也说过,我们不能忽视或者忘记国际奥委会是永远服务于广大运动员的,在任何前提下,我们的职责都是随时听候运动员的差遣……我们工作的主要目标就是保护运动员、爱护他们的身体、发展体育设施为运动员创造良好的训练条件,致力于让全世界的运动员都拥有同等的机会。[27] 因此,运动员是奥林匹克运动的核心,是奥运会的主角。

奥运会参赛运动员的权利保障制度以《奥林匹克宪章》为基础,形成了所应保障的奥运会参赛运动员权利保障体系。主要包括:

---

〔26〕 载 http://www.beijing2008.cn/live/pressconference/pool/n214096633_1.shtml,2009年1月25日。

〔27〕 [西]胡安·安东尼奥·萨马兰奇:《奥林匹克回忆》,孟宪臣译,世界知识出版社2003年版,第47~61页。

1. 基本人权的保障。根据《奥林匹克宪章》的基本原则4的规定,参加体育运动是一项人权,每一个人都应该有在奥林匹克精神下不受歧视地参加体育运动的机会。人权作为人的基本权利,随着人类社会的进步和认识的升华,已逐步发展成由多方权利内容组成的比较完善的人权体系,主要包括:自由权、男女平等权、种族不受歧视权、和平权、发展权、环境权、健康权、体育权等。[28] 运动员作为国际社会的特殊群体,只有在基本人权得到确认和保障后,其参与奥林匹克运动所享有的其他权利才能真正得到实现。

2. 身体健康权的保障。根据《奥林匹克宪章》第2条第10款的规定,国际奥委会应当鼓励和支持保障运动员健康的措施。无论是在奥运会上实行禁烟的规定,还是严厉打击奥林匹克运动中的兴奋剂现象,其实都是为了保护运动员健康权。我国加入了《反对在体育运动中使用兴奋剂国际公约》,并制定了《反兴奋剂条例》,都旨在维护运动员健康,防止运动员为了取得更好成绩而依赖药物。为了维护运动员的健康,国际奥委会甚至可以对其实施临时禁赛。在2006年都灵冬奥会期间发就曾发生因为某些运动员检测样品的红细胞数量检测不正常而被禁赛5天,结果是这些运动员将无法参加冬奥会的第一个越野滑雪项目比赛。国际滑雪联盟秘书长指出,“这不是处罚,而是出于身体健康的考虑采取的措施”。[29]

3. 公平竞争权的保障。根据《奥林匹克宪章》基本原则6的规定,以种族、宗教、政治、性别或其他理由对某个国家或个人的任何歧视都与奥林匹克运动不相符。关于公平竞争权,奥运会特别强调三点:一是要求保障男女运动员的平等,《奥林匹克宪章》第2条第8款将鼓励和提高妇女体育运动水平并且推行男女平等原则作为国际奥委会的任务之一。我国1980年签署并批准了《消除对妇女一切形式歧视公约》,该公约于1981年生效。二是坚决反对一切形式的歧视特别是种族歧视。从奥运会的发展看,国际奥委会还曾在联合国的体系下,推动抵制南非的种族歧视。1964年东京奥运会拒绝奉行种族隔离制度的南非参加。1970年5月,南非被驱逐出奥林匹克运动。我国也于1987年签署了《反对体育领域种族隔离国际公约》,此外,《消除一切形式种族歧视国际公约》和《中国生效禁止并惩治种族隔离罪行国际公约》也分别于1982年和1983年对中国生效。三是坚决反对兴奋剂的使用。反对兴奋剂的使用也是为了保证公平竞争权,使运动员通过科学的训练提高自身的运动能力,避免将体育竞技演变成为药物滥用的舞台。兴奋剂的使用也是亵渎奥林匹克精神的。《奥林匹克宪章》第2条第9款也将领导抵抗体育领域的兴奋剂适用作为国际奥委会的任务之一。我国也于2006年加入《反对在体育运动中使用兴奋剂国际公约》,并制定了《反兴奋剂条例》,坚决对使用兴奋剂行为予以打击。2003年3月5日,在丹麦哥本哈根举行的第二届世界反兴奋剂大会上,八十多个国家的政府代表和主要的国际体育组织通过了《世界反兴奋剂条例》,《奥林匹克宪章》为此作出了修改,增加了奥林匹克运动必须强制遵守《世界反兴奋剂条例》的表述。至此,只有接受并实施《世界反兴奋剂条例》的运动项目,才能被列入和保留为奥运会的比赛项目。

---

〔28〕 黄世席:《国际体育运动中的人权问题研究》,载《天津体育学院学报》2003年第3期。
〔29〕 黄世席:《奥运会法律问题》,法律出版社2008年版,第34页。

4. 教育权及职业权的保障。根据《奥林匹克宪章》基本原则1的规定，奥林匹克主义谋求体育运动与文化和教育相融合，创造一种以奋斗为乐、发挥良好榜样的教育作用并尊重基本公德原则为基础的生活方式。教育权不仅指通过奥林匹克运动用奥林匹克精神去教育互相友爱、不断超越自我，还指要保证运动员受文化教育的权利。促进运动员全面发展的重要手段是教育，运动员教育权的充分实现不仅能有利于运动员竞技水平的提高，也能对其社会和职业前途起到很好的保障作用。〔30〕

《奥林匹克宪章》第2条第12款就明确提出将鼓励体育组织和公共权力机关尽全力保障运动员的社会和职业前途作为国际奥委会的任务之一。职业保障权是指运动员在参加奥林匹克运动期间和结束运动生涯后，能够享有就业保障的权利，它关系到运动员的生活、训练等物质基础，关系到运动员对训练竞赛的投入，关系到奥林匹克格言"更快、更高、更强"的追求。〔31〕

5. 程序性权利的保障。从20世纪80年代开始，日益增长的国际体育争议以及能够就体育有关争议作出约束力裁决的独立性的专门机构的缺乏，使国际奥委会开始关注体育争议的解决。〔32〕 1983年，国际奥委会正式批准了《国际体育仲裁委员会与体育仲裁院章程与规则》，该章程自1984年6月30日起生效，国际体育仲裁院正式开始运作，现已发展成体育界最重要的争议解决机构。《国际体育仲裁委员会与体育仲裁院章程与规则》以及《奥林匹克运动会仲裁规则》都规定了争议解决的程序，保障了运动员听证、申辩等程序性权利。〔33〕

6. 参与决策权的保障。1981年，国际奥委会成立了运动员委员会，其主要任务是保证奥运会各国参赛运动员与国际奥委会及其各委员会之间的合作，运动员委员会由参加奥运会的现役和退役运动员组成，在奥林匹克运动中传达运动员的声音，是奥林匹克运动员和国际奥委会的联系纽带。1999年，国际奥委会做出了允许现役运动员成为国际奥委会委员的决定，运动员可以成为国际奥组委委员，意味着运动员参与到奥运事务的决策过程之中。〔34〕 2010年，杨扬成为中国第一个以运动员身份当选的国际奥委会委员，这无疑是中国运动员的无上光荣。

思考题

1. 简述国际体育法的性质。
2. 简述国际体育法的特征。
3. 简述国际体育法的基本原则。

---

〔30〕 韩新君：《对奥林匹克运动中运动员权利问题的研究》，载《体育科学》2007年第8期。
〔31〕 韩新君：《对奥林匹克运动中运动员权利问题的研究》，载《体育科学》2007年第8期。
〔32〕 载 http://www.tas-cas.org/history，2008年12月4日。
〔33〕 黄世席：《奥运会法律问题》，法律出版社2008年版，第36页。
〔34〕 黄世席：《奥运会法律问题》，法律出版社2008年版，第33页。

第十七章　国际反兴奋剂法律制度

第一节　国际反兴奋剂组织

一、国际反兴奋剂组织的发展历史与现状

(一)国际反兴奋剂组织的发展历史

从体育比赛诞生开始,为了更好的成绩,运动员都会用尽一切手段,甚至包括服用类似兴奋剂物质。可以说使用类似兴奋剂物质的历史源远流长,虽然有些物质现在看起来可能有些荒唐,或者现在的研究成果表明其实并没有什么作用。随着科学技术的发展,一些效果显著的合成药物出现了。这些药物的产生本是为了科学实验或者治疗某种疾病,但是因为它们能够提高体能或者神经兴奋度,促使运动员在比赛中开始频繁使用,哪怕损害身体健康甚至造成死亡也在所不惜。这其中最典型的就是苯丙胺的使用。苯丙胺是一种中枢神经刺激药物,在第二次世界大战后期就开始被用作提神的药物,因为效果显著,随后被运动员超剂量广泛的使用,最终导致了"苯丙胺悲剧"的产生。1960 年第 17 届夏季奥林匹克运动会上,丹麦自行车运动员在比赛途中死亡,他的队友也在比赛中昏厥,后来披露他们都曾服用苯丙胺。兴奋剂问题至此从幕后走向台前,其使用问题成为体育界热议的焦点,国际组织开始着力解决兴奋剂问题。为解决兴奋剂问题,1961 年国际奥委会在希腊雅典成立国际奥委会医学委员会,但是这个刚刚成立的委员会在面对这样一个习以为常的新问题时,并没有太多作为。当然,运动员为了提高比赛成绩,服用的不只是苯丙胺,随着兴奋剂问题越来越严重,1968 年国际奥委会医学委员会正式宣布了禁用药物清单,并在 1968 年第 10 届冬季奥林匹克运动会开始第一次实施兴奋剂检查,同年第 19 届夏季奥林匹克运动会上也进行了兴奋剂检查。

20 世纪 60 年代国际自行车比赛上,又出现了运动员服用兴奋剂死亡事件,使欧洲委员会开始参与反兴奋剂运动。欧洲委员会对运动员使用兴奋剂进行了强烈谴责并对兴奋剂进行了界定,敦促各国政府和国际体育组织重视兴奋剂问题,制定法律法规来应对体育竞赛中药物滥用行为。诸如法国、比利时开始制定国家的反兴奋剂法律,一些国际单项体育联合会也开始实行兴奋剂药物检查。

但是,在当时,下到运动员个人、教练、训练团体,上到国家政府、国际体育组织,对于反兴奋剂问题普遍积极性不高,原因就在于其对比赛成绩的追求,好的比赛成绩能够带来更多的资金支持和荣誉。所以运动员在教练、训练团体的帮助下,会不断寻求药物或者技术

来更新作弊手段，与反兴奋剂对抗。而各国政府为了国家荣誉，也希望提升国家的国际地位，从而在世界面前展现国家的强大，故对兴奋剂问题犹豫不决。国际体育组织为了带来更多的关注度，希望不断有新的世界纪录诞生或者让比赛更加激烈，以提升这项运动在大众心目中的形象，因此对兴奋剂问题也是比较淡漠。此外，反兴奋剂检测费钱费时间费精力，同时受技术条件的限制。国际体育组织甚至包括国际奥委会，在当时条件下经费都不宽裕，而反兴奋剂检测却又需要大量资金支持。另外对于一些兴奋剂检测方法的研究，也是需要大量研究经费的投入。最典型的就是类固醇药物的检测，它不像苯丙胺检测那样容易，而是需要投入大量人力物力财力进行研究，虽然它已经代替苯丙胺成为运动员偏好使用的兴奋剂之一，但是对它的检测却依然提不上日程。

虽然有各种各样的困难，但是国际奥委会依然是最重要的国际反兴奋剂组织，领导着国际体育反兴奋剂运动。20 世纪 80 年代，国际奥委会开始着力于兴奋剂检测实验室的认证工作，接管了国际田联对实验室的认证考察，对兴奋剂检测实验室重新进行认证考察，在 80 年代末又开始实行赛外药检。到了 20 世纪 90 年代，部分国际单向体育组织也在兴奋剂检测方面努力与国际奥委会保持一致，但仍有体育组织依然我行我素，此外各国际体育组织之间在检测规则和标准上差异依然存在。这个时候的国际反兴奋剂组织主要是国际奥委会和国际单项体育联合会，但是呈现出缺乏专业化、权力过于集中、规则混乱等问题，以致反兴奋剂行动依然步履蹒跚。

国际反兴奋剂组织需要彻底的革新，而引爆这次革新的就是 1998 年的环法自行车赛。作为国际上影响最大、最重要的赛事之一，这次环法自行车赛兴奋剂事件涉及车手众多，社会影响恶劣，显示出国际单项体育联合会对反兴奋剂监督管理的无力。这迫使国际反兴奋剂组织开始反思如何有效的解决兴奋剂问题。1999 年 2 月，作为国际反兴奋剂组织领导核心的国际奥委会在瑞士洛桑召开了世界反兴奋剂大会。在这次会议上，与会者一致认为，必须建立一个完全独立于国际奥委会的世界性的专业国际反兴奋剂机构。

1999 年 11 月 10 日，世界反兴奋剂机构（World Anti – Doping Agency，WADA）在瑞士洛桑正式成立。世界反兴奋剂机构成立后，就开始着手 2000 年第 27 届夏季奥林匹克运动会的反兴奋剂相关工作。虽然准备时间很短，但世界反兴奋剂机构不仅出资在奥运会前完成了约 2500 例附加的兴奋剂检查，还在奥运会期间派出独立观察员对兴奋剂检查程序进行评估，工作成绩让人满意。[1] 世界反兴奋剂机构陆续接手了兴奋剂检测实验室的认证工作，并且着力制定一系列统一的反兴奋剂规则。

为了解决国际体育纠纷，1984 年 6 月，国际体育仲裁院成立。为了推动国际反兴奋剂争议的解决，2019 年 1 月 1 日，国际体育仲裁院在其内部成立国际体育仲裁院反兴奋剂庭（The Anti – Doping Division of the CAS，CAS ADD），并发布了专门的《国际体育仲裁院反兴奋剂庭仲裁规则》。

为了保证兴奋剂检测的独立和公正，2018 年，国际奥委会成立的国际检查机构（International Testing Agency，ITA）开始运行。

---

[1] ［英］巴里·霍利亨：《孤注一掷：现代体育的反兴奋剂斗争》，郑斌译，人民体育出版社 2007 年版，第 213 页。

从以上历程我们看出,国际反兴奋剂组织经历了从无到有,从少到多,从权力集中到权力分立的发展过程。现在的国际反兴奋剂组织,由世界反兴奋剂机构负责制定并监督规则的统一适用,国际体育仲裁院负责对兴奋剂争议进行司法审查,国际单项体育联合会主要负责启动调查和违规处罚(现在逐渐将处罚权移交国际体育仲裁院反兴奋剂庭),而国际检查机构开始接受越来越多的国际体育组织的委托来负责兴奋剂检测。这样的国际反兴奋剂组织结构相比以前更为稳定,公平高效地推动了国际反兴奋剂工作的开展。

(二)国际反兴奋剂组织的现状

现阶段,国际反兴奋剂组织主要指的就是世界反兴奋剂机构、国际单项体育联合会、国际检查机构、国际体育仲裁院。但是从广义上说,还包括诸如欧洲委员会、联合国教科文组织等这些推动国际兴奋剂相关文件制定的各种组织以及其他参与国际反兴奋剂活动的各种机构。

从这个角度说,作为专门的国际反兴奋剂组织,世界反兴奋剂机构不是唯一的,专门的组织主要还包括国家反兴奋剂机构(National Anti - Doping Organizations, NADOs)、地区反兴奋剂机构(Regional Anti - Doping Organizations, RADOs)、各国反兴奋剂机构协会(Institute of National Anti - Doping Organizations, INADOs)以及兴奋剂检测实验室(Laboratories)。另外,国际奥委会、国际残奥会,国家奥委会、国家残奥会以及与世界反兴奋剂机构合作的其他重大赛事组织机构也应该包括其中,这些组织有让自己和成员在反兴奋剂规则和政策上与世界反兴奋剂机构保持一致的义务。[2]

国家反兴奋剂机构是被国家政府指定在国内实施反兴奋剂计划的主管机构。在世界反兴奋剂机构成立后,各国纷纷开始建立国家反兴奋剂机构。国家反兴奋剂机构的主要职责是:制定和实施与《世界反兴奋剂条例》及其附属国际标准一致的反兴奋剂规则和政策;依照《实验室国际标准》的规定,尊重实验室的运行独立性;主管各国反兴奋剂教育,依照《教育国际标准》的要求,规划、实施、评估和促进反兴奋剂教育;在其权限范围内积极追查所有可能存在的兴奋剂违规进行调查;充分配合世界反兴奋剂机构开展的调查等。[3] 2007年,我国也成立了自己的国家反兴奋剂机构,即中国反兴奋剂中心。国家反兴奋剂机构使国内反兴奋剂的规则标准与世界反兴奋剂机构的规则标准相统一。

地区反兴奋剂机构是由各成员国指定的,负责协调和管理指定区域国家反兴奋剂体系的区域性实体,主要任务是在区域内制定和实施反兴奋剂规则、计划和采集样本、管理结果、召开听证会,以及开展教育项目等。[4] 现在一共有12个地区反兴奋剂机构,囊括了118个国家。[5]

各国反兴奋剂机构协会成立于2012年3月,得到了世界反兴奋剂机构的支持,它主要是给国家反兴奋剂机构提供反兴奋剂方面的帮助,作为其成员的代言人,以向其他组织和

---

〔2〕 载 https://www.wada - ama.org/en/anti - doping - partners,2022年7月23日。

〔3〕 载 https://www.wada - ama.org/en/resources/world - anti - doping - program/world - anti - doping - code,2022年7月23日。

〔4〕 载 https://www.sport.gov.cn/fxfjzx/n5555/c974782/content.html,2022年7月23日。

〔5〕 载 https://www.wada - ama.org/en/rado - program,2022年7月23日。

政府在反兴奋剂方面传递一致的信息。[6]

兴奋剂检测实验室必须得到世界反兴奋剂机构的认证，满足《国际实验室标准》及其相关技术文件规定的要求。现全球得到认证的有29个兴奋剂检测实验室。[7] 根据世界反兴奋剂机构《实验室国际标准》关于实验室独立性的要求，自2021年12月15日起，北京兴奋剂检测实验室从中国反兴奋剂中心剥离，移交至北京体育大学，所以现在我国唯一经过世界反兴奋剂机构认证的兴奋剂检测实验室就是北京体育大学兴奋剂检测实验室。[8]

国际单项体育联合会负责全球某一特定运动项目。国际单项体育联合会要制定和实施与《世界反兴奋剂条例》及其附属国际标准一致的反兴奋剂规则和政策，并且将这种一致性作为其成员标准和举办、参加比赛的要求。它还可以对受其规则约束的运动员行使兴奋剂检查，这种检查行使方式包括赛内检查和赛外检查两种。此外它还拥有处罚权，可以对于违反兴奋剂规则的人进行处罚。国际单项体育联合是国际反兴奋剂组织中非常重要的一个组织。为了进一步体现反兴奋剂活动的独立和透明，一些国际单项体育联合会设立了独立与联合会的专门管理反兴奋剂事务的机构，还有一些国际单项体育联合会选择将其反兴奋剂检测委托第三方机构管理，为此国际奥委会成立了国际检查机构，以帮助国际单项体育联合会以及重大赛事组织机构管理其反兴奋剂项目。[9]

国际检查机构是一个非营利独立的国际组织，总部设在瑞士洛桑。它的使命是管理独立于体育和政治权力的反兴奋剂计划，为国际单项体育联合会、重大赛事组织机构和所有其他有反兴奋剂需求的组织提供支持。国际检查机构不仅负责奥运会的反兴奋剂项目，越来越多的国际单项联合会、重大赛事组织机构也委托国际检查机构进行兴奋剂检查。[10]

对于国际反兴奋剂组织中非常重要的两个组织，即世界反兴奋剂机构和国际体育仲裁院，我们将在后面的章节予以介绍。

二、国际反兴奋剂组织对制定国际反兴奋剂规则的推动

面对欧洲举行的赛事频频出现的兴奋剂丑闻及反兴奋剂规制的混乱情形，欧洲委员会对兴奋剂问题予以了高度关注，在1978年举行的欧洲部长会议上首先建议成员国先不要纠结兴奋剂的定义问题，而应先努力解决各体育组织反兴奋剂规则协调一致的问题。1984年《欧洲反兴奋剂宪章》正式生效，该宪章鼓励各成员国政府积极促成反兴奋剂规则和程序的统一，提倡各体育组织以国际奥委会和国际田联推荐的反兴奋剂规则和程序为指导标准，国际奥委会、联合国教科文组织均表示支持该宪章，加拿大等一些国家对此宪章也予以关注。1986年国际奥委会和加拿大共同主持召开的第一届世界反兴奋剂常设会议，此次会议以《欧洲反兴奋剂宪章》为蓝本，通过了《国际反兴奋剂宪章》，后被国际奥委会重新命名为

---

〔6〕 载 https://www. inado. org/who - we - are/nados - anti - doping - community，2022年7月28日。

〔7〕 载 https://www. wada - ama. org/en/accredited - laboratories，2022年7月28日。

〔8〕 载 https://www. chinada. cn/contents/6/3293. html，2022年7月28日。

〔9〕 载 https://www. wada - ama. org/en/anti - doping - partners/international - federations，2022年7月28日。

〔10〕 载 https://ita. sport/about - us/，2022年7月28日。

《奥林匹克反兴奋剂宪章》。[11] 宪章毕竟只是宣告性的文件不具有约束力,欧洲委员会又将《欧洲反兴奋剂宪章》重新设计成公约,1989 年颁布《欧洲反兴奋剂公约》,该公约成为欧洲各国反兴奋剂合作的基础。

为了解决日益严峻兴奋剂问题,1999 年,国际奥委会在瑞士洛桑召开了世界反兴奋剂大会,促成了世界反兴奋剂机构的成立。自成立以来,世界反兴奋剂机构就积极推动国际反兴奋剂规则的制定和统一,制定《世界反兴奋剂条例》及其附属的国际标准(后又增加技术文件)、最佳实施模式及指南,至今已经经过三次修订,成为世界反兴奋剂最高规则。

但是《世界反兴奋剂条例》诞生之初,却因为大多数国家政府不能参与签署非政府组织制定的文件而没能起到应有的作用,为了解决这一问题,2003 年联合国教科文组织通过了《反对在体育运动中使用兴奋剂哥本哈根宣言》,成员国政府对世界反兴奋剂机构和《世界反兴奋剂条例》予以承认和支持。2005 年,联合国教科文组织又通过了《反对在体育运动中使用兴奋剂国际公约》,从而确立了《世界反兴奋剂条例》在国际反兴奋剂规则体系中的权威地位。

以往的国际反兴奋剂规则制定主要聚焦于规则的统一和实施,随着国际反兴奋剂运动的蓬勃发展,如何在反兴奋剂与动员权利之间实现平衡成为一个突出问题,越来越多的案例表明运动员在反兴奋剂运动中权利并没有得到很好的保护。为了保护反兴奋剂运动中运动员的合法权利,2020 年 6 月 18 日,世界反兴奋剂机构发布了《运动员反兴奋剂权利法案》,并在世界反兴奋剂大会期间获得了世界反兴奋剂机构执行委员会的批准。《运动员反兴奋剂权利法案》是依据 2021 年版本《世界反兴奋剂条例》及其附属国际标准,由世界反兴奋剂机构运动员委员会与全球数千名运动员和利益相关方协商制定的。[12] 法案分为两部分,第一部分规定了运动员通过《世界反兴奋剂条例》及国际标准所享有的权利,第二部分规定了世界反兴奋剂机构建议的四项权利,这些权利没有出现在《世界反兴奋剂条例》及其附属国际标准中,但是建议反兴奋剂组织之后能够予以采纳。

三、世界反兴奋剂机构(WADA)的现状和发展趋势

(一)世界反兴奋剂机构的现状

世界反兴奋剂机构的成立及运行,标志着国际反兴奋剂运动进入了新阶段,新的世界反兴奋剂组织体系已经形成。世界反兴奋剂机构位于世界反兴奋剂组织的最高位阶,处于核心地位,它组织领导世界反兴奋剂工作,包括加强反兴奋剂教学研究、扩大反兴奋剂教育以及提升反兴奋剂的能力,它制定《世界反兴奋剂条例》及国际标准,并监督体育组织和国家对该条例予以实施。[13] 在反兴奋剂方面,即使是国际奥委会,也必须贯彻并且监督其成员贯彻世界反兴奋剂机构制定的反兴奋剂规则。可以说,世界反兴奋机构是世界反兴奋剂组织中的立法者和统领者。

---

〔11〕［英］巴里·霍利亨:《孤注一掷:现代体育的反兴奋剂斗争》,郑斌译,人民体育出版社 2007 年版,第 195 ~ 197 页。

〔12〕载 https://www. wada – ama. org/en/resources/athletes – anti – doping – rights – act,2022 年 8 月 10 日。

〔13〕载 https://www. wada – ama. org/en/who – we – are,2022 年 8 月 15 日。

世界反兴奋剂机构主要有由理事会、执行委员会、常务委员会、专家咨询组、工作组等组成。理事会是世界反兴奋剂机构的最高决策部门,由38名成员组成,成员代表由国际奥委会、国际残奥委员会、国家奥委会协会、各大洲政府等任命产生,目前,该委员会大约三分之一的成员是现役或前国际高水平的运动员。执行委员会是世界反兴奋剂机构的执行部门,由14名成员组成,理事会委托其管理和运作机构。执行委员会可以作出除《世界反兴奋剂机构章程》规定专属理事会决定事项之外的任何决定。执行委员会有4名独立成员,分别是主席、副主席和另两名成员。此外,执行委员会还有10名成员。目前,执行委员会大约三分之一的成员会由现役或前国际高水平的运动员组成。常务委员会有5个,分别是运动员委员会、合规审查委员会、教育委员会、财务与管理委员会、健康与医疗研究委员会,他们向执行委员会提供报告,并在世界反兴奋剂机构的政策制定和优先发展事项方面发挥重要的咨询作用。其中合规审查委员会是一个独立机构,由一名独立主席、两名独立合规专家、一名运动员代表和两名由其利益相关方提名的代表组成。另外有10个专家咨询组和11个工作组在其专门知识领域为世界反兴奋剂机构提供咨询。2019年9月世界反兴奋剂机构成立了提名委员会,以确保在技能和独立性方面合适的人在世界反兴奋剂机构内担任高级管理人员。2022年5月又成立了独立职业道德委员会,负责执行《世界反兴奋剂机构职业道德准则》。[14] 2020年1月,中国首枚冬奥会金牌获得者杨扬成为世界反兴奋机构副主席,并将于2022年11月14日启程赴加拿大蒙特利尔参加连任竞选。[15]

世界反兴奋剂机构作为领导和协调世界反兴奋剂运动的最高组织,从第27届夏季奥林匹克运动会开始,还会在每届奥运会期间派出独立观察员,与赛事组委会、国际检查机构直接沟通,现场监督观察相关工作,保证奥运赛场反兴奋剂工作的有序进行。

(二)世界反兴奋剂机构的发展趋势

世界反兴奋剂机构自身的管理模式也在不断进行改革。自2016年以来,世界反兴奋剂机构已经进行了两轮改革,2022年第二轮改革更加注重运动员权利保障,改革内容主要有:执行委员会增加两个席位,其中一个是运动员委员会主席,另一个是独立成员;成立一个经过改革并重新命名的运动员组织,即世界反兴奋剂机构运动员委员会(the WADA Athlete Council),该委员会共有20个成员,且成员全部由运动员选出;理事会增加四个席位,其中两名运动员代表,由世界反兴奋剂机构运动员委员会选出;另外将成立审计及风险委员会。此轮改革方案将在2023年1月生效。[16]

世界反兴奋剂机构具有世界反兴奋剂最高规则和标准的制定权,并且有贯彻规则和标准的监督权,主要国际组织和国家政府都必须依此来制定自己的反兴奋剂规则和标准,实际上世界反兴奋剂机构初步实现了世界反兴奋剂规则和标准的统一化。虽然反兴奋剂组织的发展是从权力集中到权力分化,现在的世界反兴奋剂机构享有的也主要是立法权,但实际上它的权力还要大得多,它仍然有兴奋剂检查权,在以往国际仲裁院裁决的案例中,世

---

〔14〕 载 https://www.wada-ama.org/en/who-we-are/governance,2022年8月15日。

〔15〕 载 https://news.sina.com.cn/c/2022-11-07/doc-imqqsmrp5217293.shtml,2022年11月7日。

〔16〕 载 https://www.wada-ama.org/en/who-we-are/governance,2022年8月15日。

界反兴奋剂机构作为被告也不少见,当它既是当事人又是规则制定和解释者时,自然就会出现利益冲突。世界反兴奋剂机构的实际权力应适当收缩,随着国际仲裁院反兴奋剂仲裁庭的运行,它未来的发展更应着眼于制定和监督实施反兴奋剂规则和标准,而对于其他权力应尽可能收缩。此外,因为运动员在兴奋剂问题上会受到致命影响,所以在坚持反兴奋剂的情况下,如何避免运动员受到误伤,保障运动员合法权利,不给运动带来无谓伤害就显得至关重要,虽然世界反兴奋剂机构为此已经在组织构成和规则制定方面进行了调整,但是将来此方面依然是其改革的重点。未来的世界反兴奋剂机构在高举反兴奋剂大旗的同时,也要能够充分代表和保护运动员的合法权益。

第二节 《世界反兴奋剂条例》(WADC)

一、《世界反兴奋剂条例》的修订

《世界反兴奋剂条例》(World Anti - Doping Code,WADC)随着反兴奋剂运动的发展也在不断变化,目前为止,一共修改了三次。世界反兴奋机构于2006年、2011年和2017年启动了对《世界反兴奋剂条例》的修订程序。2007年11月17日第一次修订的《世界反兴奋剂条例》获得了在西班牙马德里举行的世界反兴奋剂大会的1500名代表的认可,并于2009年1月1日生效。第二次修订的《世界反兴奋剂条例》于2013年11月15日在南非约翰内斯堡举行的世界反兴奋剂大会上获得一致通过,并于2015年1月1日生效。第三次修订的《世界反兴奋剂条例》于2019年11月7日在波兰卡托维兹举行的世界反兴奋剂大会上获得一致批准,并于2021年1月1日生效。[17]

由于兴奋剂违规手段越来越多样和隐蔽,所以要在严厉打击兴奋剂和保护运动员权利之间不断寻求平衡,《世界反兴奋剂条例》不断被修订,此次2021年实施版也就是第三次修订,较前一版本,整体结构未做改动,但是各个部分都有细节方面的修改。对比两个版本的内容,修订主要体现在保护运动员、打击兴奋剂行为、加强世界反兴奋剂机构权威及提高反兴奋剂效率等方面。

在保护运动员方面,主要体现在:(1)在条例的基本原理部分,将价值取向顺位进行了调整,增加了运动员权利作为第三位阶,并且将健康放到了第一位阶。(2)对拒绝样本采集、破坏兴奋剂管制违规行为的处罚,禁赛期限从4年降到可以视当事人过错程度在2~4年之间选择。(3)增加了减免禁赛期的立功行为类型,如果协助发现世界反兴奋剂条例成员方违反合规义务,可以减免禁赛期。(4)扩大了非典型性结果的范围,除了体内自然产生的禁用物质,其他一些容易由于食用受污染食物而进入体内的物质也包含其中,非典型性结果还会进一步检测,不会导致处罚后果。(5)针对以前存在的特定物质和非特定物质分类,增加了禁用方法分类,对用特定禁用方法造成的违规处罚要轻于用非特定禁用方法造

---

〔17〕 载 https://www.wada - ama.org/en/what - we - do/world - anti - doping - code,2022年9月1日。

成的违规处罚。(6)允许国家级水准的运动员直接向国际体育仲裁院提出上诉,如果该国家级别的兴奋剂听证上诉机构不能做到公平、公正、中立、独立,则该运动员可以直接向国际体育仲裁院上诉。[18] (7)增加了如果退役运动员能够证明其无法合理地知道这是国际赛事或国家级赛事,那么不受复出参赛要提前6个月提交申请接受兴奋剂检查的约束。(8)明确了运动员或当事人证明阳性结果偏离国际标准的4种具体情形,只要其能证明有这4种情形之一的,举证责任就由反兴奋剂组织负担。(9)禁用物质中增加了滥用物质,对使用滥用物质的处罚要轻于为提高比赛成绩服用禁用物质的处罚。(10)明确了禁用清单采取从轻兼从旧的方法,修改后的禁用清单不得溯及既往。(11)新增了对特殊人员的保护规定,并且明确对他们的处罚相对职业运动员而言较轻。

在严厉打击兴奋剂方面,主要体现在:(1)在违规行为类型共谋中增加了企图共谋情形,并且加重了处罚力度,共谋行为的处罚从过去的最高4年到现在最高可以终身禁赛。(2)规定只要反兴奋剂组织证明运动员或其他当事人知晓运动员辅助人员已被取消资格而仍与其合作,就构成禁止合作的违规行为,不再要求必须得提前告知。(3)新增加运动员或当事人了对兴奋剂举报进行阻挠、报复这一违规行为,使违规行为从10种增加到11种。(4)将故意行为界定为运动员或其他当事人明知自己的行为已经构成兴奋剂违规,或明知该行为具有构成或导致兴奋剂违规的高风险,但仍明显无视该风险而实施的行为,删除了作弊这一要件。(5)一般禁赛期的起始日是听证会裁决作出日,如果出现延误可以将起始日提前到违规行为发生之日,明确了禁赛期的起始日不能因为归因于运动员或者当事人的原因导致的延误而提前。(6)明确条例签约方可以采取全面禁赛措施,禁止该组织的部分或全部成员参加未来特定赛事或在特定时间内举行的所有赛事。(7)重新引入了情节严重加重处罚条款,规定在情节严重情况下,可以在原有禁赛期的基础上再增加2年的禁赛期。[19]

在增强世界反兴奋剂机构权威方面,主要体现在:(1)新增世界反兴奋机构无论是否事先通知,都可以随时获取实验室或反兴奋剂组织拥有的样本及相关检测数据,实验室或者反兴奋剂组织如果抗拒提供,则可能构成违规。(2)新增如果反兴奋剂组织怠于履行职责,世界反兴奋剂机构可以委托其他反兴奋剂组织代为履职,一切费用和律师费由怠于履行职责的反兴奋剂组织承担。(3)明确了反兴奋剂组织对于服用禁用清单上物质行为的处罚,不得在条例规定的处罚措施之外增加处罚。(4)新增了反兴奋剂组织不得雇佣因违反条例而遭受处罚的人担任与反兴奋剂有关的任何职务(经授权的反兴奋剂教育或矫正项目除外),不得雇佣虽然不受条例约束但是在6年内有违反条例行为的人。(5)因为大多数国家不能签署非政府组织条约,所以无法成为条例签约方,但是他们通过签署《反对在体育运动中使用兴奋剂哥本哈根宣言》,并加入联合国教科文组织《反对在体育运动中使用兴奋剂国际公约》,以此证明对条例的承诺,所以此次条例修改,还增加了对各国政府的期待内容。

在提高反兴奋剂效率方面,主要体现在:(1)改变了只有A瓶样本才能进行分装和检

---

〔18〕郭树理:《2021年实施版〈世界反兴奋剂条例〉之修订》,载《体育科研》2020年第2期。

〔19〕郭树理:《2021年实施版〈世界反兴奋剂条例〉之修订》,载《体育科研》2020年第2期。

测,规定B瓶样本也可以。(2)明确允许反兴奋剂组织将其反兴奋剂的管制或教育工作委托给第三方,但应当要求受委托的第三方依照条例完成各项工作,反兴奋剂组织应当全权负责并承担全部责任。(3)改变了所有样本都必须在世界反兴奋剂机构认证的实验室进行的规则,明确除了确定兴奋剂是否阳性结果的检测之外,其他检测可以在其他实验室进行。(4)简化和压缩了条例主文原来的结果管理条款和反兴奋剂教育条款,制定了新的《结果管理国际标准》和《教育国际标准》。[20] (5)增加反兴奋剂组织所做的结果管理裁决,除了重大赛事组织机构在赛事期间以快速程序作出的裁决之外,其他裁决不是仅对某一特定地域或运动项目有约束力,而是自动对所有运动项目、所有反兴奋剂组织具有约束力。

二、《世界反兴奋剂条例》的主要内容

《世界反兴奋剂条例》是世界反兴奋剂规则体系中最核心、最权威、效力最高的文件,现在的版本是2021年1月1日生效的版本,它还有附属的八个国际标准,分别是《检查和调查国际标准》(ISTI)、《实验室国际标准》(ISL)、《治疗用途豁免国际标准》(ISTUE)、《隐私和个人信息保护国际标准》(ISPPPI)、《签约方条例遵守国际标准》(ISCCS)、《教育国际标准》(ISE)、《结果管理国际标准》(ISRM)、《禁用物质和方法国际标准》(Prohibited List)。迄今为止,大约有700个体育组织接受了《世界反兴奋剂条例》,这些组织包括国际奥委会(IOC)、国际残奥委员会(IPC)、所有国际单项体育联合会(IFs)、国家反兴奋剂机构(NADOs)、地区反兴奋剂机构(RADOs),以及国家奥林匹克和残奥会。所有《世界反兴奋剂条例》的签约方必须完成接受、实施和执行三个步骤才能认为是遵守了条例。接受条例是指签约方同意条例并愿意实施和执行条例;实施条例是签约方修改其反兴奋剂规则,使其反兴奋剂规则包括条例所有强制性条款;执行条例是指签约方实际执行其修改后的符合条例的反兴奋剂规则。世界反兴奋剂机构的重要使命之一就是世界反兴奋剂规则的统一化,所以非常重视签约方制定反兴奋剂规则与《世界反兴奋剂条例》的一致性。为了对签约方的合规性进行严格监管,2016年,世界反兴奋剂机构启动了ISO9001:2015认证的合规监测计划,2018年4月1日《签约方合规国际标准》生效,为合规审查和签约方的责任后果创建了一个清晰的框架,进一步深化了世界反兴奋剂机构的合规监测。[21]

《世界反兴奋剂条例》的内容主要是四个部分,分别是第一部分兴奋剂管制,第二部分教育和研究,第三部分责任与义务,第四部分承认、遵守、修改和解释,此外条例首部还有世界兴奋剂体系和条例的宗旨、适用范围、组成、基本原则,在条例的尾部还有附录一定义。条例明确其目的在于通过反兴奋剂核心内容的普遍一致来加强反兴奋剂工作。并在2021年这一版本中重新勾画了世界反兴奋剂规则体系,在第二级中增加了技术文件,现在条例明确的反兴奋剂规则体系主要包括:第一级《世界反兴奋剂条例》、第二级国际标准和技术文件、第三级最佳实施模式及指南。其中第一级和第二级有强制约束力,第三级只是推荐性质的。国际标准由签约方和各国政府协商后制定并由世界反兴奋剂机构批准,用于反兴奋

[20] 郭树理:《2021年实施版〈世界反兴奋剂条例〉之修订》,载《体育科研》2020年第2期。

[21] 载 https://www.wada-ama.org/en/what-we-do/world-anti-doping-code,2022年9月1日。

剂体系内各领域,遵守国际标准是遵守条例的必然要求,世界反兴奋剂机构执行委员会通过与各签约方、各国政府和其他利益相关方进行协商的方式,可以对国际标准进行修订。技术文件与执行国际标准强制性技术要求有关,由世界反兴奋剂机构执行委员会适时批准和公布,通常在世界反兴奋剂机构网站上一经公布立即生效。最佳实施模式及指南是依据条例和国际标准制定,方便各方在反兴奋剂工作中使用。

《世界反兴奋剂条例》第一部分兴奋剂管制中规定了具体的反兴奋剂规则,是条例中最主要的内容,包括了17条,分别明确了适用兴奋剂的定义、兴奋剂违规、兴奋剂举证、禁用清单、检查和调查、样本检测、结果管理、个人成绩的自动取消、个人的处罚、集体项目运动员违规后果、签约方对其他体育团体处罚、保密和报告、决定的执行、对参赛动物的兴奋剂管制、时效等问题。这些规定具有强制性,反兴奋剂组织都必须遵守。这一部分首先对使用兴奋剂进行隔离界定,使用兴奋剂是指发生了如下一项或者多项违规行为:(1)在运动员的样本中发现禁用物质或其代谢物或标记物;(2)运动员使用或企图使用某种禁用物质或禁用方法;(3)运动员逃避、拒绝或未完成样本采集;(4)运动员违反行踪信息管理规定;(5)运动员或其他当事人篡改或企图篡改兴奋剂管制过程中的任何环节;(6)运动员或运动员辅助人员持有某种禁用物质或禁用方法;(7)运动员或其他当事人使用或企图使用任何禁用物质或禁用方法的行为;(8)运动员或其他当事人赛内对运动员施用或企图施用任何禁用物质或禁用方法,或赛外对运动员施用或企图施用任何赛外禁用的禁用物质或禁用方法;(9)运动员或其他当事人共谋或企图共谋;(10)运动员或其他当事人禁止合作;(11)运动员或其他当事人阻止或报复向当局举报的行为。其次,明确了举证责任,一般情况下是由反兴奋剂组织来承担。再次,对一些事项进行原则规定,明确具体要依据国际标准进行。一是无论禁用清单是否修改,世界反兴奋剂机构应当至少每年一次将禁用清单作为国际标准公布,即《禁用物质和方法国际标准》。各个反兴奋剂组织的规则应当规定,每年的禁用清单在世界反兴奋剂机构公布三个月后即生效,不需要反兴奋剂组织再另外通知。二是检查和调查的目的是获取检测标本以判定运动员是否违规,条例主文只进行了原则性规定,具体的都在《检查和调查国际标准》中。三是条例主文对于实验室样本检测也只是原则性规定,要求实验室应当依照《实验室国际标准》检测样本和报告数据。四是条例主文原则性规定了兴奋剂违规问题处理程序,要求无论哪个反兴奋剂组织实施结果管理,除了遵守条例的规定外,还必须遵守《结果管理国际标准》。最后,条例的这一部分对使用兴奋剂行为的处罚进行了详细规定,努力实现反兴奋剂问题的罚当其罪。此外还明确了反兴奋剂组织所做兴奋剂处理决定的自动普遍约束力,对于参赛动物的兴奋剂管制规则要与条例的相关规则基本保持一致,以及反兴奋剂行为的追溯期一般是10年等。

《世界反兴奋剂条例》第二部分教育和研究共有2条,分别规定了教育和研究问题。条例要求签约方应当在职责范围内相互合作,依照《教育国际标准》的要求实施教育项目。此外还鼓励和推动反兴奋剂研究等。

《世界反兴奋剂条例》第三部分责任与义务共有3条,明确了世界反兴奋剂机构、反兴奋剂组织、运动员和其他当事人的责任义务,并且明确了对政府参与的期待等。

《世界反兴奋剂条例》第四部分承认、遵守、修改和解释共有5条。明确国际奥委会、国际残奥会、国际单项体育联合会、国家奥委会、国家残奥会、重大赛事组织机构、国家反兴奋剂机构,及其他与体育有重大关系的机构可以作为条例的签约方。规定了世界反兴奋剂机构依照《签约方合规国际标准》对签约方遵守条例和国际标准的情况进行监督,对不合规者采取相应的制裁措施。此外还明确了世界反兴奋剂机构负责条例的改进和完善、条例的解释以及溯及力问题等。

第三节　国际体育仲裁院反兴奋剂机构及规则

一、国际体育仲裁院反兴奋剂庭

国际体育仲裁院(CAS)是由国际奥委会创立的解决国际体育纠纷的一个独立的司法机构,世界反兴奋剂机构有权就《世界反兴奋剂条例》签约方管辖的兴奋剂案件向 CAS 提出上诉。除此之外,国际体育仲裁院还下设了一个国际体育仲裁院反兴奋剂庭(CAS Anti-Doping Division CAS,ADD)。根据国际奥委会、国际单项体育联合会以及《世界反兴奋剂条例》签约方的授权,可以将兴奋剂结果管理权力委托给反兴奋剂庭,反兴奋剂庭就有权依据条例对反兴奋剂行为进行认定和处罚,也就是作为一审机构处理兴奋剂纠纷(以前的一审一般是由国际体育组织的内设部门来完成)。

由于兴奋剂纠纷具有不同于其他体育纠纷的特殊性,也就是具有准刑事的特性,使对兴奋剂的处罚权力合理性一直存在争议。一般认为,兴奋剂处罚要想实现程序正义,就应该仿照刑事诉讼中的三角架构,实现控审分离。而以往对于兴奋剂的处罚(或者说一审)都是国际体育组织内部的事项,这样就会造成控审不分。通过国际体育组织将结果管理权力授权给反兴奋剂庭,使国际体育组织就变成了控方,而反兴奋剂庭作为中立的审方,由其完成对运动员或其他当事人反兴奋剂行为的"定罪处罚",这就实现了程序正义。另外,由反兴奋剂庭来对兴奋剂行为进行认定和处罚,可以有效避免国际体育组织之间反兴奋剂规则的冲突,从而通过判例形成统一的兴奋剂处罚标准。

当然,国际体育仲裁院反兴奋剂庭的设立也是循序渐进的,对于建立反兴奋剂庭的探索是从奥运会建立临时反兴奋剂庭开始的。2016 年第 31 届夏季奥林匹克运动会上,国际体育仲裁院为解决兴奋剂纠纷首次设立了临时反兴奋剂庭,这个反兴奋剂庭由于当时只有奥委会的授权,没有国际单项体育联合会的授权,而兴奋剂的处罚权主要有国际单项体育联合会享有,所以这时的临时反兴奋剂庭权力有限,只能将违规运动员驱逐或者取消其比赛成绩。2018 年第 23 届冬季奥林匹克运动会上,国际体育仲裁院设立的临时反兴奋剂庭获得了国际单项体育联合会的授权,拥有了兴奋剂认定和处罚的权力。这为国际体育仲裁院设立常设反兴奋剂庭奠定了基础。

2019 年 1 月 1 日,国际体育仲裁院正式设立常设的反兴奋剂庭,并颁布了专门的《国际体育仲裁院反兴奋剂庭仲裁规则》。至此,国际体育仲裁院下设的仲裁庭由两个变成了三个,分别是:普通庭、反兴奋剂庭、上诉庭。普通庭主要审理具有商业性质的争议;上诉庭主要审理体育组织的违纪处罚决定争议，当然也包括兴奋剂处罚决定争议；反兴奋剂庭主要审理一审兴奋剂案件，也就是在国际体育组织的授权下对兴奋剂行为进行认定和处罚。反兴奋剂庭可以独任审理，独任仲裁员由双方当事人协商确定，没法协商确定时由反兴奋剂庭主席进行指定，当事人对作出的裁决不服的，还可以上诉至上诉庭。反兴奋剂庭也可以组成合议庭审理，合议庭由三名仲裁员组成，裁决结果是终局的，不得上诉至上诉庭。2021年1月1日，国际体育仲裁院又颁布了新的《国际体育仲裁院反兴奋剂庭仲裁规则》。

二、国际体育仲裁院反兴奋剂规则

国际体育仲裁院反兴奋剂规则可以分为程序规则和实体规则。程序规则由国际体育仲裁院进行规定，对于兴奋剂问题，国际体育仲裁院的上诉庭、反兴奋剂庭，以及奥运会设立的临时反兴奋剂庭都有可能受理，这三个庭也都有其仲裁规则，这里主要介绍下国际体育仲裁院反兴奋剂庭的仲裁规则，即《国际体育仲裁院反兴奋剂庭仲裁规则》。

《国际体育仲裁院反兴奋剂庭仲裁规则》共26条，[22]主要规定了管辖权、仲裁地、语言、代理、通知送达、仲裁员相关问题、仲裁申请与答辩、裁庭的组成、临时和保全措施、仲裁庭的审理程序、仲裁裁决、仲裁费用等问题。

1. 明确了国际体育仲裁院反兴奋剂庭是根据国际奥委会、奥林匹克项目国际单项体育联合会，以及《世界反兴奋剂条例》签约方的授权，负责审理和裁决反兴奋剂案件的一审机构，也就是只能接受国际体育组织委托。如果《世界反兴奋剂条例》的签约方授权反兴奋剂庭对是否存在兴奋剂行为进行认定和处罚，反兴奋剂庭就享有管辖权，并依据《世界反兴奋剂条例》作出认定和处罚。

2. 规定了仲裁地、语言、代理、送达等细节问题。仲裁地是瑞士洛桑，工作语言是英语、法域、西班牙语。当事人可以由其选择的人代理或者协助。仲裁裁决、指令或其他决定应当通过电子邮件、特快专递、传真方式进行通知。

3. 明确了反兴奋剂庭仲裁员选定、回避、免职、替换等问题。反兴奋剂庭拥有专门的兴奋剂纠纷仲裁员名册，也就是出现在反兴奋剂庭仲裁员名单上的仲裁员，不能再担任上诉仲裁庭的仲裁员。此外在反兴奋剂庭的仲裁员名单中，还有一套仲裁员名单，这些仲裁员只能作为独任仲裁员或者三人合议仲裁庭的首席仲裁员。如果对仲裁员的独立性或公正性产生合理的怀疑，可以在七天内申请回避。如果仲裁员拒绝履行或无法履行规定的职责，或者在合理的时间内未能履行职责，国际体育仲裁理事会可以将该仲裁员免职。如果仲裁员辞职、死亡、被免职或被申请回避成功，或者应当任命三人仲裁员而不是一人独任仲裁员时，则该仲裁员应予以替换。

4. 规定了仲裁程序启动、仲裁庭组成相关问题。《世界反兴奋剂条例》签约方或其代表应向反兴奋剂庭提交涉及指控兴奋剂违规的仲裁申请，除非不应受理，反兴奋剂庭应启动仲裁程序，向被申请人送达申请书，并要求其在送达之日起20日内提交答辩。当申请人请求组成合议仲裁庭而不是独任仲裁庭，相应地，也就是请求该仲裁为一裁终局，不能向国际

---

〔22〕 载 https://www.tas-cas.org/en/add/arbitration-rules-cas-add.html，2022年9月9日。

体育仲裁院上诉庭提出上诉时,被申请人应当在申请书送达之日起20日内作出是否同意的声明,如双方存在争议,案件则由独任仲裁庭审理。相同当事人的同一纠纷正在国家法院或其他仲裁机构审理的,不影响反兴奋剂庭管辖权的认定。双方同意将反兴奋剂纠纷提交反兴奋剂庭管辖时,即推定当事人放弃向国家机构或法院寻求类似措施的权利,但是仍可以向国际体育仲裁院上诉庭上诉(三人合议仲裁庭且已经作出了裁决的除外),以及向瑞士联邦最高法院上诉。如果双方同意三人合议仲裁庭,反兴奋剂庭应当告知根据《世界反兴奋剂条例》13.2.3条款的规定保留上诉权利的体育组织,如果他们参加这次仲裁,则他们放弃上诉权利,如果他们不参加,则依然保留条例所规定的上诉权利。对于三人合议仲裁庭的首席仲裁员,或者是独任仲裁庭的独任仲裁员,双方无法达成一致的,由反兴奋剂庭主席来指定。反兴奋剂庭主席在向仲裁庭移交案卷之前,或者仲裁庭,应一方当事人的申请,可以决定采取临时措施或保全措施。

5. 规定了审理程序相关事项。反兴奋剂庭的审理程序包括书面陈词,以及原则上一次口头听证会。反兴奋剂庭如果认为已经掌握了充分的信息,可以与当事人协商之后,决定不召开听证会。听证会一旦结束,除非反兴奋剂庭要求提交,否则当事人不得再提交任何书面状词。反兴奋剂庭根据可以适用的反兴奋剂规则或双方协议选择的法律对争议作出裁决,如果双方当事人没有选择,则根据瑞士法律作出裁决。被申请人未能提交答辩或者经合法传唤未能出席听证的,不影响仲裁的进行和裁决作出。如果裁决不是终局的,当事人应当在受到裁决后21日内提出上诉,并且应当事人申请,反兴奋剂庭可以披露案件卷宗内容以便于上诉庭审理。如果裁决是终局的,要对当事人进行处罚,国际体育仲裁院应当发布裁决书结果概要或者新闻稿。

6. 规定了费用负担问题。申请人在提交仲裁申请后,应支付不可退还的反兴奋剂庭办公室费用1000瑞士法郎,否则程序终止。无须当事人申请,反兴奋剂庭会考虑程序复杂、仲裁结果及各方的行为及经济能力,自由裁量败诉方承担对方因仲裁而产生的费用。

国际体育仲裁院反兴奋剂规则中的实体规则指的是裁决反兴奋剂案件适用的实体法律,无论上诉庭、反兴奋剂庭,还是奥运会设立的临时反兴奋剂庭,实体规制主要就是《世界反兴奋剂条例》。因为前文已述,世界反兴奋剂机构是世界反兴奋剂组织的立法机构,世界上最重要的国际体育组织都是它制定的《世界反兴奋剂条例》的签约方,《世界反兴奋剂条例》要求所有签约方在制定自己反兴奋剂规则时必须坚决贯彻条例内容,所以国际体育仲裁院对兴奋剂案件裁决的依据虽然有时候是国际体育组织的反兴奋剂规则,但实质仍然是《世界反兴奋剂条例》。

三、国际体育仲裁院典型兴奋剂案件

国际体育仲裁院裁判反兴奋剂案件所依据的法律主要就是《世界反兴奋剂条例》,但是该条例不是完美的,国际体育仲裁院所裁判的案例也暴露出了一些问题,从而推动了以条例为核心的反兴奋剂规则的完善。这里介绍三个影响比较大的案件。

(一)佟文案

佟文是2008年北京奥运会78公斤级柔道冠军,2009年8月30日在世界柔道锦标赛上

再次摘金。2009 年 9 月 8 日,佟文的兴奋剂检测 A 样本被查出克伦特罗(瘦肉精),兴奋剂检测阳性。佟文在劝说下,为了得到更轻的处罚,向国际柔道联合会表明决定放弃 B 样本的检验,并告知可能是吃烤肉时误服。但是 2009 年 11 月 25 日,国际柔道联合会在没有通知也没有给她任何机会亲自或者委托别人到场的情况,开启了 B 样本检验,B 样本检验也是阳性,国际柔道联合会据此对佟文实施两年禁赛并取消世锦赛金牌。佟文不服,2010 年 7 月 6 日上诉至国际体育仲裁院。国际体育仲裁院认为,根据 2009 年《国际柔道联合会反兴奋剂条例》的规定,无论 B 样本是本人还是国际柔道联合会要求检验的,运动员本人都有权出席 B 样本的开启和检验,这是运动员的基本权利,即使侵犯这一权利也不太可能影响 B 样本的结果,也要尊重这一权利,否则 B 样本的结果就不应被认可。如果开启了 B 样本检验,就不能只依靠 A 样本来认定是否存在兴奋剂违规,只有在未开启 B 样本检验时才可只依靠 A 样本认定。现在 B 样本的检验结果因程序问题导致无效,所以国际体育仲裁院最终撤销了国际柔道联合会对佟文的处罚决定。[23]

在佟文案中,我们可以看到其实双方都可能存在行为失当问题,认定哪一方失当将直接影响案件结果的走向。本案按照现有事实主要呈现了两个问题,一个是 B 样本检验程序问题,另一个是误服瘦肉精问题。一方面,如果国际柔道联合会在进行 B 样本检验时通知了运动员,B 样本检验阳性将会被仲裁庭认可,即使运动员确实是少量误服。另一方面,检验 B 样本没有通知运动员有时候可能并不会影响 B 样本的检验结果,如果仅仅因为没有通知而认定结果无效,可能会放纵兴奋剂行为。所以如何在二者之间进行平衡就显得尤为重要。2021 年版本的《世界反兴奋剂条例》对这一问题均有更加细致的回应,力图在打击兴奋剂和保护运动员权利之间达到平衡。对于 B 样本问题,条例规定,如果在向运动员发出开启 B 样本通知要求方面不符合《结果管理国际标准》,在这种情况下,反兴奋剂组织有责任证明该偏离并没有导致阳性检测结果,比如一名独立证人观察了 B 样本的开启和检测,没有观察到任何违规行为。在这种情况下,B 样本的检验程序问题将不影响 B 样本结果的认定。对于误服瘦肉精问题,2021 年版本的《世界反兴奋剂条例》扩大了非典型性结果报告的适用范围,以前版本只包括内源性物质,也就是这种物质可以由人体自身产生,只有这种情况才能作出非典型性结果报告,不直接认定阳性结果。而 2021 年版本的条例则规定如果检测出其他一些容易由于食用受污染食物而进入体内的物质,这类物质最常见的实际就是瘦肉精,倘若其含量极低,可以不直接作出阳性报告,而是作出非典型性结果报告,进一步进行检验分析,以免对误服运动员造成误判。

(二)俄罗斯集体禁赛案

2014 年 12 月,一家德国电视台播放了涉及全俄田径联会内部大规模有组织的使用兴奋剂的纪录片。在纪录片中,俄罗斯运动员及其在俄罗斯反兴奋机构工作的丈夫对兴奋剂使用情况进行了披露,舆论哗然。随后,世界反兴奋机构成立了独立调查委员会。2015 年 11 月 8 日,独立调查委员会提交了调查报告,2015 年 11 月 18 日,世界反兴奋剂机构理事会

---

〔23〕 载 https://jurisprudence. tas – cas. org/Shared% 20Documents/Forms/ByYear. aspx Arbitration CAS 2010/A/2161 Wen Tong v. International Judo Federation (IJF), award of 23 February 2011,2022 年 9 月 11 日。

宣布俄罗斯反兴奋机构没有遵守《世界反兴奋剂条例》,并且中止了莫斯科实验室的认证。2016 年 5 月,美国时代周刊和一家美国电视台曝光了莫斯科实验室前主任的指控,该指控称俄罗斯内部存在政府支持的兴奋剂使用计划。当月,世界反兴奋剂机构委任麦克伦教授开始调查。2016 年 7 月 18 日和 2016 年 12 月 9 日麦克伦教授先后提交两份报告,认为存在兴奋剂使用的可能性。2017 年 1 月,世界反兴奋剂机构认为俄罗斯反兴奋机构没有遵守《世界反兴奋剂条例》,对俄罗斯提出了一系列要求,其中之一是要提供包括但不限于从 2011 年到 2015 年莫斯科实验室的全部样本数据。但是截至 2018 年年底,俄罗斯都没有提供数据。直到 2019 年 1 月 10 日至 17 日,世界反兴奋机构专家组才允许进入莫斯科实验室复制数据。世界反兴奋剂机构经过对样本数据分析后认为,样本数据遭到了篡改。2019 年 12 月 9 日,世界反兴奋剂机构作出俄罗斯禁赛四年的处罚,同月 27 日,俄罗斯反兴奋剂机构提出异议。2020 年 1 月 9 日,世界反兴奋剂机构向国际体育仲裁院提起仲裁。同时国际奥委会、国际残奥会、俄罗斯奥委会、俄罗斯残奥会等诸多团体也加入进来。国际体育仲裁院审理认为俄罗斯反兴奋剂机构违规事实存在,对于处罚最核心的问题就是集体禁赛的合法性和适度性,因为运动员并不是《世界反兴奋剂条例》的签约方,最终国际体育仲裁院裁决将禁赛期缩短到 2 年,在此期间俄罗斯运动员只能以中立身份参赛,此外禁赛范围不包括青年奥林匹克运动会等。[24]

俄罗斯集体禁赛案,在法理上仍值得继续讨论。但是对于集体禁赛合法性问题,2021 年版本的《世界反兴奋剂条例》进行了回应,条例对原来条文进行了修改,明确授权条例的签约方可以采取全面禁赛措施,禁止签约方管辖范围内的体育组织及后者所辖运动员参加签约方组织的体育赛事。新规肯定了在平昌冬奥会和冬残奥会上,国际奥委会、国际残奥会分别对俄罗斯国家奥委会、俄罗斯残奥会的全面禁赛实践,这一变化有利于打击集体兴奋剂违规行为。[25] 此外,俄罗斯兴奋剂问题是从内部曝光开始的,为了鼓励揭发兴奋剂黑幕的行为,2021 年版本的《世界反兴奋剂条例》增加了运动员或其他当事人阻止或报复向当局举报的违规行为,以期望更多兴奋剂问题被发现。为了增加世界反兴奋机构的权威,处置类似俄罗斯案件,《世界反兴奋剂条例》还新增世界反兴奋机构随时获取样本数据的权力,规定无论是否事先通知,都可以随时获取实验室或反兴奋剂组织拥有的样本及相关检测数据,实验室或者反兴奋剂组织不能抗拒提供。

(三)孙杨案

孙杨,2012 年伦敦奥运会男子 400 米自由泳、男子 1500 米自由泳冠军,2016 年里约奥运会男子 200 米自由泳冠军。2018 年 9 月 4 日晚,国际泳联委托国际兴奋剂检查管理公司 3 名工作人员对孙杨进行赛外兴奋剂检查,由于孙杨对检查人员资质和授权存疑,使此次赛外检查没能完成。国际泳联收到国际兴奋剂检查管理公司报告后,认为孙杨暴力抗检违规,孙杨不服,将案件提交国际泳联内部反兴奋剂庭裁决,国际泳联内部反兴奋剂庭认定孙

---

〔24〕 载 https://jurisprudence. tas – cas. org/Shared% 20Documents/Forms/ByYear. aspx Arbitration CAS 2020/0/6689 World Anti – Doping Agency (WADA) v. Russian Anti – Doping Agency (RUSADA), award of 17 December 2020,2022 年 9 月 12 日。

〔25〕 郭树理:《2021 年实施版〈世界反兴奋剂条例〉之修订》,载《体育科研》2020 年第 2 期。

杨不构成违规。世界反兴奋剂机构对泳联内部裁决结果不满，向国际体育仲裁院提出上诉。国际体育仲裁院认为虽然程序有瑕疵但符合规定，孙杨对自己破坏兴奋剂取样的举动未能提供有说服力的解释，从而裁决孙杨禁赛八年。孙杨不服，向瑞士联邦最高法院提起上诉，基于原审一名仲裁员存在中立性问题，瑞士联邦最高法院撤销了国际体育仲裁院的裁决。国际体育仲裁院重新审理此案后，将孙杨禁赛期改为4年3个月。孙杨不服，再次向瑞士联邦最高法院上诉。2022年3月4日，瑞士联邦最高法院最终驳回了孙杨的上诉，禁赛期维持到2024年5月底。

孙杨案一直争议很大，案件进程曲折复杂，成为舆论关注的焦点，本案很明显兴奋剂取样程序存在失当，这其中凸显了对运动员相关权利保护的缺失。如何弥补缺失，让此类情况不再发生，各方其实事后都在做着努力。国际泳联委托的国际兴奋剂检查管理公司是一家商业公司，为了降低成本等原因，在兴奋剂取样过程中明显不严谨规范。和运动员的严格责任（也就是认定兴奋剂违规行为不考虑主观意图）相对应，兴奋剂检验也应该是严格规范的，这才能实现对运动员合法权利的保护，为此，2018年在国际奥委会的推动下，成立了非营利性国际检查机构，此次事件后，为了避免类似事件再次发生，国际泳联也成为国际检查机构的合作方。此外，为了重申要切实保护运动员权利，世界反兴奋剂机构发布了《运动员反兴奋剂权利法》，法案中明确规定了运动员在样本采集时的权利，其中包括有权查看兴奋剂检查官的身份证件，有权要求提供样本采集的其他相关信息，有权获知样本采集机构，还有权知悉不配合检验的法律后果等。最后，2021版本的《世界反兴奋剂条例》也进行了条文修改，在一定情况下可以减轻对于拒绝样本采集、破坏兴奋剂管制的违规行为的处罚，条文规定，如果运动员或者其他当事人能够证明情况特殊，这时可以考虑其过错程度，将禁赛期降到2～4年，以保护运动员的权利。

思考题

1. 简述国际反兴奋剂组织对制定国际反兴奋剂规则的推动。
2. 简述《世界反兴奋剂条例》的主要内容。
3. 简述《国际体育仲裁院反兴奋剂庭仲裁规则》的主要内容。

第十八章　国际体育仲裁院仲裁制度

国际体育仲裁制度是国际体育法治体系的重要组成部分,也是我国竞技体育涉外法治的主要面向。全面深入理解国际体育仲裁制度,有助于我国加强涉外体育立法,统筹推进国内体育法治和涉外体育法治,依法维护体育领域的国家利益。

第一节　国际体育仲裁院的内部机构

一、国际体育仲裁院的建立

为适应体育事业迅猛发展的国际化进程和应对各类国际体育纠纷,1983 年国际法院的大法官和副院长以及国际奥委会委员主持的工作组展开讨论,起草了“国际体育仲裁院”章程,并在印度新德里举行的国际奥委会第 86 次会议上审议通过成立国际体育仲裁院。国际奥委会在同年正式确认了国际体育仲裁院的地位并规定“只有经国际奥委会执行理事会提议,且获得国际奥委会的会议通过,才能修改国际体育仲裁院章程”。

1984 年 12 月 17 日,萨马兰奇主席宣布国际体育仲裁院正式成立,办公总部设在瑞士洛桑,职责为解决各类国际体育纠纷,运营费用由国际奥委会执行委员会承担。尽管国际体育仲裁院总部位于洛桑,但其在其他地区仍然可以审理并裁决体育仲裁案件。

国际体育仲裁院由国际奥委会、国际单项体育联合会、国家或地区奥林匹克委员会以及国际奥委会主席任命的 40 名常务委员组成。国际奥委会主席任命的 10 名仲裁员必须与上述体育组织无任何关联,并在公众监督下选举产生,国际体育仲裁院成员必须具有法律和体育相关的背景知识。根据《国际体育仲裁院章程》相关规定,国际体育仲裁院使用英语和法语作为官方语言,在当事人达成仲裁协议的前提下,双方可以选择使用本国语言。另外,根据《体育相关仲裁法》规定,即使国际体育仲裁院在全球任意地区仲裁裁决体育争议,仲裁地也应视为瑞士洛桑,这意味着所有的国际体育仲裁院的仲裁都受《瑞士联邦国际私法》的管辖,即使当事人并非瑞士公民,其住所或登记地位于瑞士国外,也要遵守《瑞士联邦国际私法》。该法律是仲裁属地的国家立法,有权对体育争议可仲裁性、体育仲裁协议的有效性以及裁决的撤销与救济等问题进行司法审查。

进入 21 世纪,国际体育仲裁院在国际体育界的作用愈显重要,逐渐成为全球公认的体育仲裁机构,原来一直不承认国际体育仲裁院管辖权的国际田径联合会和国际足球联合会,相继在 2001 年和 2002 年分别接受国际体育仲裁院的体育仲裁条款,至此,全球范围内的国际单项体育联合会都接受了国际体育仲裁院的管辖。

二、国际体育仲裁理事会

1993年在奥林匹克博物馆举行的国际法律与体育大会上，出席会议的著名法学专家们提出建立一个新的机构，即国际体育仲裁理事会。与会者认为，新机构应该取代国际奥委会对国际体育仲裁院实行财政行政管理及司法监督，以加强国际体育仲裁院的独立性。1994年6月22日，国际体育单项联合会的代表和国际奥委会执行理事会共同签署并通过《巴黎协定》，旨在成立国际体育仲裁理事会，主要负责监督国际体育仲裁院的运行，以及监管调整国际体育仲裁院的部门机构。该协定在导言中指出："为了促进体育争议的解决，已经建立了国际体育仲裁院。为了确保体育仲裁的独立性，更好地保护当事人的合法权益以及国际体育仲裁院的专业性，签约各方同意并决定设立国际体育仲裁理事会。"根据《巴黎协定》相关条款，1993年国际体育仲裁理事会宣布成立，并正式接管国际体育仲裁院的财政与行政控制权，其成立的最主要目的在于维护国际体育仲裁院的独立性。国际体育仲裁委员会的职能包括：拟定仲裁员名单，修改国际体育仲裁院的仲裁规则，负责国际体育仲裁院的财政，保障国际体育仲裁院独立性及各方当事人利益，根据国际奥委会提名在国际体育仲裁理事会成员中选择主席，任命国际体育仲裁院秘书长，以及确定国际体育仲裁院临时仲裁机构和地方办事处的选址。

目前国际体育仲裁理事会正在行使准司法权利，在监督国际体育仲裁院的运作和其裁决的公正性时，国际体育仲裁理事会规定，所有处于体育纠纷的利害关系人都可以请求国际体育仲裁院对体育纠纷进行裁决。国际体育仲裁院作为一个中立且公正的专门的体育组织，代表了各方当事人的基本权利，尤其是那些代表广大运动员合法权益的国际单项体育联合会运动员工会。

三、国际体育仲裁院常设分院

1996年国际体育仲裁院开始权力下放，国际体育仲裁院办公总部虽然位于瑞士洛桑，但根据《体育仲裁规则》第S6.8条的规定，它可以设立常设的或临时性的分院。据此规定，国际体育仲裁理事会设立了两个永久性分院，澳大利亚悉尼仲裁分院和美国纽约仲裁分院。这些分院的监管权属于总部在洛桑的国际体育仲裁院。国际体育仲裁院负责处理大多数体育争议，根据当事人约定的体育仲裁协议与国际体育仲裁院仲裁规则进行处理，当事人如果有需要也可以申请在全球任何地区启动仲裁程序。澳大利亚悉尼仲裁分院主要处理在澳大利亚及其所属地区产生的体育争议，而纽约仲裁分院主要受理美国运动员或国家代表队在奥运会举办过程中与其他利益相关方产生的体育纠纷。上述两家仲裁分院的顺利运行，促使国际体育仲裁院继续另设其他分院，通过《体育仲裁规则》新增条款，明确允许国际体育仲裁院可以根据发展需要在全球范围内设立仲裁分院。该条款意味着国际体育仲裁院可以继续设立奥运会特别仲裁分院与地区仲裁分院。

四、奥运会特别仲裁分院

为解决奥运会期间运动员及其他利益相关方产生的体育争议，国际奥委会开始设立国际仲裁院奥运会特别仲裁分院。1997年,国际奥委会第106次会议对《奥林匹克宪章》进行修订。新《奥林匹克宪章》第49条附则第5款规定,运动员签字的报名表中包括下列声明:“本人同意遵守现行有效的《奥林匹克宪章》,特别是有关《奥运会参赛资格》《国际奥委会药物条例》《有关在奥运会上穿着和使用的衣服及设备上的商标的辨认》,以及由国际体育仲裁院仲裁体育争议的《奥林匹克宪章》的有关规定。”

在亚特兰大奥运会上,国际体育仲裁院首次设立奥运会特别仲裁分院,旨在解决奥运会期间发生的有关体育争议,目的是建立一个可以高效、公正地解决奥运会期间所发生体育纠纷的权威体育仲裁机构。为确保奥运会特别仲裁分院仲裁程序的适用性,国际体育仲裁院所进行的程序和组织工作必须符合基本的法律原则,以最大限度地保护参赛运动员及其他相关利益方的合法权益。在亚特兰大奥运会举办期间,国际体育仲裁院亚特兰大特别仲裁分院裁决了6件具有不同法律背景的体育争议案件,这些争议涉及兴奋剂、纪律问题以及不同技术规则的适用,所有仲裁裁决都得到了有关当事人的顺利执行。

经过亚特兰大奥运特别仲裁分院的成功实践,依据奥运会特别仲裁分院的法律依据与判例实践,1998年国际体育仲裁理事会在长野奥运会上设立了长野奥运会特别仲裁分院。长野冬奥会特别仲裁分院在组织结构方面类似于亚特兰大特别仲裁分院。考虑到冬奥会的参加者和体育项目少了近2/3,长野奥运会特别仲裁分院仲裁员的人数减至6人。长野冬季奥运会举办期间,奥运会特别仲裁分院共受理5项体育仲裁请求。因为有两项仲裁请求涉及同一争议,故该特别仲裁分院实际上只仲裁了4项不同争议。

2000年悉尼奥运会设立的特别仲裁分院仲裁了15项体育争议,使奥运会特别仲裁分院仲裁的体育争议明显上升。2002年盐湖城冬奥会特别仲裁分院也仲裁了6项争议。此外,欧足联举办的欧洲杯比赛以及国际足联2006年世界杯比赛期间,也设立了国际体育仲裁院特别仲裁分院。

奥运会特别仲裁分院裁决体育纠纷案件适用的是国际体育仲裁理事会根据《体育仲裁规则》第S6.8条专门为解决奥运会纠纷而制定的《奥运会仲裁规则》,该规则最初是每逢奥运会就重新制定。在2003年,国际体育仲裁理事会继续修订《奥运会仲裁规则》,最初制定的几次奥运仲裁规则内容大同小异,只是因赛事举办国法律环境不同而在一些具体条文上有些差异。当前《奥运会特别仲裁规则》已经成为国际体育仲裁院《体育仲裁规则》不可分割的一部分。需要说明的是,奥运会特别仲裁分院专门适用奥林匹克仲裁规则,而不适用《体育仲裁规则》的其他条款。不过,如果《体育仲裁规则》规定的解决方法与奥运会特别仲裁程序的约束尤其是时间的强制性规定相一致,在《奥运会仲裁规则》没有规定的时候,仲裁员也可以援引《体育仲裁规则》作为指导。

悉尼特别仲裁分院的仲裁程序适用国际体育仲裁院悉尼奥运会仲裁规则,但与长野冬奥会的规则不同的是:悉尼奥运会仲裁规则规定了独任仲裁员,并建立了由特别仲裁分院主席对仲裁裁决进行审查的仲裁审查制度。

第二节　国际体育仲裁院的管辖权

仲裁协议是仲裁制度的基石,无协议则无仲裁是仲裁制度的一项基本原则。体育争议当事人是否达成有效的仲裁协议,是体育仲裁机制能否介入争议解决的核心和基础。国际体育仲裁院解决争议的前提是其对有关体育争议具有管辖权。管辖权是国际体育仲裁院受理争议的前提条件,只有具备了对某争议的管辖权,才能排除其他组织对该争议的管辖,作出的裁决才对当事人具有拘束力。而判定国际体育仲裁院是否具有管辖权的基础是管辖依据问题,即在体育仲裁中表现为各种形式的体育仲裁协议。仲裁协议是仲裁机构受理案件最重要的初步证据,也是最终取得管辖权的必要条件之一,同时还是强制执行仲裁裁决的依据。而且体育仲裁协议的存在,使当事人不能将同一纠纷提交至法院解决,法院也不得受理当事人就同一争议所提起的诉讼,可见体育仲裁协议具有一定的司法特征。

一、管辖体制

奥林匹克运动的组织管理架构呈金字塔式。国际奥委会作为最高权力决策机构,是奥林匹克运动的最高管理机构,其制定的《奥林匹克宪章》的效力在国际体育领域中具有最高权威,对所有参加奥林匹克运动的利益相关方,包括国际单项体育联合会、国家奥委会、国家体育协会以及运动员等都具有约束力。在国际奥委会的指导下,奥林匹克运动吸收愿意遵守《奥林匹克宪章》的组织、运动员和其他人员。

凡参加奥林匹克运动者,必须承认并遵守《奥林匹克宪章》。在运动员或者运动队参加奥林匹克运动比赛之前,其所属的国际单项体育联合会和国家奥委会必须得到国际奥委会的承认。具体而言,《奥林匹克宪章》第 29 条规定:“为得到承认,国际单项体育联合会必须执行《奥林匹克运动反兴奋剂条例》,并按照已制定的规则有效地进行赛外检验。就各国际单项体育联合会在奥林匹克运动内的职责而言,其规章、行为和活动必须与《奥林匹克宪章》一致。”《奥林匹克宪章》第 74 条规定:“在奥林匹克运动会举办时发生的或与奥林匹克运动会有关的任何争议,须按照国际体育仲裁院《体育仲裁规则》提请国际体育仲裁院独家仲裁。”由此可见,国际体育仲裁院的管辖权主要来自《奥林匹克宪章》第 74 条关于管辖权的规定。

根据国际体育仲裁院《体育仲裁规则》的规定,国际体育仲裁院有以下三个特殊作用:

1. 根据合同中的仲裁条款或争议发生后当事人签署的提交仲裁的协定,国际体育仲裁院作为初审仲裁院立即和直接仲裁争议,诸如赞助合同、运动员和管理者之间的合同、与体育运动有关的电视转播权合同等的争议。这些争议适用普通仲裁程序。普通仲裁分院拥有广泛的管辖权,可以仲裁“在体育运动的实践或发展中与体育、金钱或其他利害关系有关的争议,一般来讲,是指与体育有关的所有活动”。换言之,所有因当事人之间的法律关系引起的但又不能提请上诉仲裁程序解决的争议,都可以通过普通仲裁程序解决,包括所有的因合同的解释或不能履行的合同而引起的争议,范围涉及赞助、电视转播权、体育设施及用品的供应、劳动合同等内容。另外,那些涉及民事责任的争议也可以申请国际体育仲裁院仲裁,如体育比赛中突发事故引起的争议。其他体育争议,无论其是否具有金钱性质,只要当事人达成协议,也可以提请国际体育仲裁院仲裁。

2. 如果一方当事人对国际单项体育联合会的决定不服,向国际体育仲裁院提出上诉申请,国际体育仲裁院的上诉仲裁分院就是终审仲裁庭。国际体育仲裁院的管辖权也必须基于仲裁协定或仲裁条款,主要表现为国际单项体育联合会章程或条例中规定的仲裁条款。与普通仲裁分院相比,上诉仲裁分院的管辖权是有限的,仅仅处理那些当事人已用尽国际单项体育联合会、国家体育协会或体育团体的所有内部救济,且意图将其裁决上诉到国际体育仲裁院的争议。上诉仲裁程序解决的争议主要具有纪律处罚性质,通常因国家体育协会或国际单项体育联合会就纪律性问题作出的裁决而产生。它是目前适用最广泛的程序,包括对所有国际单项体育联合会所作裁决不服的争议,以及那些涉及选拔运动员参加奥运会或世界锦标赛的管理性或程序性争议。

3. 应相关国际奥委会、国际单项体育联合会、国家奥委会等体育组织的请求,国际体育仲裁院可以就与体育有关的法律问题发表咨询意见,咨询意见不具有法律拘束力。由于国际体育仲裁院普通仲裁分院和上诉仲裁分院的管辖范围不同,它们的管辖根据也不相同。普通仲裁分院审理的争议基于当事人之间达成的将争议提交国际体育仲裁院仲裁的协议,该协议可以在争议发生之前达成,也可以在争议发生之后达成。上诉仲裁分院的管辖基础则是体育组织在其章程或条例中规定的将争议提交国际体育仲裁院仲裁的强制性仲裁条款,或在运动员和体育协会的注册许可合同中规定的强制性仲裁条款。运动员为了参加国家体育协会或国际单项体育联合会主办的比赛,必须遵守包括强制性仲裁条款在内的协会章程。为了参加国际单项体育联合会主办的比赛,运动员必须签署此类注册许可合同。这类合同中的仲裁条款为强制执行针对个别运动员作出的裁决提供了基础。根据《体育仲裁规则》第 R47 条的规定,当事人可以根据这些条款,将对有关国际单项体育联合会裁定的质疑,上诉到国际体育仲裁院裁决。参加奥林匹克运动的运动员不仅有权将国际奥委会或者某国际单项体育联合会的裁决上诉到国际体育仲裁院,请求仲裁,而且有义务就该争议放弃向法院提起诉讼。

任何自然人或者法人,只要具备行为能力,都可以作为国际体育仲裁院仲裁的当事人,包括运动员、俱乐部、体育协会、体育比赛的组织者、赞助商以及电视转播公司等。运动员通常是国际体育仲裁院的申请人,国际体育仲裁院对其管辖的依据是运动员所属的国家单项体育运动协会或者国际单项体育联合会章程的规定、运动员签署的仲裁协议等。对于国际奥委会、国家奥委会、国际单项体育联合会、国家体育协会等体育组织,由于都参与了奥林匹克运动,其活动已属于奥林匹克运动范围内的活动,根据《奥林匹克宪章》第 74 条的规定,仅仅存在争议事实就足以确立国际体育仲裁院对它们的管辖权。换言之,由于它们参与奥林匹克运动和参加奥运会,可以表明它们事实上已经同意《奥林匹克宪章》中的仲裁条款。所有的国际单项体育联合会的章程都规定了国际体育仲裁院仲裁条款,而国家奥委会也有发展奥林匹克运动和确保《奥林匹克宪章》在本国实施的义务,国家体育协会则因为是国际单项体育联合会的成员而接受管辖。

二、奥运会特别仲裁分院的管辖权

1995 年,国际奥委会修改了《奥林匹克宪章》,增加了允许设立奥运会特别仲裁分院的第 74 条。该条规定:“在奥运会上发生的或与奥运会有关的任何争议,都应当提请国际体育仲裁院,根据仲裁规则行使专属管辖权。”1996 年美国亚特兰大夏季奥运会举办前,国际奥委会特别担心参加奥运会的运动员向美国法院寻求解决纠纷。因此,《奥林匹克宪章》要求所有的运动员、教练和官员必须签署包括一个具有强制性和拘束力的仲裁条款在内的赛事报名表,以此作为其取得参加奥运会资格的前提条件。拒绝签署报名表的运动员不得参加本届奥运会比赛。多数国际单项体育联合会都在其章程中规定了国际体育仲裁院仲裁条款,即使章程中没有作出这些规定,根据《奥林匹克宪章》第 74 条规定,仍然须接受奥运会受特别仲裁分院的管辖。另外,为保证奥运会在举办国顺利举办,每届奥运会开幕前,国际奥委会和奥运会组织委员都会签订《奥运会主办城市合同》,其中也包括国际体育仲裁院仲裁条款、奥运会临时仲裁条款等。国际奥委会规定国家奥委会应接受《奥林匹克宪章》第 74 条的管辖,并且根据在《奥林匹克宪章》第 31 条规定,国家奥委会与赛事主办国有义务执行并遵守《奥林匹克宪章》相关规定,并受国际体育仲裁院管辖权的约束。上述情形构成了国际体育仲裁院奥运会特别仲裁分院对奥运会举办期间发生的争议的管辖依据。

根据《奥林匹克宪章》第 74 条规定,在奥运会上发生的或与奥运会有关的任何争议,都应当提请国际体育仲裁院行使专属管辖权。根据《奥林匹克宪章》关于受理仲裁申请的相关规定,参与特别仲裁庭审或奥运会分院仲裁庭的当事人所属的国内单项体育协会必须是其本国奥委会的承认的协会成员。如果其本国奥委会不承认该体育协会,该运动员就没有资格代表国家参加奥运会,也就不是奥运会特别仲裁庭的合法当事人,无权对奥运会特别仲裁庭提出仲裁申请,那么奥运会特别仲裁庭对该运动员提起的争议没有管辖权。因此,并不是所有的人都能向奥运会特别仲裁庭提起仲裁的请求。

21 世纪以来,《奥运会特别仲裁规则》均规定:奥运会特别仲裁分院仲裁的争议,是根据《奥林匹克宪章》第 74 条和奥运会报名表中的仲裁条款所规定的奥运会期间发生的争议。该规定为国际奥委会与国家奥委会受理每届奥运会体育纠纷提供了规则依据。国际体育仲裁院提出,奥运会特别仲裁庭的管辖权必须同时符合《奥林匹克宪章》第 74 条和奥运会报名表中的仲裁条款的相关规定,它们之间是并列关系,一项争议只有同时符合这两个文件关于管辖权的规定,奥运会特别仲裁庭才对该争议行使管辖权,只符合其中之一的情形将不能向特别仲裁分院请求仲裁,奥运会特别仲裁庭也无权对该纠纷进行裁决。对于特别仲裁庭行使管辖权所依据的奥运会参赛报名表,国际体育仲裁院认为,除了有运动员的本人书面签名外,还要出示本国奥委会的签署认可或官方盖章。一个未经运动员所属国家奥委会签署认可的参赛报名表是不能通过国际奥委会审批的,因此该参赛报名表被视为一份没有法律效力的单方面契约文件,当事人不得以该参赛报名表为仲裁证据,要求奥运会特别仲裁庭对其进行受理并裁决。

综上所述,国际体育仲裁院奥运会特别分院根据当事人的体育仲裁协议、体育组织章程或条例规定的强制性仲裁条款、运动员参赛协议和奥运会参赛报名表中的仲裁条款行使裁决权。

三、强制性仲裁问题

当前国际体育仲裁院的仲裁裁决实行一裁终局制,要求被执行人必须按照体育仲裁裁决履行相关要求。在当事人对国际体育仲裁院一般仲裁庭作出的裁决产生质疑,甚至申请撤销体育裁决时,国际体育仲裁院上诉仲裁庭有义务受理并解决体育上诉纠纷。国际体育仲裁院上诉仲裁庭管辖的争议主要是因不服国际单项体育联合会或国家体育协会所作的纪律性处罚而引发,其主要管辖根据是体育组织章程以及注册许可合同中的强制性仲裁条款。另外,根据《体育仲裁规则》第R27条的规定,当事人也可以达成单独的体育仲裁协议,将纪律性争议提交国际体育仲裁院一般仲裁庭进行仲裁。

目前,多数国际单项体育联合会在其内部条例或章程中均规定了由国际体育仲裁院管辖的特别仲裁条款。这类条款承认国际体育仲裁院的法律地位,明确国际体育仲裁院不仅对国际单项体育联合会或其成员之间的争议具有管辖权,而且是国际单项体育联合会作出决议后的最终上诉机构。在此情况下,该国内单项体育协会或国际单项体育联合会的成员必须遵守并承认国际体育仲裁院的管辖权,如运动员要想成为职业运动员并参加职业体育联赛,在其工作合同或参赛证明中必须与体育俱乐部约定强制性体育仲裁条款,该工作合同的法律效力受到国际体育单项联合会的长期监督。这些工作合同中的强制性仲裁条款履行了国际单项体育联合会对国际体育仲裁院的承诺,有助于确保国际体育仲裁院的裁决对单个运动员的强制拘束力。另外,由于国内单项体育协会希望极力控制其与所属运动员之间的争议,因此其大多会在章程性文件中明确,除了协会内部纠纷解决机构外,任何司法机关包括法院不能受理该体育纠纷。

国际奥委会认为,当一名运动员和国际单项体育联合会签订了注册许可合同或工作合同时,如果运动员和该体育联合会之间发生争议,这种合同就是将争议提交国际体育仲裁院的书面承诺,运动员诉诸国内法院的案件应被限制在严重违反正当法律程序、基本权利或公共秩序方面的争议之内。在发生争议时,运动员依据该合同必须将争议提请国际体育仲裁院仲裁,否则将会因为不接受工作合同中相关的强制性仲裁条款,可能影响其参加比赛,甚至引发工作合同纠纷。

注册许可合同通常规定运动员有义务遵守国际单项体育联合会或者国家体育协会的内部章程,运动员的书面签名意味着运动员同意注册许可合同的条款,也意味着同意该国际单项体育联合会或者国家体育协会的章程规定。运动员通常可能并不知道或不了解仲裁条款,尤其是当该条款隐藏在冗长的体育联合会章程里时更是如此,但无论如何,体育主管部门应确保运动员意识到强制性仲裁条款的法律含义。

为了参加比赛或训练,运动员首先要成为国际单项体育联合会会员协会的注册运动员,并得到参赛许可。如果注册许可合同中包含强制性仲裁条款,运动员只能在以下两者中选择其一:(1)签署工作合同代表着同意强制性仲裁条款,取得参赛许可证后参加体育比赛;(2)拒绝签署该工作合同,失去参赛资格。为了获得更好的职业发展,大多数运动员均选择签署工作合同,但其都希望不启用有关仲裁条款。考虑到体育仲裁要求的基本前提是双方当事人自愿,故体育注册许可合同的强制性仲裁条款是否应当得到运动员承认和执行、其属于何种法律效力、该法律效力的来源是否明确、强制性仲裁条款是否真正反映了当事人尤其是运动员的个人意愿,这些问题都有待商榷。

第三节　国际体育仲裁院的规则与程序

一、体育仲裁规则

国际奥委会为建立国际体育仲裁院,1983 年在新德里会议上通过了国际体育仲裁规则。当时的仲裁规则规定的多是一般仲裁规则,如第 3 条规定,国际体育仲裁院可以就涉及当事人自由决定的权利作出裁决。因此,当事人没有权利达成协议的事项,国际体育仲裁院就没有管辖权。第 4 条规定,国际体育仲裁院处理具有民间性质的争议,但并不排除它对国家或国内公共团体的管辖权。国际体育仲裁院有权就提交其仲裁的争议进行解释,并根据自己的意志作出裁决。在仲裁庭就裁决不能达成一致,或者有必要结束案件或作出实体性改动的情况下,仲裁规则规定国际体育仲裁院有权决定。

为了吸引更多的当事人将争议提请国际体育仲裁院仲裁,1990 年 9 月,在东京举行的国际奥委会第 87 次会议上,与会代表提交了对国际体育仲裁院仲裁规则的修正案。这次修改主要集中在以下几个方面:(1)在国际体育仲裁院的组织方面,考虑到允许连任,加入了国际体育仲裁院仲裁员任期 4 年的规定;(2)在当事人同意的前提下,仲裁员可以依公平原则而不是法律作出裁决;(3)导入了独任仲裁制度,同时规定当事人选任的仲裁员可以从仲裁员名单中选出第三名首席仲裁员,而不是由当事人自己来选任等。

1992 年,瑞士邦法院裁决的冈德尔案导致了国际体育仲裁院的重大改革。主要变化是:设立国际体育仲裁理事会,以取代国际奥委会来监督国际体育仲裁院的运营和财政的状况。国际体育仲裁院的改革在 1994 年 11 月生效的《体育仲裁规则》中得到了体现,它规定国际体育仲裁院的仲裁分为适用普通仲裁程序和上诉仲裁程序两种情况。2003 年年底,国际体育仲裁院又对该规则进行了修改,名为《解决体育争议之组织规范》,简称《体育仲裁规则》。同时,为了解决在奥运会上产生的争议,国际体育仲裁理事会又通过了在奥运会上进行仲裁的《奥运会仲裁规则》。这样一来,国际体育仲裁院有了三种不同的仲裁程序,同时包括调解程序和咨询程序。

二、普通仲裁程序

根据国际体育仲裁院《体育仲裁规则》的规定,有关仲裁地(瑞士洛桑)、仲裁的工作语言(英语和法语)、代理和协助(当事人可选择代理或协助)、通知和通讯(拟送达当事人的所有通知和通信均应通过仲裁院办公室发出)、时限的确定、临时救济措施、仲裁员的独立性和资格以及仲裁员的回避、撤换、替换等方面的规范是一般性的程序规定,适用于所有的仲裁程序。另外还有专门适用于普通仲裁程序和上诉仲裁程序的特殊规定。

(一)仲裁程序的开始

当事人提起仲裁应向国际体育仲裁院秘书处提交申请书,申请书包括以下内容:被申请人的名称和地址,包括提交国际体育仲裁院裁决事项在内的争议事实和法律依据的简单说明,申请人请求的救济,载有仲裁条款的合同副本,或规定应根据本规则进行仲裁的文件副本,关于仲裁员的人数和人选的有关资料,如仲裁协议约定3名仲裁员,则需写明申请人从国际体育仲裁院仲裁员名单中选择的1名仲裁员的姓名及地址。申请人在提起申请时,应向国际体育仲裁院办公室支付相应的费用。

国际体育仲裁院或其仲裁庭拟送达当事人的所有通知和通讯,均应通过国际体育仲裁院办公室发出。通知和通讯应以法语或英语拟成,并送达仲裁申请书或咨询申请书上载明的地址或其后说明的地址。另外,当事人向国际体育仲裁院或其仲裁庭作出的所有通信,包括仲裁申请书、上诉申请书、咨询申请书以及请求第三人加入申请书联网答辩书等,均应向国际体育仲裁院送达,并另加一份给国际体育仲裁院。国际体育仲裁院办公室应将申请书送达被申请人,要求当事人明确适用争议的实体法律,确认被申请人提交关于仲裁员数目和人选的任何相关资料,特别是从国际体育仲裁院的名单上委派仲裁员以及答复仲裁申请书的时限。答复应包括:答辩的简要说明、无管辖权的抗辩、可能返回请求。

在这个阶段,当事人应当注意程序性规范规定的时限要求,时限应自国际体育仲裁院收到通知之日起计算。另外,对于当事人有正当理由的申请,且经仲裁庭的主席或者庭长的同意,也可以延长本规则规定的时限。

(二)临时救济和保全措施

任何一方当事人在向国际体育仲裁院申请仲裁或提出上诉申请之前,均不得根据程序规则申请临时或保全措施,只有向国际体育仲裁院办公室提出申请后,才能开始仲裁程序。一旦接受当事人请求临时或保全措施的申请,相关庭的首席仲裁员在将案卷移交仲裁庭之前或之后,均可应一方当事人的申请,命令采取临时或保全措施。当事人同意将争议按程序规则通过上诉仲裁程序处理,表明其明示放弃向有关国家机构请求此类措施的权利,但此种弃权不适用于通过普通仲裁程序解决争议的临时或保全措施。

如申请采取临时或保全措施,仲裁分院主席或相关庭的首席仲裁员应要求相对方在15日内或者视情况需要在更短时限内,表明其观点,仲裁分院主席或首席仲裁员应迅速作出命令。如果当事人提供担保,临时和保全措施也可以是附条件的。

(三)仲裁庭的组成

国际体育仲裁院一旦收到了仲裁申请书,并且双方当事人提交了答辩状,就要组成仲裁庭。根据当事人的协商,仲裁庭可以由1名或者3名仲裁员组成。如果仲裁协议未约定仲裁员人数,普通仲裁分院主席应在考虑争议金额及复杂程度后确定仲裁庭的组成人数。

当事人可以自由约定委任仲裁员的方法,如无约定,按照仲裁协议或普通仲裁分院主席的决定,委任1名独任仲裁员或者3名仲裁员。申请人在要求的确定仲裁员人数的时限内,在其申请书中委任仲裁员,被申请人应在仲裁院办公室确定的时限内委任仲裁员。如当事人未作此委任,普通仲裁分院主席应代其委任。被委任的两名仲裁员应在仲裁院办公室确定的时限内共同选定一名首席仲裁员,如达不成一致,则普通仲裁分院主席代其委任首席仲裁员。仲裁员仅在普通仲裁分院主席确认后才视为已被委任,并且只有在此时,才能向仲裁庭移交案卷。

在有多方当事人参加仲裁时,仲裁员的任命略有不同。如果仲裁申请书列有数个申请人及被申请人,并且当事人在仲裁员的人数和任命方法方面已达成一致,国际体育仲裁院就应根据当事人约定的仲裁员人数及委任方法组成仲裁庭。如果当事人未作此约定,仲裁分院主席应根据《体育仲裁规则》第 R401 条的规定确定仲裁员人数。如委任独任仲裁员,则适用《体育仲裁规则》第 402 条。如委任 3 名裁员而申请人有数个,他们应共同委任 1 名仲裁员。如委任 3 名仲裁员而被申请人有数个,他们也应共同委任 1 名仲裁员。如未共同委任,仲裁分院主席应代申请人或被申请人委任。如应委任 2 名仲裁员,而有数个申请人和数个被申请人,且申请人和被申请人均未共同委任该方的仲裁员,则应根据《体育仲裁规则》第 402 条由分院主席委任该两名仲裁员。在任何情况下,首席仲裁员均应根据《体育仲裁规则》第 402 条,由另外两名仲裁员选任。如果被申请人拟使第三人参加仲裁程序,则其应在答复中表明,并附具理由,答复亦应增加一份副本。仲裁院办公室应将副本送达被要求参加仲裁的人,并根据《体育仲裁规则》第 R39 条确定答复的期限,要求该人就其参加仲裁提出看法。同时,仲裁院办公室亦应确定期限,要求申请人就该第三人参加仲裁提出看法。

如果第三人拟作为当事人参加仲裁,应在规定期限内向国际体育仲裁院提交申请书,并附具理由。如有可能,此类申请书应具备仲裁申请书应有的内容。仲裁院办公室应将该申请书的副本一式一份送达各当事人,并根据《体育仲裁规则》第 R39 条明确答复的期限,要求其在期限内就第三人参加仲裁提出看法。无论第三人是被申请参加仲裁还是主动参加仲裁,必须证明他与该争议有足够大的利害关系,并且受仲裁协议的约束,或者已与其他当事人达成书面协议,方可参加仲裁程序。分院主席应决定第三人是否能够参加仲裁,如果同意第三人参加仲裁,国际体育仲裁院应根据仲裁员人数及委任方式组成仲裁庭。如无此约定,分院主席将根据《体育仲裁规则》第 R40.1 条和第 40.2 条的规定,组成仲裁庭。

(四)仲裁庭进行的程序

一旦申请人提出了申请,且被申请人做出了答复,双方就仲裁庭的组成达成了一致意见,争议解决程序就可以开始。如果争议的问题比较紧急,经当事人同意,仲裁庭可以用加速方式进行仲裁程序,并应为此给予适当的指示。不过,如果当事人没有要求加速审理争议,仲裁庭进行的普通仲裁程序一般包括两个相互连接的阶段:书面阶段和口头阶段。

如果仲裁庭认为书面阶段毫无疑义,也可以放弃该阶段。如果要进行书面程序,在接到案卷且首席仲裁员认为适当时,应发出书面提交有关材料的指示。一般说来,包括一份请求说明书、一份答辩书、答复书和第二次答辩书。当事人可在请求说明书及答辩书中提出其未在仲裁申请书及答辩中提出的请求。此后,没有对方当事人的同意,任何一方均不得提出新的请求。当事人应将拟用作依据的所有书面证据连同书面材料一并提交,并应在提交的材料中说明其拟传唤的证人和专家。书面材料提交完毕后,当事人不得提交进一步的书面证据,除非双方根据案件的特殊情况同意这么做。

(五)仲裁庭审理

一旦双方陈词交换完毕,首席仲裁员应做出开庭的指示,确定庭审日期。一般应进行一次庭审,仲裁庭可以聆讯当事人、证人以及专家,并听取当事人的最后陈述。如果一方当事人能够表明另一方当事人拥有或者控制了有关文件,且该文件与争议相关,该当事人可以要求仲裁庭命令另一方当事人提交其占有或者控制的文件。同样,如果仲裁庭认为补充当事人的陈述是适当的,可随时命令提交补充文件或询问证人,委任和聆讯专家以及进行其他程序性措施。如果仲裁庭准备委任专家,必须就专家的委任及其权限问题征询当事人的意见;仲裁庭所委任的专家应独立于当事人,并应立即向当事人披露任何可能影响其独立性的情形。

(六)仲裁裁决

仲裁庭应在开庭数周后将最终裁决交给当事人。如果仲裁庭由 3 人组成,裁决应以多数意见作出;如未形成多数意见,则由首席仲裁员单独作出。裁决应是书面的,注明日期并由仲裁员签名。除非当事人另有约定,否则裁决应简要说明理由。裁决由首席仲裁员 1 人签名即足够。除非裁决有例外规定或者所有当事人同意,否则裁决不应公开。

裁决是终局的,并对当事人均有拘束力。一旦经由仲裁院办公室送达当事人,裁决即对当事人有效。对裁决提出异议或者上诉是罕见的。如果不服,当事人应在收到裁决之日起 30 日内向瑞士联邦法院提起申请,裁决的承认与执行则适用 1958 年《承认及执行外国仲裁裁决公约》。

三、上诉仲裁程序

(一)上诉仲裁程序的启动

当事人只有用尽了国家体育协会、国际单项体育联合会等体育组织所有的内部救济措施,并且这些体育组织的章程或者条例中有向国际体育仲裁院上诉的规定,或者当事人达成了专门的仲裁协议,才可以最终将相关国家体育协会、国际单项体育联合会的裁决上诉至国际体育仲裁院。如果相关国家体育协会、国际单项体育联合会的章程或者条例以及事先达成的协议中未就上诉时限问题作出规定,当事人应当在收到裁决之日起 21 日内提起上诉请求。

上诉程序从上诉人向国际体育仲裁院上诉分院提交上诉说明书时开始。上诉说明书应当包括以下内容:被上诉人的名称和地址,被上诉的裁决,上诉人的救济请求,上诉人从国际体育仲裁院仲裁员名单中委任的仲裁员,停止执行诉的决定申请书,规定国际体育仲裁院具有上诉管辖权的体育组织的章程或者条例或者特别协议的副本,上诉费用。

(二)上诉的依据

上诉期限届满后 10 日内应向国际体育仲裁院提交一份引起上诉事实和法律根据的摘要,并附具对其拟作依据的所有证据及其他证据的说明。当事人未如此行事,则视为其撤回上诉。被上诉人在收到上诉理由之日起 20 日内,应向国际体育仲裁院提交一份答辩,内容应包括:一份答辩说明书,无管辖权的抗辩,对被上诉人拟作依据的证据或其他证据的说明。如被上诉人在规定时限内未提交答辩,仲裁庭可以继续仲裁程序,直至作出裁决。除非当事人另有约定或者首席仲裁员根据特殊情况另有指令,提交上诉理由和答辩后,当事人无权补充其主张、提交新的证据或详述其拟依据的新证据。

(三)仲裁庭的组成

上诉应提交由3名仲裁员组成的仲裁庭进行仲裁,除非上诉人在提交上诉说明书时说明当事人已约定1名独任仲裁员仲裁争议,或上诉仲裁分院主席认为鉴于有关事项紧急,上诉也可以由1名独任仲裁员审理。如果需要委任3名仲裁员,上诉人应在其上诉说明书中委任一名,被上诉人应当在收到上诉说明书后10日内,委任另一名仲裁员,或者由分院主席代为委任,首席仲裁员由分院主席委任。仲裁庭一旦组成,仲裁院办公室即应将案卷移交给仲裁庭。

(四)仲裁庭进行的程序

仲裁庭收到上诉说明书和被上诉人的答辩,案卷就会移交给首席仲裁员。案卷一经移交,首席仲裁员即应发出有关聆讯当事人、证人和专家以及口头陈述的指示,并应确定开庭日期。另外,在上诉仲裁庭进行仲裁的过程中,仲裁庭可以不承认先前的裁决机构据已作出裁决的任何事实。仲裁庭有权审查整个案件的事实和法律问题,首席仲裁员也可以要求被上诉人提交与上诉有关的整个争议的卷宗。在法律适用方面,仲裁庭应当适用当事人选择的法律规范或者条例来解决争议。如果当事人未就此达成一致,则根据被上诉人所在地的国家的法律来解决争议。

(五)仲裁裁决

在上诉程序中,仲裁庭原则上应在收到上诉通知之日起4个月内作出裁决。裁决应以多数意见作出,如未能形成多数意见,则由首席仲裁员单独作出。裁决应是书面的,并应简要说明理由,注明日期并由仲裁员签署。仲裁庭可以决定在送达裁决的理由之前,将裁决的认定部分通知当事人。

裁决应为一裁终局,并在仲裁院办公室送达当事人时对当事人产生约束力。只在非常有限的情况下,才能对裁决提起上诉。上诉应当在当事人收到裁决之日起30天内向瑞士联邦法院提起。法院是否接受上诉,取决于争议的性质,如对体育组织的规范或者条例的适当性的质疑。需要注意的是,与以普通程序作出的裁决不同,上诉仲裁程序作出的裁决不需遵守任何保密规则的要求。仲裁裁决、概括程序结果的摘要和新闻发布应当由国际体育仲裁院公开,除非当事人协议应予保密。

四、奥运会特别仲裁程序

奥运会特别仲裁分院主要解决针对国际奥委会执行理事会的决议所提出的上诉,其仲裁程序适用为奥运会制定的奥林匹克仲裁规范,这是国际体育仲裁理事会根据《体育仲裁规则》第S68条的规定专门制定的。需要注意的是,在亚特兰大、长野、悉尼、盐湖城四届夏季和冬季奥运会上,奥运会特别体育仲裁适用的是专门为特别仲裁庭制定的仲裁规则。

2003年10月14日,国际体育仲裁理事会在新德里通过了《奥运会仲裁规则》,适用于发生在奥运会开幕前10天至奥运会结束期间的争议的处理。

《奥运会仲裁规则》是国际体育仲裁院《体育仲裁规则》不可分割的一部分,但奥运会特别仲裁专门适用《奥运会仲裁规则》,而不适用《体育仲裁规则》的其他条款。当然,在《奥运会仲裁规则》没有规定的时候,仲裁员也可以援引《体育仲裁规则》作为指导。

(一)仲裁过程

1. 申请

如果在奥运会期间一个合格的自然人或体育组织希望将争议提交特别仲裁庭仲裁,其只需向秘书处提交一份用英文或法文书写的申请书即可,该申请书应包括争议案件的简单叙述、请求的法律依据以及仲裁请求。秘书处会在接到申请书后,应立即把仲裁书副本以及庭审通知移交给仲裁员、被申请当事人以及其他与争议有利害关系的当事人。

2. 仲裁庭的组成

在接到当事人的申请并考虑当事人的身份与国籍后,特别仲裁分院的主席任命由三名仲裁员组成的仲裁庭,偶尔也可以由一名独任仲裁员进行仲裁。为了节省时间以及减少当事人要求仲裁员回避的风险,当事人在奥运会特别仲裁中没有选择仲裁员的权利。但仲裁庭的组成应当特别考虑仲裁某一特定争议的仲裁员的独立性以及争议当事人的身份和国籍。仲裁员会被要求签署一份新的专门的中立声明,《奥运会仲裁规则》也规定了特别仲裁分院主席有权要求某位仲裁员回避的制度。

3. 临时救济

奥运会特别仲裁分院主席或者已经组成的仲裁庭可以颁发暂缓执行某一裁决或者其他单方面的程序性救济措施。在接受该请求的时候,仲裁庭必须考虑该救济对于保护申请人免受不可弥补的伤害是否必要,申请人能否胜诉,以及申请人对该争议所具有的利害关系是否超过作为奥林匹克运动成员的被申请人所具有的利害关系。

4. 审理和证据

仲裁庭有自由组织仲裁程序,以及根据特殊争议的需要而制定证明程序的权力。仲裁庭原则上只组织一次听证会,在进行听证的过程中,当事人可以委托律师或其他人代理出庭答辩,而不用考虑后者是否具有法律知识。当事人应当出示包括证人证言、有关专门文件以及专家证言在内的证据。对仲裁庭来讲,如果一次听证会不足以审查所有有关证据,仲裁庭也可以组织其他听证会。而实际情况是,仲裁庭不但要求当事人出庭,也给予其他利害关系人出庭参加仲裁的机会,如可能受到未来裁决影响的国家代表队或者国家体育协会。

5. 确定争议事实的充分权力

仲裁庭有充分的权力来确定争议的事实,它有权审查所有有关事实和证据,包括那些已经在先前的裁决中被认可的证据。

6. 适用的法律依据

仲裁庭根据《奥林匹克宪章》、所适用的法律规则、其认为适当的一般法律原则以及规则来解决争议。在适用法律规则时,大多数争议涉及的主要问题是对所适用的规则的解释,如对体育组织所制定的规则的解释而引起的争议,而不用考虑这些规则是否为国际单项体育联合会的规则、《奥林匹克宪章》或者奥林匹克反兴奋剂规章。在适用一般法律原则时,与奥林匹克仲裁有关的一般法律原则不仅像国际商事仲裁那样,从合同法中推导出来,而且还有许多是基于刑法或者行政法中的一般法律原则。

7. 裁决

在召开听证会后,除非特别仲裁分院主席授权延长仲裁期限,否则仲裁庭应当在收到仲裁请求后 24 小时内作出裁决。尽管奥运会仲裁规则仅仅规定原则上裁决中要简单叙述理由,但事实上,裁决一般都包含了详细的理由。决定一经作出,应立即送达当事人并立即生效,对该裁决不得提出上诉或反对意见。如果时间紧急,仲裁庭也可以在稍迟后把裁决的理由送达当事人。

8. 转到国际体育仲裁院仲裁

根据争议的具体情况,仲裁裁决可能包括一项最终的裁决,或者是一份将该争议转到国际体育仲裁院普通仲裁庭或者上诉仲裁庭进行仲裁的指示。对于那些案情复杂、并不需要在奥运会结束前进行裁决的争议而言,第二种方法可能是比较好的选择。仲裁庭也可以将这两种方法结合起来使用,就部分争议作出有约束力的最终裁决,而将未解决的部分转到国际体育仲裁院进行仲裁。如 2002 年盐湖城冬奥会期间,俄罗斯运动员被查出服用了兴奋剂,其金牌被收回,获得银牌的运动员要求将该金牌发给她,因此而引起的争议就在奥运会后转到了国际体育仲裁院普通仲裁庭进行仲裁。

9. 裁决的公开

在裁决送达当事人之后,除非仲裁员决定或者当事人同意不公布裁决,国际体育仲裁院特别仲裁分院通常会举行新闻发布会,公布该裁决。在国际体育仲裁院进行的奥运会仲裁中,仲裁裁决因明显涉及公共利益,通常并不保密。

(二)仲裁的速度问题

在奥林匹克运动争端解决中,速度是一个必须着重考虑的问题。除了要在 24 小时内作出裁决外,仲裁规则还规定了以下几种主要的保证速度的方法;第一,对有关当事人的通知可以采用传真、电话、电子邮件的形式,当不能采用上述方法时,应将有关文件放置于仲裁院办公室。第二,除了仲裁的申请书要求书面形式以外,不要求书面的抗辩文件。第三,因为审理通常是在通知后几个小时进行,实践中往往通过电话形式确认是否收到了出庭通知。第四,由仲裁分院主席任命仲裁员,可能发生的争议要事先得到确认,仲裁规则规定只审理一次。第五,在不同情况下可以加快作出裁决的程序,如在说明裁决理由之前可以将处理意见告知当事人。如果 24 小时仍嫌太长,可以颁发临时救济措施。第六,如果有可能,法律适用应避免适用国内法,这不仅反映奥林匹克仲裁的全球性质,也可以节省查找国内法的时间。

当然,在强调速度的同时,仲裁庭也需要重点考量正当法律程序和自然正义原则的问题。

(三)正当法律程序问题

奥运会特别仲裁庭的实践表明,正当法律程序是一个不确定的概念。因为奥运会特别仲裁程序速决性质的需要,正当法律程序标准必然要低于一般商事仲裁程序的标准。由于同意了特别仲裁庭的仲裁体制,当事人也就接受了这些较低的标准。

首先是通知方面的规定,适当通知一般被认为是正当法律程序的组成部分。如根据《承认及执行外国仲裁裁决公约》第 5 条第 1 款规定,如果被申请人没有得到适当的任命仲裁员或者参与仲裁程序或者提出答辩的通知,可以拒绝执行该仲裁裁决。当某通知被确切地告知当事人时,该通知才是适当的。这要取决于个案的具体情况。类似的情况是,如果某当事人事实上被排除出仲裁程序,他就不能就该争议提出自己的意见。事实上,没有给予适当通知的情况极少出现。其次是一个得到了适当通知但没有出庭的当事人不能以缺少适当通知、违反正当法律程序为由,质疑仲裁裁决。

仲裁规则规定由仲裁庭主导仲裁程序,除了考虑争议的特殊需要、当事人的利害关系以及他们参与仲裁程序的权利以外,仲裁庭还要考虑速度的特殊需要以及现行特别仲裁程序特有的效率。这些规则还规定,仲裁庭应在接到仲裁申请后立即发出参加仲裁的传唤通知,并可以用电话形式发出通知。因此,奥运仲裁的通知与举行审理的时间可能非常短。

(四)符合自然正义的基本原则

特别仲裁分院适用与自然正义或者正当法律程序相一致的类似于法院判决的程序。该程序确保仲裁庭的公正性,包括独立的要求、披露的义务、排除程序以及任命程序,当事人提起仲裁的同等待遇和机会,如参与仲裁的通知、证据的出示超过 24 小时后作出裁决的可能性、将争议移交国际体育仲裁院在奥运会后进行仲裁的可能性等。

国际体育仲裁院的普通仲裁程序和上诉仲裁程序以及奥运会特别仲裁程序有许多与一般仲裁共同的地方,如在申请书的递交、送达、临时救济措施、对证据的采用等方面。由于奥运会特别仲裁程序时间要求较紧,该程序也有一些与国际体育仲裁院普通仲裁和上诉仲裁程序不一致的规定,主要表现在当事人不能选任仲裁员、仲裁庭必须在 24 小时内作出裁决、有关仲裁文件的送达可以采取电话和电子邮件形式等方面,这在一定程度上体现了国际体育仲裁制度的灵活性。

伴随着全球化的发展,国际仲裁程序正在趋于一致。作为仲裁的一种形式,国际体育仲裁在发展和完善其仲裁程序的同时,也参考和借鉴了其他仲裁程序的有关规定。与此同时,国际体育仲裁充分考虑了国际体育争议的特点,尤其是体育运动的时间性和紧迫性,因而产生了一些特殊规定。从提交国际体育仲裁院及其奥运会特别仲裁庭仲裁的争议不断增多的事实可以看出,国际体育仲裁院的仲裁程序总体上能够适应国际体育运动健康发展的需要。

第四节　国际体育仲裁的法律适用

国际体育仲裁主要通过适用《奥林匹克宪章》、国际公约、瑞士法律等相关法律规范解决体育运动争议,从而维护相关当事人的合法权益。法律适用不仅涉及仲裁实体问题的法律适用,也涉及仲裁程序的法律适用。国际体育仲裁院仲裁审理中的法律适用包括程序问题和实体问题的法律适用。

一、奥林匹克宪章

《奥林匹克宪章》是国际奥委会制定的关于奥林匹克运动的最高法律文件。宪章对奥林匹克运动的组织、宗旨、原则、成员资格、机构及其各自的职权范围和奥林匹克各种活动的基本程序等作了明确规定。该法律文件是约束所有奥林匹克活动参与者行为的最基本标准和各方进行合作的基础。

国际体育仲裁院认为,不同法律体系对相同问题可以作不同的识别,针对同一问题,某一法律体系认为是实体法上的争议,另一法律体系可能认为其是程序方面问题。因此在涉及有关《奥林匹克宪章》的解释时,争议应被识别为实体问题;对于争议是否可仲裁,则应被识别为程序问题。

二、国际公约

国际公约是国际法赖以存在的基本形式之一,也是国际法的重要渊源,特别是国际公约在国际法院的法律适用中居于优先地位。因此,关于国际公约的体育争议主要是实体问题的法律适用。

在国际体育争议裁决过程中,国际体育仲裁院以及欧洲法院等其他国际体育争议裁决机构对于争议的管辖权以及相关裁决的承认和执行,都必须依赖于国际社会对于国际公约、国际条约及国际惯例的尊重和认可。例如,《承认及执行外国仲裁裁决公约》是一个涵盖了全世界 170 个国家的有关国际仲裁裁决的国际公约,为执行外国仲裁裁决提供了保证和便利,在世界范围内得到了广泛的接受和实施。该公约第 3 条保证其具有强制拘束力,即缔约国应相互承认和执行对方国家所作的仲裁裁决,并且在承认和执行对方国家的仲裁裁决时,不应在实体上比承认和执行本国的仲裁裁决提出更为麻烦的条件或征收更高的费用。以此为基础,国际体育仲裁院作为瑞士联邦境内仲裁机构,作出的国际体育仲裁裁决也应适用该公约,从而得到承认与执行。

从地区体育争议解决来看,欧盟条约以及部分重要体育案件判例已经成为欧盟成员国法院、欧洲法院、欧洲人权法院直接适用的法律依据,并具有优先适用地位。《欧洲共同体条约》(经修订已被重新命名为《欧洲联盟运行条约》)主要是将涉及经济领域的体育活动涵盖在法律保护框架之中,并通过由该条约确立的劳工自由流动、禁止限制贸易行为以及滥用支配地位等基本原则介入欧盟地区体育争议的解决。

此外,还有一些涉及体育权利保护的国际公约和国际条约,具体包括《欧洲联盟基本权利宪章》《世界人权宣言》《欧洲人权公约》《公民权利和政治权利国际公约》《体育运动国际宪章》《国际休闲宪章》《经济、社会及文化权利国际公约》《反对体育领域种族隔离国际公约》《反对在体育运动中使用兴奋剂国际公约》《残疾人权利公约》等;这些公约及条约也是国际体育争议裁决主要适用的法律依据。

三、瑞士法律

国际体育仲裁院将瑞士民法典,特别是《瑞士联邦国际私法》作为国际体育仲裁适用的主要依据,直接参与国际体育争议的解决。由于国际体育仲裁院的总部位于瑞士联邦,其在国际体育仲裁过程中,关于瑞士法律的法律适用不涉及主体问题,主要是程序问题。

《国际体育仲裁委员会与国际体育仲裁院章程与规则》第 45 条规定:"仲裁庭应依据当事人选择的法律规则决定争议;如当事人未作选择,应根据瑞士法……"这就意味着在国际体育仲裁领域内,所有提交国际体育仲裁院仲裁的程序都同样适用于瑞士法律,而不必考虑其提交的是特别仲裁庭、普通仲裁庭抑或是上诉仲裁庭。该规定也确认了《瑞士联邦国际私法》第十二章规定的法律选择原则。由此可见,作为一个所在地位于瑞士的民间组织,国际体育仲裁院的规范中关于法律适用方面的规定大多与《瑞士联邦国际私法》关于国际仲裁的规定相一致,这种规定是符合《瑞士联邦国际私法》规定精神的。需要指出的是,这种体育仲裁规则与《瑞士联邦国际私法》有关法律适用规定的一致性在很大程度上是由于国际体育仲裁院总部位于瑞士洛桑。

第五节 国际体育仲裁裁决的承认与执行

一、裁决承认与执行的法律依据

与其他国际性仲裁裁决一样,国际体育仲裁院的裁决也可以根据 1958 年《承认及执行外国仲裁裁决公约》,得到承认和执行。另外,根据《承认国际非政府组织法人地位的欧洲公约》,国际体育仲裁院在国际上的法律地位也得到了承认。一般来讲,如果某仲裁裁决没有侵犯当事人享有的正当法律程序权,没有违反公共政策,或者仲裁员在其权限范围内行使了仲裁权,大多数法院都会承认该仲裁裁决。在决定是否承认与执行体育仲裁裁决时,对裁决是否符合正当程序的审查,至关重要。

二、程序性裁决的承认与执行

对于程序性裁决,国际体育仲裁院并没有明文规定强制当事人或者证人到庭参与仲裁程序的规则,尤其是其管辖权并不对证人具有约束力。另外,为作出程序性的裁决,国际体育仲裁院仲裁庭可能会求助于实际仲裁所在地国家的法院或者国内法的帮助。尽管《体育仲裁规则》第 R44 条第 3 款规定,仲裁庭可以在任何时候调取另外的文件、审查证据,会见和听取专家意见以及继续进行其他的程序性行为,但仲裁庭不能强制执行自己作出的程序性裁决,毕竟国际体育仲裁院是一个民间性组织。根据《瑞士联邦国际私法》第 183 条第 2 款的规定,如果当事人不自动履行裁决,仲裁庭可提请有关法院予以强制执行。具体到奥运会特别仲裁在作临时的或者诉讼保全的裁决时,国际体育仲裁院仲裁庭可以请求奥运会主办城市所在地法院予以协助。

在盐湖城冬奥会花样滑冰争议解决的过程中,国际体育仲裁院仲裁庭与实际仲裁所在地有关法律的联系就得到了体现。申请人加拿大奥委会对当值裁判判罚不服,向盐湖城奥运会特别仲裁机构提出了发布初步救济令的申请。申请人要求仲裁庭作出强迫某些花样滑冰裁判到仲裁庭出庭作证以及提供证据的决定。申请人还提出实体救济方法,要求将金牌发给加拿大花样滑冰运动员。仲裁庭由来自英国、意大利和瑞士的仲裁员组成。根据《奥运会特别仲裁规则》第 14 条的规定,仲裁庭可以就当事人提出的初步救济申请作出裁定,但应当考虑有关的救济对于保护申请人免受不可弥补的伤害是否必要,争议事实胜诉的可能性以及申请人的利害关系是否超过其对立方或者奥林匹克运动领域其他成员的利益。仲裁庭认为:对于本案而言,因为不可能将有关当事人集中起来举行一个听证会,如果不及时发布初步救济,申请人就有可能遭受不可弥补的伤害。仲裁庭最后裁决,被申请人应尽力确保相关滑冰裁判留在盐湖城,直到国际滑冰联盟做出决定。每一位裁判都应当在确定的日期作为证人到仲裁庭提供证言或其他实体性证据。

在申请书中,加拿大奥委会还要求美国法院给个人发传票,使其出席国际体育仲裁院的仲裁,但仲裁庭的裁决驳回了这个请求。根据《奥运会特别仲裁规则》第 7 条有关特别仲裁受《瑞士联邦国际私法》第十二章支配的规定,可以适用美国仲裁法,也正是《美国联邦仲裁法》赋予了仲裁庭书面传唤任何人作为证人参加仲裁、并提供实体性证据的权力。依据《瑞士联邦国际私法》第 183 条第 2 款的规定,如果有关当事人不自动履行裁决,仲裁庭可提请有关法院予以强制执行。这一要求被拒绝是因为仲裁庭认为先行救济已被授予,在此情形下,对美国法院的任何要求都是不必要的。在程序性方面,这是奥运会特别仲裁庭首次也是仅有的一次考虑试图获得奥运主办地的司法协助。

《体育仲裁规则》第 37 条规定了临时救济和保全措施。尽管如此,该规则的规定还是不太全面,具体处理时还需要求助于实际仲裁所在地国家的法律,在奥运会等比赛期间设立的特别仲裁庭更是如此。根据该条第 2 款的规定,当事人同意将争议按本程序规则通过上诉仲裁程序处理,就表明他明示放弃向有关国家机构请求这类措施的权利,但此种弃权不适用于有关通过普通仲裁程序解决争议时的临时或保全措施。而且《奥运会特别仲裁规则》第 14 条也规定,在出现极度紧急事项的情况下,仲裁庭如果已经组成,或者在未组成也未预先听取被申请人的意见的情况下,特别仲裁分院主席可以基于申请裁定中止被提出异议的裁定的效力,或者采取任何其他初步救济措施。

二、实体性裁决的承认与执行

在国际体育仲裁院作出实体性裁决后,当事人通常会自愿履行,或者迫于国际奥委会、国际单项体育联合会或者国家奥委会的压力服从裁决。如果当事人对国际体育仲裁院的裁决有怀疑或者认为其不公正或者不愿意承认和执行,当事人可以根据《瑞士联邦国际私法》的有关规定,在瑞士对其提出异议,包括请求瑞士联邦法院撤销该裁决。

《瑞士联邦国际私法》第 190 条规定了可以对国际仲裁裁决提出异议或者申请撤销的几种情况,包括独任仲裁员的指定或者仲裁庭的组成不符合规则,仲裁庭错误地宣称自己有管辖权或者没有管辖权,仲裁庭超出其所受理的请求范围进行裁决,或者未能就请求的要点之一进行裁决,当事人的平等地位或其在辩论程序中进行陈述的权利未受到尊重,以及仲裁裁决与公共秩序不相容等任何一种情形。

当事人能到瑞士联邦法院对仲裁裁决提出异议的理由毕竟有限,而且如果当事人都不居住在瑞士或在瑞士无营业地,他们可以通过仲裁协议明确排除所有的撤销程序,或将此种程序限制在上述一条或几条理由之内。自 1993 年起,已有若干案件的当事人就国际体育仲裁院的裁决上诉到瑞士联邦法院,后者对这些争议的判决基本上都是维持国际体育仲裁院所作的裁决,或者仅对一些处罚的轻重作了更改,基本上都没有改变处罚。

国际体育仲裁院作出的裁决可以在《承认及执行外国仲裁裁决公约》的签署国家得到执行。应当注意的是,根据《承认及执行外国仲裁裁决公约》的规定,如果被请求执行仲裁裁决的国家根据国内仲裁法认为不能用仲裁方法裁决体育争议,该执行裁决的申请就有可能被拒绝。

对体育仲裁结果不满的当事人也可以基于公共政策的理由向法院申请不执行裁决。《承认及执行外国仲裁裁决公约》第 5 条第 2 款规定:一个国家内部承认和执行仲裁裁决的机关如果认为裁决的承认和执行有违该国的公共政策,可以拒绝承认和执行该仲裁裁决。如果运动员因服用禁药而检验呈阳性并被禁赛,就可能会以公共政策为由对该裁决提出反对意见。

目前,所有的奥林匹克运动国际单项体育联合会和若干不属于奥林匹克运动的国际单项体育联合会均在其有关章程或规则中承认,国际体育仲裁院是唯一有权针对它们的内部裁决机构所作决定进行审理的法定上诉机构。这表明了它们对执行国际体育仲裁院裁决的信心。因此,这些国际单项体育联合会必须就适用其规则和条例而产生的任何争议接受国际体育仲裁院的管辖,国际体育仲裁院的裁决因此具有既判案件的效力。这种趋势表明,国际体育仲裁院的中立性已得到了广泛承认,仲裁裁决的承认与执行障碍越来越少。国际体育仲裁院作出的绝大多数涉及纪律性处罚争议的裁决,只需要承认即可,通常不需要法院强制执行。

思考题

1. 国际体育仲裁院的组成机构及其职能权限是什么?
2. 国际体育仲裁程序有哪些?
3. 国际体育仲裁主要适用哪些法律规范?
4. 国际体育仲裁裁决如何获得承认与执行?

后　记

党的二十大开启了全面建设社会主义现代化国家的新征程，吹响了向第二个百年奋斗目标进军的新号角。在法治建设上，要坚持全面依法治国，坚持走中国特色社会主义法治道路，建设社会主义法治国家，完善以宪法为核心的中国特色社会主义法律体系，扎实推进依法行政，严格公正司法，加快建设法治社会，奋力推进法治中国建设。踏上建设法治中国和体育强国的新征程，法学工作者和体育工作者要以习近平新时代中国特色社会主义思想为引领，深刻思考和研究进入新时代、面对新问题、分析新形势，要自信自强、守正创新、踔厉奋发、勇毅前行，努力探索体育法学理论创新和实践路径创新。按照新时代全面依法治国是中国特色社会主义的本质要求和重要保障的基本方略，《体育法学》（第四版）按照新修订的《中华人民共和国体育法》进行了全面改版修订，在各位作者的辛勤耕耘和各位专家学者的关心期盼中再一次呈现给大家，这是一部适用于法学和体育学专业本科和研究生使用的体育法学教材。全书以习近平新时代中国特色社会主义思想和马克思主义法学基本理论为指导，从中国特色社会主义法治建设和体育强国建设的发展需要出发，适应新时代高质量发展新要求，结合我国法学和体育专业教学与研究的实际，阐述了体育法学的基本理论，探索体育法治建设中的实际问题，并提出了基本的解决思路。在编写本书的过程中，参考并吸收了国内外相关专家学者的著作、教材和论文等研究成果，许多专家学者在使用过程中也给我们提出了建设性的修改意见和建议，使我们受益匪浅。正是在诸位专家学者研究成果的基础上我们进行了修订完善和吸收创新，使本教材更具特色、更具系统性和时代精神，这是大家集体智慧的结晶。在此谨向各位同仁表示衷心感谢！

本书由董小龙教授和郭春玲教授主编，西北政法大学原副校长王瀚博士、西安体育学院副院长刘新民博士、国家体育总局政策法规司陈岩副司长担任副主编。参与撰写的人员分工如下：

董小龙：绪言、第二章、第五章、后记；
郭春玲：第一章、第三章、第十三章、第十五章；
张彩红：第二章、第三章、第四章、第五章、第八章；
杨建设：第六章、第九章；
马红娟：第六章、第九章、第十一章；
刘新民：第七章；
卢耿华：第八章；
魏鹏娟：第十章；
张恩利：第十四章、第十八章；

陈　岩:第十四章;

丁　军:第十五章;

高　媛、王　瀚:第十二章、第十六章、第十七章。

本书在编写过程中,得到了国家体育总局政策法规司的大力支持,北京体育大学校长、原政策法规司司长张剑,政策法规司刘岩、梁晓龙司长在百忙之中给予悉心指导,刘桂花、卫虹霞和韩向飞给予无私帮助,使我们深受感动。教育部体育卫生与艺术教育司原司长杨贵仁给予积极鼓励和鞭策,亚洲体育法学会会长、韩国首尔东国大学延吉荣教授将本书推荐给韩国出版社购买了版权;中国法学会体育法学研究会于善旭会长给予无私帮助,华南师范大学体育学院院长周爱光博士给予热情指导;法律出版社丁小宣、陈慧为本教材的出版发行付出了智慧和辛劳,本教材的再次出版发行,他们功不可没。浙江大学法学院葛洪义教授欣然为本书再次作序,使我们备受感动与倍加鼓舞;西北政法大学王麟、张学安、薛峰教授参与了本书编写大纲的讨论,提出了有见地的意见;北京大学董进霞教授、武汉大学肖永平教授、北京体育大学许志平教授、广州体育学院林文弢教授、西北大学法学院原院长刘丹冰教授给予了热情支持,还有我们的学术同道中国政法大学马宏俊教授、王小平教授、北京工业大学韩新君教授、西南政法大学朱琳教授、山东大学黄世席教授、苏州大学郭树理教授、陕西师范大学张扬教授、沈阳体育学院罗嘉司教授、山东聊城大学张春燕教授、上海政法学院向会英教授等给予了无私帮助,西安体育学院的党政领导给予了大力支持,西安体育学院体育法学研究生们做了大量的资料收集整理工作,对此一并表示诚挚感谢!同时对所有给予我们无私帮助的同仁和亲朋好友也表示深深的谢意!

因我们水平能力所限,难免有不足之处,诚望专家、学者及广大读者多提宝贵意见。

习近平总书记在党的二十大报告深刻指出“全面依法治国是国家治理的一场深刻革命,关系党执政兴国,关系人民幸福安康,关系党和国家长治久安。必须更好发挥法治固根本、稳预期、利长远的保障作用,在法治轨道上全面建设社会主义现代化国家”。让我们坚定信心、携手奋进,同心同德、勇毅前行,不断开创新时代中国体育法治建设新征程,为法治中国和体育强国建设做出新贡献!